RUDOLF STEINER GESAMTAUSGABE

VORTRÄGE

VORTRÄGE VOR MITGLIEDERN
DER ANTHROPOSOPHISCHEN GESELLSCHAFT

RUDOLF STEINER

Esoterische Betrachtungen karmischer Zusammenhänge aus dem Jahre 1924

BAND I — Zwölf Vorträge, gehalten in Dornach am 16., 17., 23. und 24. Februar, 1., 2., 8., 9., 15., 16., 22. und 23. März 1924 (Bibliographie-Nr. 235)

BAND II — Siebzehn Vorträge, gehalten in Dornach am 6., 12., 23., 26. und 27. April, 4., 9., 10., 11., 16., 18., 29. und 30. Mai, 4., 22., 27. und 29. Juni 1924 (Bibliographie-Nr. 236)

BAND III — Die karmischen Zusammenhänge der anthroposophischen Bewegung. Elf Vorträge, gehalten in Dornach am 1., 4., 6., 8., 11., 13. und 28. Juli, 1., 3., 4. und 8. August 1924 (Bibliographie-Nr. 237)

BAND IV — Das geistige Leben der Gegenwart im Zusammenhang mit der anthroposophischen Bewegung. Zehn Vorträge, gehalten in Dornach am 5., 7., 10., 12., 14., 16., 18., 19., 21. und 23. September, sowie die «letzte Ansprache» vom 28. September 1924 (Bibliographie-Nr. 238)

BAND V — Sechzehn Vorträge, gehalten in Prag vom 29. bis 31. März und am 5. April, in Paris vom 23. bis 25. Mai, und in Breslau vom 7. bis 15. Juni 1924 (Bibliographie-Nr. 239)

BAND VI — Fünfzehn Vorträge, gehalten in Bern am 25. Januar und 16. April, in Zürich am 28. Januar, in Stuttgart am 6. Februar, 9. April und 1. Juni, in Arnheim vom 18. bis 20. Juli, in Torquay am 12., 14. und 21. August, und in London am 24. und 27. August 1924 (Bibliographie-Nr. 240)

Zum Thema «Wiederverkörperung und Karma» sei noch auf folgende Bände der Rudolf Steiner Gesamtausgabe hingewiesen:

«Reinkarnation und Karma, vom Standpunkte der modernen Naturwissenschaft notwendige Vorstellungen – Wie Karma wirkt», 1903 (im Band «Luzifer-Gnosis», Bibliographie-Nr. 34, und als Einzelausgabe)

«Das Prinzip der spirituellen Ökonomie im Zusammenhang mit Wiederverkörperungsfragen – Ein Aspekt der geistigen Führung der Menschheit», 1909 (Bibliographie-Nr. 109/111)

«Die Offenbarungen des Karma», 1910 (Bibliographie-Nr. 120)

«Okkulte Geschichte. Esoterische Betrachtungen karmischer Zusammenhänge von Persönlichkeiten und Ereignissen der Weltgeschichte», 1911 (Bibliographie-Nr. 126)

«Wiederverkörperung und Karma und ihre Bedeutung für die Kultur der Gegenwart», 1912 (Bibliographie-Nr. 135)

RUDOLF STEINER

Esoterische Betrachtungen karmischer Zusammenhänge

Sechster Band

Fünfzehn Vorträge,
gehalten in Arnheim, Torquay, London,
Bern, Zürich und Stuttgart
zwischen dem 25. Januar und 27. August 1924

1986
RUDOLF STEINER VERLAG
DORNACH/SCHWEIZ

Nach vom Vortragenden nicht durchgesehenen Nachschriften
herausgegeben von der Rudolf Steiner-Nachlaßverwaltung

Die Herausgabe besorgte R. Friedenthal

1. Auflage, Gesamtausgabe Dornach 1961

2. Auflage, Gesamtausgabe Dornach 1966

3. Auflage (erweitert um die Vorträge Bern, 25. Januar, 16. April;
Stuttgart, 9. April, 1. Juni 1924)
Gesamtausgabe Dornach 1977

4. Auflage, Gesamtausgabe Dornach 1986

Einzelausgaben siehe zu Beginn der Hinweise

Bibliographie-Nr. 240
Einbandgestaltung von Assja Turgenieff

Zeichnungen im Text nach Tafelzeichnungen Rudolf Steiners,
ausgeführt von Assja Turgenieff

Printed in Germany by Greiserdruck, Rastatt

ISBN 3-7274-2401-X

Zu den Veröffentlichungen aus dem Vortragswerk von Rudolf Steiner

Die Grundlage der anthroposophisch orientierten Geisteswissenschaft bilden die von Rudolf Steiner (1861–1925) geschriebenen und veröffentlichten Werke. Daneben hielt er in den Jahren 1900 bis 1924 zahlreiche Vorträge und Kurse, sowohl öffentlich wie auch für die Mitglieder der Theosophischen, später Anthroposophischen Gesellschaft. Er selbst wollte ursprünglich, daß seine durchwegs frei gehaltenen Vorträge nicht schriftlich festgehalten würden, da sie als «mündliche, nicht zum Druck bestimmte Mitteilungen» gedacht waren. Nachdem aber zunehmend unvollständige und fehlerhafte Hörernachschriften angefertigt und verbreitet wurden, sah er sich veranlaßt, das Nachschreiben zu regeln. Mit dieser Aufgabe betraute er Marie Steiner-von Sivers. Ihr oblag die Bestimmung der Stenographierenden, die Verwaltung der Nachschriften und die für die Herausgabe notwendige Durchsicht der Texte. Da Rudolf Steiner aus Zeitmangel nur in ganz wenigen Fällen die Nachschriften selbst korrigieren konnte, muß gegenüber allen Vortragsveröffentlichungen sein Vorbehalt berücksichtigt werden: «Es wird eben nur hingenommen werden müssen, daß in den von mir nicht nachgesehenen Vorlagen sich Fehlerhaftes findet.»

Über das Verhältnis der Mitgliedervorträge, welche zunächst nur als interne Manuskriptdrucke zugänglich waren, zu seinen öffentlichen Schriften äußert sich Rudolf Steiner in seiner Selbstbiographie «Mein Lebensgang» (35. Kapitel). Der entsprechende Wortlaut ist am Schluß dieses Bandes wiedergegeben. Das dort Gesagte gilt gleichermaßen auch für die Kurse zu einzelnen Fachgebieten, welche sich an einen begrenzten, mit den Grundlagen der Geisteswissenschaft vertrauten Teilnehmerkreis richteten.

Nach dem Tode von Marie Steiner (1867–1948) wurde gemäß ihren Richtlinien mit der Herausgabe einer Rudolf Steiner Gesamtausgabe begonnen. Der vorliegende Band bildet einen Bestandteil dieser Gesamtausgabe. Soweit erforderlich, finden sich nähere Angaben zu den Textunterlagen am Beginn der Hinweise.

Zur Wiedergabe des in diesen Vorträgen Gesagten bemerkt Rudolf Steiner im Vortrag vom 22. Juni 1924, daß diese nicht anders als durch *Vorlesen des genauen Wortlautes erfolgen dürfe.*

INHALT

Die Bedeutung der die Erde umgebenden Himmelskörper für das Leben des Menschen

Karmische Betrachtungen
im geschichtlichen Werden der Menschheit

Das Karma der Anthroposophischen Gesellschaft
und der Inhalt der anthroposophischen Bewegung

Das Karma im einzelnen Menschen
und in der Menschheitsentwickelung

Die Bedeutung
der die Erde umgebenden Himmelskörper
für das Leben des Menschen

ERSTER VORTRAG

Bern, 25. Januar 1924

1 Der Mensch verdankt sein gegenwärtiges Erdenleben – wir wissen ja, daß er wiederholte Erdenleben durchmacht – zum Teil der äußeren Welt, und zwar der äußeren Welt im weiteren Sinne; nicht nur dem, was unmittelbar auf der Erde in den verschiedenen Reichen der Natur um ihn ist, sondern auch demjenigen, was ihm aus den Gestirnen, aus den Weiten des Kosmos zukommt. Das aber ist nur der eine Teil der Welt, dem der Mensch sein gegenwärtiges Erdenleben verdankt; vor allen Dingen verdankt er es auch dem anderen Teile, von dem er sich aber in dieses Erdenleben nur innerlich die Ergebnisse, die Wirkungen mitbringt: er verdankt es seinen früheren Erdenleben selber. Wir gliedern ja den Menschen, wie Sie aus der anthroposophischen Literatur wissen, zunächst in vier Glieder. Von seinem physischen Leib und von seinem Ätherleib, von diesen beiden trennt sich der Mensch jedesmal, wenn er in Schlaf übergeht; er trennt sich von seinem physischen und Ätherleib mit seinem astralischen Leib und mit seinem Ich. Nur unser physischer Leib und unser Ätherleib verdanken ihre ganze Wesenheit der äußeren Welt, die sichtbar – oder wohl auch als Ätherwelt unsichtbar – um uns ist. Dagegen, was der Mensch in sich trägt in seinem astralischen Leib und in seinem Ich, das verdankt er im gegenwärtigen Erdendasein eigentlich durchaus der Vorzeit, verdankt er dem, was er in früheren Erdenleben mit der Welt durchgemacht hat.

2 Nun sind auch in der äußeren physischen Welt zwei Tore – lassen Sie uns heute mit dieser kosmischen Betrachtung beginnen, um dann mit einer recht menschlichen abzuschließen –, es sind, sage ich, in der physischen Welt zwei Tore, durch die eigentlich das Menschenleben in seiner Ganzheit hinausreicht aus dieser physischen Welt. Und diese zwei Tore sind für uns Erdenbewohner auf der einen Seite der Mond, auf der anderen Seite die Sonne.

3 Sehen Sie, meine lieben Freunde, es ist ja so, daß die heutige äußere Wissenschaft wirklich nur das Allergeringste von den außerirdischen Himmelskörpern weiß. Sie weiß eben das Physische, das man durch

Rechnung bestimmen oder durch Instrumente beobachten kann. Denken Sie nur einmal daran, was etwa ein Marsbewohner von der Erde wüßte, wenn er in derselben Art wie die Erdenbewohner vom Mars oder gar von anderen Sternen seine Kenntnisse von der Erde erwerben würde. Er würde eben auch von der Erde nur so viel wissen: sie ist ein glimmend leuchtender Körper, der in den Weltenraum hinaus das von ihm zurückgeworfene Sonnenlicht strahlt. Er würde vielleicht allerlei Hypothesen aufstellen, ob auf der Erde Wesen sind, oder nicht Wesen sind – wie es ja der Mensch für den Mars macht und so weiter. Aber der Erdenbewohner weiß ja natürlich von der Erde selbst, daß er mit Wesen seinesgleichen, mit Wesen anderer Reiche zusammen die Erde bewohnt. Derjenige nun, der von den inneren geistigen Schicksalen der Erdenmenschheit seine Kenntnisse holen kann, der kommt eben aus geistigen Untergründen heraus zu einer tieferen Erkenntnis dessen, was die anderen Himmelskörper, was zum Beispiel der Mond und die Sonne innerhalb der Welt eigentlich bedeuten.

Lassen wir einmal vor unsere Seele treten, was in dieser physisch-seelisch-geistigen Bedeutung über das Mondendasein zu sagen ist. Ich muß an allerlei erinnern, das Sie nachlesen können in meiner «Geheimwissenschaft im Umriß» und in verschiedenen Vortragszyklen, die gedruckt sind. Wir wissen daraus, daß das Mondendasein einmal mit dem irdischen Dasein verknüpft war. Das nimmt ja selbst heute die äußere Wissenschaft an, wenigstens in ihren wichtigeren Vertretern, daß der ganze physische Monden-Weltkörper sich einmal losgetrennt hat von der Erde und sozusagen seinen eigenen Ort im Weltenraum gewählt hat.

Aber die Geisteswissenschaft zeigt uns, daß nicht nur der physische Mond sich von der Erde getrennt hat, sondern mit diesem Monde andere Wesenheiten, die einmal gemeinsam mit dem Menschen die Erde bewohnt haben, die allerdings viel geistigerer Art waren, als der Mensch in seinem physischen Leibe es ist, aber die dennoch einen intensiven Verkehr mit dem Menschen gehabt haben, wenn auch nicht auf die Weise, wie der heutige menschliche Verkehr vermittelt wird.

Wer die Vorzeit der Erde, vielleicht auch zunächst nur äußerlich, in ihren Geisteserzeugnissen studiert, der bekommt ja, wenn er zurückgeht in den verschiedenen Zivilisationen, eine große Ehrfurcht vor dem, was einmal an Zivilisationen auf Erden vorhanden war. Allerdings, so gescheit in unserem gegenwärtigen Sinne, wie wir gegenwärtigen Menschen uns dünken, so gescheit waren unsere Vorfahren, das heißt wir selbst in früheren Erdenleben, gewiß nicht. Aber gewußt haben diese Vorfahren mehr. Man erlangt Wissen eben nicht nur durch Gescheitheit. Gescheitheit kommt vom Verstande, und der Verstand ist eben nur *eine* Fähigkeit der Menschen, wenn er auch gegenwärtig namentlich von der Wissenschaft am allermeisten von allen Fähigkeiten geschätzt wird. Aber schließlich, wenn wir heute die Welt anschauen, wie sie sich in moralischer, in sozialer Beziehung namentlich in dem gesegneten 20. Jahrhunderte entwickelt hat, dann brauchen wir auf unsere Verstandeskultur eigentlich nicht besonders stolz zu sein. Diese Verstandeskultur hat sich eben erst im Laufe der Zeit ergeben. Und wie gesagt, wenn wir nur an Hand der äußeren Geschichte zurückgehen und wahrnehmen, was herrührt, sagen wir zum Beispiel vom alten Orient, dann kann uns eine große Ehrfurcht überkommen. Wir könnten selbst manche Erzeugnisse sogenannter wilder Völker anführen; aber bleiben wir bei den Erzeugnissen des indischen Orients, des persischen Orients, sehen wir uns an, welch Wunderbares da hinter allem ist, in der alten Dichtung, in der Vedendichtung, in der alten Philosophie, der Vedantaphilosophie, der Jogaphilosophie. Wenn man das nicht oberflächlich auf sich wirken läßt, sondern wenn man es auf sich wirken läßt mit all den Tiefen, die es birgt, dann bekommt man eine immer größere Ehrfurcht vor dem, was alte Zeiten nicht auf dem Wege der gewöhnlichen Gescheitheit, sondern gewiß auf einem anderen Wege hervorgebracht haben. Aber sie haben es eben hervorgebracht.

Nun zeigt uns Geisteswissenschaft, daß eigentlich dasjenige, was sich durch äußerliche Dokumente erhalten hat, ja nur die Reste sind einer wunderbaren Urweisheit der Menschheit, die allerdings viel mehr dichterisch, künstlerisch aufgetreten ist als unser heutiges Wissen, die aber dennoch eine wunderbare Urweisheit der Menschheit war. Diese Urweisheit haben die Menschen eben erhalten durch Wesen, die weit hinausragen über die eigene menschliche Entwickelung der Erde. Denken, verständig denken, das geschieht ja durch unseren physischen Leib.

Diese Wesenheiten haben nicht einen physischen Leib gehabt; daher rührt die Tatsache, daß sie in einer mehr dichterischen, künstlerischen Art ihr Urwissen der Menschheit überliefert haben.

Aber diese Wesenheiten sind nicht bei der Erde geblieben, sondern sie bewohnen in ihrer Mehrzahl tatsächlich heute den Monden-Weltenkörper. Was die heutige Wissenschaft erkunden kann, das ist eben nur das Äußerliche des Mondes. Der Mond ist der Träger hoher geistiger Wesenheiten, die einmal die Aufgabe gehabt haben, die Erdenmenschheit mit der Urweisheit zu inspirieren, die sich dann zurückgezogen haben und gewissermaßen diese Mondenkolonie im Weltenall zu begründen hatten. Schon das, was ich so sagen muß von diesen Wesenheiten, die also eigentlich heute die Mondbewohner sind, das zeigt uns, daß unsere eigene menschliche Vergangenheit mit diesen Wesenheiten verknüpft ist. Wir waren in früheren Erdenleben die irdischen Genossen dieser Wesenheiten. Und es zeigt sich sogleich unser Verknüpftsein mit ihnen, wenn wir hinausschauen über dasjenige, was die äußere Erkenntnis und das äußere Leben dem Menschen geben kann. Denn wenn wir auf all das schauen, was in uns bestimmend ist, aber was nicht von unserem Verstande abhängt, sondern was gewissermaßen über den Verstand hinaus mit unserem tieferen Menschenwesen zusammenhängt, dann finden wir, daß auch heute noch diese Mondenwesenheiten, wenn sie ihren Wohnplatz auch nicht mehr auf Erden haben, mit unserem inneren Sein verknüpft sind. Denn bevor wir auf die Erde herabsteigen, durch unsere Vorfahren einen physischen Leib bekommen, waren wir oder sind wir ja in einer geistigen Welt in dem vorirdischen Dasein. In diesem vorirdischen Dasein haben wir auch heute noch mit diesen alten Genossen unseres Erdendaseins viel zu tun. Wir steigen sozusagen aus den geistigen Welten herab in unser irdisches Dasein, indem wir die Sphäre des Mondes passieren, indem wir durchkommen durch das Mondendasein. Und so wie einstmals diese Mondenwesen auf der Erde selbst hier für uns Menschen tief bestimmend waren, so sind sie heute noch bestimmend für die Erdenmenschen, indem sie dem menschlichen Ich und dem menschlichen astralischen Leib dasjenige einprägen, was sich dann überträgt in den physischen Leib, wenn der Mensch physischer Erdenmensch wird.

9 Nicht wahr, man kann ja nicht beschließen, ein Talent zu sein, auch nicht ein Genie zu sein. Man kann nicht einmal beschließen, so ohne weiteres ein guter Mensch zu sein. Dennoch, es gibt Talente, es gibt Genies, es gibt sozusagen durch die Geburt gute Menschen. Das ist etwas, was der Verstand nicht machen kann, was mit dem inneren tiefen Wesen des Menschen zusammenhängt, wovon er sich ein gut Teil mitbringt, indem er durch die Geburt aus einem vorirdischen Dasein in das irdische eintritt. Dieses seinem Ich und seinem astralischen Leib einzuprägen, was dann sozusagen in sein Blut, in seine Nerven schießt als Talent, als Begabung, als der Wille zum Guten oder zum Bösen, dieses ihm einzuprägen, das ist die Aufgabe der Mondwesen, wenn der Mensch in seinem vorirdischen Dasein die Mondensphäre passiert. Und nicht nur, wenn in den bekannten poetischen Stimmungen Liebende im Mondenschein spazieren gehen, ist der Mond von Einfluß auf das, was tiefer im Menschen, was mehr unter dem Bewußtsein webt und lebt, sondern bei alledem ist dieses Mondendasein wirksam, was eben aus den Tiefen des Menschen heraufkommt und ihn eigentlich *unter* seinem Verstande zu dem macht, was er im Erdenleben eigentlich ist. Und so hängen heute noch diese Mondenwesen dadurch mit unserer Vergangenheit zusammen, daß sie es sind, die nach unseren früheren Erdenleben uns prägen, sozusagen im vorirdischen Dasein, damit wir als dieser bestimmte Mensch im irdischen Dasein auftreten können.

10 Blicken wir also zurück in unserem Leben, da wo sozusagen unser Leben aus dem irdischen Bereich hinausgeht in das eigentlich Geistige hinein, in jenes Geistige hinein, aus dem heraus wir dann bestimmt sind nach unseren innersten Fähigkeiten, nach unserem Temperament, sogar nach dem innersten Wesen unseres Charakters, blicken wir zurück, so finden wir in dem Monde das eine Tor aus der physischen Welt hinaus in die geistige. Er ist das Tor, durch das die Vergangenheit in unser Menschenleben hereinzieht, und er ist dasjenige, was uns eigentlich die Individualität gibt, was uns zu diesem bestimmten individuellen Menschen macht.

11 Das andere Tor ist die Sonne. Aber der Sonne verdanken wir nicht unser individuelles Leben. Die Sonne leuchtet nicht nur über Gute und Böse in gleicher Weise, sondern die Sonne leuchtet auch über Genies

und Dummköpfe in gleicher Weise. Die Sonne kennt zunächst für das irdische Leben nichts, was mit der Individualität unmittelbar zusammenhängt. Es ist ja nur eines, das von der Sonne her mit der irdischen Individualität zusammenhängt. Und das konnte nur dadurch eintreten, daß in einem bestimmten Zeitpunkte der Erdenentwickelung ein hohes Sonnenwesen, der Christus, eben nicht auf der Sonne geblieben ist, sondern von der Sonne aus auf die Erde herabgestiegen ist, in einem Menschenleibe Erdenmensch geworden ist und dadurch sein eigenes Weltenschicksal mit dem Erdenschicksal der Menschheit vereinigt hat. Dadurch, daß der Christus aus einem Sonnenwesen ein Erdenwesen geworden ist, dadurch hat er den Zugang bekommen zu den einzelnen menschlichen Individualitäten. Die anderen Sonnenwesen, die in der Sonne geblieben sind, haben nicht den Zugang zu den einzelnen menschlichen Individualitäten, sondern nur zu dem Allgemeinen der Menschheit. Dem Christus ist sogar etwas davon geblieben, aber etwas, was für unsere Erdenmenschheit unendlich segensreich ist: was ihm geblieben ist, das ist, daß sein Wirken nicht irgendeine menschliche Differenzierung kennt. Der Christus ist nicht der Christus dieser oder jener Nation, nicht der Christus dieses oder jenes Standes, nicht dieser oder jener Klasse, der Christus ist der Christus für alle Menschen ohne Unterschied von Klasse, Rasse, Nation und so weiter. Der Christus ist auch insofern nicht der Christus der Individualitäten, als er in seiner Wirksamkeit dem Genie und dem Toren in gleicher Weise innerlich Hilfe leistet. Es hat der Christus-Impuls Zugang zu der Individualität des Menschen, und gerade er muß im tiefsten Inneren wirken, wenn er überhaupt im Menschen zur Wirksamkeit kommen soll. Nicht die Verstandeskräfte, sondern die tiefsten Seelen- und Herzenskräfte sind es, die den Christus-Impuls aufnehmen müssen; wenn er aber dann aufgenommen wird, wirkt er nicht im Sinne des Individuell-Menschlichen, sondern ganz im Sinne des Allgemein-Menschlichen. Dieses allgemeinmenschliche Wirken, das eignet dem Christus, weil er ein Sonnenwesen ist.

Aber sehen Sie, indem wir zurückblicken und uns in diesem Zurückblicken verbunden fühlen mit dem Mondendasein, wissen wir ja, daß wir etwas in uns tragen, das wir nicht der Gegenwart verdanken, das eigentlich ein Stück nicht nur irdischer, sondern sogar kosmischer Vergangenheit ist. Wir Menschen verbinden es eben in unserem gegenwärtigen Erdendasein mit der Gegenwart, dieses Stück Vergangenheit. Man bedenkt gewöhnlich nicht, was eigentlich alles in diesem Stück Vergangenheit steckt. Wir wären als Menschen nicht viel, wenn nicht diese Vergangenheit in uns steckte. Das, was wir uns aneignen, unmittelbar wenn wir heruntersteigen aus dem vorirdischen Dasein in das irdische, das hat eigentlich sogar etwas Automatisches, das Automatische unseres physischen und unseres Ätherleibes. Dasjenige, was in bestimmter Weise uns zu diesem oder jenem Menschen macht, das ist innig zusammenhängend mit unserer Vergangenheit und damit mit dem Mondendasein. Aber ebenso wie wir durch unser Mondendasein mit der Vergangenheit zusammenhängen, so hängen wir durch das Sonnendasein mit unserer Zukunft zusammen. Für den Mond sozusagen, namentlich auch mit Bezug auf die Wesen, die sich auf ihn zurückgezogen haben, waren wir reif in früheren Zeiten; für die Sonne, die heute nur das Allgemein-Menschliche impulsiert, werden wir erst in viel späteren Zeiten reif werden, wenn noch viel Entwickelung vor sich gegangen ist. Die Sonne kann heute nur an unser Äußeres heran. An unsere Individualität, an unser Inneres wird sie erst in künftigen Zeiten heran können. Wenn die Erde nicht mehr als Erde vorhanden sein wird, wenn sie in eine ganz andere Metamorphose übergegangen sein wird, da werden wir erst für das Sonnendasein reif sein. Der Mensch ist so stolz auf seinen Verstand; aber der Verstand, wie er gerade in der gegenwärtigen Menschheit ist, ist so ein richtiges Erdenprodukt, denn er ist eigentlich an das Gehirn gebunden, und das Gehirn ist dasjenige, was am meisten physisch wird im Menschen, wenn man es auch sonst nicht glaubt.

13 Die Sonne reißt uns aus diesem Gebundensein an das Irdische eigentlich fortwährend heraus, denn die Sonne wirkt eigentlich nicht auf unser Gehirn. Wir würden viel gescheitere Gedanken ausgehen lassen aus unserem Gehirn, wenn die Sonne auf unser Gehirn wirken würde. Die Sonne wirkt eigentlich auf unser Herz, wenn wir das Physische betrachten. Und dasjenige, was vom Herzen ausstrahlt, meine lieben Freunde, das ist Sonnenwirkung. Durch das Gehirn sind die Menschen

eigentlich egoistisch; durch das Herz werden sie egoismusfrei, werden sie erhoben zum Allgemein-Menschlichen. So daß wir eigentlich durch die Sonne mehr sind, als wir durch uns im heutigen Erdendasein sein können. Nur möchte ich sagen: Der Christus gibt uns wiederum, wenn wir wirklich zu ihm den Zugang finden, weil er ein Sonnenwesen ist, mehr, als wir heute als Menschen sein können.

14 Die Sonne steht uns eben wirklich eigentlich am Himmel wie ein Zukunftswesen, während uns der Mond wie ein Vergangenheitswesen am Himmel steht. Es ist das andere Tor, das in die geistige Welt führt, es ist das Tor in die Zukunft hinein. Denn ebenso, wie wir gewissermaßen hereingeschoben werden ins irdische Dasein durch die Mondenwesen und Mondenkräfte, so werden wir im Tod wiederum herausgeschoben durch die Sonnenkräfte. Die Sonnenkräfte hängen mit demjenigen in uns zusammen, was wir noch nicht bewältigen, was uns sozusagen die Götter gegeben haben, damit wir nicht im Erdenleben verkümmern, sondern über uns hinausreichen. Und so sind wirklich Mond und Sonne die beiden Tore aus dem Weltenall heraus ins irdische und aus diesem ins geistige Leben hinein. Der Mond ist bewohnt von Wesenheiten, mit denen wir einmal verbunden waren in der Art, wie ich es gekennzeichnet habe. Die Sonne ist bewohnt von Wesenheiten, mit denen wir – mit Ausnahme des Christus – erst in der Zukunft unseres kosmischen Daseins verbunden sein werden. Der Christus wird uns führen zu seinen ehemaligen Genossen in der Sonne. Aber das ist durchaus für den Menschen die Zukunftswelt.

15 Und auch das, was da von der Sonne als Zukunftswelt wirkt aus dem Geistigen herein, ist ebenso wirksam auf unseren physischen Leib und auf unseren Ätherleib, wie das, was vom Monde aus wirkt aus dem Geistigen herein. Betrachten wir zum Beispiel unser Temperament. Da sind schon Kräfte in unserem Temperament, die durchaus in den physischen Leib, namentlich aber in den Ätherleib hineinspielen: Das regelt in uns das Zusammenwirken von Sonne und Mond. Derjenige, der einen starken melancholischen Einschlag hat in seinem Temperament, der ist stark beeinflußt vom Mondenhaften. Wer einen starken sanguinischen Zug in seinem Temperament hat, der ist stark beeinflußt vom Sonnenhaften. Derjenige, in dem sich Sonnen- und Mondenhaftes

ausgleichen, neutralisieren, der wird dann ein Phlegmatiker. Da, wo das Physische in uns hereinspielt und seelisch zum Vorschein kommt wie in dem Temperament, da spielt im ganzen Wesen, das wir als Mensch in uns tragen, das Sonnen- und Mondenhafte herein. Aber es erblickt dieses Sonnen- und Mondenhafte der Mensch zunächst nur da, wo es in seiner äußeren physischen Erscheinungsform ihm entgegentritt, wo sozusagen sich ihm der Mond ankündigt durch die äußere Scheibe, die sich ihm zeigt, ebenso die Sonne. Doch sind ja Wirkungen da, die weit über dieses Physische hinausgehen; wir müssen durchaus von einem Geistigen des Mondes und der Sonne sprechen. Und das können wir ja wirklich leicht einsehen.

Sie brauchen zunächst nur, um sich das zu verdeutlichen, einen menschlichen Körper anzusehen. Dieser menschliche Körper hat heute nicht mehr dieselben Substanzen in sich, die er vor etwa zehn Jahren gehabt hat. Sie stoßen fortwährend die äußeren physischen Substanzen ab, ersetzen sie durch neue. Was bleibt, ist die geistige Form, die Gestalt des Menschen: das sind die inneren Kräfte. Wenn Sie vor zehn Jahren hier gesessen haben – das Fleisch und Blut, das Sie dazumal in sich gehabt haben als materielle Substanz, das bringen Sie heute nicht wieder auf denselben Sessel: das Physische ist in einer fortwährenden Strömung von innen nach außen, es stößt sich fortwährend ab. Das bedenkt man nicht immer, doch weiß man es wenigstens heute in bezug auf die Erde. Aber daß dies auch im Weltall der Fall ist, das weiß man nicht einmal, denn die Menschen denken: Derselbe Mond, der heute herunterscheint, das war auch der Mond, der auf den alten Cäsar oder Alcibiades oder auf Buddha gestrahlt hat. Geistig ja, aber der physischen Materie nach nicht! Und in bezug auf die Sonne, da rechnen die Physiker, die Astrophysiker aus, wann sie im Weltenraum zerstäubt sein wird. Daß sie zerstäubt, das wissen sie allenfalls, aber sie rechnen da nach Millionen von Jahren. Dasselbe käme nämlich heraus, wenn man eine solche Rechnung in bezug auf den Menschen anstellen würde. Diese Rechnungen sind todsicher richtig, es ist gar nichts einzuwenden – aber nur sind sie nicht wahr. Sie sind ganz richtig, aber sie sind wie folgt: Wenn Sie heute ein menschliches Herz prüfen, nach fünf Tagen wieder, nach weiteren fünf Tagen wieder, dann können Sie an den kleinen Veränderungen ausrechnen, wie dieses Herz vor dreihundert Jahren gestaltet war, und wie es gestaltet sein wird nach dreihundert Jahren. Sie kriegen schon etwas heraus, wenn Sie solche Rechnungen anstellen: nur war es just vor dreihundert Jahren nicht da und wird in dreihundert Jahren wieder nicht da sein. So kann man heute auch mit der geologischen Wissenschaft ausrechnen, wie die Erde ausgesehen hat vor zwanzig Millionen Jahren. So rechnen die Leute aus, wie sie ausgesehen hat, so rechnen sie heute auch aus, wie sie aussehen wird nach zwanzig Millionen Jahren. Die Rechnung ist ganz richtig; die Erde hat so ausgesehen nach einer ganz richtigen Rechnung, wie man es ausrechnet, wird auch so aussehen nach zwanzig Millionen Jahren. Aber dagewesen ist sie noch nicht vor zwanzig Millionen Jahren, und da sein wird sie wieder nicht nach zwanzig Millionen Jahren! Die Rechnungen sind todsicher richtig, nur wahr sind sie nicht! Ja, nicht einmal für die engsten Zeiträume ist das im Weltenraum draußen anders als beim Menschen. Wenn auch die mineralischen Substanzen wesentlich länger dauern als die Gestaltungen der Substanzen in lebendigen Leibern, so ist doch auch für die Mineralsubstanzen das rein Physische, substantiell Physische, ein Vorübergehendes. Und der Mond, der heute am Himmel steht, ist in seiner physischen Zusammensetzung nicht mehr derselbe, der er war, als er auf Cäsar heruntergeschienen hat oder auf Alcibiades oder auf den Kaiser Augustus; denn der Mond hat seine Materie ebenso ausgetauscht, wie ein physischer Menschenleib seine Materie austauscht. Dasjenige, was da draußenbleibt, ist eben auch durchaus das Geistige, wie beim Menschen das, was von der Geburt bis zum Tode bleibt, das Geistige ist, nicht die physische Materie.

So daß man eigentlich die Welt erst richtig anschaut, wenn man sie so anschaut, daß man für den Menschen sagt: Was da bleibt zwischen Geburt und Tod, das ist seine Seele. Was da draußen an den Weltenkörpern bleibt, das sind die Wesenheiten; dort ist es eine Vielheit. Beim Menschen ist es eine Einheit, eine Seele; da draußen eine Vielheit. Und wenn wir sprechen von Mond und Sonne, so sollten wir eigentlich uns bewußt sein, daß wenn wir von der Wahrheit sprechen wollen, wir von dem sprechen müssen, was als Wesenheiten des Mondes und als Wesenheiten der Sonne existiert: als Wesenheiten des Mondes solche, die mit unserer Vergangenheit verknüpft sind; als Wesenheiten der Sonne solche, die mit unserer Zukunft verknüpft sein werden. Aber herein wirken sie in unser gegenwärtiges Dasein.

18 Und dasjenige, was sie am Menschen unmittelbar bewirken, das ist das, was wir sein Karma nennen: das Ganze in dem Aufbau und in der Entwickelung seines Schicksals. Indem sich Vergangenheit und Zukunft ineinanderweben, wird des Menschen Schicksal bestimmt. Und in diesem Weben des Schicksals, da wirken eben Mondenkräfte und Sonnenkräfte, Mondenwesenheiten und Sonnenwesenheiten zusammen.

19 Man gelangt eigentlich erst zu einer wirklichen Unterlage für eine Betrachtung des menschlichen Karma, des menschlichen Schicksals, wenn man den Menschen in dieser Weise hineinstellen kann in das Ganze des Weltenalls.

20 Das Vergangene können wir mit dem besten Willen niemals anders machen als es ist. Daher haben die Mondenkräfte, indem sie in unser menschliches Wesen hineinwirken und hineingreifen, etwas von unabänderlicher Notwendigkeit. Alles, was uns vom Monde herkommt, hat diesen Charakter einer unabänderlichen Notwendigkeit. Alles das, was von der Sonne herkommt, und was in die Zukunft hineinweist, hat etwas, wo unser Wille, ja wo unsere Freiheit eingreifen kann. So daß man auch sagen könnte: Wenn der Mensch nun wirklich wiederum ein Göttliches sieht im Kosmos, nicht bloß im allgemeinen schwärmerisch-schwummelig spricht über das Göttliche in der Welt, sondern wenn er wiederum in bestimmter Weise über das Göttliche sprechen wird, wie es sich offenbart in den einzelnen Gliedern des Weltenalls, in den Himmelskörpern, dann wird sich für den Menschen, ich möchte sagen, eine besondere Sprache ergeben, indem er aus dieser Herzens- und wirklichen Menschenerkenntnis hinaufschaut zu den Himmelskörpern.

21 Was wäre denn, wenn ein Mensch vor uns stünde mit seinen Händen, Armen, seinem Kopf, seiner Brust, seinen Beinen und Füßen und wir, etwa in bezug auf seine Finger, auf die Frage «Was ist das?» antworten würden: Das ist Menschliches! – Indem wir auf seine Füße weisen: Das ist Menschliches! – auf seine Nase: Menschliches! – Wenn wir nichts unterscheiden, sondern alles nur mit dem allgemeinen Ausdruck «Menschliches» belegen, fangen wir ja an, im Unbestimmten herumzuschwim-

men. Ebenso schwimmen wir im Unbestimmten herum, wenn wir nur hinausstarren ins Weltenall, Sonne, Mond und Sterne anschauen, und nur vom Allgemein-Göttlichen sprechen. Wir müssen wiederum zu einer bestimmten Anschauung des Göttlichen kommen. Wir kommen zu einer bestimmten Anschauung des Göttlichen, wenn wir zum Beispiel den tiefen Zusammenhang des Mondes mit unserem vergangenen Dasein erkennen, ja mit dem Vergangenen der ganzen Erde. Da können wir dann zum Monde hinaufblicken und können sagen: Du Weltensohn der Notwendigkeit, ich fühle – indem ich alles dasjenige, worüber ich keinen Willen habe, in mir selber anschaue –, ich fühle mich dir, göttlicher Weltensohn, innig verbunden. Da wird unsere Erkenntnis des Mondes Gefühl. Denn alles das, was uns aus der inneren Notwendigkeit heraus empfindbar wird, wird uns mondenverwandt.

22 Und wenn wir in derselben Weise recht das Sonnensein erfühlen, nicht bloß errechnen, nicht bloß durch Instrumente anschauen, so fühlen wir es verwandt mit alldem, was in uns als Freiheit lebt, als das, was durch uns selber für die Zukunft geschehen kann. Und wie uns jeder neue Morgen mit seinem Sonnendasein aufruft dazu, als Mensch zu wirken, empfängt uns die Nacht mit unseren Träumen, die uns zeigen, was wir waren, was in uns lebt und webt, was als Vergangenheit mit uns verknüpft ist. Die vom Monde beherrschte Nacht zeigt uns unsere Vergangenheit; jedes neue Morgendasein mit seinen Sonnenstrahlen weist uns hin auf das, was aus unserer Freiheit kommen kann. – So hängt in unserem gesamten Weltendasein unser Menschliches mit dem Sonnendasein zusammen, und wir können, die Sonne ansprechend, so fühlen: O du Weltensohn der Freiheit, dich fühle ich verwandt mit allem in mir, was meinem eigenen Wesen die Freiheit und die Entschlußfähigkeit für die Zukunft gibt!

25 Mit solchen Empfindungen würden wir wieder anknüpfen an instinktive Weisheiten der Urmenschheit. Denn, was aus uralten Zivilisationen in wunderbarer Weise dichterisch strahlt, man versteht es nur dann, wenn man so etwas auch heute noch in sich fühlt, wie das Aufblicken zum Monde als zu der Notwendigkeit der Vergangenheit, das Aufblicken zur Sonne als zur Freiheit der Zukunft. Und so wirken in unserem Schicksal in seinem Weben, Notwendigkeit und Freiheit inein-

ander. Sprechen wir irdisch-menschlich, so sprechen wir von Notwendigkeit und Freiheit. Sprechen wir himmlisch-kosmisch, so sprechen wir von Monden- und Sonnendasein.

Und nun suchen wir das Mondenhafte und das Sonnenhafte in dem Weben unseres Schicksals einmal auf. Wir begegnen im Leben einem Menschen. Wir geben uns gewöhnlich damit zufrieden, daß wir diesem Menschen begegnen, denn wir beobachten ja nicht viel vom Leben, sondern nehmen das Leben zum großen Teil gedankenlos hin. Wenn man aber einen tieferen Blick in das einzelne Menschenleben wirft, dann erkundet man, daß wenn zwei Menschen sich im Leben treffen, ihre Wege wirklich in einer merkwürdigen Weise gelenkt worden sind. Zwei Menschen, die sich, sagen wir, der eine im fünfundzwanzigsten, der andere im zwanzigsten Jahre, treffen, sie können zurückblicken auf das, was sie bisher erlebt haben, und es wird ihnen wirklich sehr deutlich werden, wie bei dem Zwanzigjährigen, aus einer ganz anderen Weltenecke alle einzelnen Tatsachen seines Lebens ihn so hineingedrängt haben, daß er gerade dort zusammengetroffen ist mit dem anderen Menschen, der ebenso seine fünfundzwanzig Jahre überblicken kann, der wiederum aus einer ganz anderen Ecke kommt und mit ihm zusammentrifft. Und was hängt nicht alles in der Bildung unseres Schicksals davon ab, daß Menschen, die in zwei verschiedenen Weltenecken ihren Ausgangspunkt nehmen, dann zusammentreffen wie hergeleitet mit einer wirklich ehernen Notwendigkeit, die überall hinzielt nach diesem Punkte, in dem sie sich treffen. Man faßt ja gar nicht in das Seelenauge das Wunderbare, das sich in solchen Betrachtungen enthüllen kann! Das menschliche Leben wird arm, wenn man es nicht so betrachtet, und es wird unendlich reich, wenn man es so betrachtet. Man muß dann schon darauf aufmerksam werden, wie man gegenüber einem Menschen, dem man scheinbar ganz zufällig begegnet, sich sagen muß, wenn man auf die ganze Art, wie man sich dann zu ihm verhält, hinsieht: Man hat ihn gesucht, gesucht seit man in diesem irdischen Dasein herinnen ist; man könnte auch schon sagen: vorher, aber darauf will ich jetzt nicht eingehen. Man braucht ja nur zu erwägen, wie man nicht auf diesen Menschen aufgestoßen wäre, wenn man da oder dort in seinem vergangenen Erdenleben nur ein wenig einen anderen Schritt nach links oder rechts gemacht hätte und nicht dahin gegangen wäre, wo man gegangen ist. Wie gesagt, diese Betrachtungen werden nicht angestellt; aber es ist ja ein unendlicher Hochmut des Menschen, wenn er glaubt, daß dasjenige, worüber er nicht Beobachtungen anstellt, auch nicht vorhanden sei. Es ist eben da! Fängt man an mit der Beobachtung, so enthüllt es sich schon. Und es ist nun ein sehr bedeutsamer Unterschied zu bemerken zwischen alledem, was da vorgegangen ist, ehe sich zwei Menschen treffen, und von dem Momente an, wo sie sich treffen. Denn ehe sie sich getroffen haben, ehe sie sich gefunden haben im Erdenleben, haben sie aufeinander gewirkt, aber ohne daß sie etwas gewußt haben voneinander. Nunmehr, nachdem sie sich getroffen haben, wirken sie aufeinander, indem sie wissen voneinander. Aber hier beginnt nun wiederum etwas außerordentlich Bedeutsames.

25 Wir treffen ja natürlich auch sehr viele Menschen im Leben, auf die wir sozusagen nicht zugegangen sind. Ich will nicht sagen, daß wir sehr viele Menschen im Leben treffen, bei denen wir uns sagen, es wäre gescheiter, wenn wir sie nicht getroffen hätten; das will ich nicht sagen. Aber wir treffen eben sehr viele Menschen, bei denen wir dies, was ich eben jetzt auseinandergesetzt habe, daß wir unbedingt auf sie zugegangen sind, nicht als eine Betrachtung anstellen können.

26 Sieht man das Ganze, was ich jetzt gesagt habe, im Lichte der Geisteswissenschaft, dann zeigt sich, daß all das, was sich zwischen zwei Menschen abspielt, ehe sie sich im Erdenleben kennenlernen, vom Mondenhaften bestimmt ist, daß alles, was sich zwischen ihnen abspielt, nachdem sie sich kennengelernt haben, vom Sonnenhaften bestimmt ist. Daher kann das, was sich abspielt zwischen zwei Menschen, bevor sie sich kennenlernen, nur im Lichte der ehernen Notwendigkeit gesehen werden; dasjenige, was sich abspielt, nachdem sie sich kennenlernen, im Lichte der Freiheit, im Lichte des gegenseitigen freien Verhaltens. Es ist tatsächlich so, daß, wenn wir einen Menschen kennenlernen, unsere Seele im Unterbewußtsein sich umschaut nach hinten und nach vorne: Nach hinten nach dem geistigen Monde, nach vorn nach der geistigen Sonne. Und damit hängt es zusammen, wie unser Karma, unser Schicksal eigentlich gewoben wird.

27 Heute haben noch die wenigsten Menschen Empfindungsfähig-

keiten für solche Dinge. Aber gerade deshalb gärt in unserem Zeitalter so viel, weil die Empfindungsfähigkeiten anfangen, für solche Dinge sich zu entwickeln. Sie sind schon in zahlreichen Menschen vorhanden, nur wissen es diese Menschen nicht. Sie schreiben das allerlei anderen Dingen zu. In Wirklichkeit wollen diese Empfindungsfähigkeiten heraus bei den Menschen, wollen so heraus, daß die Menschen beobachten, wenn sie einander kennenlernen, wieviel sie der ehernen Notwendigkeit, dem Mondenhaften verdanken, wieviel ihnen obliegen wird im Lichte der hellen Sonne, im Lichte der Freiheit. Das Schicksal so zu empfinden, das ist selbst ein Weltenschicksal der Menschheit von der Gegenwart in die Zukunft hinein! Denn wenn man einen Menschen in der Welt trifft, dann kann man genau unterscheiden zwischen zwei Arten des Verhaltens zu ihm. Den einen Menschen beurteilt man so, daß alles, was in der Beziehung zu ihm auftritt in uns, vom Willen ausgeht; den anderen Menschen beurteilt man so, daß alles, was in der Beurteilung von uns ausgeht, mehr oder weniger vom Verstande oder vom ästhetischen Sinn ausgeht.

28 Bedenken Sie nur einmal, wie fein verschieden die Menschen in ihrer Menschenerkenntnis nach diesen Dingen sind, schon in der Jugend, schon im Kindesalter: Den einen Menschen lieben wir vielleicht, oder wir hassen ihn auch. Wenn es nicht bis zu der Stärke kommt, dann haben wir Sympathie oder Antipathie für ihn; aber es geht nicht tief, wir gehen an ihm vorüber und lassen ihn an uns vorübergehen.

29 Es wird ja nicht zu leugnen sein, daß, sagen wir, die meisten unserer in der Schule uns gegenübertretenden Lehrer so von uns aufgefaßt werden: Wir gehen an ihnen vorüber, sie gehen an uns vorüber. Es gehört eben zum Glück eines Menschen, wenn er einmal ein anderes erfährt.

30 Aber es gibt ein anderes Verhältnis, schon in der Kindheit. Das ist das, wo es uns innerlich ergreift, wo wir sagen: Der Mensch tut etwas, das müssen wir auch tun! – Da beurteilen wir gar nicht den Menschen so, daß wir ihn nur vorübergehen lassen können. Da kommt das von selbst durch die Beziehung von ihm zu uns, daß wir uns ihn als Helden wählen, dem wir die Wege zum Olymp hinauf uns nacharbeiten. Kurz, es gibt Menschen, die wirken bloß auf den Verstand, auf die Verstandessympathie und -antipathie, höchstens noch auf die ästhetische

Sympathie und Antipathie; andere Menschen wirken auf unseren Willen.

31 Oder wenn wir mehr die andere Seite des Lebens betrachten: Wissen Sie es denn nicht alle, meine lieben Freunde, daß uns Menschen im Leben begegnen, uns unter Umständen durch die äußeren Verhältnisse sogar recht nahekommen können, aber es ist uns unmöglich, von ihnen zu träumen? Wir träumen nicht von ihnen! Und andere begegnen uns ein einziges Mal: Wir kommen nicht wieder los von ihnen, wir träumen ewig von ihnen. Und wenn es uns dann in diesem Erdenleben nicht gegönnt ist, mit ihnen in innigere Beziehung zu kommen, so müssen wir uns halt das für andere Erdenleben aufsparen. Aber es geht uns jene Beziehung zum Menschen wirklich tiefer, wenn wir, kaum daß wir ihn kennengelernt haben, sogleich von ihm träumen, als wenn wir einen Menschen kennenlernen, von dem wir überhaupt nicht träumen können.

32 Dann gibt es auch ein Wachträumen. Dieses Wachträumen spielt sich allerdings für die meisten Menschen heute noch in einer ziemlichen Unbestimmtheit ab. Aber Sie wissen ja: Es gibt auch initiierte Menschen, die erleben das Leben doch anders noch! Treffen diese einen Menschen, der auf ihren Willen wirkt, so wirkt er auch auf die innere Sprache. Der spricht nicht nur, wenn er einem gegenübersteht, sondern der spricht aus uns heraus. Ist man eingeweiht in die Geheimnisse des Weltendaseins, so stellt sich die Beziehung des Menschen folgenderweise als eine zweifache dar: Man begegnet Menschen, denen hört man zu. Man verläßt sie wieder: Man braucht ihnen dann nicht mehr zuzuhören, wenn man weit genug von ihnen ist. – Aber man begegnet anderen Menschen, denen hört man zu; dann kann man von ihnen weggehen und dann sprechen sie aus dem eigenen Inneren heraus: Sie sind da, sie sprechen!

33 Nun, für den Initiierten macht sich das so, wie ich es Ihnen eben geschildert habe, daß er tatsächlich mit der vollen Stimmfärbung die Menschen in sich trägt, die in dieser Weise auf ihn wirken. Für die anderen, nicht initiierten Menschen macht es sich mehr gefühlsmäßig, mehr empfindungsmäßig, aber es ist doch auch da, unterbewußt sehr stark da. Man kann sagen: Es trifft jemand einen Menschen, und er kommt zu anderen Menschen, die den auch kennen, und je nachdem er

diese oder jene Ausdrucksweise hat, sagt er: Er ist ein Prachtskerl! – Vielleicht sagen einige andere auch: Ja, er ist ein Prachtskerl. – Das heißt: er hat ihn betrachtet und gibt ein Urteil mit dem Verstande über ihn ab.

Aber nicht so verhalten wir uns zu jedem Menschen, daß wir ihn als einen Prachtskerl oder als einen Schubjack oder dergleichen auffassen; sondern es gibt eben Menschen, die unseren Willen, der ja auch, wie ich Ihnen oftmals auseinandergesetzt habe, eine Art von Schlafdasein in uns führt beim sonstigen Wachen, direkt zur Nachfolgeschaft oder zum Widerstande unmittelbar bestimmen. Bei nicht initiierten Menschen sprechen sie nicht, aber im Willen leben sie. Was ist das eigentlich für ein Unterschied?

Nun, sehen Sie, wenn man zu Menschen kommt, an Menschen herankommt, die nicht in unserem Willen leben, bei denen wir uns nicht aufgefordert fühlen, ihnen nachzuarbeiten oder ihnen zu widerstreben im Willen, sondern die wir bloß beurteilen, so sind wir mit denen wenig karmisch verknüpft, mit denen haben wir wenig zu tun gehabt in vorigen Erdenleben. Menschen, die in unseren Willen hineingehen, so daß sie uns nachgehen, so daß sich uns ihre Gestalt gleich einprägt, daß wir sie behalten, daß wir auch wie wach noch träumen von ihnen, das sind diejenigen Menschen, mit denen wir viel in vergangenen Erdenleben zu tun gehabt haben. Das sind die Menschen, mit denen wir sozusagen kosmisch durch das Tor des Mondes verbunden sind, während wir im gegenwärtigen Leben immer für alles dasjenige, was nicht mit der Notwendigkeit des Mondendaseins in uns lebt, verbunden werden durch das Sonnendasein.

Und so wird unser Schicksal gewoben. Und so können wir sagen: Der Mensch ist ja ein polarisches Wesen. Auf der einen Seite hat er sein isoliertes Kopfdasein – das hat ja eine große Selbständigkeit. Dieses Kopfdasein hebt sich eigentlich fortwährend heraus aus dem allgemeinen Weltendasein des Menschen, schon physisch: Das Gehirn ist im Durchschnitt tausendfünfhundert Gramm schwer. Bei einem solchen Gewichte müßte es eigentlich alle Adern, die darunter sind, zerdrücken. Denken Sie sich, tausendfünfhundert Gramm Gewicht auf den feinen Adern! Aber das tut es nicht. Warum denn nicht? Nun ja, weil es im

Gehirnwasser eingebettet ist. Und wenn Sie Physik gelernt haben, wissen Sie, daß ein jeder Körper im Wasser so viel von seinem Gewicht verliert, als das Gewicht des verdrängten Wassers beträgt – das sogenannte Archimedische Prinzip. Real zwanzig Gramm etwa – das andere ist nicht da, weil das Gehirn im Gehirnwasser schwimmt. So daß in Wahrheit unser Gehirn im menschlichen Leib nur mit zwanzig Gramm nach unten gezogen wird, gar nicht mit seinen tausendfünfhundert Gramm. Das Gehirn ist isoliert, hat sein eigenes Dasein, hat in bezug auf viele andere Dinge noch sein eigenes Dasein.

Das Gehirn ist wirklich so, daß wenn wir in der Welt herumgehen, es gleich einem Menschen ist, der in seinem Auto sitzt. Der Mensch selbst bewegt sich nicht im Auto: das Auto bewegt sich und er sitzt still. So ist es schon. Das Gehirn als Träger unseres Verstandes hat ein isoliertes Dasein. Deshalb ist der Verstand eigentlich so unabhängig von unserer Individualität. Wir haben doch nicht jeder einen eigenen Verstand. Wir würden uns sehr schlecht verständigen können, wenn wir jeder einen eigenen Verstand hätten! Wir können uns nur dadurch verständigen, daß jeder denselben Verstand hat, wenn auch im größeren oder geringeren Maße – das sind dann Gradunterschiede –, aber der Verstand hat etwas Allgemeines. Deshalb verständigen sich die Menschen durch den Verstand, der ist unabhängig von unseren Qualitäten. Und was im Menschenschicksal auftritt als unmittelbar Gegenwärtiges, also auch das Zusammentreffen zweier Menschen, das wirkt auf den Verstand und diejenigen Gefühlsimpulse, die an den Verstand sich angliedern. Da sprechen wir von dem «Prachtskerl», von dem uns nichts weiter interessiert, als daß er eben auf unseren Verstand wirkt. Alles, was nicht karmisch ist an uns, wirkt auf unseren Verstand; alles was karmisch ist an uns, was uns bindet als Menschen im Sinne dessen, was wir mit den menschlichen Individualitäten, die in den Leibern uns entgegentreten, durchgemacht haben, das wirkt durch unseren Willen, das wirkt durch die Tiefen des menschlichen Wesens, die im Willen sind. Und auch so ist es: Bevor wir einem Menschen, mit dem wir karmisch verbunden sind im Leben, nun auch von Angesicht zu Angesicht entgegentreten, wirkt der Wille. Der Wille ist ja nicht immer vom Verstand erhellt. Denken Sie nur, wieviel Dunkles im Willen wirkt! Das dunkelste ist dasjenige, was das Karma trägt, das zwei Menschen zusammenführt, so daß sie dann an der Art und Weise, wie ihr Wille erfaßt wird, merken, daß da das Karma wirkt. In dem Momente, wo sie sich von Angesicht zu Angesicht kennenlernen, beginnt der Verstand zu wirken. Und was vom Verstande dann gewoben wird, das kann ja wieder Grundlage für ein nächstes Karma sein. Aber man kann schon sagen: Im wesentlichen hat das Karma – im wesentlichen, nicht ganz –, hat das Karma sich ausgewirkt für zwei Menschen, die karmisch verbunden sind, wenn sie sich begegnet sind. Nur was sie dann noch tun als Fortsetzung des Unbewußten, das wirkt weiter im Sinne des Karma. Aber es wird dann in das Schicksal vieles, vieles hineingewoben, was eben nur auf den Verstand und seine Sympathien und Antipathien wirkt. Und da gliedert sich Vergangenheit und Zukunft, Mondendasein und Sonnendasein ineinander. Der Faden des Karmas, der in die Vergangenheit reicht, wird zusammengewoben mit dem Faden, der in die Zukunft reicht.

38 Wir können ganz genau hineinschauen in das Weltendasein. – Denn schauen wir hinaus, wenn wir des Morgens die Sonne aufgehen sehen, wenn wir in der Nacht den Mond betrachten, so haben wir in diesem gegenseitigen Zusammenwirken, das wir da ahnen, zunächst ein Bild dessen, wie in unserem eigenen Menschenwesen Notwendigkeit und Freiheit im Schicksale ineinander wirken. Und haben wir dann eine wirkliche Idee von diesem Zusammenwirken von Notwendigkeit und Freiheit im menschlichen Schicksal, schauen wir mit dieser Erkenntnis wiederum zurück, dann beginnen Sonne und Mond ihre eigene Geistigkeit uns zu enthüllen. Und dann reden wir nicht bloß wie der einfältige Physiker, der da sagt, wenn er den Mond anschaut: Der strahlt das Sonnenlicht zurück –, sondern dann reden wir, indem wir gewahr werden dieses Rückstrahlen des Mondenlichtes, welches dasselbe ist wie das Sonnenlicht, von dem Weben und Regen des kosmischen Schicksals.

39 Und dann lernen wir durch unser eigenes Menschenschicksal das kosmische Schicksal kennen! Dann verweben wir erst unser Menschendasein so recht mit dem kosmischen Dasein. Und so muß der Mensch wiederum hineinwachsen in ein Sich-im-Kosmos-Fühlen. Wie der Finger des Menschen das, was er ist, nur so lange ist, als er am mensch-

lichen Leibe ist – schneidet man ihn ab, ist er kein Finger mehr, er hat ein Fingersein nur, so lange er am menschlichen Leib ist –, ebenso hat der Mensch ein Sein nur, indem er ein Stück des Kosmos ist. Nur ist der Mensch hochmütig, und der Finger würde wahrscheinlich bescheidener sein, wenn er in derselben Weise Bewußtsein hätte wie der Mensch. Aber er würde vielleicht auch nicht mehr bescheiden sein, wenn er sich immer losreißen könnte und am Menschen herumspazieren könnte – nur müßte er auch in der Sphäre des Menschen bleiben, um ein Finger zu bleiben! Und es muß der Mensch, so wie er einmal ein Erdenmensch ist, in der Sphäre der Erde bleiben, um Mensch zu sein. – Er ist etwas ganz anderes, er ist in seinem ewigen Wesen, wenn er außerhalb der Erdensphäre ist im vorirdischen Dasein, im nachirdischen Dasein. Aber auch diese lernen wir nur kennen, wenn wir uns als Glied des Weltenalls kennenlernen. Das können wir nicht, indem wir einfach phantasieren von unserem Zusammenhang mit dem Weltenall; sondern das können wir nur dann, wenn wir in einer solchen Weise, wie es heute wieder geschehen ist, uns allmählich ganz einfühlen lernen in die einzelnen konkreten Gestaltungen des Weltenalls. Dann fühlen wir aber, wie unser Schicksal wirklich ein Abbild der Sternenwelt ist, des Sonnen- und Mondenhaften. Dann lernen wir hinausschauen in das Weltenall und lernen unser Menschenleben abzulesen von dem Leben des großen Weltenalls. Und wiederum lernen wir hineinschauen in unsere eigene Seele und lernen die Welt verstehen aus unserer eigenen Seele. Denn niemand versteht den Mond, der nicht die Notwendigkeit im menschlichen Schicksal versteht; niemand versteht die Sonne, der nicht die Freiheit im menschlichen Wesen versteht. So hängen die Dinge zusammen von Notwendigkeit und Freiheit.

40 Daß dieses, was in solcher Weise als eine wirklich esoterische Anschauung in unsere Herzen, in unsere Gemüter einziehen kann, in der Zukunft noch in wirksamerer Weise leben könne in der Welt, dazu haben wir mit der Weihnachtstagung am Goetheanum die Impulse zu geben versucht. Und ich hoffe, daß, was auf dieser Weihnachtstagung sich abgespielt hat, immer mehr und mehr ins Bewußtsein unserer Freunde, unserer lieben Mitglieder einziehen wird. Und ich möchte nach dieser Richtung besonders darauf aufmerksam machen, daß ja

jetzt zu Händen eines jeden Mitgliedes jenes Nachrichtenblatt kommen kann, das den Titel trägt «Was in der Anthroposophischen Gesellschaft vorgeht» und das seit unserer Weihnachtstagung jede Woche erscheint. Durch dieses Nachrichtenblatt und durch vieles andere, was sich in der Anthroposophischen Gesellschaft entwickelt, soll nun in der Zukunft wirklich diese Anthroposophische Gesellschaft jenes lebendigen Lebens teilhaftig sein, das aus der Anthroposophie kommen kann. Die Isoliertheit unserer Zweige soll etwas aufhören. Dadurch wird die Anthroposophische Gesellschaft erst ein Ganzes, daß derjenige, der in einem Anthroposophischen Zweige in Neuseeland ist, weiß, was in einem Anthroposophischen Zweige in Bern oder in Wien vorgeht; derjenige, der in einem Anthroposophischen Zweige in Bern ist, weiß, was in Neuseeland oder in New York oder in Wien vorgeht. Dafür wird eine Möglichkeit da sein. Und unter den vielen Dingen, die wir schaffen, oder wenigstens unter den mannigfaltigen Dingen, die wir schaffen wollen im Anschluß an diese Weihnachtstagung, wird eben dieses sein, daß in diesem Nachrichtenblatt tatsächlich ein Vermittlerorgan da sein wird für alles, was in der Welt anthroposophisch vorgeht. Es wird nur nötig sein, ein wenig Einsicht zu nehmen von diesem Nachrichtenblatt, dann wird man ja auch wissen, was man nun wiederum zum Gedeihen dieses Nachrichtenblattes tun soll.

Während ich hier spreche, wird eben drüben in Dornach die dritte Nummer dieses Nachrichtenblattes ausgegeben, in dem ich ausgeführt habe, wie jedes einzelne Mitglied wirken kann dazu, daß dieses Nachrichtenblatt wirklich in entsprechender Weise ein Spiegelbild des anthroposophischen Schaffens in der anthroposophischen Bewegung ist. Nur weil ich glaube, daß das Leben in der Anthroposophischen Gesellschaft reger werden muß, als es gewesen ist, nur weil ich glaube, daß dazu notwendig ist, daß wirklich mehr Anthroposophie in der Anthroposophischen Gesellschaft gepflegt wird, als es bisher geschehen ist – ich meine nicht mehr an Stoff, sondern mehr an Intensität und an Enthusiasmus und Liebe –, deshalb habe ich mich entschlossen, während ich nach den sonstigen Usancen in der Welt reichlich ein Recht dazu hätte, mich pensionieren zu lassen – es ist ja so das Lebensalter, in dem man das tut –, nur weil ich das meine, habe ich mich dazu entschlossen, wieder anzufangen. Nachdem ich ja schon 1912 die persönliche Leitung der Anthroposophischen Gesellschaft abgegeben hatte, habe ich mich entschlossen, wieder anzufangen und mir einzubilden, ich wäre wieder jung und könnte eben durchaus wirken. Und ich möchte, daß auch wirklich in diesem Sinne, meine lieben Freunde, verstanden wird, daß ein gewisses regeres Interesse kommen möchte für ein regeres Leben in der Anthroposophischen Gesellschaft. Das ist dasjenige, wovon ich möchte – Sie können es ja im «Goetheanum» und Nachrichtenblatt lesen, diejenigen, die nicht in Dornach waren –, daß aus dem, was in der Weihnachtstagung geschehen ist, als geistiges Wort wirklich zu jedem einzelnen Mitgliede etwas dringen möge. Und dadurch wird das erreicht werden, daß wieder wirkliches esoterisches Leben einzieht. Denn dazu ist die Hochschule für Geisteswissenschaft zu Weihnachten gegründet worden: daß wiederum esoterisches Leben einziehen möge in unsere Anthroposophische Gesellschaft. Das wird kommen können.

42 Ich wollte die Worte, die ich heute zu Ihnen gesprochen habe, meine lieben Freunde, eben so gesprochen haben, daß sie zu gleicher Zeit ausdrücken sollen: Es möge wiederum solches esoterisches Leben unter uns einziehen, in der Weise, wie es zu Ihnen immer mehr und mehr wird gesagt werden, und wie es dann wird verwirklicht werden können durch dasjenige, was in der Zukunft von Dornach als dem Orte der allgemeinen, zu Weihnachten gegründeten Gesellschaft ausgehen kann. Möge die liebe Mitgliedschaft dieses Berner Zweiges recht viel beitragen können zu dem, was wir gern von Dornach aus für die anthroposophische Bewegung leisten möchten nach den Kräften, die wir eben haben.

ZWEITER VORTRAG

Bern, 16. April 1924

Es ist schon einmal hier in den Kreisen unserer Berner anthroposophischen Freunde ausgesprochen worden, wie die Weihnachtstagung am Goetheanum dazu bestimmt war, einen neuen Zug in die anthroposophische Bewegung hineinzubringen. Es kann das Bewußtsein von diesem neuen Zug nicht oft genug eingeschärft werden. Denn es handelt sich ja darum, daß vor dieser Weihnachtstagung – wenigstens in der Praxis, wenn vielleicht auch nicht überall – die Auffassung so war, daß die Anthroposophische Gesellschaft eine Art Verwaltungsgesellschaft für das darstellte, was Anthroposophie als Inhalt und als Lebensimpuls hat. Das hat sich ja im wesentlichen so herausgestellt, seit die Anthroposophische Gesellschaft sich aus der Theosophischen Gesellschaft heraus verselbständigt hat.

Und die Entwickelung dieser Anthroposophischen Gesellschaft ist ja nicht so gegangen, wie sie gerade hätte gehen können unter der Voraussetzung, daß ich selbst nicht irgendeine Vorstandsstelle oder dergleichen inne hatte, sondern gewissermaßen in einer völlig freien Position innerhalb der Gesellschaft stand. Dennoch hat man eigentlich wenig Notiz genommen von alldem, was unter dieser Voraussetzung sich hätte entwickeln können. Und so ist es denn gekommen, daß etwa vom Jahre 1919 ab – nachdem ja während der Kriegsjahre die Führung der Anthroposophischen Gesellschaft schwierig war – allerlei Bestrebungen innerhalb der Anthroposophischen Gesellschaft aufgetreten sind, Bestrebungen, hervorgegangen aus den und jenen Ambitionen innerhalb des Mitgliederkreises, welche im Grunde der eigentlichen anthroposophischen Sache gegenüber abträglich gewirkt haben, abträglich in dem Sinne, daß dadurch gerade, ich möchte sagen, die Feindseligkeit der Außenwelt in besonderem Maße hervorgetreten ist. Es ist ja ganz naturgemäß, meine lieben Freunde, daß, wenn solche Bestrebungen innerhalb einer Gesellschaft auftreten, die auf einem okkulten Boden steht, man zuletzt – aus der Esoterik heraus – diese Dinge entstehen lassen muß. Denn denken Sie sich, wenn all dasjenige, was da sich bilden wollte, von Anfang an von mir verwehrt worden wäre, so würden heute die meisten der Beteiligten sagen: Ja, wenn das oder jenes nur geschehen wäre, würde es zu etwas Günstigem geführt haben! – Nun kann man schon sagen: die Stellung der anthroposophischen Bewegung wurde in der Welt dadurch immer schwieriger und schwieriger.

Einzelheiten will ich nicht erwähnen, sondern auf das Positive mehr hinarbeiten; will nur sagen, daß eben notwendig geworden ist, all dem Negativen, das in der Gesellschaft nach und nach aufgetreten ist, das Positive gegenüberzusetzen. Eine solche positive Gründung – ich mußte das oftmals vor der Weihnachtstagung am Goetheanum erwähnen – wie die anthroposophische Bewegung, die eigentlich eine geistige Strömung ist, geleitet von geistigen Mächten und geistigen Kräften aus der übersinnlichen Welt, die ihre Erscheinung nur haben hier in der physischen Welt, durfte nicht zusammengeworfen werden mit der Anthroposophischen Gesellschaft, die eben eine Verwaltungsgesellschaft ist – so weit sie das vermag – zur Pflege des anthroposophischen Impulses.

Nun, seit der Weihnachtstagung am Goetheanum ist das durchaus anders geworden. Und nur unter dem Gesichtspunkte des Anderswerdens hatte es einen Sinn, daß ich selber – mit einem Vorstande zusammen, mit dem als einem einheitlichen Organismus ganz intensiv für die anthroposophische Bewegung gearbeitet werden kann und muß – den Vorsitz übernahm. Diese Voraussetzung ist diejenige, daß nunmehr die anthroposophische Bewegung eins werde mit der Anthroposophischen Gesellschaft. Was also nicht wahr war vor der Weihnachtstagung, ist gründlich verändert seit der Weihnachtstagung. Es muß nunmehr zusammenfallen die Anthroposophische Gesellschaft mit der anthroposophischen Bewegung, wie sie sich in der Welt darstellt. Dadurch aber ist notwendig geworden, daß der esoterische Impuls, welcher durch die anthroposophische Bewegung fließt, auch wirklich in der ganzen Verfassung der Anthroposophischen Gesellschaft zum Vorschein kommt. Daher muß seit dieser Weihnachtstagung in Dornach unbedingt anerkannt werden, daß die Einsetzung des Dornacher Vorstandes selber ein Esoterisches ist, daß es sich darum handelt, daß wahre esoterische Strömung durch die Gesellschaft geht und daß die Einsetzung des Vorstandes als esoterische Tat anzusehen ist. Unter dieser Voraussetzung ist der Vorstand gebildet worden.

Ferner muß festgehalten werden, daß nunmehr die Anthroposophische Gesellschaft nicht bloß als Verwaltungsgesellschaft für die Anthroposophie da sein kann, sondern daß nunmehr Anthroposophie selber getan werden muß in alldem, was in der Anthroposophischen Gesellschaft geschieht. Das Tun selber muß anthroposophisch sein. Das ist dasjenige, was, wie es scheint, recht schwer sich in das Bewußtsein einlebt. Aber es müßte sich nach und nach diese gründliche Umwandlung in das Bewußtsein unserer lieben Freunde einleben.

Und zunächst ist ja versucht worden, in dem dem «Goetheanum» beigegebenen Mitteilungsblatt, das in die Gesellschaft hineinzubringen, was dieser Gesellschaft eine einheitliche Substanz geben kann, was sozusagen einen einheitlichen Gedankenzug bringen kann, der dem Strömen des Geistigen durch die Bewegung dienen kann; was einen einheitlichen Gedankenzug möglich macht, insbesondere durch die wöchentliche Formulierung von Leitsätzen, die sozusagen der Grundkeim sein sollen für das, was in den einzelnen Zweigen geschieht. Es ist ja merkwürdig, wie verkannt noch wird, was mit der anthroposophischen Bewegung da ist.

Ich bekam vor einiger Zeit einen Brief von einem jüngeren Mitglied der Anthroposophischen Gesellschaft. Dieser Brief verbreitete sich über die Eingliederung – für hier, für die Schweiz, hat das keine Bedeutung, aber ich erwähne es als Beispiel –, über die Eingliederung der Gemeinschaft für christliche Erneuerung in die Anthroposophische Gesellschaft. Ich habe nun in einem gewissen Zeitpunkt vom Goetheanum in Dornach aus betont, wie diese Gemeinschaft für christliche Erneuerung aufzufassen ist im Verhältnis zur Anthroposophischen Gesellschaft. Ich habe dazumal betont, daß ich nicht aus der Anthroposophischen Gesellschaft heraus irgendwie als Begründer der Christengemeinschaft aufgefaßt werden kann, sondern daß diese Christengemeinschaft neben der Anthroposophischen Gesellschaft durch mich – ich brauchte dazumal den Ausdruck «als Privatmann» – gebildet worden ist. An diesen Ausdruck «Privatmann» knüpft nun dieser Brief an, nachdem gesagt wird, daß eine religiöse Erneuerung nicht durch einen Menschen geschehen könne, sondern einzig und allein dadurch, daß ein geistiger Impuls aus den oberen Sphären in die Erdenimpulse wieder einfließt: Nur von göttlich-geistigen Mächten selber kann eine religiöse Erneuerung erhofft werden. Das ist ganz richtig. Aber eines wird dabei vielleicht vergessen – und notwendig ist, daß dieses eine vollständig begriffen werde in der Anthroposophischen Gesellschaft. Was begriffen werden muß, ist dieses: daß die anthroposophische Bewegung als solche – und in ihr liegen auch die Quellen für die christliche Erneuerungsbewegung – ja nicht einem bloß menschlichen Impulse ihren Ursprung verdankt, sondern daß sie eben gerade dasjenige ist, was unter dem Einflusse und aus dem Impuls von geistig-göttlichen Mächten heraus in die Welt gesetzt ist. Wenn man in der Anthroposophie selber ein geistig Eingesetztes sieht, das esoterisch durch die Zivilisation fließt, dann nur wird man auch, wenn aus den Quellen der Anthroposophie etwas anderes entsteht, die richtige Ansicht haben können, und ein solcher Einwand wie der in dem Brief kann sich nicht ergeben. Das Bewußtsein muß da sein, daß fernerhin vom Goetheanum aus die Anthroposophische Gesellschaft esoterisch geleitet wird.

Damit steht in Verbindung, daß ein völlig neuer Zug durch alles dasjenige geht, was nunmehr als anthroposophische Bewegung aufgefaßt wird. Deshalb ist es, daß Sie auch bemerken werden, meine lieben Freunde, wie anders seit jener Zeit gesprochen werden kann, als das vorher der Fall war. Es kommt in der Zukunft auf gar nichts weiteres an, als daß bei allen Maßnahmen der anthroposophischen Bewegung, die identisch ist mit der Anthroposophischen Gesellschaft, künftighin eben die Verantwortlichkeit vorliegt gegenüber den geistigen Mächten selber. Aber das muß richtig verstanden werden. Und so muß namentlich aufgefaßt werden, daß schon die Überschrift «Allgemeine Anthroposophische Gesellschaft» nicht gebraucht werden darf für irgendeine Veranstaltung, ohne daß man sich mit dem Dornacher Vorstand erst verständigt; daß nicht irgend etwas, was von Dornach inauguriert wird, irgend weiterverwendet werden kann, ohne sich mit dem Dornacher Vorstand in entsprechendes Verhältnis zu setzen. Ich muß das erwähnen, weil immer solche Dinge vorgehen, daß zum Beispiel Vorträge gehalten werden unter dem Titel der Allgemeinen Anthroposophischen Gesellschaft, ohne daß in Dornach angefragt wird. Es werden Dinge, die esoterischen Grundzug haben, wie Formeln und dergleichen, verwendet, ohne das durch eine Verständigung mit dem Vorstand zu begründen, was durchaus notwendig ist, denn wir haben es mit Realitäten zu tun, nicht mit irgendwelchen Verwaltungsmaßnahmen oder Formalien. So ist also für alle diese und ähnliche Dinge eine Verständigung zu suchen oder eine Anfrage zu richten an den Schriftführer des Dornacher Vorstandes. Wenn die Verständigung nicht vorliegt, wird die betreffende Veranstaltung als nicht von der anthroposophischen Bewegung ausgehend angesehen. Das würde in irgendeiner Weise zutage treten müssen.

Es ist nun so, daß alles irgend Bürokratische, formal Verwaltungsmäßige aus der Anthroposophischen Gesellschaft in Zukunft ausscheiden muß. Das Verhältnis, das besteht innerhalb der Anthroposophischen Gesellschaft, ist ein rein menschliches, alles auf das Menschliche abstellendes. Vielleicht darf ich auch hier erwähnen, daß dieses schon dadurch zutage tritt, daß nunmehr alle die zwölftausend Mitgliederzertifikate, die ausgestellt werden, von mir persönlich unterschrieben werden. Ich habe auch den Rat bekommen, ich solle einen Stempel machen lassen und aufdrücken. Ich tue das nicht. Es ist nur eine kleine Maßregel, aber es ist etwas anderes, wenn ich mein Auge habe ruhen lassen auf dem Namen eines Mitgliedes und dadurch das, wenn auch abstrakte, so doch immerhin persönliche Verhältnis eingetreten ist. Wenn es auch eine Äußerlichkeit ist, so soll es doch anzeigen, daß in Zukunft angestrebt wird, die Verhältnisse zu persönlichen, zu menschlichen zu machen. Daher mußte zum Beispiel neulich in Prag, als gefragt wurde, ob die böhmische Landesgesellschaft Mitglied werden könne der Anthroposophischen Gesellschaft, dahingehend entschieden werden, daß sie das nicht könne: es können nur einzelne Menschen Mitglied der Anthroposophischen Gesellschaft werden; die können sich dann zusammenschließen zu irgendwelchen Gruppen. Aber als einzelne Menschen werden sie Mitglieder und tragen das Zertifikat als einzelne Menschen. Juristische Personen, also nichtmenschliche Persönlichkeiten, werden das nicht haben. Ebenso sind die Statuten nicht Feststellungen, sondern eine einfache Erzählung desjenigen, was der im esoterischen Sinne aufzufassende Vorstand in Dornach aus seiner Initiative heraus für die anthroposophische Bewegung tun will. Alle diese

Dinge müssen in der Zukunft mit dem höchsten Ernste genommen werden; nur dadurch wird es möglich sein, in der Anthroposophischen Gesellschaft dasjenige zu schaffen, ohne dessen Schöpfung es mir unmöglich gewesen wäre, die Leitung der Anthroposophischen Gesellschaft selber zu übernehmen.

Nun soll auch durchaus in all unser Wirken und Schaffen durch die Weihnachtstagung ein neuer Zug kommen. Und deshalb wird in der Zukunft ganz aus dem Geistigen heraus auch gesprochen werden, gesprochen werden so, daß Dinge, wie sie sich zugetragen haben durch dasjenige, was eben in der letzten Zeit geschehen ist, sich nicht mehr zutragen können. Sehen Sie, ein großer Teil der Feindseligkeiten ist zum Beispiel entstanden durch manches, was provozierend war in der Gesellschaft. Gewiß, dazu kommen alle möglichen unlauteren Dinge, aber in Zukunft wird man gar nicht mehr so zu den Feindseligkeiten sich stellen können wie in der Vergangenheit. Denn die Zyklen sind so, daß sie für jeden zu haben sind, daß sie vom Philosophisch-Anthroposophischen Verlag zu beziehen sind. Wir werden sie nicht im Buchhandel anpreisen lassen, die Freigabe ist auch nicht so aufzufassen, daß sie dem Buchhandel eingefügt werden, aber sie werden jedem zugänglich sein. Schon dadurch ist die Behauptung weggeschafft, daß die Anthroposophische Gesellschaft eine Geheimgesellschaft sei mit Geheimschriften. Aber es wird in Zukunft gar manches durch die anthroposophische Bewegung fließen, demgegenüber man gar kein Verhältnis zu irgendeiner feindlichen Außenwelt gewinnen kann. Vieles von dem, was in die Lehren der Anthroposophischen Gesellschaft in Zukunft einfließen wird, wird so sein, daß es die selbstverständliche Feindseligkeit hervorrufen wird derjenigen, die draußen stehen, aber eine Feindseligkeit, um die man sich nicht kümmern wird, weil sie eine selbstverständliche ist.

So möchte ich aus diesem Geiste heraus einiges zu Ihnen sprechen, möchte namentlich darüber sprechen, wie das Begreifen der geschichtlichen Entwickelung der Menschheit ein ganz anderes Licht bekommt, wenn man Ernst macht mit der Betrachtung der Karmaverhältnisse im Weltenwerden.

Sehen Sie, ich habe bei der allerersten Versammlung, die in Berlin zur Begründung der damaligen Deutschen Sektion der Theosophischen

Gesellschaft war, für einen Vortrag, den ich damals halten wollte, einen bestimmten Titel gewählt. Der Titel hieß: «Praktische Karma-Übungen». Ich wollte damals dasjenige einleiten, was jetzt geschehen soll. Ich will Ernst machen mit der Betrachtung des Karma.

Dazumal waren in der Deutschen Sektion der Theosophischen Gesellschaft einzelne ältere Mitglieder der Theosophischen Gesellschaft; die fingen an förmlich zu beben davor, daß ich die Absicht hätte, in einer so esoterischen Weise anzufangen. Und in der Tat war keine Stimmung dazu da. Man konnte konstatieren, wie wenig vorbereitet die Seelen für so etwas waren. Es konnte in der Form, wie es damals beabsichtigt war, das Thema «Praktische Karma-Übungen» überhaupt nicht zur Geltung kommen. Die Verhältnisse machten es dazumal notwendig, daß eigentlich in einer viel exoterischeren Weise gesprochen wurde, als es damals beabsichtigt war. Aber es muß einmal mit dem wirklichen Esoterischen begonnen werden, nachdem mehr als zwei Jahrzehnte vorbereitender Arbeit geschehen ist. So konnte die Weihnachtstagung in Dornach stattfinden, wo das Esoterische in die Gesellschaft hineinkam, und so kann eigentlich jetzt dort angeknüpft werden, wo damals beabsichtigt war, diesen esoterischen Zug in die Gesellschaft hineinzutragen.

Geschichtliche Entwickelung der Menschheit, was ist sie eigentlich, wenn wir hinschauen auf dasjenige, was sich enthüllt für den Menschen als wiederholte Erdenleben? Bedenken Sie doch, meine lieben Freunde, wenn irgendeine Persönlichkeit irgendwie leitend, führend in der Entwickelung der Menschheit auftritt, müssen wir sagen: diese Persönlichkeit trägt in sich eine seelische Individualität, die oftmals schon da war im Erdenleben und die in dieses Erdenleben hineinbringt die Impulse aus früheren Erdenleben. Wir verstehen sie in Wirklichkeit nur, wenn wir sie aus ihrem früheren Erdenleben heraus begreifen. Wir sehen daraus zugleich, wie dasjenige, was in früheren Epochen der Weltgeschichte wirkte, herübergetragen wird aus früheren Epochen der Weltgeschichte durch die Menschen selber. Dasjenige, was in der heutigen Zivilisation lebt, ist herausgewachsen aus den Menschen der weiteren Gegenwart. Diese Menschen der weiteren Gegenwart aber sind ja dieselben Seelen, die in früheren Epochen da waren, die das aufgenommen haben, was frühere Zivilisationsepochen gebracht haben. Das haben diese Menschen selber herübergetragen in die Gegenwart. Und so ähnlich ist es für die anderen Epochen. So daß man dieses Fortströmen der Zivilisationsimpulse nur begreifen kann, wenn man eingehen kann auf dasjenige, was durch die Seelen aus einer Zeitepoche in die andere herübergebracht wird. Dann ergibt sich aber eine konkrete Geschichte gegenüber der abstrakten. Sonst spricht man nur immer davon, daß Ideen in der Weltgeschichte wirken oder moralischer Wille, überhaupt Moralimpulse, welche die Dinge von einem Zeitraum in den anderen hinübertragen. Die Träger dessen, was aus anderen Kulturepochen stammt, sind die Menschenseelen selber, denn sie verkörpern sich immer von neuem. Nur dann auch begreift man, wie man selber geworden ist, wie man hereingetragen hat dasjenige, was zugrunde liegt dem Schicksal des Leibes, dem Schicksal im Guten wie im Bösen, wenn man zunächst einmal hinschaut auf die Art und Weise, wie das, was Geschichte geworden ist, von den Menschen selbst, die in wiederholten Erdenleben gelebt haben, von einer Epoche in die andere getragen worden ist. Dann enthüllen sich erst die Geheimnisse, die großen Rätselfragen des geschichtlichen Werdens.

Nun möchte ich einmal heute an drei Beispielen zeigen, wie Karma durch konkrete Persönlichkeiten wirkt: ein Beispiel, das mehr auf den großen Schauplatz der Geschichte führt, und zwei weitere Beispiele, die mehr die Wiederverkörperungen von einzelnen Menschen ins Auge fassen.

Sehen Sie, in unserer modernen Zivilisation ist sehr viel von dem drin, was eigentlich heute nicht ganz zum Christentum, zur christlichen Entwickelung stimmt: die neuere Naturwissenschaft mit alldem, was von ihr aus schon bis in die Volksschule hineingetragen wird, so daß die Menschen, die auch nichts von Naturwissenschaft wissen, ein im Sinne der Naturwissenschaft gehaltenes Denken haben. Diese Impulse sind eigentlich nicht christlich. Woher stammen sie?

Nun, Sie alle wissen, daß sich etwa ein halbes Jahrtausend nach der Begründung des Christentums der Arabismus, inspiriert durch Mohammed, ausgebreitet hat. Zunächst verfolgt man diesen Arabismus so, daß Mohammed eine Lehre begründete, die sich in einem gewissen Sinne dem Christentum entgegenstellte. Inwiefern dem Christentum entgegenstellte? Sehen Sie, es gehört schon einmal zum Christentum, daß in dem Kern des Christentums leben die drei Formen des Göttlichen: der Vater, der Sohn und der Geist. Das führt zurück auf die alten Mysterien, die den Menschen hinaufgeführt haben durch vier Vorstufen, dann durch die drei oberen Stufen. Wenn der Mensch die fünfte Stufe erreicht hat, erscheint er als der Repräsentant des Geistes, in der sechsten als der Repräsentant des Christus, in der siebenten, der höchsten, als der Repräsentant des Vaters. Das will ich nur erwähnen.

Diese Trinität macht es möglich, daß in der Entwickelung des Christentums der Impuls der Freiheit liegt. Da schaut man hinauf zum Vatergott. Was hat man da? Wenn man hinaufschaut zum Vatergott, so ist der Vatergott jene Geistigkeit, die in all den Kräften des Weltenalls lebt, die für das Erdensein vom Monde ausgehen. Nun gehen innerhalb des Erdenseins vom Monde alle diejenigen Kräfte aus, die es mit den Impulsen der physischen Keimung, also beim Menschen der physischen Menschwerdung zu tun haben. Natürlich muß man sich immer klar sein darüber, daß diese physische Menschwerdung ihre geistige Seite hat. Wir steigen herunter vom vorirdischen Dasein, das ein geistig-seelisches ist, in das irdische Dasein, wir vereinigen uns mit dem physischen Leib. Aber alles, was da geschieht, was den Menschen von der Geburt aus ins Erdenleben hineinstellt, ist Vatergott-Schöpfung, ist für die Erde Schöpfung durch Mondenkräfte. Dadurch ist der Mensch, indem er durch ein Erdenleben hindurch den Mondenkräften unterworfen ist, schon vorher bestimmt, wenn er in die Erdentwickelung hereintritt, ganz bestimmten Impulsen unterworfen zu sein. Daher ist auch zum Beispiel eine Mondreligion, eine ausgesprochene Vaterreligion – wie es die hebräisch-jüdische des Altertums war –, durchaus darauf aus, nur dasjenige im Menschen gelten zu lassen, was in ihm veranlagt ist durch die Vatergott-Kräfte, durch die Mondkräfte. Als nun aber das Christentum begründet wurde, waren in der Umgebung des Christus durchaus noch alte Mysterienwahrheiten vorhanden, die zum Beispiel zurückgewiesen haben auf ganz bestimmte Einrichtungen, die in der ältesten Zeit der nachatlantischen Kulturentwickelung bestanden haben, Einrichtungen, die heute dem Menschen ganz grotesk erscheinen, die aber in der Menschennatur begründet waren.

Sehen Sie, wenn der Mensch in der ersten nachatlantischen Kulturperiode, die wir die urindische genannt haben, so dreißig Jahre alt geworden war, trat mit ihm eine ganz radikale Umwandlung, eine Metamorphose im Erdenleben ein. Eine so radikale Umwandlung, daß, in heutiger, moderner Form ausgesprochen, folgendes passieren konnte: Der Mensch, der das dreißigste Lebensjahr überschritten hatte, begegnete einem anderen, den er sehr gut kannte, mit dem er vielleicht befreundet war, und der noch nicht das dreißigste Lebensjahr überschritten hatte. Der redet ihn an, will ihn begrüßen. Der das dreißigste Jahr überschritten hat, versteht gar nicht, was er will: Er hat alles auf der Erde Erfahrene mit dem dreißigsten Lebensjahr vergessen! Und dasjenige, was in ihm weiter im Leben als Impuls wirkt, das wurde ihm durch die Mysterien verliehen. So war es in den ältesten Zeiten der Entwickelung nach der atlantischen Katastrophe. Um das, was er vorher erlebt hatte, zu erfahren, mußte er sich erst erkundigen: das mußte er erst aus der kleinen Gemeinde, die da war, erfahren. Mit dreißig Jahren wurde die Seele so umgewandelt, daß der Mensch ein ganz neuer Mensch war. Er fing ein neues Dasein an, so wie er als Kind mit der Geburt angefangen hatte. Damals war ihm ganz klar: Bis zum dreißigsten Lebensjahr wirken die Jugendkräfte; dann mußten die Mysterien, die reale Impulse in sich schlossen, dafür sorgen, daß der Mensch weiter in seiner Seele Menschendasein hatte. Das taten die Mysterien, weil sie Besitzer des Sohnesgeheimnisses waren.

Der Christus lebte nun schon in einer Zeit, in der die Sohnesgeheimnisse, wie ich sie hier nur andeuten kann, vollständig zerstoben waren, nur in kleinen Kreisen noch gewußt wurden. Der Christus konnte sich aber offenbaren durch sein Erlebnis im dreißigsten Lebensjahr dahin, daß er nun als der letzte den Sohnesimpuls, und zwar vom Weltenall unmittelbar empfangen hatte, wie man ihn empfangen muß, um nach dem dreißigsten Jahr ebenso von den Sonnenkräften abhängig zu sein wie vorher von den Mondenkräften. Christus hat begreiflich gemacht den Menschen: die Sohneswesenheit in ihm ist jene Sonnenwesenheit, die einstmals in den Mysterien erwartet worden war, aber als etwas, was nicht auf der Erde war. Damit ist die Menschheit hingewiesen worden, so wie man in den alten Mysterien in die Geheimnisse der Sonnenkraft hineingeschaut hat, so jetzt auf den Christus, um zu sagen, daß nun das Sonnengeheimnis in den Menschen eingetreten ist. Das ist ja dann in den ersten christlichen Jahrhunderten vollständig ausgerottet worden. Sternenweisheit, kosmische Weisheit ist ausgerottet worden, und eine materialistische Auffassung des Mysteriums von Golgatha hat sich allmählich gebildet, die den Christus nur kennt als etwas, was allerdings in Jesus gelebt hat, im übrigen aber von dem ganzen Zusammenhang nichts wissen will.

Nun konnten diejenigen, die das wußten, in den ersten christlichen Jahrhunderten sagen: Neben dem Vatergott besteht der Sohnes- oder der Christus-Gott. Der Vatergott ist der Regierer dessen, was in den Menschen fatalistisch veranlagt ist, weil es mit ihm geboren ist und in ihm wirkt wie Naturkräfte. So ist auch die hebräische Religion konstituiert. Das Christentum setzt die Sohneskraft daneben, die während des menschlichen Lebenslaufes einzieht als ein Schöpfer in seine Seele, die ihn frei macht und ihn vor sich selbst wiedergeboren werden läßt, daß er etwas im Erdenleben werden könne, was noch nicht vorherbestimmt ist mit der Geburt durch die Mondenkräfte. Das war der Hauptimpuls des Christentums in den ersten Jahrhunderten.

Gegen diesen Impuls hat sich der Mohammedanismus aufgelehnt mit seinem Satze, der weithin wirkt: Da ist kein Gott außer Gott, den da Mohammed zu verkünden hat. – Es ist ein Zurückgehen auf Vorchristliches, nur in der Erneuerung, wie es eintreten mußte, weil es eintrat ein halbes Jahrtausend nach der Begründung des Christentums. Damit war der Naturgott, der Vatergott zu dem alleinigen gemacht, nicht ein Freiheitgott, ein die Menschen zur Freiheit führender Gott. Das begünstigt innerhalb des Arabismus, wo sich der Mohammedanismus ausbreitet, eine Wiedererneuerung alter Kulturen. Eine Wiedererneuerung uralter Kulturen mit Ausschluß des Christentums findet in der Tat in grandioser Weise statt in verschiedenen Zivilisationszentren des Orientes. Es breitete sich zugleich mit den kriegerischen Strömungen des Arabismus aus von Osten nach Westen, in Afrika, ich möchte sagen, das Christentum umfangend, ein Zug von Wiedererneuerung alter Kultur im Arabismus.

Eine glänzende Stätte für diesen Arabismus war in Asien drüben am

Hofe des *Harun al Raschid,* so in dem Zeitalter, in dem in Europa *Karl der Große* herrschte. Aber während Karl der Große kaum darüber hinauskam, schreiben und lesen zu können, die primitivsten Anfänge der Kultur zu entfalten, lebte eine höchst großartige Kultur am Hofe Harun al Raschids. Harun war vielleicht kein ganz guter, aber ein umfassender Geist, ein eindringlicher, genialer Geist, im besten Sinne des Wortes ein universeller Geist. Er versammelte am Hofe alle diejenigen Weisen, welche Träger waren desjenigen, was dazumal gewußt werden konnte: Dichter, Philosophen, Mediziner, Theologen, Architekten, alles das lebte, hergeführt von seinem großen Geiste, am Hofe Harun al Raschids.

Nun lebte an diesem Hofe Harun al Raschids ein ganz eminenter, bedeutsamer Geist, ein Geist, der – nicht dazumal in der Inkarnation am Hofe Harun al Raschids, sondern in einer früheren Inkarnation – ein wirklicher Eingeweihter gewesen war. Sie werden sich fragen: Bleibt denn ein Eingeweihter, durch die Inkarnationen gehend, nicht ein Eingeweihter? Man kann ein tief Eingeweihter in einer früheren Epoche gewesen sein, und man muß in einer neuen Epoche denjenigen Körper benützen, man muß diejenige Erziehung durchmachen, welche aus dieser Epoche herauskommen kann. Dann muß man die Kräfte, die zunächst aus der früheren Inkarnation kommen, im Unterbewußtsein halten. Es muß sich dasjenige, was der entsprechenden Zivilisation gemäß ist, in einem Menschen dann entwickeln. So leben durchaus Menschen, die äußerlich eben wie Ergebnisse ihrer Zivilisation erscheinen; aber durch die Art, wie sie draußen leben, sieht man tiefere Impulse in ihnen: Sie waren früher Eingeweihte, verlieren das auch nicht, handeln auch in ihrem Unterbewußtsein darnach; sie können aber nicht anders, als sich anpassen dem, was das Leben der Kultur eben gewährt.

So war die Persönlichkeit, von der die Überlieferung sagt, daß sie großartige Einrichtungen für alle die Wissenschaften am Hofe Harun al Raschids getroffen hat, dazumal eben nur einer der größten Weisen seiner Zeit, mit einem im Geiste so überragenden Organisationstalent, daß viel von dem, was am Hofe Harun al Raschids gewirkt hat, von diesem Geiste ausging.

Nun breitete sich der Arabismus durch Jahrhunderte aus. Wir wissen ja von den Kriegen, die Europa geführt hat, um den Arabismus in seine Schranken zurückzuweisen. Damit war es nicht abgetan: Die Seelen, die gewirkt haben im Arabismus, gehen durch die Pforte des Todes, entwickeln sich durch die geistige Welt weiter und bleiben in einer gewissen Art bei ihrem Wirken. So ist es bei den zwei Individualitäten des Harun al Raschid und seines weisen Ratgebers, der an seinem Hofe gelebt hat.

Folgen wir zunächst Harun al Raschid. Er geht durch die Pforte des Todes, entwickelt sich durch die geistige Welt weiter. Die äußere Form des Arabismus wird zurückgedrängt; das Christentum pflanzt seinen exoterischen Charakter, den es allmählich angenommen hat, Mittel- und Westeuropa ein. Aber so wenig es möglich ist, in der alten Form des Mohammedanismus, des Arabismus in Europa weiterzuwirken, so sehr wird es möglich, daß die Seelen derjenigen, die am Hofe des Harun al Raschid in dieser glänzenden Zivilisation einmal gelebt und den Impuls empfangen haben, darin weiterzuwirken, eben weiterwirken.

So sehen wir, daß Harun al Raschid selber wiederverkörpert wird in der vielgenannten Persönlichkeit des *Baco von Verulam,* jenes englischen führenden Geistes, von dem die ganze moderne wissenschaftliche Denkweise und damit vieles von dem, was jetzt in den Menschen lebt, beeinflußt ist. Harun al Raschid konnte nicht von London, von England aus eine im strengen Sinne des Arabismus geformte Kultur und Zivilisation verbreiten, diese Seele mußte sich der Form bedienen, die im westlichen Abendlande möglich war. Aber der ganze Grundzug, der Grundduktus desjenigen, was Baco von Verulam über die europäische Denkweise ergossen hat, das ist der alte Arabismus in der neuen Form. Und so lebt gerade in dem, was naturwissenschaftliche Denkweise heute ist, der Arabismus, weil Baco von Verulam der wiederverkörperte Harun al Raschid war.

Der Weise, der an seinem Hofe gelebt hat, er ging ebenfalls durch die Pforte des Todes; aber er ging einen anderen Weg. Er konnte nicht untertauchen in eine solche materialistisch gesinnte Geistesströmung, in die Baco untertauchen konnte, er mußte bei einer mehr spirituellen Geistesströmung bleiben. Und so kam es denn, daß in dem Zeitalter, in dem auch Baco von Verulam wirkte, ein anderer Geist – aber jetzt in

Mitteleuropa – wirkte, der sich gewissermaßen der Seele nach begegnete mit dem, was ausging von der Seele des wiedergeborenen Harun al Raschid. Wir sehen gewissermaßen die Baco-Strömung von England gegen Mitteleuropa herüber sich ergießen, von Westen nach Osten. Dadurch, daß die Seele, ich möchte sagen, von Spanien und Frankreich herüber zurückgebracht hat diese Anschauung des Arabismus, dadurch ist schon zu begreifen, daß sie einen anderen Inhalt bekam als jene Seele, die durch die Pforte des Todes geht, den Blick während des Durchgangs durch die geistige Welt gerichtet hat auf das, was in Ost- und Mitteleuropa war, und in Mitteleuropa wiedergeboren wurde als *Amos Comenius*. Er hat dasjenige, was er ausgelebt hat am Hofe Harun al Raschids aus orientalischer Weisheit heraus, wieder erneuert dadurch, daß er dann im 17. Jahrhundert diejenige Persönlichkeit war, welche ganz energisch den Gedanken vertreten hat: Ein Geistiges, ein gegliedertes Geistiges geht durch die Menschheitsentwickelung. – Trivial sagt man oftmals, Comenius habe geglaubt an das «Tausendjährige Reich». Das ist trivial gesprochen. In Wahrheit bedeutet das, daß Comenius an Epochen in der Menschheitsentwickelung geglaubt hat, daß er eine geistige, von der geistigen Welt aus gegliederte weltgeschichtliche Entwickelung angenommen hat. Er will zeigen, daß ein Geistiges die ganze Natur durchwallt und durchwebt: er schreibt eine «Pansophia», eine Allweisheit. Es ist eigentlich ein tiefer geistiger Zug in dem, was Amos Comenius wirkte. Dabei ist er ein Erneuerer des Erziehungswesens. Das ist bekannt: er strebte nach Anschaulichkeit; aber nach einer anderen Anschaulichkeit als der Materialismus, nach einer durch und durch geistigen Anschaulichkeit. Ich kann das nicht in Einzelheiten auseinandersetzen, ich kann nur hinweisen, wie Arabismus in westlicher Form, Arabismus in orientalischer Form, ausgeflossen ist von dem, was in Mitteleuropa aus dem Zusammenströmen dieser beiden Geistesimpulse entstanden, hervorgegangen ist.

Wir begreifen vieles von dem, was in der Zivilisation Mitteleuropas lebt, nur, wenn wir so sehen, wie Geister, die am Hofe Harun al Raschids lebten, selber – in der Form, wie es erneuert werden konnte – herübertragen aus Asien das, was aus dem Arabismus fließt. So sehen wir, wie im geschichtlichen Werden die Individualität des Menschen wirkt.

Und wir können dann, wenn wir hinblicken auf solche signifikante Beispiele, an diesen lernen, wie Karma durch die Inkarnationen wirkt. Dann kann es schon, wie ich das bei verschiedenen Gelegenheiten besprach, angewendet werden auf das, was unsere eigene Inkarnation ist. Aber zunächst müssen wir konkrete Beispiele haben.

Nun betrachten wir zunächst ein solches Beispiel – und da ist wohl vor allen Dingen Interesse dazu vorhanden hier in diesem Lande –, betrachten wir den schweizerischen Dichter *Conrad Ferdinand Meyer*. Wenn wir außer auf seine Dichtungen noch auf die Persönlichkeit Conrad Ferdinand Meyers blicken, so kann er schon ein großes Interesse erwecken. Er ist eine merkwürdige Persönlichkeit, dieser Conrad Ferdinand Meyer. Es ist eigentlich bei ihm immer so gewesen: Wenn er seine in wunderbaren Rhythmen einherschreitenden Dichtungen komponierte, sieht man, wenn man diese Dinge beobachten kann, wie seine Seele in jedem Augenblick etwas Neigung dazu hatte, aus dem Körper herauszutreten. Es hat schon etwas rein Seelisches, was in den wunderbaren Formen der Dichtungen, auch den Prosadichtungen Conrad Ferdinand Meyers lebt. Er hat auch wiederholt in seinem Leben unter dem Schicksal zu leiden gehabt, daß, wenn diese Trennung vom Geistig-Seelischen und Physisch-Leiblichen zu stark wurde, eine Trübung in seinem Erdenleben eintrat. Aber dieses nur lose Ineinanderwirken des Geistig-Seelischen und des physischen Leibes – man merkt es, wenn man sich mit den Dichtungen oder der Persönlichkeit des Conrad Ferdinand Meyer beschäftigt. Diese Individualität, die in der Conrad Ferdinand Meyer-Inkarnation nur lose in dem physischen Leibe drinnen lebt, die muß – so sagt man sich zunächst – in früheren Erdenleben ganz Besonderes durchgemacht haben.

Nun sind Forschungen in bezug auf frühere Erdenleben wahrhaftig nicht immer leicht. Man muß die mannigfaltigsten Enttäuschungen, das mannigfaltigste Zurückgeworfenwerden in bezug auf das, was man geistig durchdringen will, durchmachen. Zur Befriedigung des Sensationswütigen ist darum das, was ich sage über die Wiederverkörperungen, durchaus nicht da, sondern um immer tiefer in das geschichtliche Werden hineinzuleuchten.

Wenn man Conrad Ferdinand Meyers Leben verfolgt, gerade wenn man ausgeht von dieser losen Verbindung des Geistig-Seelischen mit dem Physisch-Leiblichen, dann wird man zurückgeleitet zu einer sehr frühen Inkarnation, einer Inkarnation im 6. nachchristlichen Jahrhundert. Da wird man auf eine Individualität geführt, bei der man zunächst mit der geistigen Intuition, mit der man solche Dinge verfolgt, nicht ganz zurechtkommt. Man wird eigentlich geistig von dieser Individualität, die in Italien lebte, in Italien sich hineinfindet in die damals sich ausbreitende Form des Christentums, wiederum abgebracht. Man kann nicht recht an sie heran, und man wird dann auf die Conrad Ferdinand Meyer-Inkarnation zurückgeworfen, so daß man eigentlich bei dieser Untersuchung einer früheren Inkarnation, wenn man schon glaubt, in dieser Inkarnation des 6. Jahrhunderts angekommen zu sein, wieder zurück muß zu dem späteren Conrad Ferdinand Meyer und jetzt den Zusammenhang zwischen diesen beiden Inkarnationen nicht ordentlich versteht, bis man darauf kommt, was des Rätsels Lösung ist. Man merkt, in Conrad Ferdinand Meyer lebt ein Gedanke, der einen beirrt, ein Gedanke, der auch künstlerisch geworden ist, ein Gedanke, der übergegangen ist in seine Erzählung «Der Heilige», in welcher *Thomas Becket*, der Kanzler-Bischof von Canterbury im 12. Jahrhundert am Hofe Heinrichs von England, behandelt wird.

Aber nun, wenn man dasjenige verfolgt, was an Gedanken- und Empfindungszusammenhängen in Conrad Ferdinand Meyer lebte, indem er an dieser Erzählung schrieb, dann kommt man erst so recht hinein in die Art und Weise, wie Conrad Ferdinand Meyers Geist wirkte. Man wird gewissermaßen von einer Verdunkelung des Bewußtseins in die Erhellung geführt und wieder zurück. Man sagt sich zuletzt: Mit diesem Gedanken in Conrad Ferdinand Meyers Erzählung hat es eine ganz besondere Bewandtnis; der ist nicht so ohne weiteres erklärbar, er muß eigentlich tief sitzen. Dann kommt man darauf, daß er hervorgeht aus einem Impuls in einem früheren Erdenleben, in welchem die Individualität des Conrad Ferdinand Meyer in Italien war, an einem kleineren Hofe gelebt hat, innerhalb der christlichen Entwickelung eine große Rolle gespielt hat: da hat diese Individualität etwas Besonderes erlebt. Man kommt allmählich darauf, daß diese Individualität mit einer christlichen Mission von Italien ausgeschickt worden ist nach

England. Diese Mission hat dazumal das Erzbistum von Canterbury gegründet. Die Individualität, die später zu Conrad Ferdinand Meyer geworden ist, war auf der einen Seite tief berührt von jener Kunst, die ausgestorben ist, die im 4., 5. Jahrhundert in Italien vorhanden war, die dann in den Mosaiken Italiens ihre weitere Ausgestaltung gefunden hat. In dem wirkte die Individualität Conrad Ferdinand Meyers darinnen. Dann ging sie, impulsiert vom damaligen Christentum, mit der Mission nach England. Nachdem sie dann das Erzbistum von Canterbury mitbegründet hatte, wurde sie von einem angelsächsischen Häuptling unter merkwürdigen Umständen ermordet.

Dieser Umstand lebte als Impuls in der Seele weiter. Und als diese Seele als Conrad Ferdinand Meyer geboren wurde, lebte im Unterbewußtsein dieses Schicksal von dazumal: Das Ermordetwerden in England – es hat etwas zu tun mit dem Erzbistum von Canterbury! So wie manchmal ein Erinnerungsimpuls heraufgeholt wird, wenn ein Wort anklingt, so wirkt dieser Impuls «ich habe einmal etwas zu tun gehabt mit Canterbury» nach, und das treibt Conrad Ferdinand Meyers Seele dahin, nicht sein Schicksal zu schildern – das bleibt im Unterbewußtsein –, aber das ähnliche Schicksal des Thomas Becket, des Kanzlers Heinrichs von England, der zu gleicher Zeit Erzbischof von Canterbury war.

Dieses merkwürdige seelische Leiden des Conrad Ferdinand Meyer bewirkt auch das Herüberrutschen des eigenen Schicksals in das andere, das er als Conrad Ferdinand Meyer aus der Geschichte kennenlernt.

In der Zeit des Dreißigjährigen Krieges, wo so viele chaotische Verhältnisse in Mitteleuropa herrschten, wurde diese Individualität wiedergeboren, und zwar als Frau. Und als weibliche Persönlichkeit wirkte nun das Chaotische im Zeitalter des Dreißigjährigen Krieges ganz besonders tief auf diese Individualität. Diese Frau verheiratete sich mit einer Persönlichkeit, die eigentlich etwas ungeschliffen war, ein Haudegen, der den deutschen Verhältnissen entfloh ins Graubündner Land in der Schweiz. So verbrachte dieses Ehepaar – die Frau empfänglich für die gewaltigen Eindrücke der Gegenwart, die zwar chaotisch waren, der Mann mehr philiströs –, so verbrachten sie die Zeit im Graubündner Lande.

Da wurde aufgenommen aus den weltwirkenden Vorgängen der Zeit das, was wieder hervorzusprießen sucht in «Jürg Jenatsch». Also die Gedanken und Empfindungen leben wiederum auf bei Conrad Ferdinand Meyer aus demjenigen, was er erlebt hat in dieser Weise. Das Schwierige ist, daß Conrad Ferdinand Meyer diese Eindrücke in die Seele aufnahm, aber sie zur Verwandlung treiben mußte, aus dem Grunde, weil er in der Welt so lebte, daß eigentlich sein Geistig-Seelisches immer Impulse aufnahm, die dann bewirkten, daß in der Conrad Ferdinand Meyer-Inkarnation es nur in loser Weise mit dem Leiblich-Physischen verbunden war.

Nun, Sie sehen darin etwas, woran man zeigen kann, wie in das Denken, Fühlen, Empfinden und künstlerische Schaffen einer Persönlichkeit die alten Impulse herüberwirken auf eine ganz merkwürdige Weise. Durch Spekulation, durch Nachdenken auf irgendeine intellektuelle Weise ergibt sich die Wahrheit darüber ganz gewiß nicht, sondern wirklich nur in der geistigen Anschauung.

Von ganz besonderem Interesse mit Bezug auf ihre wiederholten Erdenleben sind dann Persönlichkeiten, die in irgendeinem Erdenleben den Blick anziehen. Sehen Sie, da ist eine Persönlichkeit, die ja ganz besonders hier den Menschen lieb und wert ist und die so recht hineinschauen läßt in die Art und Weise, wie Seelen durch die Erdenleben durchgehen. Lernt man diese Dinge wirklich kennen, so nehmen sie sich anders aus, als man eigentlich voraussetzt.

Da haben wir eine Seele – ich konnte sie zuerst treffen in einer Art priesterlicher Funktion innerhalb alter Mysterien. In einer Art priesterlicher Mission; nicht gerade ein an erster Stelle leitender Priester, aber ein Priester, der durch seine Position innerhalb der Mysterien die Seelen in hohem Grade bilden konnte. Eine edle Persönlichkeit voller Güte in der damaligen Inkarnation, wie sie durch die Mysterien eben einmal herangewachsen ist.

Diese Persönlichkeit hatte nun das Schicksal, in dem ersten Jahrhundert vor der Begründung des Christentums, also etwa hundert Jahre vor Christi Geburt, durch Sitten, wie sie damals üblich waren, einem Sklavenhändler zu dienen, unter einer ziemlich grausamen Persönlichkeit Führer zu sein einer Schar von Sklaven, die hart arbeiten mußten und die eben nicht anders behandelt werden konnten, als sie behandelt wurden nach den Sitten der damaligen Zeit. Diese Persönlichkeit muß man nun nicht verkennen, nicht mißverstehen. Man muß die Zusammenhänge in alten Kulturen anders auffassen als in unseren. Man muß durchaus verstehen, daß eine solch edle Persönlichkeit, wie diejenige war, von der ich spreche, wiederverkörpert werden konnte etwa hundert Jahre vor der Begründung des Christentums als eine Art Sklavenhalter für ein großes Sklavenheer. Sie konnte nicht viel aus eigenem Impuls heraus handeln, das war ihr schweres Schicksal. Aber zu gleicher Zeit hatte sie ein eigentümliches Verhältnis begründet zu den Seelen, die in den Sklaven waren, die hart arbeiten mußten. Sie gehorchte, diese Persönlichkeit, eben jener mehr grausamen Persönlichkeit, von der ich gesprochen habe – heute würden wir sagen: ihrem Vorgesetzten. Aber in solchen Dingen, solchen Zusammenhängen bilden sich Antipathien und Sympathien. Und als dann diese Persönlichkeit, die manchmal mit schwerem, blutendem Herzen dasjenige getan hat, was ihr zu tun oblag nach den Befehlen, die sie erhalten hatte, durch die Pforte des Todes ging, traf sie dort zusammen mit den Seelen, die auch auf diese Persönlichkeit einen gewissen Haß geworfen hatten. Das lebte sich dann aus in dem Leben zwischen Tod und neuer Geburt und begründete so seelisch-geistige Zusammenhänge, die dann als Impulse vorbereitend wirkten für das nächste Erdenleben.

Nun bilden sich natürlich zwischen allen Menschen, die miteinander zu tun haben, karmische Zusammenhänge. Es ist schon auch einmal schicksalsgemäß, daß diese Individualität, von der ich hier spreche, die eine Art Sklavenführer und karmisch verbunden war mit ihrem Vorgesetzten, dessen Befehlen sie gehorchen mußte, sich auch in einer gewissen Weise schuldig machte – ich möchte sagen: unschuldig-schuldig – alles desjenigen, was die Grausamkeit des Vorgesetzten bewirkt hat. Sie tat eben mit, wenn auch aus keinem ursprünglichen Impulse heraus, so doch durch die Sitten und den ganzen Zusammenhang veranlaßt, und so bestand ein karmisches Band zwischen den beiden. Das bereitete sich so zu in dem Leben zwischen Tod und neuer Geburt, daß diese Persönlichkeit, die da Sklavenführer war, wiedergeboren wurde im 9. nachchristlichen Jahrhundert als Frau. Sie wurde die Frau jenes grausamen Vorgesetzten und erlebte in dieser Gemeinschaft mancherlei, was ein karmischer Ausgleich war für das, was ich als eine Art Unschuldig-Schuldigwerden an den begangenen Grausamkeiten bezeichnet habe. Aber was erlebt wird, vertieft die Seele weiter: Manches von dem tauchte wieder auf, was in der alten Priesterinkarnation da war, aber mit einer tiefen Tragik tauchte es wieder auf. Die Verhältnisse im 9. Jahrhundert brachten es dazu, daß dieses Ehepaar in Zusammenhang kam mit vielen Menschen, welche die wiederverkörperten Seelen waren derer, die mit ihnen gelebt hatten als die Sklavenseelen und die jetzt auch wiedergeboren wurden. Menschenseelen werden ja in der Regel im gleichen Zeitalter zusammen wiedergeboren. Und es entstand wiederum auf Erden ein Lebensverhältnis.

Die Seelen, die zusammengehalten wurden einstmals von dem Sklavenführer, lebten in einer mehr oder weniger großen Gemeinde jetzt räumlich zusammen. Der Gemeindediener, möchte man sagen – aber Diener in einem etwas höheren Sinne –, war jener grausame Mann. Und da er mit allen Bewohnern zu tun hatte, erlebte er nur Schlimmes von dieser Gemeinde, deren Vorsteher er nicht war, aber für die er viele Dinge zu besorgen hatte. Die Frau lebte dies immer mit. So sehen wir, wie eine Anzahl Menschen zusammenwachsen mit diesen beiden Persönlichkeiten. Aber das Karma, das nun die beiden Persönlichkeiten, den einstigen Vorgesetzten und den Sklavenführer, verbunden hatte, dieses karmische Band ist damit erfüllt. An diese Persönlichkeit war jene alte Priesterindividualität nicht mehr gebunden; aber mit den anderen blieb sie verbunden, weil eben doch vieles vorgekommen ist mit diesen Seelen, für das diese Individualität wenigstens das Werkzeug war in der Verkörperung etwa hundert Jahre vor Christus. Als Frau brachte sie nur Segen durch ihre Taten, als die Gemeinde versorgt wurde, allerdings in vieler Gutmütigkeit, aber in einer Gutmütigkeit, die doch vereinbar war damit, daß die Frau wiederum unendlich Tragisches litt.

Alles das, was als ein Gemeinsames entstand, was da karmische Fäden knüpfte, all das setzte sich fort, und beim weiteren Durchschreiten des Lebens zwischen Tod und neuer Geburt, jetzt nach dem 9. Jahrhundert bis in die neuere Zeit herauf, bildeten sich wiederum Impulse, die diese Menschen zusammenhielten. Und sie wurden jetzt, zwar nicht in irgendeiner äußeren Gemeinschaft, aber doch so wiedergeboren, daß die, die einstmals Sklavenseelen und dann in einer Dorfgemeinde verbunden waren, wenigstens in der gleichen Zeit wiedergeboren wurden, so daß die Möglichkeit da war, wieder in eine Beziehung zu treten zu der gleichzeitig geborenen Priesterindividualität aus der alten Mysterienstätte, der Sklavenführerindividualität in dem Zeitalter hundert Jahre vor Christus, der Frauenindividualität im 9. nachchristlichen Jahrhundert. Denn wiedergeboren wurde diese Individualität als *Pestalozzi.* Diejenigen, die auch ungefähr gleichzeitig wiedergeboren wurden, um das Karma zu erfüllen, diese Seelen, die ein so geartetes Verhältnis zu ihm hatten, wie ich es jetzt geschildert habe, die mußten die Schüler, die Zöglinge werden, denen Pestalozzi in Erfüllung seines Karma jetzt so ungeheure Wohltaten zukommen ließ.

Nun, meine lieben Freunde, es ist wirklich so: Wenn man das Leben betrachtet, und hinter dem Leben, wie es einem entgegentritt, sieht das Wirken der Seelen von Inkarnation zu Inkarnation – gewiß, es muß bestürzen, muß überraschen, denn es ist immer anders, als es der Verstand haben möchte. Aber dennoch, es bekommt das Leben etwas von einer ungeheuren Vertiefung seines Inhaltes, wenn man es in diesem Zusammenhang betrachtet. Und ich denke, der Mensch hat schon etwas gewonnen dadurch, daß er solche Zusammenhänge betrachtet. Werden sie hervorgeholt – manchmal auf eine recht schwierige Weise – aus den geistigen Hintergründen, und weist man, wie ich heute nur skizzenhaft tun konnte, auf dasjenige hin, was dann im offenbaren Dasein da ist, dann zeigt sich allerdings, wie Karma durch die menschlichen Leben hindurch wirkt. Damit gewinnt schon, wenn man eine solche Betrachtung hört, das Leben ernste Hintergründe, und man kann eine solche Betrachtung verstehen, wenn man das im Äußerlichen sich Darbietende wirklich unbefangen ins Auge faßt.

Anthroposophie ist nicht da, um bloß Theorien von wiederholten Erdenleben zu entwickeln und allerlei Schemata zu geben, sondern um die ganz konkreten geistigen Untergründe des Lebens zu zeigen. Die Menschen werden ganz anders in die Welt blicken, wenn wir diese Dinge zur Enthüllung bringen. Wenn es einmal sein soll, werden wir darauf hinzuweisen haben, wie das nun auch in die Taten der Menschen eingreifen kann. Wenn Sie solches wissen, wird sich schon zeigen, daß derlei wirkliche praktische Karmabetrachtungen dasjenige sind, was unsere Zivilisation als Einschlag, als Vertiefung braucht. Heute wollte ich Ihnen nur diese praktischen Karmabeispiele ans Herz legen. Betrachten Sie die Persönlichkeiten, die bekannt sind, genauer, Sie werden schon manches von dem, was ich ausgesprochen habe, bewahrheitet finden.

DRITTER VORTRAG

Zürich, 28. Januar 1924

(nach einer unvollständigen Nachschrift)

Wenn wir als Menschen die Welt um uns herum betrachten, dann finden wir als menschliche Umgebung zunächst alles dasjenige, was auf der Erde ist: die Wesen der verschiedenen Reiche der Erde, des mineralischen, des pflanzlichen, des tierischen Reiches, wir finden das Menschenreich, zu dem wir selber gehören, und wir finden alles dasjenige, was zu diesen Reichen hinzugehört, was aus ihnen gebildet wird: Berge, Flüsse, Wolken. Richten wir dann den Blick weiter hinaus in das Weltall, dann finden wir das Weltall übersät mit Sternen, Fixsternen, Planeten, und es wird wohl auch klar durch die anthroposophische Betrachtung, daß diese verschiedenen Sterne, ebenso wie unsere Erde, ihre Bewohner haben. Aber der Mensch findet, indem er zunächst seinen Blick sowohl in seine irdische Umgebung wie auch hinaus in die Weiten des Weltalls wendet, in dieser räumlichen Umgebung Wesenheiten, die nur mit einem Teil seines Selbstes etwas zu tun haben. Wir wissen ja aus den anthroposophischen Betrachtungen, daß wir Menschen gegliedert sind in einen physischen Leib, einen Ätherleib, einen Astralleib und ein Ich. Wir wissen, daß wir im Schlaf mit dem Ich und dem Astralleib uns trennen von dem physischen Leib und Ätherleib. Aber alles, was wir mit unseren Augen sehen, mit unseren Sinnen in der Welt wahrnehmen können, steht nur in Beziehung mit unserem physischen und unserem Ätherleib. Es steht zunächst in keiner Beziehung zu unserem Astralleib und zu unserem Ich. Nur zwei Sterne machen davon eine Ausnahme: die Sonne und der Mond. Die Sonne und der Mond sind ja ebenso von geistig-seelischen Wesenheiten bewohnt wie die Erde mit dem Menschen selbst. Aber auch die anderen Sterne des weiten Weltenalls sind von geistig-seelischen Wesenheiten bewohnt, nur hat der Mensch zu dem eigentlich Geistig-Seelischen der weiten Sterne zunächst nur eine sehr indirekte Beziehung während seines Lebens zwischen Geburt und Tod. Nur die beiden genannten Sterne, Sonne und Mond, machen davon eine Ausnahme. Sie sind gewissermaßen für uns Menschen die zwei Tore, durch die wir auch schon während des physischen Erdenlebens im Zusammenhang stehen mit der geistigen Welt. Und sie selbst, Sonne und Mond, stehen mit uns in Beziehung, und zwar so, daß die Sonne in Beziehung steht mit unserem Ich, der Mond mit unserem Astralleib. Wir werden uns nähern dem Verständnis desjenigen, was ich eben gesagt habe, wenn wir ein wenig auf dasjenige hinschauen, was wir in den Büchern und verschiedenen Zyklen ausgeführt finden.

Aus ihnen wissen Sie, daß der Mond, der heute als Begleiter der Erde, aber frei, durch den Weltenraum wandelt, einmal mit der Erde in Verbindung war, daß er mit der Erde einen einzigen Körper dargestellt hat, daß er sich zu einem gewissen Zeitpunkte losgerissen hat von der Erde, hinausgegangen ist in das Weltall und nun im Weltall eine Art Kolonie der Erde bildet. Aber das ist nicht nur der Fall in bezug auf dasjenige, was als Erscheinung des Physischen des Mondes herunterschaut von ihm zu uns, es ist auch der Fall mit den Wesenheiten, die ihn bewohnen. Auch das wissen Sie, daß die Erde einmal bewohnt war nicht nur von Menschen, sondern von einer Art höherer Wesenheiten, welche die ersten großen Lehrer der Menschheit waren. Diese Wesenheiten waren nicht, wie die Menschen jetzt, in einem physischen Leibe, sondern nur in einem feinen ätherischen Leibe. Aber es gab doch einen Verkehr zwischen den Menschen und diesen Wesenheiten noch bis in die atlantische Zeitepoche hinein. Dieser Verkehr bestand darin, daß die Menschen dieser Urzeiten der Erde angehalten wurden, in einer gewissen Weise Stille in ihrem Gemüte walten zu lassen, nichts aus ihrer physischen Umgebung wahrzunehmen, sondern nur mit ruhiger Seele in vollständiger Gemütsruhe zu verharren. Und dann war es diesen Menschen der Urzeiten – uns selber, denn wir waren ja alle in unseren vorigen Erdenleben auf unserer Erde –, als ob von innen heraus diese Wesenheiten sprechen würden, und die Menschen fühlten und empfanden das als die Inspiration. Nicht so, wie wir einander Dinge mitteilen, teilten diese vorgerückten Wesenheiten den Menschen das mit, was sie ihnen mitzuteilen hatten, sondern auf die Art, wie ich es Ihnen angegeben habe. Die Menschen machten aus alledem die Werke einer wunderbaren Urweisheit. Der Mensch der Gegenwart ist ja im Grunde genommen so furchtbar hochmütig, er dünkt sich so grenzenlos gescheit. Er ist es ja auch im Vergleich mit dem Urmenschen, aber Gescheitheit allein führt eben nicht zur Weisheit, führt nicht zum Wissen. Gescheitheit kommt aus dem Verstande, und der Verstand ist nicht das einzige Werkzeug, das zum Wissen führt. Es waren tiefere Kräfte der Seele, welche in den Urzeiten die Menschen zum Wissen führten, das sie auch nicht in Verstandesformeln, nicht einmal in unserer philiströsen Grammatik – denn alle Grammatik ist philiströs – zum Ausdruck brachten, sondern in halb dichterischen Werken. Diese Urweisen, welche die Menschheit lehrten durch Inspiration dieser vorgerückten Wesenheiten, drückten aus in Werken, welche halbe Dichtung waren, in grenzenlos schönen, bildhaften Darstellungen dasjenige, was an äußeren Dokumenten bis auf unsere heutigen Zeiten erhalten geblieben ist. Nehmen wir die Vedenliteratur der Inder, die Jogaphilosophie, die Vedantaphilosophie, die persischen Urkunden, die ägyptischen Urkunden, alles das bewundern wir, und wir sind Toren, wenn wir es nicht bewundern. Je mehr man sich in die Dinge einlebt, je mehr man sich ihnen hingibt, desto mehr sagt man sich: Ja, wir sind heute gescheit, und diese alten Menschen waren nicht so gescheit, aber dasjenige, was sie als Wissen in einer wunderbar schönen poetischen Form dargestellt haben, ist tief, führt tief hinein in die Geheimnisse der Welt. Und die äußeren Dokumente, die wir schon so sehr bewundern, von denen wir erschüttert werden, wenn wir das Herz auf dem rechten Fleck haben, sie sind nur die letzten Reste desjenigen, was einmal durch mündliche Überlieferung in der Menschheit vorhanden war, was nur noch die Geisteswissenschaft ergründen kann an wunderbarer, uralter Urweisheit. Aber die Menschen sind sozusagen herausgewachsen aus dieser Urweisheit. Sie wären unmündig geblieben und nicht zur Freiheit eines Wissens durch eigene Kraft gekommen, wenn sie bei der Urweisheit stehengeblieben wären.

Damit aber hatten jene großen Urlehrer auch keine Aufgabe mehr auf der Erde. Sie verließen die Erde. Geradeso wie das Physische des Mondes in die Weiten des Weltalls hinausgegangen ist, so gingen mit dem Monde hinaus die großen Urlehrer. Sie bilden heute eine Art Weltenkolonie auf dem Monde, und derjenige, der mit Initiationswissenschaft den Mond betrachtet, findet ihn bevölkert von denjenigen weisen

Wesenheiten, die einmal Genossen der Menschheit waren. Diese Wesenheiten, man kann ihre Weisheit noch ergründen, wenn man durch eine höhere Fortbildung dessen, was ich beschrieben habe in «Wie erlangt man Erkenntnisse der höheren Welten?», dazu gelangt, sich mit diesen Mondwesen zu verständigen. Dann aber erfährt man etwas ganz Besonderes: Man erfährt von ihnen, daß sie heute, trotzdem sie nicht auf der Erde sind, für die Erde eine bedeutsame Aufgabe haben. Es ist schwer, mit irdischen Worten, die nicht dafür gebildet sind, auszudrücken, welche für die Menschheit so bedeutsame Aufgabe diese Mondwesen haben. Sie führen gewissermaßen Buch über die ganze Menschheitsvergangenheit, über jeden einzelnen Menschen. Nicht solche Bücher, wie wir sie in unseren Bibliotheken haben, aber doch etwas, was wir Bücher nennen können, und in diesen Büchern ist für jeden einzelnen Menschen dasjenige verzeichnet, was in seinen aufeinanderfolgenden Erdenleben von ihm erlebt worden ist. Den Mond kennenlernen heißt, die menschliche Vergangenheit kennenlernen. Wenn wir aus dem vorgeburtlichen Dasein, in dem wir sind zwischen dem Tod und einer neuen Geburt, aus den Weltenweiten hinuntersteigen auf die Erde, dann gehen wir durch die Mondensphäre hindurch und dann werden wir innerlich berührt von demjenigen, was in der großen Buchhaltung der Mondweisen über unsere Vergangenheit aufgezeichnet ist. Diese unsere Vergangenheit wird, bevor wir heruntersteigen auf die Erde, unserem astralischen Leibe eingeprägt. In unserem astralischen Leibe, den wir herunterbringen in das irdische Dasein, finden wir die Einzeichnungen dieser Mondenwesen. Das geht unter gewöhnlichen Verhältnissen nicht bis in unseren Kopf herein. Der Kopf ist für die meisten Dinge während seiner Erdenzeit überhaupt kein so außerordentlich wichtiges Organ. Er ist es für die äußeren materiellen Begriffe und Ideen. Dasjenige, was von den Mondenwesen eingezeichnet wird in die menschliche Wesenheit in der letzten Stufe ihres Heruntersteigens vom Weltenall auf die Erde, das ist sogar – der Mensch mag es glauben oder nicht – eingezeichnet in denjenigen Teil unseres menschlichen Wesens, den wir die geistige Seite unseres Gliedmaßen-Stoffwechselmenschen nennen. Ganz im Unterbewußtsein ruht es daher, aber es ist da, geht in das Wachstum über, geht in die Gesundheit über, und namentlich geht es über in dasjenige, was ich nennen möchte die Heilbarkeit eines Menschen, wenn er auf der Erde erkrankt. Es ist ja natürlich eine wichtige Angelegenheit, kennenzulernen, was das Wesen der Krankheit ist, aber eine viel wichtigere Angelegenheit ist es, kennenzulernen, wie man heilt. Nun ist schon übersinnliche Erkenntnis ein wesentliches Hilfsmittel beim Erkennen der Wesenheit der Krankheit; das ist aber die Kenntnis desjenigen, was auf diese Art in Wachstum, in den Ernährungskräften, in den Atmungskräften eingezeichnet liegt aus der Akasha-Chronik der Mondwesen. Das ist dasjenige, was macht, daß der Mensch größeren oder geringeren Widerstand einer Heilung für irgendeine Krankheit entgegensetzt. Der eine Mensch wird leichter, der andere schwerer geheilt. Das hängt ganz davon ab, wie aus seinem Karma heraus, aus seinem vorigen Erdenleben, diese Einzeichnungen getroffen werden.

Sehen Sie, wenn wir hinschauen auf dasjenige, was der Mond da draußen mit seinen Bewohnern für uns Erdenmenschen ist, so kommen wir darauf, zu sagen: Er hängt innig zusammen mit allem demjenigen, was unsere Vergangenheit ist, die zurückreicht auf die vorhergehenden Erdenleben. Das Mondendasein richtig verstehen, wie es da draußen in den Weiten des Weltalls existiert, heißt, auf der Erde fühlen und empfinden die Vergangenheit der Menschen. Nun setzt sich das menschliche Schicksal zusammen aus demjenigen, was wir herübertragen aus dem vorigen Erdenleben, also aus unserer Vergangenheit, und dem, was wir während unseres Lebens in der Gegenwart erfahren können. Und aus demjenigen, was in der Gegenwart erfahren werden kann, zusammen mit unserer Vergangenheit, bildet sich das Schicksal weiter in die Zukunft hinein in die folgenden Erdenleben. Kosmisch betrachtet, erscheint uns also der Mond mit seinen Wesenheiten als dasjenige, was unsere Vergangenheit in unserem Schicksal zimmert.

Sie sehen daraus, wie wenig die gegenwärtige Erkenntnis weiß von dem, was eigentlich die Weltenkörper draußen sind. Die physikalische Erkenntnis des Mondes, an die wir heute gewohnt sind, ist im Grunde eigentlich gar keine Erkenntnis. Derjenige, der den Mond heute physikalisch beschreibt, der denkt sich, daß das, was er auf den Mondkarten als Gebirge abgebildet findet, immer schon dagewesen sei. Es ist naiv, das zu glauben. Die Mondenwesen waren immer da, das Geistig-

Seelische des Mondes war da, nicht aber die physische Materie. Sie werden es sich klarmachen können, wenn Sie auf den Menschen selber schauen. Der Mensch tauscht im Laufe seines Erdenlebens seine physischen Stoffe fortwährend aus. Nach sieben bis acht Jahren haben wir nichts mehr von dem Stofflichen, was wir in uns tragen, in uns. Es ist alles ersetzt. Was in uns geblieben ist, ist das Geistig-Seelische, und so ist es auch bei den Weltenkörpern. Sie können heute auf den Mond hinaufschauen: Sein Stoff, wenn er auch länger dauernd ist als der menschliche Stoff, ist im Laufe der Zeiten ein ganz anderer geworden; nur das Geistig-Seelische bleibt. Man bekommt eben, wenn man diese Dinge ins Auge faßt, eine ganz andere Ansicht über das Weltall, als man sie hat aus dem, was heute materielle Erkenntnis ist. Diese materielle Erkenntnis ist ja außerordentlich klug, gescheit und verständig, sie kann vor allen Dingen rechnen, und sie rechnet todsicher. Die Rechnungen sind immer richtig, aber sie sind nicht wahr. Sehen Sie, es rechne heute einer aus die Struktur des Herzens. Er beobachtet sie heute, und in einem Monat beobachtet er sie wieder: Sie hat sich verändert, nicht viel. In einem weiteren Monat auch wieder nicht viel, und dann schaut er nach, wieviel sich das Herz verändert hat in einem Jahr. Er braucht nur zu multiplizieren, so hat er es für zehn Jahre. Er kann ausrechnen, wie das Herz vor dreihundert Jahren war, wie es in dreihundert Jahren sein wird, und die Rechnung wird sicher stimmen. Nur war das Herz vor dreihundert Jahren nicht da und wird in dreihundert Jahren nicht da sein. So wird es auch in bezug auf andere Dinge gemacht. Die Rechnungen stimmen immer, aber sie stimmen nicht mit der Wirklichkeit überein. So ist es auch in bezug auf das äußere Substantielle der Himmelskörper. Sie wechseln ihre Substanz, aber das Geistig-Seelische bleibt. Und für den Mond ist dieses Geistig-Seelische dasjenige, was durch die großen Registratoren unseres vergangenen Lebens in unser Schicksal einverwoben wird, was eben zusammenhängt mit einem Teil dieses unseres Schicksalgewebes als Mensch.

So ist der Mond in der Tat das eine der Tore, die den Menschen hinweisen in die geistige Welt, aus der heraus sein Schicksal gewoben wird von Wesenheiten, welche einmal unsere weisen Genossen auf der Erde waren in jener Zeit, wo die Menschen aus einem Instinkt heraus sich selbst ihr Schicksal gewoben haben. Jetzt ist das Weben des Schicksals ganz im Unterbewußten. Wir werden nachher noch weiter darüber hören.

Es gibt noch ein anderes Tor hinüber in die geistige Welt: das ist die Sonne. Wenn man durch Initiationswissenschaft die Sonne kennenlernt, dann trifft man nicht Wesenheiten, welche zusammenhängen mit unserer Erde selber wie die Mondwesenheiten; man trifft nicht Wesenheiten in der Sonne, die einmal die Erde bewohnt haben. Man trifft diejenigen Wesenheiten, die Sie bezeichnet finden in meiner «Geheimwissenschaft» als Angeloi und die höheren Wesenheiten in den Hierarchien. Wenn ich sage «in der Sonne», so müssen Sie sich natürlich solche in der ganzen Sphäre der Sonne, in der ganzen Lichtflut, die von der Sonne ausgeht, vorstellen. Die Sonne ist der Wohnsitz der Angeloi, Engel, jener Wesenheiten, von denen je eine immer zusammenhängt mit einem Menschenindividuum. Und wir Menschen hängen schon einmal mit Bezug auf unser Ich mit diesen höheren Individuen zusammen, und wir hängen durch das Sonnendasein mit diesen höheren Individuen zusammen. Die Angeloi sind gewissermaßen die kosmischen Vorbilder des Menschen, denn der Mensch wird einmal die Rangstufe der Angeloi erreichen. Auf der Sonne leben diejenigen Wesenheiten, denen wir uns hinsichtlich ihrer Beschaffenheit selber nähern. Daraus werden Sie schon entnehmen, daß ebenso, wie mit dem Mondendasein unsere Vergangenheit, so mit dem Sonnendasein unsere Zukunft zusammenhängt. Mond und Sonne stellen eine Welt unserer Vergangenheit und unserer Zukunft dar, und wenn wir auf der einen Seite sehen, daß die Mondenwesen die Buchhalter unserer Vergangenheit sind, daß gewissermaßen unsere vergangenen Erdenleben auf den Blättern ihrer Bücher eingezeichnet sind, so wird uns durch die Initiationswissenschaft klar, daß wir zu den Angeloi, Engeln, hinschauen müssen, wenn wir uns um unsere Zukunft kümmern. Wir tun ja fortwährend etwas, vielleicht nicht alle, aber die meisten Menschen müssen ja etwas tun. Geradeso wie dasjenige, was wir in der Vergangenheit getan haben, in unser gegenwärtiges Leben hineinwirkt, so müssen diejenigen Dinge, die wir in der Gegenwart tun, in die Zukunft hineinwirken. Sie können aber nur dadurch in die Zukunft hineinwirken, daß gewissermaßen die

Angeloi hinlenken ihre Seelenblicke auf dasjenige, was der Mensch in der Gegenwart tut, und es zur Wirkung bringen in der Zukunft. Es ist eine sehr gute Empfindung, wenn man mit diesem Berufe der Angeloi in der Welt rechnet. Wir vollbringen ja manches, was in der Zukunft Früchte tragen soll. Die Gegenwartsmenschheit ist in bezug auf solche Dinge furchtbar gedankenlos geworden. Sie sollte solche Dinge ins Auge fassen, und wenn der Mensch irgend etwas tut, so soll er an seinen Angelos denken, etwa so: «Mein schützender Geist empfange dasjenige, was meine Tat ist, als eine Wurzel und bringe Früchte daraus hervor.» Je bildlicher, je anschaulicher ein Mensch also anknüpft eine solche Ansprache an seinen Angelos für Taten, die in der Zukunft Früchte tragen sollen, desto mehr wird von diesen Früchten in der Zukunft vorhanden sein können. – So also, wie die Mondenwesen unser vergangenes Schicksal aufbewahren, so weben fortwährend die Sonnenwesen neues Schicksal in die Zukunft hinein. In Wahrheit wird nicht nur das äußere physische Sonnenlicht von der Sonne auf die Erde hinuntergeschickt, nicht nur der äußere Mondenschein; sondern wenn wir mit geistigen Blicken hinschauen zu Sonne und Mond, so wissen wir, daß der Mond in Zusammenhang steht mit unserem astralischen Leibe. Durch diese Beziehung zu unserem astralischen Leibe ist der Mond der Ausgangspunkt für alles dasjenige, was aus unserer Vergangenheit heraus in unser Schicksal hineinverwoben wird. Die Sonne steht in Zusammenhang mit unserem Ich, und durch die Wesenheiten, die uns ein Vorbild sind für unsere kosmische Zukunft, steht die Sonne in Beziehung zu dem, was unser zukünftiges Schicksal ist. So weben sich in Sonne und Mond, die miteinander äußerlich in Lichtwirkung stehen, im Bilde in der Wechselbeziehung von Sonne und Mond die himmlischen Spiegelbilder unseres Schicksals.

Die Initiationswissenschaft liefert in dieser Beziehung eine wirkliche Erklärung dieses Tatbestandes. Wenn derjenige, der wirklich so weit gekommen ist, wie es nötig ist – ich habe es in meinem Buch «Wie erlangt man Erkenntnisse der höheren Welten?» beschrieben –, den Vollmond betrachtet, dann sieht er nicht nur das, was das menschliche Bewußtsein sieht, sondern er sieht vor allen Dingen im mitgeteilten Lichte sein vergangenes Schicksal, den Inhalt seines vergangenen Erdenlebens. Und wenn er den entsprechenden Geistesblick geschärft hat und er schaut hin an eine Stelle, wo der Neumond ist, den man nicht sieht mit dem physischen Auge, dann wird ihm dasjenige, was ihm jetzt aus dem dunklen Neumond entgegenfinstert, entgegenschattet, der große Mahner aus seinem Schicksal heraus, der ihm zuruft, wie er sich gegenüber Dingen seiner Vergangenheit im vorigen Erdenleben zu verhalten hat, um sie wieder auszugleichen in der karmischen Entwickelung.

In einer ähnlichen Beziehung kann der Mensch zur Sonne stehen. Auch da kann er dasjenige, was ihm winkt an künftigen Schicksalsbestimmungen, wenigstens im allgemeinen, wenn auch nicht im speziellen, ahnen. Wenn wir jetzt vom Kosmischen absehen und hinschauen auf den Menschen selber, dann finden wir ja das menschliche Schicksal wirklich in wunderbarer Weise aus zwei Elementen heraus gewoben.

Wenn zwei Menschen, sagen wir der eine in seinem fünfundzwanzigsten, der andere in seinem dreißigsten Jahre, einander begegnen, so kann der Fall eintreten – er wird es nicht immer –, daß, wenn der eine oder der andere zurückblickt auf sein bisheriges Erdenleben, ihm ganz klar wird: sie haben ihre Lebenswege so durchgemacht, als ob sie einander gesucht hätten. Es ist nur eine Gedankenlosigkeit, wenn wir auf solche Dinge nicht aufmerksam werden. Schon das Kind hat die Richtung des Weges genommen, der es dahin führen mußte, wo es den anderen Menschen trifft, und der andere Mensch hat auch diesen Weg genommen, und alles dasjenige, bis zum gemeinsamen Treffpunkt, es hat sich im Unterbewußten vollzogen. Aber was hat denn im Unterbewußten gewirkt? Wenn der eine der A ist und der andere der B, so ist der A hinuntergestiegen durch die Mondensphäre, bevor er das Erdenleben betreten hat. Die Mondenwesen haben in die Bücher, auch in den astralischen Leib dasjenige eingezeichnet, was er gemeinsam hatte im vergangenen Erdenleben mit dem B, und diese Eintragungen in die Akasha-Mondchronik, die haben den Weg beeinflußt, ebenso bei dem B. Von dem Momente an, wo sich die beiden Menschen treffen, hört das Unterbewußte auf, die alleinige Bedeutung zu haben, denn dann werden die Menschen einander ansichtig. Sie machen aufeinander einen Eindruck. Sie werden einander sympathisch oder antipathisch. Es wirkt nicht mehr eine Konservierung des Vergangenen, es wirkt nun die

Gegenwart. Es treten die Angeloi ein und führen die Menschen dann weiter. Da tritt das Sonnendasein in seine Kraft, so daß wirklich im Inneren des Menschen Sonne und Mond zusammen das Schicksal des Menschen weben. Das ist ja, im Grunde genommen, recht genau wahrzunehmen, wenn man nur sinnig auf das Menschenleben hinschaut.

Nehmen Sie einmal zwei Menschen, die sich irgendwo begegnen. Der Eindruck, den sie aufeinander machen, kann sehr verschiedenartig sein. Es gibt Fälle, wo zwei Menschen sich treffen, und es ist wirklich so, daß der eine Mensch den anderen ganz in seinen Willen, in sein Gemüt aufnimmt. Dieses Aufnehmen ins Gemüt, das ist in einem hohen Grade unbeeinflußt von dem persönlichen Eindruck. Bloße Verständlinge haben eben nicht viel Verständnis für dasjenige, was da innerlich vorhanden ist, denn es gehört ja wirklich zum Wunderbarsten, wenn man einmal sieht, wie ein Mensch dem anderen gegenübertritt. Einmal nimmt wirklich der A den B so in seinen Willen auf, daß er sagt: Ich möchte es selber ausführen, was der B tut: Wie es ihm gefällt, so gefällt es auch mir. Nun ist aber der B häßlich, und man kann nicht begreifen, daß der B dem A gefällt. Sehen Sie, die Anziehung von B zum A wird nicht gebildet durch den Verstand, auch nicht durch die Sinneseindrücke, sondern durch die tiefen seelischen Kräfte: durch den Willen und dasjenige, was vom Willen ins Gemüt geht. Da mag der andere noch so häßlich sein, die Häßlichkeit hat er erst im gegenwärtigen Erdenleben bekommen. Dasjenige, was die beiden verbindet, hat seinen Ursprung in demjenigen, was sie gemeinsam durchlebt haben im vorherigen Erdenleben. Beim äußeren Anblick meint man, die beiden Menschen passen doch gar nicht zusammen; aber dasjenige, was sie in ihrem Unterbewußtsein haben, das führt ihre Willen zusammen. Das zeigt sich oftmals schon in der Kindheit. Wie sehr ist man als Kind schon darauf aus, so zu sein wie «er», so zu wollen wie «er», so zu fühlen wie «er». Dann ist eine karmische Beziehung vorhanden.

Dies ist eine Art, wie Menschen im Leben einander begegnen, und würde man auf diese Art recht aufmerksam sein, wie man es einmal in einer gar nicht fernen Zukunft sein wird, wo man wieder mehr auf das Innere des Menschen sehen wird, dann würde in diesen Fällen, in der Art und Weise, wie ein Wille pulsiert, zu erkennen sein, daß man schon mit Menschen vergangene Erdenleben durchgemacht hat, und unterbewußte Seelenkräfte sagen etwas darüber aus, was man mit einem Menschen im vergangenen Erdenleben durchgemacht hat.

Der andere Fall ist der, daß man irgendeinen Menschen trifft, bei dem sich kein solches Verhältnis zwischen den Willen einstellt, sondern gerade ein solches, wo der ästhetische oder der Verstandeseindruck das Maßgebende ist. Wie oft kommt es vor, daß ein A einen B kennenlernt und dann nicht im Tone jener Begeisterung oder des Abscheus von ihm redet, in dem man redet von einem Menschen, mit dem man früher karmisch verbunden war. Man lobt vielleicht einen solchen Menschen, mit dem man nicht karmisch verbunden ist, findet ihn nett, einen Prachtskerl, aber er geht nicht in den Willen hinein, sondern nur in den Verstand, in den ästhetischen Sinn.

Das ist die zweite Art, wie man mit Menschen zusammentrifft. Geht dasjenige, was zwei Menschen als Wirkung aufeinander ausüben, bis in den Willen, in das Gemüt, in den Charakter hinein, dann liegt eine karmische Zusammengehörigkeit vor, dann sind die beiden Menschen zusammengeführt durch gemeinsame Erlebnisse im vergangenen Erdenleben. Geht von einem Menschen ein Impuls aus, der nur bis in den Verstand, den ästhetischen Sinn hineinreicht, so daß uns der Mensch nur gefällt, nur mißfällt, dann liegt nicht etwas vor, was der Mond gemacht hat, sondern was die Sonne erst gegenwärtig macht und was erst eine Fortsetzung in der Zukunft finden wird. So daß man also durch ein sinniges Betrachten des Menschen dazu kommen kann, zu empfinden, wo karmische Beziehungen vorliegen.

Nun sehen Sie, dasjenige, was ich Ihnen erzählt habe, ist eben etwas, was an Erkenntnis der Welt gewonnen werden kann durch Anthroposophie, und geradeso wie man keinesfalls selbst Künstler zu sein braucht, um ein Bild schön zu finden, so wenig braucht man selbst Initiierter zu sein, um die Dinge zu verstehen. Man kann die Dinge verstehen, weil die Ideen miteinander zusammenstimmen. Es gibt Leute, die sagen: Was geht uns die ganze geistige Welt an, man kann sie erst verstehen, wenn man darin ist. – Das sagen die Leute aus dem Grunde, weil sie heute gewohnt sind, einen Beweis nur dasjenige zu nennen, was sich sinnlich-handgreiflich beweisen läßt. Solche Menschen gleichen Toren, die sagen: Alles, was in der Welt ist, muß gestützt werden, sonst fällt es zur Erde. Es könnte ja einer kommen und sagen: Die Erde, der Mond, die Sonne sind im Weltenraum draußen, aber sie müssen doch eine Stütze haben, damit sie nicht herabfallen. Er weiß nicht, daß die Weltenkörper keine Stütze brauchen, weil sie sich gegenseitig stützen. Auf solches Verständnis ist die Anthroposophie angewiesen. Bei ihr können die Ideen nicht gestützt werden durch äußerliche Handgreiflichkeiten, aber gegenseitig stützen sie sich. Lesen Sie zunächst ein einziges anthroposophisches Buch, dann kann es vorkommen, weil Sie gewohnt sind, alles handgreiflich bewiesen zu sehen, daß Sie es weglegen, weil darin nichts bewiesen ist. Lesen Sie aber immer mehr und mehr, so werden Sie finden, daß die Ideen sich gegenseitig stützen und halten wie die Weltenkörper. Man kann schon die Dinge verstehen, auch wenn man nicht ein Initiierter ist, aber durch die Initiationswissenschaft werden die Dinge noch wesentlich dichter. Sie werden in einer anderen Weise erlebt. Daher kann derjenige, der weit genug gekommen ist, auch noch in einer anderen Form sprechen über dieses aus Vergangenheit, Gegenwart und Zukunft Gewobene des menschlichen Schicksals. Derjenige, der die Initiation auf einer gewissen Stufe durchgemacht hat, bei dem werden die Erlebnisse viel konkreter. Vor Ihnen steht ein Mensch, er spricht zu Ihnen, er erzählt Ihnen etwas, Sie hören es. Der Initiierte kann, wie das Äußere gehört wird, auch das Innere hören, die geistige Sprache, die nicht minder deutlich ist als die menschliche Sprache. Mit aller Deutlichkeit, wie Menschen zu Ihnen sprechen, spricht für den Initiierten der Mensch, mit dem er karmisch in der Vergangenheit verbunden war und den er im gegenwärtigen Leben trifft. Er hört eine innere Sprache. Sie werden sagen, dann hat ja der Initiierte ein ganzes Bündel von Menschen in sich, von denen der eine mehr, der andere weniger deutlich zu ihm spricht. Das ist auch der Fall. Aber es ist das zu gleicher Zeit der anschauliche Beweis für die Art und Weise, wie man das vorherige Erdenleben zugebracht hat. Ich sagte, die großen Registratoren, die Mondwesen tragen das Schicksal ein; aber in dem Augenblick, wo der Initiierte einen anderen Menschen, mit dem er im vorherigen Erdenleben karmisch verbunden war, trifft, wird er wie vom Vollmondslicht beschienen von den Eintragungen des anderen Menschen, mit dem er karmisch verbunden ist. Was wir gegenwärtig denken und tun, das spricht nicht zu uns, aber nach einer gewissen Zeit, nach einer gar nicht so langen Zeit, wird dasjenige, was wir getan haben, was auf dem Monde registriert ist, sprechend und lebendig. Die Akashabilder sind Lebensbilder: trifft man auf den Inhalt eines vergangenen Erdenlebens, lernen Sie sich selber kennen und lernen einen anderen Menschen kennen. Das Gemeinsame des vergangenen Erdenlebens lebt wieder auf, daher ist es kein Wunder, daß man dieses Wiederauflebende auch im anderen Menschen von innen heraus sprechen hört. Man ist innig mit demjenigen zusammen, mit dem man im vorherigen Erdenleben zusammen war. Das wird der Weg der Menschen in die Zukunft hinein sein: Die Menschen werden sich zunächst ein feines Gefühl dafür aneignen müssen, damit ihr Wille erlebt wird im Treffen eines anderen Menschen, so daß sie diesen Menschen fühlen. In einem Zeitraum, der etwa sieben- bis neuntausend Jahre in der Zukunft liegt, werden die Menschen alle auf der Erde die anderen Menschen, mit denen sie karmisch verbunden sind, in ihrem Inneren sprechen hören.

Trifft man nun mit einem Menschen zusammen, mit dem man nicht karmisch verbunden ist, dem man das erste Mal begegnet, so stellt sich auch dies nach Empfang der Initiation anders dar. Der Initiierte kann natürlich auch Menschen in seinem Leben treffen, mit denen er nicht karmisch verbunden ist. Dennoch wird seine Beziehung eine andere sein als diejenige, die für das gewöhnliche Bewußtsein vorhanden ist. Er fühlt mit einer gewissen Feinheit neue Tatsachen im kosmischen Menschen.

Man sieht durch einen Menschen, den man zum ersten Mal im Kosmos trifft, tiefer in die Welt hinein. Es ist auch ein Glück, einen Menschen zum ersten Mal zu treffen, und diese Tatsache, daß man durch einen Menschen, den man zum ersten Mal trifft, die Welt besser kennenlernt, muß sich wiederum als ein feines Gefühl entwickeln. Der Initiierte hat sofort, wenn er einen Menschen trifft, mit dem er nicht karmisch verbunden ist, dem er sozusagen das erste Mal im Kosmos gegenübertritt, diesem Menschen gegenüber eine Aufgabe: Er hat gleich die Aufgabe, sich mit dem Schutzgeist aus der Sphäre der Angeloi zu verbinden, der diesem Menschen besonders schützend gegenübersteht.

Er darf nicht nur den Menschen kennenlernen, er muß den Schutzgeist des Menschen kennenlernen. Der Engel dieses Menschen spricht auch wieder mit großer Deutlichkeit aus dem eigenen Inneren heraus, und wenn der Initiierte mit verschiedenen Menschen zusammentrifft, mit denen er nicht karmisch verbunden ist, dann hört er von innen heraus laut und deutlich sprechen. Er vernimmt die Worte des Angelos dieser Menschen in seinem Inneren. Das gibt dem Initiierten in seinem Umgang mit den Menschen einen gewissen Charakter. Er nimmt selber etwas an, was der Angelos dem Menschen sagen will, den er kennenlernt: er verwandelt sich in seinen Angelos. Dadurch wird dasjenige, was zu den Menschen gesprochen werden kann, aus einem anderen Grunde intimer, als es für das gewöhnliche Bewußtsein wird. Daher kommt es auch, daß der Initiierte für jeden Menschen, der ihm zum ersten Mal im Kosmos entgegentritt, im Grunde ein anderer ist, er ist jeweils etwas von dem Angelos dieser Menschen. Darauf beruht die Verwandlungsfähigkeit derjenigen Menschen, die mit der Kraft der Initiation den anderen Menschen gegenübertreten. Jetzt haben ja die Menschen wirklich nur eine sehr geringe Empfindungsfähigkeit für solche Dinge. Aber es liegen die Jahrhunderte noch gar nicht so lange hinter uns, da hatte die Menschheit noch viel mehr Empfindungsfähigkeit dafür. Da konnte vorkommen, daß ein weiser Mensch einer Reihe von anderen Menschen gegenüberstand, und jeder hat ihn anders beschrieben. Geht man philiströs vor, dann wird man finden: Irgendeine interessante Persönlichkeit ist von zwanzig Menschen beschrieben worden, von jedem anders, also hat ihn keiner genau gesehen. Vielleicht aber haben ihn alle zwanzig Menschen gesehen. Er hat sich für jeden verwandelt, indem er sich in Beziehung setzte mit dem Angelos jedes dieser Menschen. Sehen Sie, in dieser Beziehung herrscht wirklich ein Abgrund zwischen demjenigen, was in der Gegenwart unter Menschen Sitte und üblich ist, und demjenigen, was vor einer kurzen Vergangenheit Sitte und üblich war. Man lernt heute viel, aber man lernt ganz anders, als man es früher gelernt hat. Die höhere Schulung, vor verhältnismäßig noch gar nicht so weit zurückliegender Zeit, gab Anweisung, wie diejenigen, die als Priester oder Lehrer andere Menschen zu führen und zu leiten hatten, die Fähigkeit erreichen konnten, sich mit dem

Angelos eines Menschen zu verbinden. Die Menschen haben sogar die Erinnerung daran vergessen. Die Engellehre war eine Wissenschaft für diejenigen, die Führer der Menschheit werden wollten, damit sie die Verwandlungsfähigkeit erlangten.

Noch ein anderes: Es wird Ihnen außerordentlich auffallen – und ich habe ja darüber in meinem «Christentum als mystische Tatsache» gesprochen –, wie die Biographien ausschauen, die erhalten sind von alten Initiierten; es gleicht eine der anderen! Versuchen Sie es nur einmal, die Initiierten-Biographien zu studieren, es gleicht eine der anderen, denn die großen Initiierten haben in bezug auf ihr Seelenleben ähnliche Biographien erlebt. Aber das sind nicht die Biographien, die von Menschen geschrieben sind, denn die gleichen einander nicht. Wenn alle diejenigen, die, sagen wir, den Zarathustra erlebt haben, eine Charakteristik des Zarathustra geschrieben hätten, jeder hätte sie anders geschrieben, weil Zarathustra sich jedem Menschen gegenüber verwandelte. Dasjenige, was die Welt wissen sollte über die Initiierten, es war eine von höheren Geistern inspirierte Biographie.

So kann man sagen: Derjenige, der mit der Kraft der Initiation einem Menschen gegenübertritt, mit dem er karmisch verbunden ist, nimmt dessen Vergangenheit als sein Eigenes wahr, er lernt sie kennen durch das Geistig-Seelische der Mondwesenheiten.

Derjenige, der mit der Kraft der Initiation einem Menschen gegenübertritt, dem er zum ersten Mal im Kosmos begegnet, der bekommt die Aufgabe, sich mit dessen Angelos zu verbinden. Da lernt er vieles von der äußeren Welt kennen. Zwar sprechen die Angeloi im Inneren, und wir sind ja eine Welt draußen. Man kann in Wirklichkeit andere Menschen mit geistigen Kräften gar nicht tiefer kennenlernen, ohne ein Heer von Engeln kennenzulernen. Es ist ganz unmöglich, wirkliche Menschenerkenntnis zu erringen, ohne Engelkenntnis zu haben. Geradeso wie ich sagen mußte, daß schon das gewöhnliche Feinfühlen, wenn es mit Menschen zusammenkommt, die nicht karmisch verbunden sind, die Umwelt kennenlernt, so lernt der Initiierte erst recht die eigentliche Außenwelt, die Engelwelt kennen. Dadurch bekommt er Vermittler für die höheren Hierarchien.

Man kann auch noch durch anderes darauf aufmerksam werden, wie man mit einem Menschen karmisch verbunden ist. Man trifft einen Menschen im Leben, man trifft einen anderen. Man braucht nur aufmerksam zu werden: Man kann einen Menschen treffen, mit ihm viel zu tun haben, mit ihm arbeiten und so weiter, aber man kann nicht träumen von ihm. Man kann nicht träumen von ihm, weil er nicht mit unserem astralischen Leibe, sondern nur mit unserem Ich verbunden ist.

Andere Menschen trifft man, man hat sie nur flüchtig gesehen, und sie folgen einem bis in die Träume nach, auch bis in die wachen Träume. Es ist eine vom Inneren heraus geformte Darstellung, die mit dem Äußern des Menschen gar nichts zu tun hat, weil man mit dem Menschen karmisch verbunden ist. Man trifft einen Menschen, mit dem man karmisch verbunden war, und man ist gleich genötigt, sich ein Bild von diesem Menschen zu machen. Ist der Betreffende ein Maler, dann könnte es vorkommen, daß er ein Bild von ihm malt, das ein philiströser Mensch ganz unähnlich findet, während der Initiierte eine vorherige Inkarnation des Menschen findet, den er gemalt hat. Man lernt wirklich in den Tiefen seines Wesens, wenn auch im Unbewußten, den anderen Menschen kennen, mit dem man karmisch verbunden ist. Durch diejenigen Menschen, mit denen man nicht karmisch verbunden war, die man zum ersten Mal im Leben trifft, lernt man die Menschheit im allgemeinen kennen. Die Menschen verhalten sich auch danach. Kommen Sie bei einem Five o'clock tea oder sonstigen ähnlichen Anlässen mit Menschen zusammen, so versuchen Sie einmal hinzuhören auf das Leben: Wenn ein Mensch einen anderen Menschen getroffen hat, mit dem er karmisch verbunden ist, so sagt er nicht sehr viel über die anderen Menschen, aber über diesen Menschen sagt er irgend etwas Bedeutsames. Er weist auf irgend etwas Bedeutsames hin, besonders dann, wenn er in solchen Dingen noch unbewußt ist. Merken Sie auf das Leben: Sie kommen bei einem Fünf-Uhr-Tee mit irgend jemandem in ein Gespräch, mit dem Sie nicht karmisch verbunden sind. Er interessiert Sie doch nur äußerlich, er erzählt Ihnen so, als ob er der Repräsentant der ganzen Five-o'clock-Teegesellschaft wäre. Das ist eine kurzweilige Gesellschaft, man hört da viel von Weltangelegenheiten, von Leuten, die große Politiker sind – Sie hören nur diesen einzigen Menschen, und nach diesem Menschen beurteilen Sie die ganze Gesellschaft vielleicht falsch. Man lernt das andere der Welt kennen durch Menschen, mit denen man nicht karmisch verbunden ist. Ein Reisender, der einmal um Mitternacht die Station Königsberg passiert hat und sich dort einen Kaffee geben ließ, wurde von dem Kellner, den er gerufen hatte und der rote Haare hatte und verschlafen war, furchtbar grob angefahren. Darauf schrieb der betreffende Reisende in sein Tagebuch: Die Königsberger haben rote Haare, sind verschlafen und grob. Nach diesem mitternächtlichen Kellner, mit dem er nicht karmisch verbunden war, beurteilte der betreffende Reisende die Königsberger.

Sehen Sie, durch solche Betrachtungen erwirbt man sich Lebenswerte, kommt den Menschen näher, lernt auf eine andere Art, mit ihnen verbunden zu sein. Man lernt aber nicht nur das Menschenleben kennen, und das soll ja gerade das Wesentliche der Anthroposophie sein, daß sie in das Leben wirklich eingreift, man lernt auch fühlen, empfinden und kennen das kosmische Leben. Sonne und Mond verlieren alles Abstrakte und werden zu etwas Wesenhaftem, auf das man hinschaut im Kosmos und das zu dem kleinen Menschenschicksal hier auf der Erde das entsprechende Große im Weltenall ist.

So ist Sonnenwirksamkeit mit der Mondenwirksamkeit in unserem Leben vereint. Alles dasjenige, was uns vom Monde herunter scheint, hängt zusammen mit unserer kosmischen Vergangenheit, und die Sonne hängt zusammen mit unserer kosmischen Zukunft.

Auf diese lebenswichtige Seite der Anthroposophie, diese Seite, die Lebenswerte liefert, wollte unsere Weihnachtstagung, die die Anthroposophische Gesellschaft neu begründet hat, in besonderem Maße hinweisen. Da sollte gesagt werden und ist gesagt worden, daß wiederum Esoterik im wahren Sinne des Wortes unter uns leben soll. Daher sollte diese Weihnachtstagung nicht etwa eine Festlichkeit sein, an der sich eine Anzahl Anthroposophen getroffen haben, sie sollte fortdauern in ihrer Wirksamkeit und in ihren Impulsen. Es wird die neue Einrichtung eines Mitteilungsblattes geplant – sie ist schon da und die ersten drei Nummern sind bereits erschienen. Ein Mitteilungsblatt zunächst über die Vorgänge in der ganzen Anthroposophischen Gesellschaft, über das, was in der Anthroposophischen Gesellschaft vorgeht. Sie muß in dieser Weise etwas werden wie ein lebendig geistiger Organismus. Mir ist immer wieder auf meinen Reisen entgegengetreten, daß zum Beispiel die Leute in Den Haag gesagt haben: Ja, wir wissen ja nicht, was mit den Leuten in Wien vorgeht, und wir gehören doch zu einer anthroposophischen Gesellschaft! Wie viele könnte ich hier fragen, die mir sagen könnten, was zum Beispiel im anthroposophischen Zweig in Leipzig oder in Hamburg vorgeht? Aber das muß in Zukunft der Fall sein. Es muß so weit gehen, daß derjenige, der Mitglied des Zweiges Neuseeland ist, wirklich eine Vorstellung davon hat, was in Wien vorgeht. Es werden die Mitglieder gut tun, dasjenige, was sie innerhalb und außerhalb der Anthroposophischen Gesellschaft erleben, der Redaktion des Mitteilungsblattes mitzuteilen. Das wird dann verarbeitet, und man wird immer lesen, was in der Anthroposophischen Gesellschaft vorgeht. Ich habe vor, in der Zukunft in jeder Nummer kleine, kurze Aphorismen zu bringen, welche wichtige Lebensinhalte kurz zusammenfassen, so daß man solche Aphorismen wird verwenden können in den Zweigen oder bei anderen Gelegenheiten.

Durch alles das soll wirkliches Leben, pulsierendes Leben in die Anthroposophische Gesellschaft hineinkommen. Das wollte unsere Weihnachtstagung. Dessen sollte sich jedes einzelne Mitglied bewußt werden. Und nur, weil das so sein soll und eigentlich so sein muß, wenn Anthroposophie selbst in der richtigen Weise ihre Vergangenheit und Zukunft haben soll, habe ich es unternommen, nachdem ich mich jahrelang zurückgezogen hatte, Verwaltung und Vorsitz selbst zu übernehmen, mit einem Vorstand, von dem ich weiß, daß er vom Goetheanum aus fruchtbar arbeiten wird. Ich hätte wahrhaftig in meinem Alter mir nicht vorgenommen, wiederum so zu tun, wie man als ganz junger Kerl getan hat, wieder neu anzufangen, wenn nicht die absolute Notwendigkeit dagewesen wäre. Zu gleicher Zeit möchte ich an jedes Mitglied der Anthroposophischen Gesellschaft appellieren, mitzuhelfen, daß diese Weihnachtstagung im Herzen unserer Mitglieder den Grundstein des anthroposophischen Lebens legen möge und nicht aufhöre, wirklich als ein Lebenskeim sich immer weiter und weiter zu entwickeln, so daß ein immer regeres und regeres Leben in der Anthroposophischen Gesellschaft eintritt. Dann wird die Anthroposophische Gesellschaft auch hinauswirken in die Welt.

VIERTER VORTRAG

Stuttgart, 6. Februar 1924

Gestatten Sie, daß ich mit einer anthroposophischen Auseinandersetzung beginne, um dann am Schluß mit einigen wenigen Worten zurückzukommen auf dasjenige, was mit der Weihnachtstagung gemeint war.

Sie kennen aus den verschiedenen anthroposophischen Darstellungen die Bedeutung der die Erde umgebenden Himmelskörper für das Leben und Dasein des Menschen. Über ein besonderes Kapitel aus diesem Gebiete möchte ich heute zu Ihnen sprechen. Wenn wir den Blick umherschweifen lassen hier während unseres Erdendaseins auf alles dasjenige, was uns auf der Erde umgibt, und auch auf das, was uns im Weltenumkreise der Erde umgibt, so sehen wir eigentlich mit den physischen Sinnen, auch dann, wenn diese physischen Sinne zu den Sternen heraufschweifen, nur dasjenige, was zusammenhängt mit jenem Teile unserer menschlichen Wesenheit, den wir mit dem Tode ablegen. Wir wissen ja aus den verschiedenen anthroposophischen Darstellungen, daß der menschliche physische Leib seine Kräfte, auch seine substantielle Zusammensetzung aus demjenigen holt, was uns auf der Erde umgibt. Wir wissen ferner, daß wir außer dem physischen Leib in uns tragen einen Ätherleib und daß in gleicher Weise, wie der physische Leib seine Kräfte, seine substantiellen Bestandstücke der Erde entnimmt, so dieser Ätherleib seine Bestandstücke, seine Kräfte den Weiten des außerirdischen Weltenalls, der ätherischen Welt. Und diese ätherische Welt ist es ja, welche die Erde in den Raumesweiten umgibt, diese ätherische Welt ist es, in welche die Sterne eingebettet sind, aus der das Licht aus dem Weltenall auf die Erde herniederströmt. So verdanken wir unser physisches und unser ätherisches Dasein demjenigen, was wir entweder in unserer Erdenumgebung oder in der Weltumgebung der Erde schauen können, offenbar werden sehen. Aber innerhalb desjenigen, was uns als die Ätherumgebung der Erde im Weltenall umhüllt, sehen wir zunächst zwei Weltenkörper, die wir geradezu bezeichnen können als Tore in die geistige Welt hinein. Wir sehen die beiden Weltenkörper, den Mond und die Sonne. Diesen beiden Weltenkörpern, dem

Monde und der Sonne, wurde von jeher von allen denjenigen, die mit ihrer Einsicht tiefer hineinschauen können in das Gefüge des Weltganzen, die denkbar größte Bedeutung für das menschliche Leben und Dasein beigelegt.

Wenn wir den Menschen im anthroposophischen Sinne betrachten, so können wir ja wissen, wie außer dem physischen Leib und dem Ätherleib die astralische Wesenheit des Menschen und die Ich-Wesenheit in ihm vorhanden sind. Allein, wenn wir auf diese astralische und Ich-Wesenheit hinschauen, wir finden überall in den Weiten, die wir beobachten können mit den äußeren Sinnen – auch wenn wir, wie gesagt, den Blick in die Sternenwelt hinaufschweifen lassen –, nichts, was zunächst für die äußere Beobachtung ähnlich ist dem astralischen Wesen und dem Ich-Wesen des Menschen. Wir finden eben nur dasjenige, was ähnlich ist dem physischen und dem Ätherwesen. Nichts im sichtbar und offenbar werdenden, für unsere Sinne, für den Verstand offenbar werdenden weiten Weltenall, nichts liefert für den astralischen Leib und für die Ich-Wesenheit Bestandstücke, Kräfte. Aber eben in Mond und Sonne haben wir dennoch etwas, was wie Tore sich ausnimmt in diejenige Welt hinein, aus der unser astralischer Leib und unsere Ich-Wesenheit stammen.

Sie haben ja verfolgt, wie in meiner «Geheimwissenschaft» und anderen Schriften auf einen Zeitpunkt hingewiesen worden ist, in dem sich der physische Mond losgetrennt hat von der Erde. Es ist darauf hingewiesen worden, wie der physische Mond mit der Erde einstmals einen Körper im Weltenall bildete, wie dann sich dieser physische Mond von der Erde abgetrennt hat. Allein diese physische Abtrennung oder auch ätherische Abtrennung, die ist nicht alles, was uns mit Beziehung auf das Mondendasein und auf das menschliche Leben beschäftigen soll, sondern wir haben es in der Abtrennung des Mondes zugleich zu tun mit einer bedeutungsvollen geistigen Tatsache. Und auf diese geistige Tatsache wollen wir einmal das Augenmerk lenken.

Auch darauf habe ich ja öfter hingewiesen, wie in uralten Erdenzeiten der Mensch eine sogenannte Urweisheit besessen hat. Wir sind heute stolz auf unsere Verstandeseinsicht, auf unser sogenanntes Verstandes- und Beobachtungswissen. Nun ja, gewiß, dasjenige, was wir heute in dieser Art wissen, das hat eine ältere Menschheit nicht gewußt, dazu mußte die Erde erst eine gewisse Entwickelung durchmachen und der Mensch mit ihr. Erst durch diese Entwickelung konnte er seinen physischen, zum Nervensystem verfeinerten Leib so weit benützen, daß er eben Verstandeswissen erwerben kann. Das uralte Wissen der Menschheit war ein instinktives, kam auch in anderer Art zum Vorschein als zumeist das heutige Wissen. In mächtig einherrollenden dichterischen Formen prägte sich dasjenige aus, was in uralten Zeiten die Menschheit über die Geheimnisse der Welt wußte. Und in demjenigen, was traditionell erhalten ist, was man heute in den Dokumenten verfolgen kann, in dem ist eigentlich nur ein Nachklang vorhanden von dem Großartigen, Gewaltigen der Urweisheit, welche die Menschheit einmal auf der Erde besessen hat. Wir können aber heute in tiefes Erstaunen verfallen, wenn wir so etwas wie die morgenländischen Veden oder die Vedantaphilosophie auf uns wirken lassen. Wir bewundern die herrlichen Verse der Bhagavad Gita, wir sehen in all dem etwas Großes. Allein wir müssen uns bewußt sein: das sind doch nur die letzten Ausläufer von etwas viel Größerem, von etwas viel Gewaltigerem, das einmal für die Menschheit da war. Und dieses Große, Gewaltige, das einmal da war, die Menschheit verdankte es der Tatsache, daß sie damals mit Wesenheiten in Genossenschaft lebte, die in ihrem Dasein höher standen als die heutige Menschheit und auch natürlich als die damalige Menschheit, Wesenheiten, die nicht nach Art des heutigen Menschenleibes einen physischen Leib an sich trugen, Wesen, die nur im ätherischen Leibe auf der Erde herumwandelten, die aber dennoch ein mit den übrigen Menschen gemeinsames Leben führten.

Da diese Wesen keinen physischen Leib hatten, konnten sie natürlich nicht in der Art mit den Menschen sprechen, wie wir es heute gewohnt sind, daß von einem Menschen zum anderen gesprochen wird. Aber in gewissen Bewußtseinszuständen fühlten die Menschen der Urzeiten – und schließlich waren wir das ja alle selber in unseren früheren Erdenleben –, wir also, kann ich sagen, fühlten in den Urzeiten der Erdenentwickelung in besonderen Bewußtseinszuständen, wie innerlich Empfindungen, Gedanken auftauchten, von denen man wußte: sie stammen nicht von dem Menschen selber, der sie hegt, ebensowenig wie das von uns selber heute stammt, was wir durch sprachliche Mitteilung von einem anderen hören. Auf geistige Art wurde von den auf der Erde herumwandelnden ätherischen Übermenschen, könnte man sagen, eininspiriert den Menschen das viel höhere, viel gewaltigere Wissen, das diese Wesenheiten hatten. Umgang also mit Wesenheiten nicht physischer Art hatten wir in früheren Erdenleben in den irdischen Urzeiten. Diese Wesenheiten, sie sind heute nicht mehr da. Sie sind schon seit langen Zeiten nicht mehr innerhalb des irdischen Lebens. Sie haben sich von dem Umgang mit den Menschen zurückgezogen, und die Menschheit hat spärliche Überreste von dem, was sie einstmals durch diese Urzeitwesen von Geheimnissen des Weltenalls erfahren hatte, spärliche Überreste hat die Menschheit aufbewahrt in den verschiedenen Dokumenten. Und eigentlich kann man sagen, daß sie diese spärlichen Überreste auch kaum mehr versteht.

Wohin haben sich diese Wesen der Urweltzeiten zurückgezogen? Sehen Sie, geradeso wie der physische Mond sich von der Erde abgetrennt hat, so haben sich in Gemeinschaft mit diesem physischen Weltenkörper des Mondes diese Wesenheiten hinaus in das weite Weltenall zurückgezogen. Ich habe ja über etwas Ähnliches schon gesprochen. Wir wollen heute ein Weiteres über diese Wesenheiten kennenlernen, so daß – wenn wir den Blick hinauflenken auf diesen Weltenkörper des Mondes – wir uns sagen können: Der wird bewohnt von Wesenheiten, die einstmals die Genossen der Menschheit auf der Erde waren und die sich in diese Mondenkolonie zurückgezogen haben. Mit dem äußeren Menschen, der in seinem physischen Leibe auf der Erde lebt, haben diese Wesenheiten zunächst scheinbar keinen Zusammenhang; aber sie haben ihn doch. Und eben auf diesen Zusammenhang wollen wir einmal hinweisen. Daß diese Wesenheiten in irgendeiner Art mit der menschlichen Vergangenheit zusammenhängen, können wir ja schon daraus entnehmen, daß sie in vergangenen Zeiten eben die Genossen der Menschheit auf Erden waren. Und sie sind mit der Vergangenheit des Menschen verknüpft geblieben.

Wenn wir den Menschen betrachten, wie er sein Leben innerhalb des physischen Leibes auf der Erde hier vollendet, dann finden wir, daß sich in dieses Leben hineinwebt dasjenige, was wir das Schicksal nennen.

Dieses Schicksal, das man gewohnt worden ist mit dem orientalischen Namen Karma zu bezeichnen, es nimmt sich als etwas recht Geheimnisvolles im menschlichen Leben aus. Aber man betrachtet dieses Geheimnisvolle nicht immer in seinen bedeutungsvollen Zusammenhängen. Denken Sie einmal: In einem bestimmten Alter treffen aufeinander zwei Menschen. Sie haben sich vorher nicht gesehen. Von dem Zeitpunkte an, da sie aufeinandertreffen, tritt in ihr Leben etwas ein, das mit ihrer Gemeinsamkeit zusammenhängt. Sie erkennen einander sozusagen, und sie wissen, daß sie nun viel miteinander zu tun haben werden. Wenn aber solche Menschen dann zurückschauen auf das Leben, das sie auf der Erde seit ihrer Kindheit vollbracht haben, dann nimmt sich, wenn sie nur vorurteilslos genug die Sache ansehen, alles das, was sie getan haben bis zu dem Zeitpunkte, wo sie sich getroffen haben, außerordentlich sinnvoll in der Richtung aus, daß es ihnen sich zeigt, wie sie eigentlich jeden Schritt ihres Lebens seit ihrer Kindheit so angeordnet haben, als ob sie den Weg bis zu dem Orte hin von Anfang an hätten nehmen wollen, bis zu dem Orte, an dem sie sich dann treffen. Man blickt zurück von diesem Momente, wo man einen anderen getroffen hat, mit dem man dann Gemeinsamkeit pflegt, man blickt zurück –, und das vorangegangene Erdenleben, es nimmt sich wirklich oftmals so aus, daß man sich sagen kann: Da ist mein Ausgangspunkt in einer fernen Kindheit, aber ich habe jeden Schritt so gemacht, daß mein Weg mich zuletzt dahin führen mußte, wo ich den anderen treffe. Alles dasjenige, was ich in so sinnvoller Weise getan habe, alles das ist ja ganz unbewußt geschehen; dasjenige, was bewußt geschah, tritt erst ein nach dem Treffen, aber das Unbewußte schließt sich in einer wunderbaren Weise mit dem Bewußten in eins zusammen. Und es ist ein großer Unterschied in dem Weben des Schicksales mit Bezug auf dasjenige, was wir so unbewußt als unseren Erdenweg angeordnet haben, um den anderen zu treffen, und dasjenige, was wir dann vollbringen, wenn wir ihn getroffen haben. Da ist er vor uns, da sehen wir ihn, da verstehen wir dasjenige, was er spricht, da richten wir unsere Handlungen nach dem ein, wie er sich äußert, wie er uns im äußeren Leben entgegentritt, da führen wir mit ihm ein gemeinsames Leben, das zugänglich ist unseren Sinnen, unserem Verstande. Aber wir werden sehen, wie sich in dieses gemeinsame, nun unseren Sinnen und unserem Verstande zugängliche Leben doch eben unbewußt wieder hineinmischt auch dasjenige, wie wir gegangen sind bis zu dem Zeitpunkte, wo wir uns getroffen haben. Wir können fragen: Was wirkt und lebt in all diesen Richtungen, in all diesen Kräften, mit denen wir uns zu dem anderen hinbewegen?

Es kann auch irgendein Ereignis sein, zu dem wir uns hinbewegen. Alles Schicksalsmäßige kommt dabei in Betracht. Wir werden finden, daß da ein großer Unterschied ist im Erleben zwischen der einen Sorte von Erlebnissen und der anderen. Wir können nämlich auf zweifache Art im Leben einem Menschen gegenübertreten. Bei der einen Art bekommen wir sogleich die Empfindung – oder wir bekommen sie, nachdem wir nachher Bekanntschaft geschlossen haben mit einem Menschen oder dem Ereignis –, die Empfindung, die wir in unseren Willen aufnehmen. Wir lernen den Menschen kennen; das, was er ist, was er mit uns nun gemeinsam tut, es ist so, daß wir es willenshaft in uns selber empfinden. Daß wir vor allen Dingen so denken wollen, wie er denkt, so fühlen, wie er fühlt, so wollen, wie er will. Ja, wir fühlen: Dieser Mensch beginnt in uns selber zu kraften. Wir fühlen ihn im Inneren. Er rüttelt etwas auf in unserem Inneren, das von ihm kommt, das aber doch in unserem Willen lebt, das vom Willen aus unser Gemüt durchzieht. Wir lernen sogar uns selber auf diese Art besser kennen, indem wir unserem Wollen und dem tiefer mit dem Willen zusammenhängenden Gefühl das anempfinden: der Mensch ist eigentlich nicht nur da, um auf uns von außen zu wirken, wenn wir ihn anschauen, sondern der rührt und rüttelt etwas in uns auf, was in uns selber ist. Das ist die eine Art, wie wir Menschen schicksalsmäßig im Leben entgegentreten.

Die andere Art ist diese, wo weniger in uns selber aufgerüttelt wird bei der Bekanntschaft mit den Menschen, wo wir den Menschen mehr von außen anschauen, wo wir ihn beurteilen nach dem Verstandeseindruck, den er auf uns macht, nach dem ästhetischen Eindruck, den er auf uns macht. Bedenken Sie, was für ein großer Unterschied ist zwischen diesen beiden Arten, mit anderen Menschen bekannt zu werden.

Denken Sie sich nur: Sie werden mit dem einen oder anderen Menschen bekannt, kommen dann irgendwo anders hin, und Sie sind versucht zu reden über diese Ihre Bekanntschaft, beziehungsweise über den anderen Menschen, mit dem Sie bekannt geworden sind. Diese Art, wie man da redet, die unterscheidet sich ganz beträchtlich für unsere Menschenbekanntschaften im Leben. Das eine Mal reden wir so, daß jeder merkt, wir sind bei unseren Worten dabei, wir geben etwas von uns selber, indem wir von dem anderen Menschen reden – und wir reden Dinge, die den anderen Menschen gar nicht verständlich sind. Wir reden in schönen Worten von dem anderen Menschen, aber er ist häßlich, und da sind Menschen in der Umgebung, die können das gar nicht begreifen, daß wir so reden, denn auf sie macht der Mensch den Eindruck des Häßlichen. Sie können nicht fassen, wie wir in Hymnen über einen Menschen reden, den sie für häßlich ansehen. Aber uns geht das gar nichts an, was die anderen nach einem äußerlich-ästhetischen Eindruck als häßlich an ihm finden, wir reden nicht von dem, was den Eindruck wiedergibt, den er von außen macht. Wir reden von dem, was er in uns aufgerührt und aufgerüttelt hat, was von uns ist, und was wir von diesem Menschen reden, braucht nicht zu stimmen mit dem Eindruck, den andere Menschen haben.

Bei anderen Menschen wieder ist es anders. Da haben wir ein gutes Gesicht dafür, ob sie schön oder häßlich sind. Da reden wir so, daß man sieht: der Verstandeseindruck, der Sinneseindruck, der ästhetische Eindruck sind maßgebend. Wir reden so, daß wir vielleicht sagen: Das ist ein Prachtskerl! Sie wissen, es gibt im Leben Bekanntschaften, wo es uns gar nicht einfällt, in dieser äußerlichen Weise über einen Menschen zu reden. Wir reden auch so, daß die anderen die Sache sogleich verstehen können, wenn sie den Menschen auch kennen oder wenn sie ihn kennenlernen.

Diese zwei Arten, das Zusammentreffen mit Menschen zu schildern, überhaupt anzusehen, diese zwei Arten gibt es eben einfach. Nur ist die erste Art diejenige, die zurückweist darauf, daß beim Zusammentreffen mit dem Menschen aufgerührt und aufgerüttelt wird in uns das weitere Zusammenleben im früheren Erdendasein. Daß etwas zurückweist auf frühere Inkarnationen, in denen wir gemeinsam mit diesem Menschen gelebt haben, das ist es, was dann in dieser Weise empfindungsgemäß zutage tritt bei der ersten Art der Beurteilung eines Menschen. Und bei der zweiten Art ist es so, daß wir äußerlich urteilen, urteilen in einer solchen Weise, wie es die anderen auch verstehen können, weil wir eben nicht in früheren Erdenleben mit diesem Menschen zusammen waren, vielleicht erst in diesem Erdenleben das allererste Mal zusammentreffen.

Wenn man dann aber mit geistiger Einsicht prüft, was diesem Schicksalsmäßigen, das in dem ersten Fall in einer so charakteristischen Weise auftritt, zugrunde liegt, dann finden wir, daß dem Menschen einverwoben wird, bevor er zum physischen Erdendasein heruntersteigt – indem er sich vor diesem Heruntersteigen, nachdem er andere Sphären durchgemacht hat, durch die Mondensphäre bewegt –, einverpflanzt wird in seinen astralischen Leib dasjenige, was sein gemeinsames Karma mit anderen Menschen ist; einverpflanzt wird es ihm für sein heutiges Erdendasein von denjenigen Menschengenossen, welche einstmals auf der Erde mit den Menschen gelebt haben, so wie ich es Ihnen vorher geschildert habe, und welche sich zurückgezogen haben nach dem Mondendasein. Das sind die Wesenheiten, durch deren Sphäre wir hindurchgehen, bevor wir heruntersteigen in das Erdendasein. Das sind die Wesenheiten, die seit jener Zeit, seit sie die Erde, seit sie die Menschengenossenschaft verlassen haben, sich beschäftigen mit dem Aufzeichnen des Schicksales, das die Menschen gemeinsam miteinander leben. Und so ist es, daß wir zurückschauen können auf dasjenige, was in uns ist, was da rumort, wenn wir auf die erste Art einen anderen Menschen treffen, daß wir dasjenige, was da in uns ist, zugleich finden in jenen großen Schicksalsbüchern, welche diese Mondenwesen mit ihrer Erkenntnis der menschlichen Erdenleben vollschreiben. Das sind Bücher, die im Geistigen geführt werden. Das sind Bücher, die alles enthalten, was wir mit anderen Menschen gemeinsam durchlebt haben. Gemeinsam lesen wir, indem wir die Mondensphäre passieren, in diesen Büchern dasjenige, was wir dann heruntertragen, und mit dem, was wir in diesen Büchern gelesen haben, richten wir uns unseren Weg ein, den wir hinorientieren – vielleicht fünfundzwanzig bis dreißig Jahre –, bis wir denjenigen finden im Erdendasein, von dem geschrieben stand in den Mondenbüchern, bevor wir heruntergestiegen sind auf die Erde, daß wir dieses oder jenes in vergangenen Erdenleben mit ihm durchgemacht haben.

So wunderbar sind die geheimnisvollen Zusammenhänge im Weltenall eingerichtet. Und so müssen wir mit einem vertieften Gefühl, mit einem durch Anthroposophie vertieften Gefühl hinaufschauen zu dem Mondendasein und nicht nur dasjenige ins Auge fassen, was uns eine physische Wissenschaft beschreibt vom Monde, sondern dasjenige ins Auge fassen, was eine Geisteswissenschaft uns über das Geistig-Seelische, über das Geistige des Mondes sagen kann. Wenn man doch nur einmal bedächte, wie sich überall die Gleichnisse finden für dasjenige, was verständlich macht diese Weltensphäre! Mit Bezug auf das irdische Gleichnis gibt es heute ein Wissen, das für das Leben ja nicht beachtet wird; aber es ist immerhin als Wissen da.

Es wurde auch in unseren Reihen schon öfter betont: Der Mensch wechselt seinen physischen Stoff alle sieben bis acht Jahre einfach aus. Sie wissen ja, der Mensch stößt nach außen den physischen Stoff an seiner Haut ab, er schneidet sich die Nägel, die Haare. Das alles weist uns darauf hin und es ist auch so, daß der Mensch von dem Zentrum seines Wesens den Stoff immer vorschiebt und immer Neues sich nachschiebt. Was Sie heute von Ihrem Nagel abschneiden, das war vor sieben oder acht Jahren eine Substanz inmitten Ihres Organismus, das schieben Sie sich vor, das geht dann weg. Physische Stofflichkeit wird erneuert. Ja, es ist so, für diejenigen, die schon dagesessen haben vor zehn Jahren, ist es so, daß sie sich nicht einbilden dürfen, daß dieselben Muskeln und dieselben substantiellen Bestandteile, die damals auf diesen Stühlen saßen, heute wieder dasitzen. Von alledem ist nichts vorhanden; aber ihr Geistig-Seelisches ist vorhanden, das ist wieder da. Ebenso ist es aber, wenn wir nach den Weltenkörpern hinausblicken. Der physische Beobachter will nur nach der physischen Substanz hinsehen und redet so, als ob der Mond, der da oben ist, derselbe wäre, der sich einmal seiner physischen Substanz nach von der Erde getrennt hat. Das ist geradeso ein Unsinn, wie wenn Sie glauben würden, daß diese Muskeln, diese physischen Bestandteile, die vor zehn Jahren auf diesen Stühlen saßen, heute auch dasitzen würden. Es dauert allerdings länger bei den Weltenkörpern, bis die Substanzen sich austauschen, aber sie tauschen sich aus. Der physische Mond, von dem die physische Wissenschaft spricht, ist nicht etwas, von dem man so reden kann, wie man gewöhnlich redet. Was da geblieben ist, das sind die geist-seelischen Wesenheiten, die auf der Erde Mitbewohner der Menschen waren. Dasjenige, was das Mondendasein darstellt, auf dem sie leben, das hat sich als physische Substanz ausgetauscht. Die Wesenheiten geistig-seelischer Art, die eigentlich das Mondendasein in Wirklichkeit bilden – so wie Ihr geistig-seelisches Dasein den Zusammenhang Ihres Wesens von vor zehn Jahren mit heute bildet –, diese geistig-seelischen Wesen sind diejenigen, die gewissermaßen unsere Vergangenheit registrieren.

Dasjenige, was man in dieser Weise darstellen kann, das läßt sich noch vertiefen, wenn man versucht, es mit der Initiationswissenschaft darzustellen. Ich habe bisher es so dargestellt, daß ich Sie darauf hingewiesen habe, wie dasjenige, was in uns zu rumoren anfängt bei Bekanntschaften der ersten Art, das ist, was die Mondenwesenheiten uns aus ihren Büchern haben lesen lassen, bevor wir zur Erde herabgestiegen sind. Der Initiierte, der nimmt dasjenige, was in dieser Art ihm im Leben entgegentritt, noch auf eine ganz andere Art wahr. Auch er trifft im Leben einen anderen Menschen: Während für das gewöhnliche Bewußtsein nur die innerliche Empfindung da ist, daß man den anderen Menschen in den Willen aufnimmt, ihn nicht nach dem äußeren Eindruck beurteilt, tritt für den Initiierten das ein, daß tatsächlich anschaubar für ihn wird dasjenige, was frühere Erdenleben der Persönlichkeiten waren, die ihm da entgegentreten. Da tritt nicht nur dieser physische Mensch auf mit seinem geistig-seelischen Inhalte, sondern gewissermaßen hinter ihm schattenhaft früheres Erdenleben, vielleicht mehrere frühere Erdenleben. Man lernt einen Menschen so kennen, daß einem gegenübertritt aus dem geistig-seelischen Anschauen eine ganze Reihe von Menschen. Man lernt zugleich mit einer Bekanntschaft eine ganze Reihe von Personen kennen, die so gegenständlich sind, wie der Mensch gegenständlich ist, den man im Physischen vor sich hat. In Zivilisationen, in denen man von solchen Dingen noch etwas geahnt hat, hat man sogar solche Dinge gemalt. Denken Sie, es gibt doch alte Bilder, wo Sie eine Menschengestalt haben, hinter ihr eine zweite etwas erhöht, hinter ihr eine dritte etwas erhöht. Das ist dasjenige, was man malerisch festhalten wollte von dem Eindruck, den der Initiierte durch eine Bekanntschaft hat, die so an ihn herantritt, daß das betreffende

Menschenwesen ihm nicht nur das Anschauen aufgehen läßt, das es ihm im gegenwärtigen Erdenleben entgegenbringt, sondern das, was es ihm entgegenbringt aus vergangenen Erdenleben. So daß dasjenige, was nur eine Art Gefühl und Empfindung ist für das gewöhnliche Bewußtsein, auftritt in heller Anschaulichkeit für das initiierte Bewußtsein. Und es darf im Sinne der Geisteswissenschaft gesagt werden, daß die Sache in der Tat so ist: dasjenige, was da in einem Menschen karmisch mit ihm verbunden ist und für den Initiierten als Anschauung auftritt, das tritt als dunkles Gefühl auf, wenn nicht die Initiation, sondern wenn das gewöhnliche Bewußtsein da ist.

So können wir das, was aus unserer Vergangenheit wirkt und webt in unserem Schicksal, das in uns befindliche Mondenhafte nennen. Wir blicken zurück auf unsere Erdenleben: das Mondenhafte wirkt in uns. Es wirkt so, daß wir, indem wir Menschen gegenübertreten, eigentlich immer einem Vielfachen dann entgegentreten, wenn diese Menschen mit uns karmisch verbunden sind. Für den Initiierten ist eine so geartete Bekanntschaft gewissermaßen eine solche mit mehreren Menschen in ihm, wenigstens mehrerer Menschenleben in ihm. Denn diese Bekanntschaft mit den früheren Leben ist zumindest eine ebenso lebendige wie mit dem gegenwärtigen Leben des anderen Menschen.

Nun betrachten wir einmal jene andere Art von Bekanntschaften, wo wir den Menschen mehr beurteilen nach dem äußeren Eindruck, mehr nach dem, was unser Verstand über ihn sagt, was unsere Sinne über ihn sagen, was jeder gleich versteht, nach dem ästhetischen Eindruck und so weiter. Da führt, wenn man die Sache geisteswissenschaftlich betrachtet, nichts zurück in die Vergangenheit, da sind keine Wesen da, welche den Weg bis zu dieser Bekanntschaft hin im Erdenleben vermitteln innerhalb der Mondensphäre; da ist auch nichts eingeschrieben worden innerhalb der Mondensphäre in den astralischen Leib des Menschen. Aber da wirken eben andere Kräfte. Da wirken die Kräfte, die als geistig-seelische Kräfte nun mit dem Sonnendasein zusammenhängen. Die Kräfte, die geistig-seelischen Kräfte des Sonnendaseins wirken herunter auf diese zweite Art der Bekanntschaft und weben von einer anderen Seite her das Schicksal. Ja, für eine geistige Betrachtung ist es schon so, als ob wir, ich möchte sagen, wie die geheimnisvolle Nacht zunächst dasjenige erlebten, was uns zu Menschen hinführt, mit denen wir in vergangenen Erdenleben manches vollbracht haben. Dann treten wir diesem Menschen selber entgegen: Jetzt richten wir uns mehr nach dem, was er als Eindruck in uns hervorruft, jetzt ist es, wie wenn an Stelle der geheimnisvollen Nacht die Tageshelle träte, die Sonne aufträte. Es ist auch geistig so: jetzt tritt auf für diejenigen, die schon lange karmisch zusammengehören, jetzt tritt auf für sie nicht nur die Vergangenheit, sondern Gegenwart und Zukunft. Das Schicksal wird weiter gewoben. Geistig-Sonnenhaftes tritt an den Menschen heran.

Aber auch für diejenigen, die nichts miteinander durchgemacht haben in früheren Erdenleben, auch für die tritt dieses Geistig-Sonnenhafte auf für das Weben der Schicksale in Gegenwart und Zukunft. Und wiederum: derjenige, der mit der Initiationseinsicht so etwas betrachtet, lernt einen Menschen, mit dem er in früheren Erdenleben nicht beisammen war, sondern mit dem er das erste Mal oder ein erstes Mal zusammenkommt, nicht so kennen, daß er hinter ihm die schattenhaften Erdenleben erblickt. Aber er erblickt, indem er dem Menschen so entgegentritt, hinter diesem Menschen Wesenheiten der höheren Hierarchien, Wesenheiten von der Art, die der Mensch noch nicht erreicht hat. Angeloi, Archangeloi, die treten jetzt hinter dem Menschen auf. Innerhalb der Initiationseinsicht ist es ein großer Unterschied, ob man einem Menschen entgegentritt, mit dem man schon beisammen war, oder ob man ihm zum ersten Male entgegentritt. War man mit ihm viel zusammen, so erscheinen hinter ihm seine früheren Erdenleben. War man nicht mit ihm beisammen, dann erscheinen in seinem Hintergrunde Wesenheiten der nächsthöheren Hierarchien, nämlich solche Wesenheiten, welche mit den Sonnenstrahlen, mit dem Sonnenstrahlenleuchten zu uns auf die Erde niederdringen. Und ebenso wie die Mondenwesen das Karma, das vergangen ist, in unseren astralischen Leib einverweben, wird von dieser Schar der Sonnenwesen in unsere Ich-Organisation einverwebt – in die unterbewußte Ich-Organisation der Ich-Wesenheit des Menschen – dasjenige, was sich abspielt, nachdem wir einen anderen Menschen hier auf der Erde getroffen haben: das, was die Grundlage ist für weiteres Karma in die Zukunft hinein. Gegenwart verwandelt sich ja fortwährend in Zukunft. Was jetzt noch Gegenwart ist, ist für den vorhergehenden Augenblick die Zukunft gewesen. So daß eigentlich unsere Entwickelung von der Vergangenheit in die Zukunft läuft.

Dasjenige, was wir beim Menschen so fortschreitend sehen von der Vergangenheit in die Zukunft, das sehen wir in seinem Gegenbilde im Kosmos draußen, indem wir den über den Himmel schreitenden Mond betrachten und dann in seinem Gefolge oder vorausgehend die Sonne. Wie Sonne und Mond in ihrem Lauf um die Welt, so verhalten sich Vergangenheit und Zukunft im Verlauf des menschlichen Lebens in dem geheimnisvoll gewobenen Schicksal. Geradeso wie man sich mit der Initiationswissenschaft beim Begegnen eines Menschen sagt, aus tiefstem, bewegtem Gefühl heraus sagt: Das, was du da hinter ihm schaust, was die Mondenwesen in seinen astralischen Leib eingezeichnet haben, das gehört dir ebenso an wie ihm, durch das bist du mit ihm zusammengewachsen, so sagt man sich, wenn man mit der Initiationswissenschaft einen Menschen in der Welt zum ersten Male trifft: Da stehen Angeloi, Archangeloi hinter ihm. Jeder weist gewissermaßen mit dem Finger auf die Zukunft hin. – Viele Möglichkeiten treten da auf, Möglichkeiten eines kommenden schicksalsgemäßen Lebens.

Sehen Sie, wenn man in dieser Art den Blick hinausrichtet in die Weltenweiten, dann erscheinen einem eben Mond und Sonne als die beiden Tore in die geistige Welt hinein. Und man sagt sich: Dasjenige, was in der physischen Erdenumgebung ist, es lebt in meinem physischen Leibe augenblicklich; dasjenige, was in den weiten Äthersphären ist, wo die Sterne sind, es lebt in meinem Ätherleibe. Aber wenn ich zum Mond hinaufblicke, zur Sonne, dann blicke ich auf zu dem, was weder in meinem physischen Leibe ist, noch zu dem, was in meinem Ätherleibe lebt, sondern zu dem, was in meinem Astralischen lebt und was mein Ich durchkraftet. Da werden wir durch das Mondendasein aus der physischen und Ätherwelt hinaus in die geistige Welt hinein geführt. Und wiederum, wenn man zur Sonne hinaufschaut, so sagt man sich: Da werde ich durch dasjenige, was als Geistig-Seelisches zur Sonne gehört, durch ein Tor geleitet, das mich hineinweist in eine Welt, die gleichartig ist mit meiner Ich-Wesenheit; nicht bloß in eine Welt, die gleichwertig ist mit meinem physischen und astralischen Leibe, sondern die gleichwertig ist sogar mit meiner Ich-Wesenheit, durch die ich als bewußtes Wesen in der Welt auftrete mit demjenigen, was uns in unser Schicksal wie eine Notwendigkeit gewoben erscheint, dem wir folgen, weil wir diese oder jene physischen Anlagen, dieses oder jenes Temperament, diesen oder jenen Charakter haben. Dies ist alles nur Ausdruck für unser Karma. – In allem, dem wir als der Notwendigkeit unseres Leibes folgen, in all dem, was der Dichter ausspricht mit den Worten: «So mußt du sein, dir kannst du nicht entfliehn» – in all dem lebt die menschliche Vergangenheit des Mondendaseins. Und in alledem, was als Freiheit in uns lebt, so daß wir eingreifen – wir wollen es aus unserer vollen Besonnenheit heraus –, da wirkt das Sonnendasein.

So webt sich Naturdasein und moralisches Dasein vor einer geistigen Betrachtung in eins zusammen. Wir haben vor einer solchen geistigen Betrachtung nicht auf der einen Seite die Natur mit ihrer starren Notwendigkeit und auf der anderen Seite das Geistig-Seelische, das damit keine Verbindung eingehen kann, sondern als eine abgezogene moralische Weltordnung daliegt, nein, wir haben diesen Gegensatz nicht, wir haben die Möglichkeit, in den Erscheinungen der Natur zu gleicher Zeit das zu finden, was in uns moralisch lebt. Allerdings müssen wir dann von den gewöhnlichen Naturerscheinungen hinausschreiten zu demjenigen, was sich uns darstellt im geistigen Sonnen- und Mondendasein.

Sehen Sie, vor einer solchen Betrachtung taucht überhaupt auf diese Möglichkeit, aus dem Naturdasein des Menschen aufzusteigen zum geistig-seelischen Dasein. Wir blicken ja auch so in die Natur hinaus, daß, indem wir hinausblicken – wenn wir das auch nicht zu durchschauen vermögen mit dem gewöhnlichen Bewußtsein –, wir auf dasjenige hinausblicken, was in unserer Erdenumgebung oder auch in der Weltenumgebung uns die Krankheit bringt. Da ist es überall in unserer Umgebung. Unser Organismus für sich ist ja gesund, denn der ist aus seinem gesunden Ich, aus seinem gesunden astralischen Leib und eigentlich auch aus dem gesunden Ätherischen heraus geboren. Hier auf der Erde kann uns krank machen nur irgend etwas, was von außen an den

Menschen herantritt und was der Mensch nicht in der Lage ist, gemäß seinem inneren Wesen voll umzuwandeln. Bei den einfachsten Erscheinungen können Sie das beobachten. Nehmen Sie bloß an, Sie seien irgendwie in einem so und so warmen Raum oder auch kalten Raum, so nehmen Sie Wärme oder Kälte auf. Die darf nicht durch Sie hindurchgehen wie durch ein Stück Holz oder durch ein Stück Stein. Sie stellen sich in einen warmen oder kalten Raum nicht hinein wie ein Stück Holz oder Stein und werden dadurch auch wie das Holz oder der Stein warm und kalt, sondern Sie verarbeiten die Wärme, die außer Ihnen ist. Das Äußere regt Sie nur an; die Wärme, die Sie in sich tragen, die erzeugen Sie in sich selber in Ihrer Organisation. Können Sie das aber nicht, stellen Sie sich in Ihre Umgebung so hinein wie ein Stück Holz oder Stein und behandelt Sie Ihre Umgebung so wie ein Stück Holz oder Stein, dringt ein Äußeres in Sie ein, ohne daß Sie es umwandeln können: sogleich werden Sie erkältet. Der Mensch kann nicht die Umgebung der Erde unverwandelt in sich aufnehmen, auch nicht mit den Nahrungsmitteln. Das ist nur eine wissenschaftliche Phantasie, wenn man das glaubt. Der Mensch verwandelt das Essen ebenso wie alles, was in seiner Umgebung ist. Kann er es nicht, dann tritt die Krankheit an ihn heran: das ist die physische Ursache der Krankheit. Die Krankheit hat aber auch etwas Schicksalsmäßiges, sie stellt sich hinein in sein Leben als etwas Schicksalsmäßiges.

Ja, sehen Sie, wenn wir in diesem einen Erdenleben zunächst so sind, wie wir jetzt dastehen von irgendeinem Jahre im 19. oder 20. Jahrhundert bis zum 6. Februar 1924, wenn wir in diesem einen Menschenleben stehen, dieses nur betrachten, ja dann können wir schon sagen: Wir müssen, wenn wir innerhalb dieses Lebens durch die Umgebung krank werden wollen, die Umgebung robust auf uns einwirken haben. Mindestens Wärme oder Kälte oder auch irgendwelche schädliche Luftarten oder dergleichen müssen auf uns einwirken. Es muß etwas Robustes sein, was von außen kommt, das auf uns einwirkt und zur Krankheit wird. Wenn man eine Tollkirsche bloß ansieht, so vergiftet man sich nicht mit ihr. Wenn man irgendeine schädliche Luftart nur genügend weit von sich hat, so vergiftet man sich auch nicht mit ihr, macht sich nicht krank. Kurz, wenn man bloß den Eindruck hat für das Seelische, so macht man sich nicht krank. Da muß eine robustere Einwirkung geschehen.

Aber nehmen Sie jetzt folgendes an. In der Gegenwart gibt es so viele Menschen, die ganz materialistisch leben, die auch nur materialistische Eindrücke von der Umgebung haben wollen. Sie werden es in diesem Leben verschmähen – auch mit Bezug auf gewisse Verrichtungen ihres Leibes –, Materialisten zu sein: Sie essen das Geistige der Pflanze, das Seelische der Tiere, das essen sie mit; denn wenn sie brave Materialisten wären auch in bezug auf das Essen, müßten sie nur Steine essen, das Unorganische, das tot ist. Aber in ihr Seelisches nehmen sie nur Ideen, Begriffe von Unlebendigem auf. Dasjenige, was da geistig-seelisch mit der Seele des Menschen sich verbindet, das wird dann Krankheitskraft für nächste Erdenleben. Da wirken die Eindrücke hinein, da wandeln sie sich um, so daß sie physisch wirkende Kräfte werden können. Das Schicksalsmäßige der Krankheit, das tragen wir aus früheren Erdenleben deshalb in unser jetziges Erdenleben herein, weil wir empfänglich werden für Krankheiten dadurch, daß wir gewisse Eindrücke, die dem Menschen nicht angemessen sind, in früheren Erdenleben gehabt haben. Diese Eindrücke wirken jetzt so, wie physisch-robuste Krankheitserzeuger in diesem Erdenleben wirken. Alles dasjenige, was in einem Erdenleben bloß Idee, Empfindung, inneres seelisches Sein war, verwandelt sich beim Durchgang durch die Zeit, die wir verleben zwischen dem Tod und einer neuen Geburt, in Physisch-Wirkendes im Menschenleben, und wir tragen in uns vieles Physisch-Wirkende, das bloß ein Seelisches war in früheren Erdenleben. Auf diese Art müssen wir auch in der Krankheit etwas Schicksalsmäßiges finden, müssen nicht etwa in den Aberglauben verfallen, daß man nur mit geistigen Mitteln Krankheiten heilen kann. Dazu braucht es physische, dem Physikalischen ähnliche Mittel. Aber wenn wir mit vollem Verständnis der Tatsache gegenüberstehen, daß Physisch-Wirkendes der Gegenwart zurückgeht auf Seelisch-Wirkendes früherer Erdenleben, so können wir uns sagen: Dasjenige, was wir sonst von der Krankheit hinüberschleppen würden in das nächste Erdenleben, heilen wir für ein folgendes Erdenleben, indem wir die Gedanken von dem ablenken, was unvollkommen am Menschen war, und hinlenken auf dasjenige, was vollkommen ist am

Menschen. Wenn wir zum Beispiel die Sicherheit haben, irgendeine Krankheit sei im Zusammenhang mit einem materialistischen Seelenleben in einem früheren Erdendasein, so können wir sicher sein, daß wir diese Krankheit nur dadurch entfernen können, daß wir aus spirituellen Anschauungen und Ideen die Krankheit behandeln. Alles dasjenige, was in Anthroposophie wirkt, wirkt eben so, daß es nicht bloße Theorie ist, sondern daß es unmittelbar zusammenhängt mit dem Leben, empfindungs-, gefühlserzeugend für das Leben ist.

Und wie wird eigentlich dieser Sternenhimmel, die Erdenumgebung für unser Anschauen, wenn wir sie in dem Lichte zu betrachten vermögen, das Anthroposophie, wenn sie in der rechten Art gepflegt wird, von sich ausstrahlt? Wie verwandt werden uns Sonne und Mond, wenn wir sie in dieser Weise als die äußeren kosmischen Bilder unserer eigenen Vergangenheit und unserer eigenen Zukunft anschauen! Wie tief intensiv tragen wir dann das Bewußtsein unserer Verwandtschaft mit dem Kosmos und der Welt in uns: Wir schauen in uns Vergangenheit und Zukunft unser Schicksal weben; wir schauen hinaus, schauen Sonne und Mond, schauen, wie uns in Sonne und Mond entgegentritt Weltenschicksal, äußerlich sich offenbarend. Wir fühlen in unserer Vergangenheit etwas, was sich so hinstellt neben Gegenwart und Zukunft, wie sich der Mond neben die Sonne im Weltenall hinstellt. Unsere Ehrfurcht, unser Hingegebensein, unsere Opferfähigkeit für das Weltenall wird erhöht, wenn wir so unser eigenes Dasein hinauszuerweitern verstehen zu dem Weltendasein, um im einzelnen die Verwandtschaft desjenigen, was in uns lebt, mit dem, was im Weltenall webt, zu erschauen.

Sehen Sie, daß der Mensch so mit der Welt zusammenwächst, das ist auch eine der Aufgaben, welche Anthroposophie in ihrem Wirken sich stellt. Und ich hoffe, daß wir, die wir ja gerade in diesen Zweigen so zahlreich versammelt sind, gerade durch solche Betrachtungen mit dieser Aufgabe der Anthroposophie, den Menschen nicht nur die Gedanken, sondern die Empfindungen, das Herz zu vertiefen, immer mehr und mehr zusammenwachsen. Und daß dies immer besser und immer intensiver geschehen könne, dazu war eben die Weihnachtstagung da. Diese Weihnachtstagung hat hingewiesen darauf, daß, wenn die Anthroposophische Gesellschaft im weiteren ihre Wirksamkeit richtig entfalten soll, sie die Wege, die sie in den letzten zehn Jahren beschritten hat, verlassen muß; sie muß aus dem äußeren Gesellschaftsmäßigen in das innere Geistige hineingreifen. Sie muß im ganzen einen esoterischen Charakter annehmen. Dasjenige, was als Hochschule für Geisteswissenschaft in Dornach in der Zukunft bestehen wird, muß eine Art esoterischen Charakters tragen, und die ganze Institution der Gesellschaft muß einen esoterischen Charakter tragen. Damit wird die Gesellschaft ihr spirituelles Leben erhalten können, das sie braucht. Sie darf sich nicht veräußerlichen, und die Veräußerlichung drohte ihr in den letzten zehn Jahren.

Was haben wir erlebt in den zehn Jahren und schon vorher? Nehmen Sie als Beispiel nur die Tatsache, daß eine sehr wirksame Gegnerschaft, die gerade jetzt sich sehr wirksam entfaltet, davon herrührt, daß diese Gegnerschaft hinweisen kann auf nicht öffentlich erhaltbare Zyklen, Nachschriften von Vorträgen. Nicht wahr, man wünschte, daß es solche Zyklen, solche nachgeschriebenen Vorträge gäbe. Wie sehr mußte man sich bisher solchen Wünschen fügen, trotzdem man wissen konnte: Gerade dadurch wird für die Gegnerschaft das Eminenteste, was sie braucht, gezimmert. Wir leben eben in einer Zeit, in der solche Dinge unmöglich sind. Deshalb mußte bei der Weihnachtstagung die volle Öffentlichkeit für die Gesellschaft in Anspruch genommen werden. Das wird durchaus nicht widersprechen der Tatsache, daß sie auf der anderen Seite um so mehr esoterisch wird. Aber es muß ein intensiveres Bewußtsein in die ganze Führung der Gesellschaft hineinkommen, es muß sozusagen die Gesellschaft in anthroposophischer Art geführt werden. Deshalb ist bei dem, was man auch Statuten nennen könnte, bei der Weihnachtstagung ganz anders vorgegangen worden als beim sonstigen Schaffen von Statuten. Beim sonstigen Schaffen von Statuten sagt man: Man bekennt sich zu diesen oder jenen Grundsätzen. Wir haben ja auch früher in der Theosophischen Gesellschaft solche Grundsätze gehabt. Erster Grundsatz: Bildung einer allgemeinen Bruderschaft der Menschheit, zweiter Grundsatz: Einheit in den Religionen aufzeigen und so weiter. Ich habe öfter darauf hingewiesen, daß gerade hier einsetzen muß dasjenige, was die Anthroposophische Gesellschaft eigentlich erst als Realität begründen kann. Dann ist in der Weihnachtstagung tatsächlich diese Realität geltend gemacht worden. Es wurde nicht von Grundsätzen gesprochen, sondern es wurde darauf hingewiesen: In Dornach lebt etwas, da ist etwas lebendig. Und wer in dem Lebendigen, das in Dornach lebt, etwas Berechtigtes sieht, schließt sich der Gesellschaft an. Es wird nicht auf abstrakte Grundsätze hingewiesen, sondern auf etwas Lebendiges, auf etwas, was da ist. Und es wird nicht das Leben der Gesellschaft in Form von Abstraktionen gefordert in diesen sogenannten Statuten, die eigentlich keine Statuten sind, sondern eine Erzählung desjenigen, was in Dornach besteht und was man von dort aus tun will. Erzählung sind diese Grundsätze, nicht Statuten. Ich habe darauf hingewiesen, daß die Gesellschaft einen Vorstand haben soll, der *tut,* der im Tun, in seiner Initiative dasjenige sieht, was ihn macht, was ihn bildet. So ist versucht worden, in alles an die Stelle der Abstraktionen das rein Menschliche, das unmittelbar Menschliche schon im «Statut» zu bringen. Und so kann einzig und allein eine Gesellschaft leben, welche ein Organismus sein soll für ein Geistiges, das hereinfließt in die Welt.

Sehen Sie, ich möchte sagen: Dieser Vorstand, der in Dornach zu Weihnachten gebildet worden ist, der beruht auf einer Art hypothetischen Urteils. Wenn die Gesellschaft aufnehmen will das, was er tut, dann wird er der Vorstand sein; wenn sie es nicht aufnehmen will, dann wird er überhaupt nichts sein. Aber man wird ihn auch nur so nehmen können als, ich möchte sagen, das Zentrum eines lebendigen Wirkens. Damit kann ich nur andeuten – denn ich sagte ja, ich möchte nur wenige Worte sprechen, alles übrige wird ja in den «Mitteilungen» deutlich ausgesprochen –, daß tatsächlich durch die Weihnachtstagung versucht worden ist, einen neuen Geist in die Gesellschaft hineinzuführen. Aber es ist wünschenswert, daß man verstehe, welcher Art dieser neue Geist ist: daß er ein Geist der Lebendigkeit gegenüber dem Geiste der Abstraktionen ist, daß er ein Geist ist, der nicht zum Kopf, sondern der zu den Herzen sprechen möchte. Daher kommt es, daß eigentlich diese Weihnachtstagung entweder für die anthroposophische Sache nichts oder alles ist. Sie wird nichts sein, wenn sie keine Fortsetzung findet, wenn sie eine Festlichkeit war, bei der man sich so ein bißchen gefreut hat; nachher vergißt man das Ganze und lebt im alten Trott weiter. Dann hat sie keinen Inhalt, es strahlt nichts zurück auf sie. Sie bekommt erst ihren Inhalt von dem Leben auf den verschiedenen Gebieten der Gesellschaft, sie ist erst eine Wirklichkeit durch das, was durch sie geschieht, was fortwährend im Leben der Anthroposophischen Gesellschaft durch sie geschieht. Die Weihnachtstagung wird erst real durch das, was aus ihr weiter wird. Hinschauen auf die Weihnachtstagung bedingt schon eine gewisse Verantwortlichkeit in der Seele, sie wirklich zu machen, während sie sich sonst zurückzieht von dem Erdendasein, dieselbe Richtung gehen wird, die ich heute von dem Mondenwesen beschrieben habe. Sie war natürlich in einem gewissen Sinne in der Welt da. Ob sie als Weihnachtstagung für das Leben wirksam sein wird, hängt davon ab, ob sie fortgesetzt wird.

Sehen Sie, wir haben das ja recht deutlich zum Ausdruck gebracht. In das Herz jedes Teilnehmers wurde versenkt der spirituelle Grundstein für die Anthroposophische Gesellschaft. Wir haben zwar formell geschlossen, aber eigentlich sollte diese Weihnachtstagung nie geschlossen sein, sondern immer fortwähren in dem Leben der Anthroposophischen Gesellschaft. Daher möchte ich Sie bitten, dasjenige, was da ist durch das Mitteilungsblatt, in vollem Ernste zu nehmen, wirklich das, was da nach und nach nicht nur in der Beschreibung, sondern als Realität an Sie herankommen wird, wirklich mit allem Ernste zu betrachten. Nicht wahr, nicht alles kann jetzt übers Knie gebrochen werden, fortwährend kommt man zunächst damit: Wie soll das und das gemacht werden? – Natürlich kann nicht alles in einem Tag geschehen. Sie werden als eine der nächsten Einrichtungen sehen, daß in dem Mitteilungsblatt: «Was in der Anthroposophischen Gesellschaft vorgeht», Sie jede Woche Richtlinien finden werden – wenn ich mich abstrakt ausdrücke – in einer Form von Thesen. Da wird in kurzen Sätzen jede Woche stehen etwas von anthroposophischen Wahrheiten in bezug auf den Menschen – Menschenleben, Religion, Kunst und so weiter –, was in der Anthroposophischen Gesellschaft vorgeht. Und da wird man Gelegenheit haben, in den verschiedenen anthroposophischen Zweigen zu sagen: Von Dornach wird dieser oder jener Gedanke uns geschickt als Richtlinie: reden wir in den Zweigen neben dem anderen vor allen Dingen jede Woche über das, was man uns von Dornach schickt als den Gedanken, der in den Mitteilungsblättern zum Ausdruck kommt.

Dadurch wird eine Einheit hineinkommen in die verschiedenen Gebiete des anthroposophischen Lebens in der Gesellschaft. Und so werden auf diese Weise viele Dinge nach und nach entstehen, die wie ein Blut die Anthroposophische Gesellschaft tatsächlich durchziehen, nicht nur damit man von Einheit spricht, sondern damit ihr etwas zugeführt wird, was sie mit einheitlichem geistigem Blut durchströmen kann. Auf das wollte hingewiesen sein bei der Weihnachtstagung. Damals hat man es fühlen können, man wird es des weiteren sehen.

Aber das ist hier insbesondere in Deutschland notwendig. Man steht ja in Deutschland in der Tat in einer ganz anderen Weise innerhalb des anthroposophischen Lebens als sonst. Sonst ist die Gegnerschaft nicht in der Weise ausgebildet wie hier. Man kann ja sehen, daß, wo sie sonst auftritt, sie vielfach von hier importiert wird, wenn auch eine gewisse Art von Gegnerschaft überall, insbesondere um Dornach selber herum, vorhanden ist. Aber wiederum eine ganz besondere Art von Gegnerschaft ist ja die, der man gegenübersteht in Deutschland, ich möchte sagen: die ganz robuste Gegnerschaft, die systematisch, voll bewußt, organisiert arbeitet. Da war es schon ein schwerer Entschluß, in der Anthroposophischen Gesellschaft nun das Unterste zuoberst zu kehren. Denn so ist es in den Tatsachen geschehen. Als die Anthroposophische Gesellschaft begründet wurde 1912/1913 – ja, Sie brauchen nur zu bedenken: ich war weder mit irgendeinem Amt in der Anthroposophischen Gesellschaft begabt, noch war ich überhaupt Mitglied. Ich war nicht Mitglied der Anthroposophischen Gesellschaft seit ihrer Begründung, ich habe das öfter betont, man hat nur nicht richtig auf die Bedeutung hingehört, denn ich wollte, daß die Anthroposophische Gesellschaft mich nur als Lehrenden hat, als denjenigen, der zu den Quellen des anthroposophischen Lebens führt und so weiter. Und es mußte zunächst der Versuch gemacht werden, damit zu sehen, was auf diese Art geschehen kann.

Nun sehen Sie, es ist eben so gekommen, daß ich in einem Lebensalter, wo man sich gewöhnlich schon pensionieren läßt, erst anfangen muß, denn in der Tat, ich betrachte das, was mit der Weihnachtstagung in Dornach geschehen ist, als einen Anfang, als einen richtigen Lebensanfang. Und ich möchte, daß man fühlt, daß wir vor einem Anfange stehen. Und wenn man richtig fühlt, daß man vor einem Anfange steht, so kann eben schon, da dieser Anfang manches in sich trägt, aus diesem Anfange etwas werden. Wie gesagt, eben nur aus der Notwendigkeit heraus bin ich Mitglied, bin ich sogar Vorsitzender geworden dieser Anthroposophischen Gesellschaft, und ich möchte gern, daß man den ganzen Ernst desjenigen wirklich einsieht, was mit der Weihnachtstagung zusammenhängt.

Wird man es einsehen, dann wird eben doch vielleicht durch diesen Versuch es möglich sein, daß im Zusammenarbeiten von allen Orten mit demjenigen, was von Dornach ausgehen soll, echtes anthroposophisches Leben durch die Anthroposophische Gesellschaft fließen wird. Mit dieser Gesinnung – und auf diese Gesinnung wird es vorzugsweise ankommen in der Anthroposophischen Gesellschaft –, mit dieser Gesinnung möchte ich in herzlichster Weise antworten auf die Begrüßung, die nach der Weihnachtstagung mir heute durch Dr. *Kolisko* geworden ist, nachdem ich das erste Mal wieder unter Ihnen bin, möchte antworten mit einem ebenso herzlichen Gruß, so daß Gruß dem Gruße sagt, Herz dem Herzen sagt: Wir wollen mit dem Geiste, der mit der Weihnachtstagung gemeint war, so zusammenwirken, daß der wirkende Impuls dieser Weihnachtstagung unter Anthroposophen, welche die Bedingungen des anthroposophischen Lebens richtig zu erkennen sich bestreben, niemals aufhören möge; daß durch dieses anthroposophische Bestreben die Dornacher Tagung immer mehr und mehr ihren wirklichen Inhalt erhalte; daß diese Dornacher Tagung durch dasjenige, was die Anthroposophen überall in der Welt aus ihr machen, eigentlich niemals aufhöre; daß der Geist, den anzurufen dort versucht wurde, daß dieser Geist immer da sei durch den guten Willen, durch die Hingabe, durch das eindringende Verständnis der Mitgliedschaft für Anthroposophie und anthroposophisches Leben.

So wollen wir zusammenwirken, so wollen wir aber auch die Dornacher Tagung wirklich als etwas Berechtigtes, als etwas Ernstes betrachten, nicht auf sie hinschauen als auf etwas, was uns gleichgültig sein kann, sondern hinschauen auf sie als etwas, was uns in der Tat tief, tief ins Herz, ins Gemüt, ins Gewissen selbst eindringt. Dann werden wir in der richtigen Weise in der Weihnachtstagung nicht bloß eine Festwoche gehabt haben, sondern etwas Weltwirkendes, Menschengeschick Bezwingendes. Und alles Weltwirkende und Menschengeschick Bezwingende kann der richtige Impuls für anthroposophische Arbeit, anthroposophisches Wirken, anthroposophisches Leben sein.

Karmische Betrachtungen
im geschichtlichen Werden der Menschheit

ERSTER VORTRAG

Stuttgart, 9. April 1924

Es ist einmal in einer außerordentlich eindringlichen Weise innerhalb des deutschen Geisteslebens die Wahrheit der wiederholten Erdenleben ausgesprochen worden. Und es ist ja innerhalb der anthroposophischen Bewegung auf dieses radikale Bekenntnis zu den wiederholten Erdenleben durch *Lessing* hingewiesen worden. Wir haben von Lessing aus der äußersten Reife seiner Entwickelung heraus die bedeutungsvolle Abhandlung über die Erziehung des Menschengeschlechts, und am Ende dieser Abhandlung haben wir dieses Bekenntnis zu den wiederholten Erdenleben. Mit monumental klingenden Sätzen wird da darauf hingewiesen, wie das geschichtliche Werden der Menschheit nur dadurch begreiflich ist, daß die einzelne menschliche Individualität durch wiederholte Erdenleben durchgeht und damit dasjenige, was in einer Epoche der menschlichen Entwickelung erlebt und getan werden kann, in eine nächstfolgende Epoche herüberträgt. Man braucht ja nur zwei Tatsachen nach dieser Richtung hin ins Auge zu fassen. Man bedenke, daß man alles mögliche aufbringen kann an Ideenwirkungen, an materiellen Wirkungen und so weiter, um im geschichtlichen Werden das Spätere aus dem Früheren zu erklären. Da plätschert man sozusagen ganz stark in Abstraktionen herum. Die reale Tatsache ist diese, daß dieselben menschlichen Individualitäten, die, sagen wir, am Ende des 19. und am Anfang des 20. Jahrhunderts leben, in früheren Zeitepochen gelebt haben, aufgenommen haben in diesen früheren Zeitepochen das, was in ihrer Umgebung vorgegangen ist, was mit Menschen ihrer Umgebung zu erleben war, das dann durch die Pforte des Todes durchgetragen haben in die geistige Welt hinein, in der man lebt zwischen dem Tode und einer neuen Geburt, es wieder heruntergetragen haben in einem neuen Erdenleben und so selber die Träger sind für dasjenige, was von einer Zeitepoche zur anderen in der Menschheitsentwickelung vorgeht.

Die Menschenindividualitäten tragen jederzeit die Vergangenheit in die Zukunft hinüber. Das ist die eine Tatsache, die schon das Gemüt mit einer gewissen religiösen Hingabe erfüllen kann, wenn sie in völligem Ernste genommen wird. Und die andere Tatsache ist diese, daß wir ja alle, die wir hier sitzen, nur sozusagen den Blick auf uns selber zurückwenden brauchen und uns sagen können: Wir selber sind ja viele Male im Erdenleben dagewesen, und dasjenige, was wir heute sind, ist das Ergebnis unserer vorigen Erdenleben. So kann, wenn man den Blick auf die ganze Geschichte wirft und wenn man ihn zurücklenkt auf das eigene Erleben, die Tatsache der wiederholten Erdenleben wirklich eine tief religiös-erkenntnismäßige Beziehung in die Seele senken. So etwas wird wohl Lessing gefühlt haben, als er sagte: Soll denn diese Wahrheit von den wiederholten Erdenleben deshalb töricht sein, weil die Menschen auf sie gekommen sind in jenen Urzeiten, in denen ihre Seelen noch nicht verbildet, verlehrt waren? – Dann schließt Lessing mit dem monumentalen Satz, der ausdrückt, was ihm aufging aus dem Bewußtsein von zwei solchen Tatsachen, wie ich sie erwähnt habe: «Ist denn nicht die ganze Ewigkeit mein?!»

Der Faden geistiger Entwickelung, der damals in Anknüpfung an Lessings «Erziehung des Menschengeschlechts» in die deutsche Geistesentwickelung hätte eingeführt werden können, ist nicht fortgesetzt worden; er ist abgerissen worden. Und das 19. Jahrhundert hätte wohl das Weiterspinnen dieses Fadens angesehen wie etwas nicht ganz Gescheites.

Meine lieben Freunde, als wir in Berlin vor jetzt mehr als zwei Jahrzehnten darangingen, innerhalb der Theosophischen Gesellschaft die anthroposophische Arbeit zu beginnen, als dazumal die erste Versammlung stattfand zur Begründung dessen, was dazumal genannt wurde die Deutsche Sektion der Theosophischen Gesellschaft, da war auf dem Programm angekündigt von mir als einer der ersten Vorträge, die gehalten werden sollten: «Über praktische Karma-Übungen.» Damals hatte es sich darum gehandelt, die Karma-Idee sofort mit einer solchen inneren Impulsivität in die anthroposophische Bewegung einzuführen, daß sie gewissermaßen eines der großen Leitmotive hätte werden können, aus denen sich die anthroposophische Bewegung entwickelte. Aber als ich zu einigen Menschen, den damaligen Zelebritäten, die noch aus der alten Theosophischen Gesellschaft herübergekommen waren, davon gesprochen habe, was ich eigentlich mit diesem Titel meine, da wurde allgemein über mich hergefallen. Da erklärte man, so etwas könne überhaupt nicht sein. Und in der Tat – nicht etwa, als ob ich dadurch sagen wollte, diese Leute hätten recht gehabt –, aber im allgemeinen war eben noch nicht die Zeit gekommen, um zu einem größeren Kreise von esoterischen Wahrheiten zu sprechen in einer ganz eindringlichen Art. Und beginnt man, nicht in allgemeinen Abstraktionen, sondern in konkreter Weise über die Entwickelung im Karma und deren Bedeutung für das geschichtliche Leben der Menschheit zu sprechen, dann kann man das nicht, ohne in das Esoterische tief hineinzugreifen, ohne wirklich einzugehen auf konkrete esoterische Vorstellungen. Daher war in einer gewissen Beziehung alles dasjenige, was an Anthroposophie entwickelt worden ist innerhalb der Anthroposophischen Gesellschaft, eine Vorbereitung, die notwendig geworden war, weil damals innerhalb dieser Gesellschaft die Reife nicht vorhanden war.

Aber einmal muß der Zeitpunkt kommen, in dem begonnen werden kann mit dem esoterischen konkreten Sprechen über karmische Wahrheiten und ihren Zusammenhang mit der geschichtlichen Entwickelung der Menschheit. Würde man heute noch länger warten, so würde das ein Versäumnis sein innerhalb der anthroposophischen Bewegung. Daher war es auch in den Absichten der Goetheanumtagung zu Weihnachten gelegen, nunmehr nicht mehr zurückzuhalten mit demjenigen, was nun einmal in wirklicher Geistesforschung auch über diese intimeren Fragen des geschichtlichen Werdens der Menschheit erforscht werden kann. Und es wird nach dieser Richtung in der Zukunft der anthroposophischen Bewegung nunmehr gehört werden auf dasjenige, was die Geister wollen, nicht auf das, was die Menschen aus einer gewissen ängstlichen Vorsichtigkeit heraus für das noch nicht Zeitgemäße oder Opportune halten. Gerade in dieser Beziehung bedeutet die Weihnachtstagung am Goetheanum nicht bloß etwas, was sozusagen nur qualitativ bedeutungsvoll für die Anthroposophische Gesellschaft ist, sondern was auch in bezug auf die Intensivierung des anthroposophischen Wirkens ein Anfang sein soll. Von diesem Gesichtspunkte aus, der ein Gesichtspunkt werden muß der anthroposophischen Bewegung, möchte ich zu Ihnen die heutige anthroposophische Betrachtung sprechen.

Meine lieben Freunde, wir schauen hinein in dasjenige, was im großen in der Geschichte vorgeht. Wir gewahren, wie einzelne Persönlichkeiten auf diesem oder jenem Gebiet den Ton angeben. Wir sollen gewahr werden, wie eine Persönlichkeit, die historisch dasteht, die in der unmittelbarsten, nicht weit zurückliegenden Vergangenheit dasjenige inauguriert hat, unter dessen Einfluß wir heute leben, nur verstanden werden kann – und wie dadurch auch das Historische nur richtig verstanden werden kann aus diesen Vorstellungen heraus –, wenn sich anthroposophische Forschung daranmacht, hineinzuschauen in frühere Erdenleben solcher historischer Persönlichkeiten. Daraus folgt doch auch noch etwas anderes. Es folgt daraus, daß wir aus dem Anblick der Persönlichkeiten, über die uns die Geschichte berichtet, Vorgänge des menschlichen Schicksals durch die verschiedenen Erdenleben hindurch gewahr werden, und wir können mit dem Lichte, das uns dadurch über das Karma wird, unser eigenes persönliches Schicksalsleben beleuchten. Und das ist außerordentlich wichtig. Denn Karmabetrachtungen dürfen nicht aus Sensation angestellt werden, sondern nur, um tiefer hineinzuleuchten in die menschlichen Zusammenhänge und in die Erlebnisse der einzelnen Menschenseelen. Wir sehen zum Beispiel, wie besonders in den letzten zwei Dritteln des 19. Jahrhunderts eine ganz bestimmte allgemeine Seelenverfassung, die eine materialistische Färbung hat, heraufkommt, wie sich diese Seelenverfassung in einer gewissen Weise noch in das 20. Jahrhundert herein fortsetzt und wie diese Seelenverfassung diejenige ist, die schließlich alles das, was heute an Chaotischem, Verwirrendem in Kultur und Zivilisation der Menschheit vorhanden ist, mitbewirkt hat. Und da wir sehen, wie dasjenige, was, nachdem das erste Drittel des 19. Jahrhunderts abgelaufen war, eingetreten ist besonders innerhalb des deutschen Geisteslebens, sich radikal unterscheidet von demjenigen, was früher Grundton, Grundcharakter dieses Geisteslebens war, so fragen wir nach dem Ursprung. Wir sehen in diesen letzten zwei Dritteln des 19. Jahrhunderts Persönlichkeiten auftauchen, deren Individualitäten uns interessieren müssen, deren Individualitäten wir gedrängt sind, zurückzuverfolgen in ihre früheren Erdenleben.

Der Blick desjenigen, der solche Forschungen anstellen kann, wird zunächst zurückgelenkt aus dem allgemeinen Charakter unseres Zeitalters nicht eigentlich auf christliche Vorleben der in ihr auftretenden Persönlichkeiten, sondern auf außerchristliche Vorleben. Da liegt es nahe, da das ungefähr auch übereinstimmt mit demjenigen, was wir als Zeitangabe verzeichnen können über die Zwischenzeiten zwischen aufeinanderfolgenden Erdenleben, zurückzugehen in die sehr umfassende geistige Bewegung, die ein halbes Jahrtausend nach der Begründung des Christentums aufgetreten ist, zurückzugehen auf den Mohammedanismus, auf den Arabismus. Das Christentum hat sich zunächst ausgebreitet von Asien aus, ein wenig, ich möchte sagen, erfangend die nordafrikanische Zivilisation, herüber über Spanien nach Westeuropa, hat sich weiterhin ausgebreitet über Osteuropa, über Mitteleuropa, aber diese Ausbreitung ist gewissermaßen flankiert worden durch den Arabismus, der auf der einen Seite seinen Vorstoß durch Kleinasien genommen hat, als der Mohammedanismus als Impuls in ihm war, auf der anderen Seite durch Afrika herüber nach Italien, nach Spanien. Und Sie können aus der äußeren Geschichte den Zusammenstoß der europäischen Zivilisation mit dem Arabismus aus den verschiedenen Kriegen ersehen, die zwischen dem Europäertum und dem Arabismus stattgefunden haben. Auch da handelt es sich darum, daß wir nun fragen: Ja, was sind denn die wirklichen, konkreten Tatsachen, was liegt denn da eigentlich in bezug auf die Entwickelung der menschlichen Seele zugrunde?

Nun betrachten wir einmal wirklich solche konkrete Tatsachen. Wir sehen zum Beispiel in derselben Zeit, in der, man möchte sagen, unter recht primitiven Zivilisationsverhältnissen in Westeuropa *Karl der Große* an der Spitze der Ereignisse stand, drüben in Asien in glänzender Weise sich entwickeln den Hof des *Harun al Raschid.* Und am Hofe des Harun al Raschid sind versammelt in der Tat die größten Geister der damaligen Zeit, jene größten Geister, welche tief in ihre Seele aufgenommen haben alles dasjenige, was aus der orientalischen Weisheit hervorgehen konnte, welche aber auch dasjenige vereinigt haben mit der orientalischen Weisheit, was vom Griechentum herübergekommen ist. Harun al Raschid entwickelte an seinem Hof ein geistiges Leben, das umfaßte Architektur, Astronomie im Sinne der damaligen

Zeit, Geographie in der lebendigen Art der damaligen Zeit, Mathematik, Dichtung, Chemie, Medizin, und für alle diese Zweige hatte er eigentlich die hervorragendsten Vertreter seines Zeitalters an seinem Hofe versammelt. Er war diesen Vertretern ein energischer Beschützer, eine Persönlichkeit, die einen sicheren Boden abgegeben hat für eine, ich möchte sagen, ganz bewundernswerte Kulturzentrale, die da bestanden hat im 8. und 9. nachchristlichen Jahrhundert. Und wir sehen zum Beispiel, wenn wir diesen Hof Harun al Raschids betrachten, wie an diesem Hofe Harun al Raschids gelebt hat eine merkwürdige Persönlichkeit, eine Persönlichkeit, von der man vielleicht nicht die Empfindung hatte in demjenigen Erdenleben, das sie verbracht hat an dem Hofe Harun al Raschids, daß sie ein Initiierter war. Aber die Initiierten haben mit dieser Persönlichkeit zusammen gewußt, daß diese Persönlichkeit, die am Hofe Harun al Raschids gelebt hat, in einem früheren Erdenleben zu den bestinitiierten Menschen gehört hat. So lebte in einem späteren Erdenleben, nach außen nicht als Initiierter erscheinend, am Hofe Harun al Raschids ein ehemaliger, das heißt in einem früheren Erdenleben Initiierter. Die anderen waren wenigstens bekannt mit dem Initiationsleben des Altertums. Die Persönlichkeit, um die es sich dabei handelt, war ein großartiger, wir würden heute mit einem schmählichen Worte sagen, «Organisator» all dieses wissenschaftlichen, künstlerischen Lebens am Hofe des Harun al Raschid.

Nun wissen wir ja, daß in äußerlicher Weise unter dem Stoße des Mohammedanismus sich verbreitete der Arabismus über Afrika, Südeuropa, über Spanien nach Europa hinein. Wir kennen dasjenige, was sich an äußeren Kriegen, an äußeren Kulturkonflikten abgespielt hat. Aber das Ganze reißt einmal ab. Man redet ja gewöhnlich von der Schlacht des *Karl Martell* bei Tours und Poitiers so, als ob damit der Arabismus aus Europa verdrängt worden wäre. Aber im Arabismus war eine ungeheure geistige Stoßkraft. Und das Merkwürdige ist, daß, als der Arabismus äußerlich als politische, als kriegerische Macht sozusagen zurückgeschlagen worden war aus Europa, daß da die Seelen derer, die innerhalb des Arabismus tonangebend gewirkt haben, nachdem sie durch die Pforte des Todes gegangen waren, in der geistigen Welt sich intensiv damit beschäftigt haben, wie sie weitergestalten können für Europa den Einfluß des Arabismus. Bei dem, was durch die geistige Welt durchgeht, handelt es sich nicht darum, meine lieben Freunde, daß in äußerlicher Weise die Dinge gestaltet werden. Das Äußere mag sich wenig gleichen bei dem, was erscheint, wenn eine Individualität in zwei aufeinanderfolgenden Erdenleben auftritt. Da kommt es vielmehr auf das Innerlichste an. Das ist in unserer Zeit schwer zu begreifen. Denn in unserer Zeit, wo man es schon einem Menschen zum Vorwurf machen kann, wenn er einmal nicht verdammend über Haeckel schreibt, und dann nicht weiter über Haeckel schreibt wie vorher, sondern in einer Art, die engbegrenzte Gemüter für das Gegenteil des Früheren halten, wo man schon in dieser Weise Unverständnis zeigt, wird man es auch wenig begreifen, wie äußerlich verschieden menschliche Individualitäten in aufeinanderfolgenden Erdenleben sein können und wie doch innerlich dieselbe Impulsivität wirkt. Daher entwickeln sich diese großen Seelen des Arabismus in der Weise weiter zwischen Tod und einer neuen Geburt, daß sie verbunden bleiben mit dem Impuls, der vom Osten nach dem Westen gegangen war, daß sie verbunden bleiben in der geistigen Welt mit ihren Taten. In der äußeren Welt entwickelt sich, wie man sagt, die Zivilisation weiter. Ganz andere Formen erscheinen da, als diejenigen waren, die der Arabismus hatte. Aber die Seelen, die im Arabismus groß gewesen waren, erschienen wieder, und sie trugen eben, ohne daß sie seine äußeren Formen herübergetragen hätten, den Arabismus in seinen inneren Impulsen in eine viel spätere Zeit hinein. Sie erschienen als Kulturträger einer späteren Zeit, in der Sprache, in den Denkgewohnheiten, in den Empfindungsgewohnheiten, Willensimpulsen einer solchen späteren Zeit. Aber in ihren Seelen wirkte der Arabismus weiter. Und so sehen wir denn, daß gerade diejenige Geistesströmung, die heraufgekommen ist als die tonangebende in den zwei letzten Dritteln des 19. Jahrhunderts, tief beeinflußt war von solchen Geistern, welche aus dem Arabismus hervorgegangen sind.

So schauen wir hin auf die Seele des Harun al Raschid. Sie geht durch die Pforte des Todes im Harun al Raschid-Leben. Sie entwickelt sich weiter zwischen dem Tode und einer neuen Geburt. Sie erscheint in ganz anderen Zivilisationsformen in der neueren Zeit wieder. Denn diese Individualität des Harun al Raschid ist ja dieselbe Individualität, die dann innerhalb des westlichen englischen Geisteslebens als Lord *Bacon von Verulam* auftritt. Und wir haben diese umfassende Geistesart des Lord Bacon von Verulam anzusehen als die Wiederauferstehung desjenigen, was Harun al Raschid an seinem Hofe auf orientalische Art im 8., 9. Jahrhundert geleistet hat. Und wir wissen, daß Bacon von Verulam in der allertiefsten und intensivsten Weise beeinflußt hat bis in die neuesten Tage herauf das europäische Geistesleben. Man denkt eigentlich seit Lord Bacon so, wie er gedacht hatte in bezug auf wissenschaftliche Forschung und wissenschaftliche Gesinnung. Das ist gewiß nicht in den Einzelheiten überall richtig, das ist aber in dem großen Zug der Zeit richtig. Schaut man hin auf das Glanzvolle, auf das in gewisser Beziehung nach außen hin Wirkende des Harun al Raschid, und schaut man hin, nachdem man erfahren hat durch die innere Forschung, wie in Lord Bacon von Verulam wiedererschienen ist Harun al Raschid, schaut man hin auf die äußere Lebensentwickelung des Lord Bacon von Verulam, dann wird man zwar nicht in den äußeren Formen, aber in dem inneren Sinn dieser beiden Leben durchaus das Übereinstimmende, das Ähnliche finden.

Ich sprach von einer Persönlichkeit, die am Hofe des Harun al Raschid gelebt hat, die in einem früheren Erdenleben, das diesem Leben am Hofe des Harun al Raschid voranging, ein Initiierter war. Ich muß da in Parenthesen anführen, daß es durchaus so sein kann, meine lieben Freunde, daß ein Initiierter der Vorzeit äußerlich scheinbar nicht als ein Initiierter in einem späteren Leben erscheint. Müssen Sie sich denn nicht fragen, meine lieben Freunde, wenn ich immer wieder und wiederum erzählte, daß es alte Eingeweihte in ziemlich großer Anzahl, Mysterienlehrer, Mysterienpriester gegeben hat: Wo sind diese hingekommen? Warum leben sie nicht unter uns in der Gegenwart? Ja, sehen Sie, meine lieben Freunde, eine Individualität, welche in einem früheren Erdenleben ein noch so durchleuchtetes Geistig-Seelisches hatte, kann sich ja in einem späteren Erdenleben nur äußern durch den Leib, den ihm dieses Erdenleben in einer späteren Zeit geben kann, und durch die Erziehung, die ihm beigebracht werden kann. Nun ist die Menschheitserziehung schon seit längerer Zeit so, daß in der Art und Weise, wie sich ein Mensch heute oder schon seit langem äußern kann, nicht sich durchstoßen kann dasjenige, was einmal in diesen Seelen gelebt hat, die initiiert waren. Sie müssen ganz andere Lebensformen annehmen, und nur derjenige, der intim das Leben des Menschen beobachten kann, kommt darauf, wie Menschen, denen man den Initiierten im späteren Erdenleben nicht ansieht, dennoch solche Initiationsleben durchgemacht haben.

Eines der glänzendsten Beispiele in dieser Beziehung ist das des Freiheitshelden *Garibaldi.* Ein merkwürdiges Leben ist das von Garibaldi, dessen Wucht man nur zu verfolgen braucht, um das Hinausgehobensein dieser Persönlichkeit über die Verhältnisse des unmittelbaren Erdenlebens zu schauen. Garibaldi ist geworden aus einem ehemaligen Eingeweihten, der er war in einem früheren Erdenleben, zu einem politischen Visionär, denn als das muß man ihn bezeichnen. Er war ein Initiierter, der in einem vorigen Erdenleben Willensimpulse aufgenommen hat, die er dann im Garibaldi-Leben, wie das in seiner Zeit einem 1807 geborenen Menschen möglich ist, zum Austrag bringt. Aber man sehe hinein in die Eigentümlichkeiten seines Erdenlebens. Für mich war zunächst der Ausgangspunkt der, daß ich sah, wie Garibaldi seinen Schicksalsweg mit drei anderen Menschen zusammen im 19. Jahrhundert gegangen war, in bezug auf welche sein Zusammensein, die besondere Art, wie er mit ihnen zusammenwirkte, eigentlich nicht recht verständlich ist. Garibaldi war seiner tiefsten Gesinnung nach ehrlichster Republikaner, doch hat er zurückgewiesen alles dasjenige, was die Einheit Italiens unter republikanischer Flagge begründet hätte. Er drang, trotzdem er ehrlich republikanisch gesinnt war, auf die Herstellung des Königtums, noch dazu unter *Viktor Emanuel.* Und siehe da, geht man jetzt mit okkulter Forschung an die Rätselfrage heran: wie konnte Garibaldi diesen Viktor Emanuel zum König von Italien machen – denn *er* hat ihn zum König von Italien gemacht –, dann schaut man noch auf die zwei anderen Persönlichkeiten hin, man schaut hin auf *Cavour* und auf *Mazzini.* Merkwürdig: Garibaldi ist 1807 geboren, die anderen wenige Jahre davon entfernt. Garibaldi ist in Nizza geboren, Mazzini bekanntlich in Genua, Cavour in Turin, Viktor Emanuel nicht weit davon. Sie waren alle sozusagen in einem kleinen Umkreis auf der Erde geboren.

Man braucht, wenn man karmische Forschungen anstellt, überall etwas, ich möchte sagen, Konkretes, von dem man ausgehen kann. Man kann nicht mit dem, wie gescheit einer ist, wie einer wissenschaftlich gebildet ist, viel anfangen. Man kann nicht einmal, wenn einer dreißig Romane in seinem Leben geschrieben hat, von diesem Romanschreiben ausgehen, um in frühere Erdenleben hineinzuschauen. Viel wichtiger ist es für die Erforschung des früheren Erdenlebens, ob einer hinkt oder ob einer mit den Augen blinzelt. Gerade scheinbare Kleinigkeiten des Lebens führen den Okkultisten auf die Pfade, die notwendig sind, um von einem Erdenleben aus in frühere Erdenleben hineinzuleuchten. So war maßgebend für die okkulte Forschung auf diesem Gebiete, zu erfassen, wie Garibaldi in das 19. Jahrhundert sich hineingelebt hat mit den drei anderen zusammen. Noch etwas anderes war maßgebend, meine lieben Freunde, nach dieser Richtung. So äußerlich betrachtet, erscheint Garibaldi wie ein Wirklichkeitsmensch, wie einer, der immer fest auf seinen Beinen steht, der nur nach der Lebenspraxis geht und so weiter. Aber dazwischen sind intimere Phasen aus diesem Garibaldi-Leben, die schon zeigen, wie Garibaldi eigentlich über das Niveau des Erd-Erlebbaren etwas stark hinausgeht. Man könnte da schon darauf hinweisen, wie er als junger Mensch wiederholt in den damaligen gefährlichen Seeverhältnissen die Adria mit dem Schiffe befährt, wiederholt gefangengenommen wird, aber immer wiederum sich befreit auf die abenteuerlichste Weise. Man kann weiter darauf hinweisen, daß es nicht jedem Menschen so passiert wie Garibaldi in seinem Leben, sich zuerst gedruckt zu sehen, eines Tages seinen Namen gedruckt zu finden in einer Zeitung mit der Nachricht, mit der Bekanntgabe seines Todesurteils. Er las zuerst seinen Namen, indem er sein Todesurteil las. Dieses Todesurteil war verhängt worden wegen seiner Teilnahme an einer Verschwörung. Aber dieses Todesurteil wurde nicht ausgeführt, denn sie haben noch keinen aufgehängt, den sie nicht erwischt haben, und sie haben Garibaldi nicht erwischt. Er floh nach Amerika und hat dort ein Abenteurerleben geführt, das aber immer von innerlicher Intensität und Kraft war.

Wie wenig Garibaldi innerhalb der gewöhnlichen Erdenverhältnisse stand, das zeigt zum Beispiel die Art, wie er seine erste Ehe einging, die eine außerordentlich glückliche durch Jahrzehnte war. Aber wie ist er mit der Dame, die er geheiratet hat, bekannt geworden? Das ist sehr merkwürdig zugegangen. Er war auf dem Schiff, noch ziemlich weit weg vom Lande, richtete das Fernrohr auf das Land und sah durch das Fernrohr eine Dame – und verliebte sich durch das Fernrohr sofort in diese Dame. Nun, es geschieht nicht alle Tage, daß sich die Menschen durch ein Fernrohr verlieben, da muß man schon über die gewöhnlichen Erdenverhältnisse hinausragen. Aber was geschieht? Er steuert sogleich dem Lande zu, trifft einen Mann, dem gefällt Garibaldi so gut, daß er ihn mit sich nimmt. Er kommt zum Mittagessen zu dem Mann: es ist der Vater der Dame, die er durch das Fernrohr gesehen hatte! Es stellt sich ein kleines Hindernis ein: Er kann nur italienisch sprechen, sie nur portugiesisch. Er kann ihre Sprache nicht, er gibt ihr aber zu verstehen, daß sie sich für das Leben verbinden müssen, und sie versteht das, trotzdem sie nicht italienisch, sondern nur portugiesisch kann. Es wird eine der glücklichsten, aber auch interessantesten Ehen. Sie ist mitgegangen durch alles dasjenige, was er in Amerika erlebt hat, und man braucht nur darauf hinzuweisen, wie sich einmal die Nachricht verbreitet hat, Garibaldi sei auf den dortigen Schlachtfeldern bei den Freiheitskämpfen gefallen. Frau Garibaldi suchte alle Schlachtfelder ab, so wie es erzählt wird von manchen sagenhaften Frauen. Jeden Leichnam hob sie auf, um ihm ins Gesicht zu schauen, bis sie auf ihrer Wanderung entdeckt, daß Garibaldi noch lebt. Aber bei diesem Unternehmen hatte sie ihr erstes Kind geboren, das vor Kälte umgekommen wäre, wenn sie es nicht bei ihrer Weiterwanderung mit einem Strick um den Hals gebunden und an ihrem eigenen Busen gewärmt hätte. Das alles sind keine gewöhnlichen bürgerlichen Verhältnisse, und dieses Zusammensein war auch nicht in gewöhnlichem Sinne bürgerlich. Aber als dann die Frau Garibaldis starb, da ereignete es sich, daß nach einiger Zeit Garibaldi doch wieder eine Dame heiratete, und zwar jetzt ganz nach gewöhnlichen bürgerlichen Verhältnissen, wie man halt zusammenkommt im Leben. Aber siehe da, diese Ehe, die nicht durch das Fernrohr arrangiert war, dauerte nur einen Tag. Man kann schon diese und ähnliche Züge aus dem Leben Garibaldis erzählen, welche zeigen, daß durchaus etwas sehr Merkwürdiges in seinem Leben vorhanden war.

Nun zeigte sich mir, daß diese Persönlichkeit in einem früheren Erdenleben schon in der nachchristlichen Zeit ein irischer Eingeweihter gewesen war, der mit einer Mission aus Irland herübergekommen war nach dem Elsaß, dort in einer Mysterienstätte gelehrt hatte und diejenigen Individualitäten als Schüler hatte, die dann später mit ihm zusammen in der gleichen Zeit und auf dem gleichen Territorium geboren wurden. Nun war in den verschiedenen Einweihungsmysterien ein Gesetz, wonach gewisse Schüler so hangen mußten an dem Lehrer, daß der Lehrer seine Schüler nicht verlassen durfte, wenn sie unter ganz bestimmten Verhältnissen in einem späteren Leben einander begegneten. Da war vor allen Dingen die Individualität des Viktor Emanuel, die Garibaldi an sich gebunden fühlen mußte deshalb, weil diese Individualität sein Schüler in einem früheren Initiationsleben gewesen war. Da gelten keine Theorien mehr. In einem späteren Leben handelt es sich dann nicht darum, irgendwie etwas äußerlich zu übernehmen, sondern, wenn auch unbewußt, jenes innerliche Gesetz zu befolgen, das Menschen zusammenbringt nach solchen Impulsen, die im inneren Leben der geschichtlichen Entwickelung vor sich gehen.

Man kann gerade an diesem ganzen Leben sehen, wie bei einem früheren Initiierten, weil die menschliche Körperlichkeit, die in einem Jahrhundert da ist, weil die Erziehung, die da ist, ihm nicht möglich macht, als Initiierter zu erscheinen, herauskommt dasjenige, was er in einem früheren Erdenleben aufgenommen hat, und wie eine solche Persönlichkeit äußerlich sich scheinbar nicht als Initiierter ausgibt. So war es auch bei jener Persönlichkeit, die am Hofe des Harun al Raschid gelebt hat und die, nachdem sie durch die Pforte des Todes gegangen war, einen anderen Weg machen mußte als Harun al Raschid selber. Diese Persönlichkeit war tief innerlich verwandt und tief innerlich verbunden mit alledem, was sie als Initiationsgeheimnisse aus orientalischer Weisheit aufgenommen hatte. Sie konnte den Weg nicht machen, den der mehr auf Glanz sehende Harun al Raschid machte, sie mußte einen anderen Weg nehmen. Dieser andere Weg führte sie so zur Wiederverkörperung in einer späteren Zeit, daß sich die beiden Individualitäten gewissermaßen in den Zivilisationsströmungen, die unter ihrem Einfluß, dem des Harun al Raschid und seines Hofberaters, standen und die von ihnen in Europa angeregt waren, begegneten. Und die Seele dieses Ratgebers erschien wiederum als *Amos Comenius,* der nun auch nicht in äußerlicher Weise das Initiationsprinzip ausleben konnte, der aber durch die ganze Art, wie er sich energisch hineinstellte in das pädagogische, erzieherische Leben in der Zeit, die auch die Zeit des Bacon von Verulam ist, zeigt, daß Tiefes, Bedeutungsvolles in ihm gelebt hat. Und so sehen wir, wie mit einer mehr inneren Forderung Amos Comenius wiederum verkörpert wird, nachdem er am Hofe des Harun al Raschid gelebt hat; wie Harun al Raschid selber wieder verkörpert wird; schauen auf Persönlichkeiten, schauen in diesen Persönlichkeiten das Zusammenströmen von Zivilisationen, von Kulturen. Schaut man auf dieses europäische Geistesleben, wie es im 16., 17. Jahrhundert namentlich sich entwickelte, dann wird man überall in den neueren Formen den Arabismus finden. In alledem, was Bacon beeinflußt hat, ist Arabismus in der mehr glanzvollen Weise. Alledem, was Amos Comenius beeinflußt hat, merkt man noch an die tiefe orientalische Innerlichkeit.

Was ich Ihnen so sage, ist keine Konstruktion. Denn diese Dinge werden wahrhaftig nicht gefunden auf die Art, daß man spekuliert, sondern können nur gefunden werden, wenn man sich ganz innerlich mit den entsprechenden Geistesentitäten verbindet und mit inspirierter Forschung aus dem einen Erdenleben ins andere Erdenleben hinüber den Weg sucht. Und so ist überhaupt, meine lieben Freunde, vieles von dem Arabismus durch die Verkörperung der Seelen in wiederholten Erdenleben in die neue Zeit herübergekommen. Es handelt sich nur darum, daß man niemals den Sinn solcher Forschung mißversteht.

Ich sagte Ihnen, daß es sich nicht darum handelt, daß man dasjenige, was man gewöhnlich im materialistischen Leben für bedeutend hält, verfolgt. Da kommt nicht viel dabei heraus. Ich will Ihnen ein Beispiel dafür anführen. Ich hatte einen Lehrer – ich habe auch von ihm in meinem Lebensgang gesprochen –, der ein ausgezeichneter *Geometrielehrer* war. In einem gewissen Lebensalter fing er an, mich tief zu interessieren. Er hatte etwas Eigentümliches, eine geniale Einseitigkeit, hatte sonstige Eigentümlichkeiten, und durch den Inhalt seiner Seele in bezug auf die Geometrie konnte man den Weg zu seiner früheren Inkarnation nicht finden. Aber dieser im Konstruieren so ausgezeichnete Geometer hatte eine äußerliche Eigentümlichkeit: Er hatte einen Klumpfuß. Nun zeigt sich sehr häufig, wenn man solche Untersuchungen anstellt, die hinüberführen von einem Erdenleben in das andere, daß in der Tat alles dasjenige, was in dem einen Erdenleben mit der Entwickelung der Beine zusammenhängt, in einem anderen Erdenleben mit der Entwickelung des Hauptes zusammenhängt. Da geschieht eine merkwürdige Metamorphose mit den inneren Kräften, wie sie das eine Mal das Gliedmaßensystem konstituieren, das andere Mal das Hauptsystem.

Ich setzte ein bei dieser Beinkrankheit, bei diesem Klumpfuß des Geometrieprofessors. Und siehe da, was geschah in der okkulten Forschung? Es brachte mich gerade der Blick, der auf dieses Gebrechen gerichtet war, mit einer anderen Persönlichkeit zusammen, die auch einen Klumpfuß hatte, nämlich mit Lord *Byron*. Und nun wußte ich: das hat mit Bezug auf wiederholte Erdenleben etwas miteinander zu tun. Und es war etwas in beider Kopf in einem früheren Erdenleben, das sie zu gemeinsamer Tätigkeit geführt hat, wenn sie auch in bezug auf ihre Erdentätigkeit in ihrer letzten Inkarnation nicht Zeitgenossen, aber fast Zeitgenossen waren. Ich bemerke ausdrücklich, daß ich, weil in den abgelaufenen Epochen vorzugsweise geschichtlich das männliche Leben gewirkt hat, auf die weiblichen Inkarnationen nicht eingehe. Das weibliche Leben beginnt erst zu wirken. In der Zukunft wird es ganz besonders von Interesse sein, gerade auf weibliche Inkarnationen Rücksicht zu nehmen. Aber für viele historische Persönlichkeiten ist die Sache so, daß man für manche Dinge die dazwischenliegenden weiblichen Inkarnationen, die aber auch da sind, wegläßt. Sie dürfen daraus nicht schließen, daß nicht weibliche Inkarnationen dazwischengelegen hätten; aber ich fasse solche Gesichtspunkte ins Auge, die einen zunächst zurückführen in die vorhergehenden männlichen Erdenleben. Da wurde ich durch diese beiden Persönlichkeiten, die sich mir zueinanderstellten, zurückgeführt in eine Zeit, in der sie – das genau zu bestimmen ist mir nicht möglich gewesen – entweder im 10. oder 11. nachchristlichen Jahrhundert im Osten von Europa in heutigen russischen Gegenden gelebt haben. Sie waren Kameraden. Und es war schon dazumal zu einigen Persönlichkeiten die Sage gekommen von der Wanderung des Palladiums in der Welt. Sie wissen vielleicht von diesem Palladium, einem Kleinod, an dem viel in der Zivilisation der Menschheit hängen soll: daß dieses Palladium zuerst in Troja war, dann in Rom, daß es Konstantin der Große unter großem Gepränge hinübergebracht hat nach Konstantinopel, darüber eine Säule zu seiner eigenen Glorifikation angebracht hat, an deren Spitze er ja sogar eine Apollofigur aufgestellt hat. An der Säule hat er einen Sternenkranz angebracht, in diesem Sternenkranz waren Hölzer, die er vom Kreuz Christi bringen ließ. Kurz und gut: alles zu seiner eigenen Glorifikation. Die Sage lautet, daß dieses Palladium einmal herübergetragen würde nach dem Norden und daß dann die Zivilisation, die nach Konstantinopel getragen wurde, sich nach Norden verpflanzen werde. Das hörten die beiden. Von Enthusiasmus wurden sie ergriffen, in Konstantinopel das Palladium zu erobern. Sie konnten es nicht. Aber sie unternahmen viel, um dieses Kulturkleinod nach dem Norden zu bringen. Nun sieht man ja, besonders bei dem einen, der dann im Westen wiederverkörpert wurde, wie er dasjenige, was im 19. Jahrhundert Byron im Enthusiasmus für die Freiheit hatte, als eine karmische Folge nach dem damaligen Streben nach dem Palladium in sich hatte. Die besondere Geisteskonfiguration könnten Sie verfolgen in alledem, was gerade mein Geometrielehrer in intimer Art zutage brachte: einen Freiheitssinn auf dem Gebiet der Wissenschaft – für denjenigen, der ihn erleben konnte.

So gehen die Wege von scheinbar Nebensächlichem, dem Klumpfuß, aus, um von da aus dann, von solchen Merkmalen aus, die man in dieser Art verfolgen kann, zu früheren Erdenleben der betreffenden Persönlichkeiten zurückzukommen. Überhaupt, man muß Sinn haben für innerliche Lebenskonfiguration, wenn man von den historischen Karmen sprechen will.

Ich möchte noch ein Beispiel anführen. In der Gegend, die man heute nennen würde den Nordosten Frankreichs, war im 8., 9. Jahrhundert eine Persönlichkeit, im damaligen Sinne eine Art wohlhabender Gutsbesitzer. Er war aber ein Abenteurer und unternahm in den benachbarten Gegenden Kriegszüge. Sowenig man das heute glauben würde, es geschah doch in der damaligen Zeit, er verließ Haus und Hof und unternahm in den Nachbargegenden mehr oder weniger glücklich

Kriegszüge. Eines Tages kam er wieder zurück, und sein Gutshof war ihm von einem anderen geraubt worden; es saß ein anderer als Eigentümer da, der so viel Macht an Menschen und Waffen sich erobert hatte, daß er den früheren Besitzer fernhalten konnte. Und da der nicht fernbleiben konnte, wurde er Leibeigener dieses neuen Besitzers, beziehungsweise das, was später Leibeigener genannt wurde. So hat sich ein merkwürdiges Verhältnis bei diesen Menschen herausgebildet. Der frühere Eigentümer mußte sich geradezu umkehren. Auf dem Gut, auf dem er früher gesessen hatte, saß ein anderer, und in der Lage, in der früher der andere gewesen war, war er nun selber. Er hielt dann in den benachbarten Wäldern mit Gesinnungsgenossen allerlei nächtliche, Versammlungen würden wir es heute nennen, ab mit tiefem innerem Groll gegen den Räuber seines Besitzes und gegen Verhältnisse, die so etwas zulassen. Es ist interessant, hineinzuschauen in dasjenige, was dazumal aus tiefem Menschengroll gesprochen worden ist.

Nun gelang es mir, weiterzuverfolgen den Weg dieser beiden Menschen, die im 9. Jahrhundert durch die Pforte des Todes gegangen sind und im 19. Jahrhundert wieder erschienen sind. Der eine, der zuerst Gutsbesitzer war und dann seines Gutes beraubt wurde, das ist *Karl Marx,* der Begründer des Sozialismus im 19. Jahrhundert. So sehr die äußeren Umstände verschieden sind, durch Spekulieren und so weiter kommt man auf nichts. Aber wenn man gewisse Untergründe verfolgt, dann trifft man in jenem verschlagenen Gutsbesitzer des 9. Jahrhunderts auf die Seele des Karl Marx im 19. Jahrhundert. Der ihn da vertrieben hat, der ihm soviel Böses zugefügt hat, das ist sein Freund *Friedrich Engels.* Es handelt sich nicht um Sensation, es handelt sich darum, das Leben und die Geschichte zu verstehen aus den Zusammenhängen der Erdenleben.

Solche Dinge müssen auch empfindungsgemäß mit tieferem Ernste genommen werden, nicht mit irgendwelchen sensationellen Ambitionen. Da haben wir in diesem Beispiele ein Hereinleben geistigen Europäertums, aber in dieses Europäertum hat sich eben auch dasjenige eingegliedert, was durchaus aus dem Arabismus heraus gekommen ist. Es ist viel Arabismus in ganz anderer Form in der neueren Zeit vorhanden.

Nun, einer der Vorgänger des Harun al Raschid, einer der frühesten

Nachfolger des Propheten Mohammed, ist *Muawija* im 7. nachchristlichen Jahrhundert. Eine merkwürdige Persönlichkeit, die viel gedürstet hat nach Eroberung nach dem Westen herüber, aber wenig ausgerichtet hat, die eine innere Sehnsucht nach dem Westen aufgenommen hatte, sie nicht ausleben konnte, den Zug nach dem Westen aber empfand, als sie durch die Pforte des Todes ging. Da war alles an dieser Persönlichkeit: der Zug nach dem Westen, Ausleben des Arabismus –, bis nach dem Leben zwischen dem Tode und einer neuen Geburt dem Zug nach dem Westen Rechnung getragen war. Auch diese Individualität eines der frühesten Nachfolger des Propheten erschien wiederum als tonangebend in den Verhältnissen des 20. Jahrhunderts. In der Zeit, in der noch nicht unter dem Einfluß der Goetheanum-[Weihnachts-]-Tagung gesprochen wurde, habe ich mancherlei erwähnt, was seine Begründung hat in dem, was über wiederholte Erdenleben einer gewissen Persönlichkeit gesagt werden kann. Man hat wenig verstanden, was ich da gesagt habe. Denn schließlich lag die überzeugende Kraft, mit der das ausgesprochen wurde, in der Beobachtung eben der karmischen Verhältnisse durch Erdenleben hindurch. Denn Muawija ist wiedererschienen in unserer Zeit und hat als *Woodrow Wilson* den abstrakten Arabismus im äußeren Zivilisationsleben zur äußersten Ausprägung gebracht. Und wir sehen, wie in Woodrow Wilson eine Individualität auftrat, welche im stärksten Maße, besonders in den berühmten Vierzehn Punkten, den Arabismus auslebt in unserer Zeit. Was durch Woodrow Wilson an Unglück in unsere Zeit gekommen ist, das wird man am besten studieren, wenn man bis auf die Satzwendungen hin diese Punkte vergleicht mit gewissen Formulierungen im Koran. Dann werden Sie manches verständlich finden, dann werden Sie sehen, auf welche merkwürdigen Dinge Sie kommen, nachdem Sie erst wissen, wie der Zusammenhang in diesen Dingen ist.

Heute ist es durchaus so, meine lieben Freunde, daß geschichtliche Betrachtung zur menschlichen Befriedigung nur dadurch möglich ist, daß wir Ernst machen mit den konkreten Erscheinungen der wiederholten Erdenleben, mit der Betrachtung des Karma und der inneren Zusammenhänge in den einzelnen Erdenleben der Menschen. Nachdem die Anthroposophische Gesellschaft durch zwei Jahrzehnte vorbereitet worden ist auf dasjenige, was unter dem Einfluß der Weihnachtstagung nun geschehen soll, darf wohl heute immer mehr und mehr dasjenige ausgeführt werden, was dazumal 1902 bei der Begründung der Deutschen Sektion der Theosophischen Gesellschaft zunächst angekündigt war: «Praktische Karma-Übungen.» Diese praktischen Karma-Übungen sollen einen Teil bilden unseres anthroposophischen Lebens, aber nicht in sensationeller Weise, sondern so, daß sie die Grundlage werden für wirklich größere, stärkere Impulse, die da leben müssen innerhalb der Anthroposophischen Gesellschaft. Betrachten Sie auch das, daß jetzt in dieser Weise gesprochen werden muß, als einen Ausfluß dessen, daß Esoterisches strömen muß durch die anthroposophische Bewegung, die in der Anthroposophischen Gesellschaft verkörpert ist. Aber seien wir uns auch klar darüber, mit welch tiefem Ernst solche Dinge betrachtet werden müssen. Werden sie mit diesem Ernste betrachtet, dann weben wir weiter an demjenigen, was begonnen wurde zu weben, als Lessing am Schlusse seiner «Erziehung des Menschengeschlechts» auf die wiederholten Erdenleben hinwies. Denn lernen muß der Mensch wiederum aus einer tieferen intimen Betrachtung des Menschen, des Schicksals des Menschen, daß es durchaus wahr ist: Man schaut hinein durch Geisteswissenschaft in dasjenige, was die wahre Wesenheit des Menschen ist und was jederzeit, wenn er sich selber erkennt, die Worte sprechen kann: «Ist denn nicht die Ewigkeit mein?!» Aber man muß die Gliederung dieser Ewigkeit in den konkreten Tatsachen, in den Karma-Erwägungen, in den Schicksalsgliederungen des menschlichen, geschichtlichen Lebens erkennen.

ZWEITER VORTRAG

Stuttgart, 1. Juni 1924

Den Worten des Herrn Dr. *Unger* sage ich meinen besten Dank. Sie werden es mir glauben, daß es mich sehr befriedigt, wiederum unter Stuttgarter Freunden sprechen zu können.

Das letzte Mal, als ich gelegentlich unserer Waldorfschultagung hier sprechen durfte, betrachtete ich vor Ihnen einiges, das sich auf Zusammenhänge karmischer Natur in der Menschheit und ihrer Entwickelung bezieht. Ich möchte heute gerade einiges in Fortsetzung jenes Vortrages sagen, dabei von mehr oder weniger Ihnen Bekanntem ausgehen, um dann zu Unbekanntem überzugehen.

Wir wissen ja, daß der Mensch, wenn er durch die Todespforte tritt, zunächst durchzumachen hat die Tatsache der Zerstreuung seines ätherischen Leibes in den Kosmos, nachdem er im Todesaugenblicke selbst den physischen Leib abgelegt hat. Nun, diese erste Etappe nach dem Tode, die Ablegung oder eigentlich Zerstreuung des ätherischen Leibes in den Kosmos, wollen wir heute nicht betrachten, sondern dasjenige, was darauf folgt. Und das kann am besten verstanden werden, wenn wir zunächst einen Blick auf das menschliche Erdenleben werfen, wie es sich abspielt zwischen der Geburt und dem Tode. Dieses menschliche Erdenleben durchläuft ja zwei scharf voneinander getrennte Zustände: das Wachen, das Schlafen. Nun wissen Sie aus den verschiedenen anthroposophischen Betrachtungen, daß der Wachzustand dadurch entsteht, daß die vier für den heutigen Menschen wesentlichen Glieder – der physische Leib, der ätherische Leib, der astralische Leib und das Ich – ineinandergefügt sind, in ihren Tätigkeiten gegenseitig sich anregen und stützen; daß aber der Schlafzustand dadurch entsteht, daß im Bette liegenbleiben der physische Leib und der ätherische Leib, die gewissermaßen provisorisch, vorübergehend ein Pflanzendasein führen, während der astralische Leib und die Ich-Organisation selbständig in der geistigen Welt, losgetrennt vom physischen und ätherischen Leibe, leben. Nun wissen Sie aber aus der gewöhnlichen Lebenserfahrung, daß der Mensch, wenn er die Erinnerung zurückschickt in sein Erdenleben, eigentlich diese Erinnerung in einem gewissen Sinne fälscht. Denn wenn wir zurückblicken mit dem gewöhnlichen Bewußtsein in unser Erdenleben, dann erscheint uns der Rückblick wie ein kontinuierlich fortwirkender Strom; ein Ereignis geht aus dem anderen hervor, und wir geben dabei zumeist nicht acht, daß wir es ja gar nicht zu tun haben mit einem solchen fortwirkenden Strom von Erinnerungen, sondern daß der Erinnerungslauf fortwährend unterbrochen ist durch die Nächte, so daß wir eigentlich die Erinnerung so sehen müßten: Tag, Nacht, Tag, Nacht; immer sozusagen ein Helles, gewissermaßen fortgesetzt in einem Dunklen, dieses wieder fortgesetzt in einem Hellen und so weiter. Unbewußt zum größten Teile, mit Ausnahme der Träume, die aufsteigen aus dem nächtlichen Schlafe, bleibt derjenige Teil des Erdenlebens, den wir verschlafen: es ist in der Regel ein Drittel des Erdenlebens, wenn der Mensch nicht gerade eine Schlafratte ist. Man kann durchaus zusammenzählen – auch wenn man in Betracht zieht, wieviel mehr das Kind schläft –, was geschlafen wird: man bekommt ungefähr ein Drittel der Lebenszeit auf der Erde heraus.

Zunächst können wir uns fragen: Was machen die Ich-Organisation und der astralische Leib während dieser Schlafenszeit? Sie befinden sich ja in der geistigen Welt. Aber sie nehmen in der geistigen Welt nicht wahr, sie bleiben, wie gesagt, mit Ausnahme der Träume, unbewußt. Der Mensch würde auch, wenn er, so wie er nun einmal mit seinem gewöhnlichen Bewußtsein auf der Erde beschaffen ist, im Schlafe immer wahrnehmen würde, nach der einen oder anderen Seite beirrt werden: entweder nach der Seite, daß sein Bewußtsein wie von Ohnmacht befallen erschiene während des Tages, daß er in einer Art Lähmung des Bewußtseins herumginge, wenn er ein mehr ahrimanisch veranlagter Mensch ist, oder aber, daß er mit verworrenem Bewußtsein herumginge, mit einem Bewußtsein, in dem sich die Gedanken und Empfindungen überschlagen, wenn er ein mehr luziferisch veranlagter Mensch ist.

Der Mensch ist im allgemeinen durch das, was man den «Hüter der Schwelle» nennt, behütet davor, in der Nacht die um ihn liegende geistige Welt wahrzunehmen. Allein wenn der Mensch durch die Todespforte gegangen ist und die ersten Tage verbracht hat, in denen er den

Ätherleib abgelegt hat, dann tritt er zwischen dem Tode und einer neuen Geburt in ein Dasein, das rückwärtslaufend ist, wo wir mit dem Todestage beginnen, weitergehen zum vorhergehenden Tage und so weiter, und so das Leben noch einmal durchleben, doch jetzt in der Richtung vom Tode bis zur Geburt hin. Nun aber durchleben wir nicht die Tage, sondern wir durchleben die Nächte. Daher nimmt auch die Zeit, in der wir in dieser Weise rückwärts das Leben verbringen, ungefähr ein Drittel unserer Lebenszeit in Anspruch. Bei einem Menschen, der sechzig Jahre alt geworden ist und dann stirbt, dauert diese Rückwärtswanderung etwa zwanzig Jahre. Dreimal so schnell wird also dieses Leben durchlebt als das Erdenleben. Und dann durchleben wir dieses Leben zwischen dem Tod und einer neuen Geburt so, daß wir hinschauen auf die Nächte, in denen sich, allerdings unbewußt, Bilder erzeugt haben, die in einer gewissen Weise negative Abbilder des Lebens sind.

Wäre der Mensch nicht durch den «Hüter der Schwelle» behütet, so würde er jede Nacht – aber in einer Art, die er nicht ertragen kann, von der er solche Folgen haben würde, wie ich sie eben beschrieben habe –, jede Nacht würde er so erleben, wenn er jemandem etwas Böses getan hat, wie wenn er sich hineinversetzen müßte in den anderen Menschen, in das, was der empfindet und erlebt durch das Böse, das er ihm zugefügt hat. Der Mensch ist dann während des Schlafes richtig in demjenigen Wesen darinnen, dem er das eine oder das andere zugefügt hat. Nur durchleben wir aus dem angegebenen Grunde das während des Schlafes nicht. Aber nach dem Tode erleben wir es in der gekennzeichneten Zeit, und wir erleben es sehr, sehr stark. Wir leben da das Erdenleben zurück und erleben überall die Ausgleichserlebnisse für dasjenige, was wir getan oder unterlassen haben. Wodurch erleben wir diese Ausgleichserlebnisse?

Um diese Frage zu beantworten, müssen wir auf ein kosmisches Erlebnis hinweisen. Sie erinnern sich ja, daß ich Ihnen öfters ausgeführt habe, wie im Laufe der Erdenentwickelung sich der Mond, der ursprünglich ein Glied in der Erdenentwickelung war, von der Erde getrennt hat. Ich habe das erst vor kurzem hier dargestellt, wie der Mond aus der Erde herausgegangen ist und ein selbständiges physisches Dasein gebildet hat. Aber auch das habe ich schon erwähnt, daß einige Zeit nachdem der Mond seine physische Natur von der Erde getrennt hat, nachgezogen sind die ganz alten Urlehrer der Menschheit, die, solange sie auf der Erde waren, nicht in einem physischen Leib verkörpert waren, sondern nur in einem ätherischen Leib. Sie wirken daher imaginierend, inspirierend auf die Menschen ein. Und alle die wunderbaren Lehren, die in ein mehr poetisches Gewand gehüllt sind, die in den Sagen der Völker enthalten sind, die rühren her von einer auf der Erde vorhandenen großartigen, majestätischen Urweisheit, die von den Urlehrern der Menschheit erteilt wurde. Aber diese Urlehrer konnten sich vermöge ihrer Natur zurückziehen nach dem Monde, und da leben sie seither.

Wenn nun der Mensch durch die Pforte des Todes geht, durchlebt er tatsächlich den Kosmos. Und er durchlebt tatsächlich den Kosmos so, daß er sich mit seinem Dasein immer mehr und mehr vergrößert. Zunächst wächst er in die Mondensphäre hinein. Aber indem der Mensch nach seinem Tode zunächst in die Mondensphäre hineinwächst, kommt er zusammen mit dem, was diese großen Urlehrer jetzt sind. Diese großen Urlehrer bewahren gewissermaßen einen naiv-instinktiven unschuldigen Zustand des Menschengeschlechtes. Bevor die Menschen in die Möglichkeit, Böses zu tun, verfallen sind, waren diese Urlehrer auf der Erde da. Daher sind sie es, welche dasjenige aufnehmen, was während der Nächte, die wir innerhalb des Erdendaseins durchleben, in die Akasha-Chronik hineingeschrieben wird; sie durchdringen es mit ihrer eigenen Wesenheit und lassen es uns dann in dem ersten Drittel beim Rücklauf durch das Leben nach dem Tode stärker erleben als die Ereignisse des Lebens hier auf der Erde. Wer hineinschauen kann in das, was ein Toter in diesen ersten Jahrzehnten nach dem Tode durchlebt, der weiß, daß die Erdenerlebnisse ja robust genug sind, sie stoßen und sie treiben uns, was aber da durchlebt wird durch die Macht magisch wirkender Lehrer, die auf dem Monde ihre Kolonie aufgeschlagen haben, das wirkt viel stärker, das übertönt, das überfärbt die irdischen Erlebnisse. Und wir machen wirklich das durch. Sagen wir, Sie haben einem Menschen eine Ohrfeige gegeben: wenn Sie zurückleben, so erfahren Sie nicht das Wohlbehagen, den Zorn oder Groll, dem die Ohrfeige entsprungen ist, sondern Sie kriechen in den anderen hinein, erleben, wie es ihm wehgetan hat, wie es sein Gemüt erschüttert hat, Sie spüren genau das, was er durchlebt hat. Die Ereignisse mitzumachen mit einem Toten, hat schon etwas, man kann nicht sagen Erschütterndes, aber etwas einen außerordentlich stark Berührendes.

Sehen Sie, ich möchte dafür ein Beispiel anführen. Die meisten von Ihnen werden sich erinnern, daß ich unter den Gestalten meiner Mysterien diejenige des Strader gezeichnet habe. Diese Gestalt des Strader ist so wie die meisten Gestalten der Mysterien der Wirklichkeit abgelesen. Eine Persönlichkeit hat es gegeben, die fast genau so gelebt hat, wie Strader in meinen Mysterien dargestellt worden ist. Sie können sich auch denken, daß ich für diese Persönlichkeit in ihrem physischen Erdendasein ein großes Interesse hatte. Nun ist sie 1912 gestorben. Von da ab fing mein Interesse an für ihr Erleben nach dem Tode. Alles, was diese Persönlichkeit, die ein theologisch-rationalistischer Schriftsteller zuletzt geworden ist, hier auf der Erde erlebt hat, erschien in viel stärkerem Maße, indem er selber die Wirkung seiner Bücher, seines theologischen Rationalismus und so weiter erlebte. Nachdem ich einige Zeit dasjenige mitgemacht hatte, was er erlebte, war es mir nicht mehr möglich, in den Mysterien die Gestalt des Strader fortzuführen: er stirbt im Drama, weil das Interesse nicht mehr für das Erdenleben aufzubringen war, das ausgelöscht war gegenüber dem Interesse an dem, was er nach dem Tode erlebte.

Es stellte sich noch ein kleines Nebenereignis ein: Einige Freunde interessierten sich sehr stark für den Nachlaß jenes Vorbildes des Strader, setzten sich dafür ein, wollten mir das vorführen. Ich konnte kein Interesse dafür gewinnen. Ich mußte vorbeigehen, mußte alles überhören aus dem einfachen Grunde, weil das Interesse an dem Toten ein viel vehementeres ist, alles andere auslöscht. Ich will nur darauf hinweisen, wie der Mensch in diesem Rücklauf des Lebens viel stärker, viel intensiver erlebt, als er auf der Erde erlebt. Es ist das Erdenleben fast wie ein Traum gegenüber diesem Erleben. Aber es ist eben das negative Erleben, das Erleben der Folgen in dem anderen von dem, was wir getan und unterlassen haben. Daher darf es auch nicht als ein bloß schauderhaftes Leben dargestellt werden. Aber immerhin, der Mensch muß schon gewahr werden, welche von seinen Taten, welche seiner Gedanken, Empfindungen gerecht waren, welche ungerecht.

Nun können Sie sich denken, daß da der erste Keim gebildet wird zu dem Karma. Denn wenn der Mensch sieht, wie es zugeht zwischen dem Tode und einer neuen Geburt, urteilt er anders als wir. Ich habe es vielleicht schon einmal erwähnt, wie ich vor vielen Jahren eine Dame kennenlernte, die sich ein Gespräch anhörte, das in ihrer Gegenwart über die wiederholten Erdenleben geführt wurde. Sie sagte: Nachdem sie das eine gekostet habe, möchte sie nicht weitere Erdenleben haben, und hat sehr gewettert gegen die Möglichkeit, immer wiederzukommen. Da habe ich ihr sagen müssen: Ja, es mag sein, daß Sie hier auf der Erde dieses Urteil haben; aber darauf kommt es nicht an, sondern es kommt auf das Urteil an zwischen dem Tode und einer neuen Geburt. – Das hat sie zunächst für die Zeit, die sie da war, eingesehen, dann aber eine Karte von der Reise geschrieben: sie gäbe doch nicht die wiederholten Erdenleben zu!

Der Mensch, wenn er dieses intensive Erleben nach dem Tode hat, faßt dann eben den Entschluß, der etwa sich so ausdrücken läßt: Du bist durch dieses und jenes unvollkommen geworden, ein minderwertiges Menschenwesen; du mußt das wiederum ausgleichen! Damit ist der Vorsatz zum Karma gegeben. Und Vorsätze in der geistigen Welt, im Leben zwischen dem Tode und einer neuen Geburt, sind Realitäten. Geradeso wie es hier eine Realität ist, daß Sie sich verbrennen, wenn Sie mit dem Finger in die Flamme greifen, so bedeutet es in der geistigen Welt, wenn Sie einen Vorsatz fassen, eine Realität, die sich verwirklicht. Und Sie fassen den Vorsatz sicher!

Das alles aber erlebt der Mensch in der Mondensphäre. Durch die nächsten Sphären, die Merkur- und Venussphäre, gelangt er dann allmählich dahin, in die Sonnensphäre kommen zu müssen. Die Merkur- und Venussphäre bilden für ihn den Übergang, um in die Sonnensphäre zu kommen. Aber da kann man zunächst nicht hinein, wenn man den ganzen Anhang, die ganze Last des Bösen, das sich einem während der Mondensphäre auf die Seele gelegt hat, mitschleppen wollte. Da ist denn die Einrichtung im Kosmos getroffen, daß beim Weggehen aus der Mondensphäre das Böse zurückbleibt. Das wartet, bis wir zurückkommen: da gehen wir wieder durch die Mondensphäre zurück. Aber mit dem Bösen lassen wir ein gutes Stück von uns selbst zurück, denn der Mensch ist ja eins mit seinen Taten. Wenn ich irgend etwas Böses vollbracht habe hier auf der Erde, werde ich dadurch nur minderwertig; beim Durchgang durch den Mond auf die geschilderte Weise verliere ich ein Stück meiner selbst, ich lasse ein Stück meiner selbst zurück. Ein Mensch, der ein ausgepichter Bösewicht wäre, wie es solche gar nicht gibt, der niemals etwas Gutes getan hätte, würde in der Mondensphäre ganz zurückgelassen werden. Nun, das gibt es nicht: die Leute kommen weiter.

Dann tritt man als mehr oder weniger vollständiger oder unvollständiger Mensch zunächst in die Merkursphäre ein. Auch in der Merkursphäre erlebt man zwischen dem Tod und einer neuen Geburt etwas Besonderes; etwas, was aber schon zu dem Sonnendasein vorbereitet. Sehen Sie, hier im physischen Erdenleben wird man ja auch in der einen oder anderen Weise krank. In die Sonnensphäre muß man ganz gesund an Seele und Geist kommen. Daher wird man in der Merkursphäre von alledem, was die Seele von ihren Krankheiten an sich trägt, befreit. Daher ist es auch so, daß wirkliche Medizin nur gelernt werden kann, wenn man sich anschaut, wie die Toten in der Merkursphäre von den Krankheiten befreit werden. Daraus kann man entnehmen, was man auf der Erde für die Menschen zu tun hat, um sie von Krankheiten zu befreien. Deshalb war immer in den Zeiten, wo es Mysterien und instinktives Hellsehen gab, die Medizin angesehen worden als etwas, was aus der Merkursphäre herunter durch die Mysterien geoffenbart wird. Denn sehen Sie: Was ist für die heutigen Menschen ein Gott? Ein Gott ist ein Wesen, das man niemals auf der Erde sehen kann. Das war es für die Menschen der instinktiv hellsehenden Urzeiten nicht. Merkur hatte seine Mysterien. Es gab Merkurmysterien, Sie können das nachlesen in meiner «Geheimwissenschaft». Ja, der allererste Hauptpriester der Merkurmysterien war Merkur selber. Das war dadurch bewerkstelligt worden, daß ein Mensch geboren wurde, dessen Geist durch einen übermenschlichen Vorgang befreit wurde, um auf eine andere Weise eine Verleiblichung zu suchen. Der Körper war da: diesen Körper benutzte der Gott Merkur, sich auf der Erde zu verkörpern, das heißt, sich in den

Mysterien zu zeigen. Es waren schon die Götter in den alten Mysterien die Lehrer. So ist es für alle Götter Griechenlands, sie waren alle auf der Erde. Und dieser Gott Merkur hat den Menschen die Medizin gelehrt. Hippokrates hat eine spätere Tradition davon noch bewahrt.

Dann kommt der Mensch in die Venussphäre. In der Venussphäre ist es so, daß der Mensch ganz gewahr wird, wie er unvollständig ist; aber dieses Unvollständige wird nun gerade in der Venussphäre für das Sonnendasein bereitet, wo man am längsten darinnen ist. Man ist zweimal darin, doch brauchen wir nur von dem einen Mal zu sprechen. Man ist am längsten im Sonnendasein darinnen. In diesem Sonnendasein ist man erstens mit den Seelen zusammen, mit denen man irgendeine karmische Gemeinschaft hat und die jetzt in der geistigen Welt sind, die ebenso Gestorbene sind wie man selbst; man ist aber auch zusammen mit den Wesenheiten der höheren Hierarchien, mit Angeloi, Archangeloi, Archai, Exusiai, Dynamis, Kyriotetes und so weiter. Was geschieht da? Da arbeitet der Mensch, indem er sein Unvollständiges in seinem Bewußtsein gewahr wird, mit den Wesenheiten der höheren Hierarchien zusammen an dem Muster und Urbild seines folgenden Erdendaseins, und zwar arbeitet er in der ersten Hälfte des Sonnendaseins mehr das Urbild der physischen Körperlichkeit aus, in der zweiten Hälfte mehr das Urbild seines moralischen Erdendaseins. Diese Arbeit während des Sonnendaseins, sie ist tatsächlich nicht etwa so einförmig, wie es scheint, wenn man sie schildern muß, sondern sie ist ungeheuer viel reicher, viel großartiger und gewaltiger als alles, was der Mensch auf der Erde erleben kann. Der Mensch erlebt hier auf der Erde nicht das, was unmittelbar in seiner Haut eingeschlossen ist, sondern das, was um ihn ist. Während des Sonnendaseins ist es gerade umgekehrt: da erlebt der Mensch alles, was im Kosmos ist. Wie wir hier sagen: Dies ist mein Magen –, so sagen wir dann: Da draußen ist meine Venus –; wie wir hier sagen: Dies ist mein Herz –, so sagen wir: Dies ist meine Sonne. – Die Wesen des Weltenalls werden unsere Organe. Wir werden selber wie das Weltenall, und der Mensch, der hier auf der Erde steht – aber im Geiste erfaßt –, der nur ausgefüllt ist von der irdischen Erdensubstanz, der ist dann unsere Welt. Und diese innere Welt des Menschen, sie ist wahrhaftig umfassender, grandioser als der außermenschliche

Kosmos hier auf Erden. Was der Mensch alles in sich birgt, das ist auf Erden dem Menschen unbewußt. Aber es ist viel größer als das, was der Mensch auf der Erde sieht. Und was er hier auf der Erde in sich birgt, es wird ihm offenbar während des Sonnendaseins. Und aus dem, was da seine Welt ist, arbeitet er heraus die Gestaltung seines physischen und moralischen Wesens für das nächste Erdendasein. Da wird nun auch für das Karma gearbeitet. Nachdem wir kennengelernt haben, wie wir zu arbeiten haben in den ersten Jahrzehnten nach dem Tode, wird hier an dem Zustandekommen dieses Karma gearbeitet. Ich möchte sagen: der letzte Schliff kommt erst zustande, wenn wir unser Böses beim zweiten Durchgang durch die Mondensphäre wiederfinden und dann zu dem, was Vorsatz ist, zu dem, was Ausarbeitung ist im Urbilde, auch die Kraft hinzubringen, auf der Erde uns in einem neuen Erdenleben in das Karma hineinzustürzen.

Nun, um noch genauer einzusehen, wie das Karma eigentlich ausgearbeitet wird, müssen wir folgendes beachten. Sterne, was sind sie denn eigentlich? Die physischen Wissenschafter reden von den Sternen, als ob das brennende Gaskugeln oder dergleichen wären. Das ist aber alles nicht der Fall. Denken Sie sich nur, Sie wären auf der Venus. Dann würde Ihnen die Erde ungefähr so erscheinen, wie Ihnen jetzt die Venus erscheint, und Sie würden halt dann die Erde so beschreiben, wie Sie jetzt die Venus beschreiben, würden übersehen, daß hier auf der Erde, die der Schauplatz der Menschen ist, so und so viele Menschenseelen sind. Geradeso sind da, wo jeder andere Stern leuchtet, Seelen. Es sind Seelen auf dem Monde: die Seelen der großen Urlehrer, und diese schon etwas untermischt mit den Seelen der Angeloi. Auf dem Merkur: Seelen der Archangeloi; mit denen lebt man zusammen, wenn man die Sphäre der Archangeloi durcheilt – Gott Merkur ist ein Erzengelwesen. Dann auf der Venus die Archai. Während der Sonne – Exusiai, Dynamis, Kyriotetes: namentlich mit denen zusammen formt man sich sein Karma. Man muß das, was da in den Sternen leuchtet, nur ansehen als das äußere Zeichen für Geisterkolonien, die im Kosmos sind. In der Richtung, wo wir einen Stern sehen, müssen wir wissen, daß eine Geisterkolonie da ist.

Nachdem der Mensch das Sonnendasein durchgemacht hat, kommt

er in die Marssphäre, in die Jupitersphäre, in die Saturnsphäre. Da hat er ja schon angefangen, in der Sonnensphäre, an seinem Karma zu arbeiten. Aber er bedarf außerdem – damit er nachher sein Böses findet, wenn er zurückgeht durch die Mondensphäre –, er bedarf, um das Karma so vorzubereiten, daß es sich auf der Erde realisieren kann, der Geister, die in diesen Planetensphären leben, der Geister, die auf dem Mars, der Geister, die auf dem Jupiter, der Geister, die auf dem Saturn leben. Und namentlich wenn es sich darum handelt, recht charakteristische Menschenschicksale auszuarbeiten, dann ist es schon so, daß das letzte an der Ausarbeitung dieser karmischen Zusammenhänge gerade in der Marssphäre, Jupitersphäre oder Saturnsphäre geschieht. Allerdings, es kann auch an dem Karma noch gearbeitet werden, wenn der Mensch wieder zurückkommt in die Venussphäre, auch in der Merkursphäre. Der Mensch arbeitet zwischen dem Tode und einer neuen Geburt mit den Wesenheiten des Planetensystems an seinem Karma. Und dieses zu verfolgen, wie da an dem Karma gearbeitet wird, das ist außerordentlich interessant.

Es ist heute nun einmal die Zeit gekommen – wie ich von dieser Stelle aus schon einmal hier ausführte –, wo in einer offeneren, freieren Weise, unverhüllt von manchen geistigen Tatsachen gesprochen werden soll. Die Weihnachtstagung am Goetheanum war dazu da, um diesen Zug von Esoterik einzuleiten, der in der Gegenwart durch die ganze Anthroposophische Gesellschaft gehen soll. Daher habe ich, als ich das letzte Mal unter Ihnen sprechen durfte, schon begonnen mit der Erklärung von allerlei karmischen Zusammenhängen. Man soll nicht glauben, daß man gewissermaßen mit grober Hand hineingreift in das Menschenleben, wenn man sich bemüht, gerade interessanten menschlichen Erscheinungen gegenüber von den karmischen Zusammenhängen zu sprechen. Dadurch wird die Welt erst durchsichtig, lichtvoll, und damit wahrhaftig nicht ärmer, sondern reicher, großartiger.

So möchte ich Sie denn heute hinweisen auf eine Menschenindividualität, die mit einem ungeheuer offenen Sinn etwa im zweiten nachchristlichen Jahrhundert in dem heutigen Italien, also dem damaligen Rom inkarniert war, dazumal alles das mitgemacht hat, was an opferwilligem Märtyrertum von denjenigen durchgemacht worden ist, die als

Christen sich im Römischen Reiche allmählich durchsetzen wollten, die auch durchgemacht hat die grausamen Ungerechtigkeiten, die Verderbtheiten, die Versumpfungen, an denen das Römische Reich dazumal schon so reich war. Eine Fülle von Gutem und Bösem hatte sich auf die Empfindungen dieser Individualität ergossen. Und wenn man hinschaut mit den Mitteln der Geistesforschung, durch die man so etwas erkennen kann, dann findet man diese Individualität wirklich wie, ich möchte sagen, in Lebensstürmen hineingezogen in dasjenige, was dazumal in der zweiten Hälfte des 2. nachchristlichen Jahrhunderts im Römischen Reiche bei der Ausbreitung des Christentums erlebt wurde. Und gerade bei dieser Individualität liegt etwas außerordentlich Ergreifendes vor, wenn man den geistigen Blick auf sie richtet in der Art, wie ich es das letzte Mal für andere menschliche Individualitäten in ihren wiederholten Erdenleben auseinandergesetzt habe.

Gerade bei dieser Individualität, die im hohen Alter ihr Leben beschloß, liegt das vor, daß sie, nachdem sie soviel, ich möchte sagen, eines höchsten opferwilligen Guten bei dem aufkeimenden Christentum gesehen hatte und unendlich viel Böses, Schlechtes in dem damaligen Römertum, zu etwas kam wie zu einem Urteil und einer Frage: Wo ist denn das Mittelmaß? Gibt es nur ganz Gutes und ganz Böses in der Welt? – Man kann deutlich mit dem imaginativen, inspirierten Bewußtsein verfolgen, wie diese Individualität dann im 11. nachchristlichen Jahrhundert als Frau wiedergeboren wurde. Durch die Erlebnisse in der Frauenpersönlichkeit glich sich auf der einen Seite das Scharfe, Eckige wieder aus, zu dem diese Persönlichkeit während ihres römischen Lebens in hohem Alter gekommen war, wurde weich, wurde zum inneren sinnenden Betrachten des Guten und Bösen. Dann kam sie wieder, diese Persönlichkeit, im 18. Jahrhundert und wurde geboren als der deutsche Dichter *Friedrich Schiller*. Und nun versuchen Sie einzudringen in Schillers Leben, wie es sich herausarbeitet: erst zu einem Mittelmaß der Lebensauffassung; wie er dann Goethe dazu brauchte, um abzustreifen alles dasjenige, was er mitgebracht hat von der Überzeugung: es gibt nur Gutes, es gibt nur Böses. Lesen Sie seine Dramen, und Sie werden sie verstehen, wenn Sie in dieser Weise zurückblicken auf sein früheres Erdenleben. Aber welchem Umstande haben wir das zuzuschreiben?

Wir haben das dem Umstande zuzuschreiben, daß Schiller, in dem noch dasjenige lebendig war, was er im römischen Leben durchgemacht hatte, nachdem er aber schon durchgegangen war durch die Fraueninkarnation im Mittelalter, dann sein Karma in der Zeit zwischen dem Tode und einer neuen Geburt besonders ausgestaltete in der Saturnsphäre.

Diese Saturnsphäre in ihrer besonderen Eigentümlichkeit und Wesenheit kennenzulernen, dazu ist eigentlich die Initiationswissenschaft eines höheren Alters notwendig. Denn sehen Sie, Sie können die Frage aufwerfen: Wie lernt man denn überhaupt kennen, was da auf den Sternen und so weiter lebt? Nun, ich habe Ihnen geschildert: Wenn der Mensch aufsteigt zum imaginativen Bewußtsein, dann schaut er in einem großen Tableau sein ganzes Leben, aber er schaut es auch in Epochen geteilt. Erlangt man die Inspiration und kommt wieder zum leeren Bewußtsein, so daß man auslöschen kann dieses Tableau, dann leuchtet aus jeder Epoche etwas auf. Statt daß man sein eigenes Leben zwischen der Geburt und dem siebenten Lebensjahre schaut, erblickt man an dieser Stelle des Lebenstableaus die Geschehnisse des Mondes: da kann man hineinblicken in die Geschehnisse des Mondes. – In der zweiten Lebensepoche glänzt gewissermaßen durch alles dasjenige, was sich abspielt zwischen dem Zahnwechsel und der Geschlechtsreife, das Merkurdasein. Dieses Leben der Schulzeit in diesem Tableau nach rückwärts gesehen, führt einen eben in das Merkurdasein. Bedenken Sie, wie geistreich eigentlich in der Zeit der instinktiven Weisheit auf der Erde den einzelnen Planeten ihre Funktionen zuerteilt waren! Die Statistik lehrt, daß der Mensch am gesündesten ist nicht in den Jahren zwischen Geburt und Zahnwechsel, auch nicht nach der Geschlechtsreife, sondern während der Schulzeit, weil da die Zeit ist, wo Merkur in den Menschen am meisten hereinwirkt, auch in das Erdendasein. – In der nächsten Epoche, zwischen der Geschlechtsreife und dem einundzwanzigsten, zweiundzwanzigsten Jahre ungefähr, sieht man die Vorgänge und Wesenheiten der Venus. Wieder ist es geistreich, daß der Geschlechtssphäre, wenn sie zu wirken beginnt, die Venussphäre zugeteilt wurde. – Zwischen dem einundzwanzigsten und zweiundvierzigsten Jahre das Sonnendasein; zwischen dem zweiundvierzigsten und neunundvierzigsten Jahre das Marsdasein; zwischen dem neunundvierzigsten und sechsundfünfzigsten Jahre das Jupiterdasein und zwischen dem sechsundfünfzigsten und dreiundsechzigsten Lebensjahre das Saturndasein. Und eigentlich kann man alle Zusammenhänge, die sich abspielen, an denen der Saturn beteiligt ist, für das Leben zwischen dem Tode und einer neuen Geburt auch als Initiierter erst sehen, wenn man über das dreiundsechzigste Lebensjahr hinaus ist. Vorher kann man auf die verschiedenste Weise von diesem Dasein erfahren; aber aus eigener Anschauung im Zusammenhang die Dinge sehen kann man erst, wenn man das dreiundsechzigste Lebensjahr überschritten hat. Nun werden Sie begreifen, warum ich erst jetzt spreche über etwas, was mit dem Saturndasein zusammenhängt.

Also, Schiller arbeitete sich sein Karma ganz besonders in der Sphäre des Saturn aus. Dieses Saturndasein zu schauen, auf diese Weise, wie ich es hier angedeutet habe, das gibt nun allerdings einen, ich möchte sagen, im höchsten Grade bestürzenden Eindruck, weil es so verschieden ist von dem, was man auf der Erde erleben kann. Auf dem Saturn ist in dem Bewußtsein der dortigen Wesenheiten nur Vergangenheit, gar nicht Gegenwart. Aber die Vergangenheit ist in einer großartigen Weise da. Sehen Sie, wenn ich es vergleichen soll mit etwas, was auf der Erde geschehen könnte – es geschieht natürlich nicht, aber hypothetisch geschehen könnte –, so müßte ich sagen: Denken Sie sich einmal, Sie haben keine Ahnung, wie Sie ausschauen, Sie wissen nur, daß Sie sind. Sie handeln, Sie tun: Sie sehen das auch nicht, erst wenn es vergangen ist. Denken Sie sich, Sie gehen: Sie sehen Ihre eigenen Schritte nicht, die Bewegungen nicht; aber gleich hinterher verwandeln sich diese Bewegungen in ein Schneemännchen, und Sie ziehen die ganze Bewegung nach, wenn Sie sich umblicken, und schauen, was Sie getan haben. So ist das Leben dieser besonderen Geister auf dem Saturn. Sie nehmen nie dasjenige wahr, was sie aus dem unmittelbaren Entschluß der Gegenwart tun, sondern sie sehen es erst, wenn es vergangen ist. Es ist für das gewöhnliche Bewußtsein schwer vorzustellen, aber es ist so. In einem solchen Dasein sind auch die Individualitäten, die mit einer solchen Individualität wie der Schillerschen das Karma formen. Solche Individualitäten nehmen dann auf ein wunderbares Hineinschauen in Vergangenheiten. So daß die Schillersche Seele, bevor sie 1759 geboren worden ist, in der Tat in der geistigen Welt mit einem grandiosen Rückblick auf alles Vergangene war, das mit dem eigenen Karma zusammenhängt. Beim Hereingehen auf die Erde verwandelt sich das in die Reaktion: das Schauen des Vergangenen verwandelt sich in das Fassen, in das enthusiastische Fassen von Zukunftsidealen. Und so entstanden die Schillerschen Zukunftsideale aus seiner karmischen Arbeit im Saturndasein.

Nehmen wir ein anderes Leben, ein Leben, das einmal in einem Erdendasein in Griechenland vorhanden war, dort viel zusammengekommen ist mit plastischer griechischer Kunst, aber auch mit platonischer Philosophie, namentlich mit riesigem Enthusiasmus in einem Jünglingsdasein aufgenommen hat plastische Kunst, die zu gleicher Zeit geistig geschaut werden kann, wobei das geistig Geschaute wiederum mit ungeheurem innerem Künstlertum in Künstlerisches übersetzt werden kann: Wir haben, nachdem sie auch durch andere Inkarnationen gegangen war, diese Individualität beim Ausbilden des Karma zu verfolgen in der Jupitersphäre. Die Jupiterwesen sind anderer Art als die Saturnwesen. Die Jupiterwesen sind nicht so wie zum Beispiel die Erdenmenschen. Wenn der Erdenmensch weise werden will, dann muß er eine innerliche Entwickelung durchmachen, ringen, innerlich kämpfen, Überwindungen durchmachen, kurz, in Zeiten, die von Entwickelung erfüllt sind, rankt sich der Mensch auf der Erde zu einer bescheidenen Weisheit hinauf. Bei den Jupiterwesen ist es anders; die werden überhaupt nicht so geboren wie die Erdenwesen, sondern sie gestalten sich heraus aus dem Kosmos. So wie Sie eine Wolke anschauen, die sich herausformt, so formen sich die Jupiterwesen auf eine ätherisch-astralische Art aus dem Kosmos heraus. Dann sterben sie nicht, sie durchdringen einander, darum haben sie Platz. Aber sie sind sozusagen realisierte Weisheit. Sie werden mit der Weisheit geboren und können gar nicht anders als weise sein. Geradeso wie wir Blutzirkulation haben, haben sie Weisheit. Es ist ihre Natur; so sind nun einmal diese Jupiterwesen. Unter denen kann nun wiederum das Karma geformt werden. Diese Individualität, die eines der wichtigsten Erdenleben hatte im alten Griechenland, ging durch die Jupitersphäre, wurde berührt von alledem, was Weisheit des Jupiter ist, bildete sich da ihr Karma und wurde wiederum geboren im 18. Jahrhundert als *Goethe*. Daher dieser wunderbare Zusammenschluß von Griechentum und Weisheit bei Goethe.

Ich glaube nicht, daß, wenn wir Geschichte so studieren, daß wir das, was auf der Erde geschieht, aus den Mysterien, aus den Geheimnissen des Kosmos heraus begreifen, die Erdengeschichte an Wert verliert. Mögen da immerhin trockene Professoren kommen und sagen: Nun ja, es ist doch viel lebensvoller, den Menschen Goethe zu nehmen, wie er sich darbietet, als ihn so hinaufzuheben in eine höhere Sphäre! – In besseren Zeiten der Menschheitsentwickelung, als es noch ein instinktives Hellsehen gegeben hat, da redeten die Menschen auch offen von der Art und Weise, wie sich durch Menschenhandlungen, Menschendasein hier auf der Erde das Himmelsdasein offenbart. Wir müssen zurückkommen, wir müssen aus dieser Abstraktheit herauskommen, wo wir glauben, wir seien solche Regenwürmer, die da auf der Erde stehen und hinaufschauen und nur dasjenige sehen, was die Astronomen und Astrophysiker von den Sternen sagen. Und dieser Kampf wird schon unbedingt verstanden werden müssen, der in unserer so schwergeprüften Zivilisation und Kultur vor sich geht zwischen den Menschen, die nach dem Geiste ringen, um den Kosmos in seiner Geistgesetzmäßigkeit zu durchschauen, und denjenigen Menschen, die nichts wissen wollen davon; die sich auf die Erde beschränken nicht nur in Naturwissenschaft, sondern auch in dem, was die Leute an den Universitäten Geisteswissenschaft nennen: da studiert man Dokumente, also auch dasjenige, was nur physisch-sinnlich da ist. Es wird schon eine Entscheidung kommen im Laufe der Erdentwickelung. Entweder geht unser Niedergang im Geistigen immer weiter und weiter vor sich, und eine Krankheit, von der ich seit Jahren spreche, auch in öffentlichen Vorträgen gesprochen habe, eine Krankheit wird sich immer mehr und mehr ausbreiten – es steht noch nicht viel von ihr in medizinischen Büchern, aber um so mehr im Leben: die «dementia professoralis» –, oder aber der Mensch wird sich bequemen müssen, aufzunehmen in seinen Enthusiasmus die Erkenntnisse des Übersinnlichen. Damit dringt er auch in den Zusammenhang zwischen dem Kosmos und dem menschlichen Leben ein.

Ich möchte Ihnen noch ein drittes Beispiel vorführen, das etwas komplizierter ist. Da hat man es zu tun mit einer Individualität, die in einem früheren Erdenleben verkörpert war in Indien, als Indien schon im Niedergange war, und in diesem Erdenleben allerlei aufgenommen hat, was sie aufnehmen konnte bei einem außerordentlich schlechten physischen Sehvermögen. Man muß schon auf solche Einzelheiten eingehen. Und Einzelheiten sind es zumeist – ich habe darauf das letzte Mal aufmerksam gemacht –, wodurch man in die Zusammenhänge schauend hineinkommt. Diese Individualität hat dann auch verschiedene andere Erdenleben durchgemacht, die aber weniger maßgebend waren als dasjenige, was veranlagt in ihr war gerade dadurch, daß sie in Indien mit einem wegen des schlechten Sehens etwas oberflächlichen Blick die Lotosblumen und -blüten mehr sehnsuchtsvoll im Nebel gesehen hat als in deutlicher Klarheit, überhaupt das Leben so kennengelernt hat, wie man es kennenlernt, wenn man so drüber hinwegschaut, wenn man nicht eingeht auf die Dinge. Diese Individualität hat dann ihr Karma auf eine komplizierte Weise ausgebildet. Zunächst wurde in der Marssphäre alles dasjenige ausgebildet, was diese Persönlichkeit zu einer Art Kampfhahn auf geistigem Gebiete machte. Dann hat diese Persönlichkeit sehr viel an ihrem Karma gearbeitet in der Merkursphäre, aufgenommen Witz, Satire in der Merkursphäre. Und denken Sie sich im Hintergrunde eine nichteuropäische Welt: die Individualität tendiert dazu, in Europa wiedergeboren zu werden, sie geht aber durch die Marssphäre durch: Kampf; durch die Merkursphäre: schneidendes kritisches Denken und Empfinden. Nachdem sie dann noch besondere Eigenschaften ausgebildet hat in der Venussphäre – es ist ein ganz besonders kompliziertes Karma – und über das Physische wie hinwegschaut, aber doch außerordentlich stark durchgeistigt ist, wird diese Persönlichkeit im 19. Jahrhundert *Heinrich Heine*. Nun versuchen Sie sich einmal recht hineinzuversetzen in das Verständnis, das man für jede Strophe bei Heinrich Heine gewinnt bis in die Sprache, bis in die Gestaltung, bis in die Worte, wenn man weiß: das ist eigentlich in der Merkur-, Venus-, Marssphäre erzeugt, stammt eigentlich alles aus dem Kosmos. Im Kosmos wird eben das Karma gebildet und geformt; hier auf der Erde wird es ausgelebt. Und wenn man so zurückblickt auf dieses Lebenstableau: man schaut die Mondensphäre, Merkursphäre; von der Geschlechtsreife bis zum einundzwanzigsten, zweiundzwanzigsten

Jahre die Venussphäre; vom einundzwanzigsten bis zum zweiundvierzigsten Jahre die Sonnensphäre, dann die Marssphäre, Jupitersphäre, Saturnsphäre – auf die folgenden Jahre kann ich nicht eingehen, da sieht man schon auch etwas, aber ich kann jetzt nicht darauf eingehen –, da erblickt man, daß diese Sphären etwas zu tun haben mit dem Karma. Das gewöhnliche Bewußtsein weiß nicht, daß das im Menschen ist: Merkursphäre, Mondensphäre und so weiter. Doch wird von dem, was da im Menschen ist, das Karma bewirkt; da wird der Mensch hingetrieben zu der Art, wie sich das Karma auslebt. Wenn also Heinrich Heine drüben durch Venus-, Merkur-, Marswesen sein Karma ausgestaltet hat, so sind es dieselben Venus-, Merkur-, Marswesen, die durch seine irdische Leiblichkeit wirken, damit sie ihm helfen, dieses Karma zu erfüllen. So steht der Mensch – gerade durch sein Karma – seiner ganzen Wesenheit nach in dem Kosmos darinnen, lebt hier auf der Erde den Kosmos aus. Natürlich der eine so, der andere so.

Diese Dinge müssen mit einem freien, umfassenden Sinne beobachtet werden. Wenn ich Ihnen sage: Goethe hat das, was er im alten Griechenland veranlagt hatte, umgewandelt in der Jupitersphäre in das instinktiv Weisheitsvolle, das kommt ja aus allem hervor, was er geschaffen hat, durch die Wesen, die dort wirken, so geschieht das bei einem anderen wieder anders. Da lebte, als die mexikanische Kultur sehr im Niedergange war, eine Individualität; es waren noch die Nachklänge und auch der Kultus aus den Mysterien da. Sehr stark lebte darinnen, in all dem Magischen, Dekadenten einer Mysterienzeit Mexikos eine Individualität, die sehr genau wußte, wie es sich mit der Lebendigkeit von Quetsalkoatl, Tetzkatlipoka, Taotl verhält. Die gewöhnlichen Kulturhistorien enthalten gewöhnlich kaum mehr als die Namen. Aber von all diesen Göttern, Quetsalkoatl, Tetzkatlipoka, Taotl, gab es ganz lebendige Vorstellungen, Beziehungen des Menschen zu überirdischen Wesenheiten. Das durchschaute die Individualität, die ich meine, wurde dann verhältnismäßig schnell ohne ein Zwischenerdenleben wiederum geboren, lebte im 19. Jahrhundert als der magischokkulte *Eliphas Lévi,* nachdem er im Leben zwischen dem Tode und einer neuen Geburt durch die Jupitersphäre gegangen war. Zauberisches, Magisches, Abgelebtes hat er im alten Mexiko aufgenommen.

Das hat sich in der Jupitersphäre so umgestaltet, daß sich dieses Eigentümliche, aber Weisheitsvoll-Primitive – eine Weisheit minderer Sorte – ergeben hat, wie es in den Büchern von Eliphas Lévi ist. Dasselbe, was bei Goethe in der Jupitersphäre dieses milde olympische Feuer, diese überragende Weisheit hervorgebracht hat wegen des früheren Erdenlebens, das bringt bei Eliphas Lévi ein etwas scharlatanhaftes Herumreden in allerlei Zaubersprüchen hervor. Maßgebend für das, was die Sterne aus unserem Karma machen, sind schon die Erdenleben. Aber die Sterne – das heißt die Wesen, die da sind, wo die Sterne das Dasein dieser Wesen anzeigen –, sie gestalten dasjenige zum Karma um, was sich auf der Erde hier zum Karma veranlagt.

Sehen Sie, in dieser Art wird nun versucht, Anthroposophie immer mehr und mehr zu vertiefen. Und es wird schon hingenommen werden müssen, daß manches paradox klingt, befremdend klingt. Aber das Paradoxe und Befremdende ist eben die wirkliche Wahrheit. Denn das Menschenleben ist tiefer und komplizierter gegründet, als man gewöhnlich meint. Um es zu verstehen, darf man nicht auf der Erde bleiben mit seinen Gedanken, muß von der Erde hinausschweifen in die Weiten des Kosmos. Und wie man auf der Erde nur zu leicht den Geist vergißt und die Materie schaut, so ist das Gegenteil der Fall, sobald man wirklich nur mit ein wenig imaginativer Erkenntnis in den Sternenhimmel kommt. Da vergißt man ganz sicher die Materie und schaut allmählich die Geister, wie es schließlich in der alten primitiven Zeit die armen Hirten getan haben, wie es bis in das Mittelalter herein war, wo man nicht bloß äußere Zeichen hingezeichnet hat auf die Himmelssphäre, sondern Figuren, weil man in der Tat diese Figuren in imaginativer Erkenntnis schaute. Anthroposophie vertieft schon auch die Empfindung, wie ich öfters sagte. Denn denken Sie einmal: wenn man es mit solcher Erkenntnis versucht, wie ich sie geschildert habe, dann schaut man auf das Schicksal eines Menschen hin. Was sieht man da alles! Da beginnt man eigentlich auf das Schicksal eines jeden Menschen mit heiliger Scheu zu schauen. Denn was wirkt in dem Schicksale eines jeden Menschen? Umfassende Sternenweisheit! Ganz umfassende Sternenweisheit! Durch nichts schaut man in einer so ergreifenden, in die Seele tief einschneidenden Weise das Wirken der Götter im Weltenall, als wenn man es schaut im Schicksale des Menschen, in dieser durch das Ewige hindurch wellenden, umfassenden Weltgerechtigkeit, die eigentlich das hinter dem Menschenwesen webende Dasein, Tun und Handeln und Denken der Götter ist. Das wollte ich Ihnen heute vom Karma sagen.

Das Karma
der Anthroposophischen Gesellschaft
und der Inhalt
der anthroposophischen Bewegung

ERSTER VORTRAG

Arnheim, 18. Juli 1924

Gestern konnte ich wegen der verspäteten Ankunft nicht diejenigen Worte zu Ihnen sprechen, die ich gerne gesprochen hätte und die angemessen sein sollen dem, was seit der Weihnachtstagung am Goetheanum in der Anthroposophischen Gesellschaft geworden ist. Ich möchte auch, da ja durch das Mitteilungsblatt im wesentlichen unter unseren Freunden bekanntgeworden ist, was mit jener Weihnachtstagung gemeint war, nur kurz über das Allerwesentlichste sprechen und dann fortfahren in den Betrachtungen, die mehr innerlich mit dem zusammenhängen, was diese Weihnachtstagung für die Anthroposophische Gesellschaft zu bedeuten hat.

Diese Weihnachtstagung sollte ja eine Erneuerung, man möchte sagen, eine Begründung der Anthroposophischen Gesellschaft darstellen. Bis zu dieser Weihnachtstagung konnte ich immer unterscheiden zwischen der anthroposophischen Bewegung und der Anthroposophischen Gesellschaft. Die letztere sollte gleichsam die irdische Projektion von etwas darstellen, das in den geistigen Welten in einer gewissen Strömung des geistigen Lebens vorhanden ist. Was hier auf der Erde gelehrt wird, was hier als anthroposophische Weisheit mitgeteilt wird, das sollte eben der Abglanz dessen sein, was in geistigen Welten gemäß der Entwickelungsphase der Menschheit in den gegenwärtigen Zeiten erfließt. Dann war die Anthroposophische Gesellschaft gewissermaßen die Verwalterin desjenigen, was da als anthroposophisches Lehrgut durch die anthroposophische Bewegung floß.

Das hat sich im Laufe der Zeit nicht als dasjenige herausgestellt, was mit einer echten, wahren Pflege des Anthroposophischen zusammenhängen kann. Deshalb trat die Notwendigkeit ein, daß ich selbst, der ich bis dahin – ohne alle offizielle Verbindung mit der Anthroposophischen Gesellschaft – Lehrer des Anthroposophischen war, daß ich selbst mit dem Dornacher Vorstande zusammen die Führung in der Anthroposophischen Gesellschaft als solcher übernehmen mußte. Damit aber ist anthroposophische Bewegung und Anthroposophische Gesellschaft eins geworden. Und seit jener Dornacher Weihnachtstagung muß gerade das Entgegengesetzte gelten: Man muß nicht mehr unterscheiden zwischen anthroposophischer Bewegung und Anthroposophischer Gesellschaft, sondern beide sollen eins sein. Und diejenigen, die mir zur Seite stehen als der Vorstand am Goetheanum, sollen angesehen werden als eine Art esoterischer Vorstand. So daß das, was durch diesen Vorstand geschieht, so charakterisiert werden kann, daß es ist: Anthroposophie tun, während früher nur verwaltet werden konnte, was in Anthroposophie gelehrt wurde.

Das bedeutet aber zugleich, daß die ganze Anthroposophische Gesellschaft nach und nach auf eine andere Basis gestellt werden muß, auf eine Basis, die möglich macht, daß das Esoterische unmittelbar durch die Anthroposophische Gesellschaft ströme, und in dem Entgegenbringen der entsprechenden Gesinnung von seiten derjenigen, die Anthroposophen sein wollen, wird das bestehen müssen, was in der Zukunft das eigentliche Wesen der Anthroposophischen Gesellschaft ausmacht. Daher wird man zu unterscheiden haben zwischen der Allgemeinen Anthroposophischen Gesellschaft, die in der Zukunft eine völlig öffentliche Gesellschaft sein wird, so daß auch die Zyklen, wie damals zu Weihnachten verkündet wurde, für jeden zu haben sein werden – mit jenen entsprechenden Klauseln, die ja eine Art ideell-spiritueller Begrenzung darstellen –, und der innerhalb dieser Allgemeinen Anthroposophischen Gesellschaft ja seitdem begründeten Schule, welche nach und nach drei Klassen umfassen wird. Bis jetzt konnte nur die erste Klasse begründet werden. Wer Mitglied dieser Schule werden will, muß dann andere Pflichten übernehmen als diejenigen, die nur die allgemeinen Mitglieder der Anthroposophischen Gesellschaft sind. Mitglied der Anthroposophischen Gesellschaft kann werden, wer sich für Anthroposophie interessiert und das Lehrgut entgegennimmt; er geht damit eigentlich keine anderen Verpflichtungen ein als die, welche jeder anständige Mensch von selbst aus moralischen Gründen befolgt.

Damit wird in gründlicher Weise so manches weggeschafft, was als Schäden gerade in den letzten Jahren innerhalb der Anthroposophischen Gesellschaft aufgetreten ist und was manchem Mitgliede schwere Stunden bereitet, weil allerlei Gründungen entstanden sind, die ja aus sogenanntem gutem Willen hervorgegangen sind, die aber doch nicht das werden konnten, was man von ihnen sagte, und die eigentlich die anthroposophische Bewegung nach Nebenströmungen abgeleitet haben. In der Zukunft wird anthroposophische Bewegung in menschlicher Weise dasjenige sein, was durch die Anthroposophische Gesellschaft fließt.

Je mehr dies eingesehen wird, desto gedeihlicher wird es für die anthroposophische Bewegung sein. Und ich darf sagen: Dadurch, daß damals zu Weihnachten jener Impuls bei den am Goetheanum Versammelten geherrscht hat, ist es seit jenem Weihnachten möglich geworden, einen ganz anderen Ton in die anthroposophische Bewegung zu bringen. Und zu meiner tiefen Befriedigung darf ich bemerken, daß an den verschiedenen Orten, wo ich bisher sein konnte, dieser Ton mit herzlichem Entgegenkommen überall aufgenommen worden ist. Man darf schon sagen: Was zu Weihnachten übernommen worden ist, war in gewissem Sinne ein Wagnis. Denn es war eine gewisse Eventualität vorhanden: diese, daß vielleicht – dadurch, daß die Leitung der Anthroposophischen Gesellschaft unmittelbar zusammengebracht wurde mit der Vertretung des spirituellen Weisheitsgutes – jene geistigen Mächte, welche in der geistigen Welt die anthroposophische Bewegung leiten, ihre Hände hätten abziehen können. Es darf gesagt werden, daß dies nicht der Fall war, sondern das Gegenteil ist der Fall: Mit einer größeren Gnade, mit einem höheren Wohlwollen kommen diese geistigen Mächte demjenigen entgegen, was durch die anthroposophische Bewegung fließt. Es liegt auch in einem gewissen Sinne ein Versprechen vor gegenüber der geistigen Welt. Dieses Versprechen wird in unverbrüchlicher Weise erfüllt werden, und man wird sehen, daß in der Zukunft die Dinge geschehen werden, wie sie der geistigen Welt gegenüber versprochen wurden. So daß nicht nur der anthroposophischen Bewegung, sondern auch der Anthroposophischen Gesellschaft gegenüber dem Vorstande eine Verantwortung auferlegt ist.

Dagegen muß von denen, die Mitglieder der Schule werden wollen, verlangt werden, daß sie sich im Leben darstellen als richtige Repräsentanten der anthroposophischen Bewegung und daß sie im Einklange handeln mit dem esoterischen Vorstande am Goetheanum in Dornach.

Damit ist also gesagt, daß der, der Mitglied der Schule sein will, sich auch bemühen muß, die Anthroposophie durch seine eigene Persönlichkeit in der Welt darzustellen. Das bedingt natürlich, daß die Leitung der Schule, wenn sie der Meinung ist, daß jemand nicht einen Repräsentanten der anthroposophischen Bewegung darstellt, sich vorbehalten muß, erklären zu können, daß der Betreffende nicht weiter Mitglied der Schule sein kann. – Sagen Sie nicht, das sei eine Beeinträchtigung der menschlichen Freiheit. Sondern es ist sozusagen ein freies Vertragsverhältnis zwischen den Mitgliedern der Schule und der Leitung der Schule; denn auch die Leitung der Schule muß frei sein, das, was sie sagen will, dem zu sagen, dem sie es zu sagen hat. Daher muß sie dem, von dem sie meint, daß sie nicht zu ihm sprechen kann, dies auch bezeichnen können.

In der ganzen Auffassung des esoterischen Zuges, der fortan gehen wird durch die anthroposophische Bewegung, wird das Gedeihliche, wird die fruchtbare Entwickelung der anthroposophischen Sache liegen. Es wird darauf gesehen werden, daß nichts Bürokratisches, nichts Äußerlich-Verwaltungsmäßiges die Anthroposophische Gesellschaft berührt, sondern daß alles lediglich beruhe auf dem innerhalb der Gesellschaft zu pflegenden Menschlichen. Gewiß, auch der Vorstand am Goetheanum wird allerlei verwalten müssen; das wird aber nicht die Hauptsache sein. Das Wesentliche wird sein, daß der Vorstand am Goetheanum dies oder jenes aus seiner Initiative heraus tue. Und das, was er tut, was er in Mannigfaltigkeit schon begonnen hat, wird eben Inhalt der Anthroposophischen Gesellschaft sein.

Nur diese paar Worte wollte ich vorausschicken, um sogleich etwas anzuschließen, was nunmehr gesagt werden kann und was von der Art ist, daß es Inhalt werden kann der anthroposophischen Bewegung. Ich möchte etwas sprechen, was zusammenhängt mit dem Karma der Anthroposophischen Gesellschaft selbst.

Wenn wir heute ins Auge fassen, wie die Anthroposophische Gesellschaft als die Verkörperung der anthroposophischen Bewegung in der Welt drinnensteht, dann sehen wir, daß eine Anzahl von Menschen innerhalb dieser Anthroposophischen Gesellschaft zusammenkommt. Wer ein Auge dafür hat, der sieht, daß noch andere Menschen in der

Welt da sind – überall findet man solche Menschen –, die nach ihrem Karma auch die Vorbedingungen dazu haben, an die Anthroposophische Gesellschaft heranzukommen. Sie finden zunächst Hindernisse, sie finden nicht in vollem Sinne sogleich den Weg zu ihr; aber sie werden ihn, entweder in dieser Inkarnation oder in der nächsten, schon finden. Das aber müssen wir ins Auge fassen: daß diejenigen Menschen, die durch ihr Karma an die anthroposophische Bewegung herankommen, für diese Bewegung vorbestimmt sind.

Alles das nun, was hier innerhalb der physisch-sinnlichen Welt geschieht, hat sein Vorgeschehen in geistigen Welten. Nichts geschieht hier in der physischen Welt, was nicht vorher in geistiger Art in der geistigen Welt vorbereitet ist. Und das ist gerade das Bedeutungsvolle: Was mit dem 20. Jahrhundert hier auf der Erde sich vollzieht als das Zusammenströmen einer Anzahl von Persönlichkeiten zu der Anthroposophischen Gesellschaft, das hat sich in der ersten Hälfte des 19. Jahrhunderts dadurch vorbereitet, daß die Seelen dieser heute verkörperten Menschen, die da in großer Anzahl zusammenströmen, im Geistigen vereinigt waren, als sie noch nicht in die physisch-sinnliche Welt herabgestiegen waren. Und es ist dazumal in den geistigen Welten von einer Anzahl von Seelen, zusammen wirkend, eine Art von Kultus gepflegt worden, ein Kultus, der die Vorbereitung für diejenigen Sehnsuchten war, die in den Seelen aufgetreten sind, welche in Leibern jetzt zur Anthroposophischen Gesellschaft zusammenströmen. Und wer die Gabe hat, die Seelen in ihren Leibern wiederzuerkennen, der erkennt sie, wie sie in der ersten Hälfte des 19. Jahrhunderts mit ihm zusammen gewirkt haben, als in der übersinnlichen Welt hingestellt worden sind mächtige kosmische Imaginationen, welche dasjenige darstellen, was ich nennen könnte: das neue Christentum. Da waren – wie jetzt hier in Leibern auf Erden – die Seelen vereinigt, um sich aus dem, was ich die kosmische Substantialität und die kosmischen Kräfte nennen möchte, in Realität dasjenige zusammenzufügen, was in mächtigen Bildern kosmische Bedeutung hatte und was der Vorklang desjenigen war, das sich hier als Lehre, als anthroposophisches Tun auf der Erde vollziehen soll. Ich möchte sagen: die weitaus meisten der Anthroposophen, die beisammensitzen, könnten, wenn sie diesen Tatbestand durchschauen würden, einander sagen: Ja, wir kennen uns, wir waren in geistigen Welten zusammen und haben in einem übersinnlichen Kultus mächtige kosmische Imaginationen zusammen gehabt!

Aber alles, was so als Seelen in der ersten Hälfte des 19. Jahrhunderts zusammengeströmt war, um das vorzubereiten, was auf der Erde anthroposophische Bewegung werden sollte, alles das bereitete im Grunde genommen dasjenige vor, was ich immer wieder genannt habe: die Michael-Strömung, die im letzten Drittel des 19. Jahrhunderts aufgetreten ist und die den bedeutendsten geistigen Einschlag in der neueren Entwickelungsströmung der Menschheit bildet. Michael-Strömung: Michael die Wege vorzubereiten für sein irdisch-himmlisches Wirken – das war die Aufgabe der Seelen, die da zusammen waren.

Diese Seelen aber waren wieder veranlaßt zusammenzukommen durch das, was mit ihnen durch lange, lange Zeit – durch Jahrhunderte, bei vielen durch Jahrtausende – vorgegangen war. Und innerhalb dieser Seelen finden sich hauptsächlich zwei Gruppen. Die eine Gruppe ist die, welche in den ersten christlichen Jahrhunderten dasjenige Christentum durchgemacht hat, das eben in dieser Zeit in Südeuropa, zum Teil auch in Mitteleuropa verbreitet war. Dieses Christentum hatte noch für seine Gläubigen einen Christus im Auge, der angeschaut worden ist als der große göttliche Sendbote, der von der Sonne auf die Erde heruntergestiegen ist, um weiterhin unter den Menschen zu wirken. Als der «große Sonnengott» wurde – mit mehr oder weniger größerem oder geringerem Verständnis – von den ersten Christen der ersten Jahrhunderte dieser Christus angesehen.

Aber es war in diesen ersten christlichen Jahrhunderten nicht mehr dasjenige da, was einmal in der Menschheit instinktives Hellsehen war. Man sah nicht mehr in der Sonne das große geistige Reich, in dessen Mittelpunkt einmal der Christus gelebt hat. An der Stelle der alten instinktiven hellseherischen Einsichten von dem Herunterstieg des Christus auf die Erde griff gerade in den ersten christlichen Jahrhunderten dasjenige Platz, was bloße Tradition war, Tradition davon, daß der Christus von der Sonne auf die Erde heruntergestiegen ist und sich mit dem Jesus von Nazareth im physischen Leibe vereinigt hat. Die Masse dieser Christen hatte nichts mehr als die Vorstellung, daß einmal in Palästina eine Wesenheit gelebt hatte, der Christus Jesus, über dessen Natur und Wesenheit, ob er Gott oder Gott und Mensch zugleich oder etwas Ähnliches gewesen war, man anfing, in den Konzilien zu streiten. Die Masse der Menschen hatte immer mehr und mehr nur das, was man von Rom aus diktierte.

Aber da lebten unter der Masse dieser Christen einzelne, die immer mehr als Ketzer angesehen wurden. Sie hatten noch die lebendig-traditionelle Erinnerung daran, daß der Christus ein Sonnenwesen war und daß einmal ein der Erde ganz fremdes Wesen, eben ein Sonnenwesen, auf die Erde heruntergestiegen ist in diese physisch-sinnliche Welt. Diese Seelen sind in den Jahrhunderten bis zum 7., 8. nachchristlichen Jahrhundert immer mehr und mehr in die Lage versetzt worden, daß sie sich sagten: Was nun als Christentum nachkommt, das versteht eigentlich den Christus nicht mehr! – Diese ketzerischen Seelen, sie wurden, man möchte sagen, Christentum-müde. Und es gab einfach solche Seelen, die in den ersten christlichen Jahrhunderten, bis zum 7. und 8. hin, durch die Pforte des Todes gegangen sind, die Christentum-müde geworden waren. Für diese Seelen, gleichgültig, ob sie eine Zwischeninkarnation gehabt haben oder nicht, wurde maßgebend die Inkarnation, die sie in den ersten christlichen Jahrhunderten hatten. – Diese Seelen bereiteten sich vom 8., 9. Jahrhundert ab in der geistigen Welt vor für jenes große, gewaltige Wirken, das ich eben andeutete, indem ich sagte: Eine Art übersinnlicher Kultus fand statt in der ersten Hälfte des 19. Jahrhunderts. An diesem Kultus nahmen diese Seelen teil. Sie bilden die eine Gruppe der Seelen, die zur Anthroposophischen Gesellschaft gekommen sind.

Die anderen Seelen sind solche, die ihre letzte maßgebende Inkarnation in den letzten vorchristlichen Jahrhunderten – nicht in den ersten christlichen – gehabt haben und die noch in den Mysterien des alten, vorchristlichen Heidentums mit hellseherischem Blick hineinschauen konnten in die geistige Welt. Es waren solche Seelen, die in den alten Mysterien davon Kenntnis bekommen hatten, wie der Christus einst herabsteigen wird auf die Erde. Diese Seelen machten nicht die ersten Zeiten der christlichen Entwickelung auf der Erde durch, sondern sie waren während dieser Zeit im Übersinnlichen und kamen erst später, nach dem 7. nachchristlichen Jahrhundert, zu einer maßgebenden Inkarnation. Das sind solche Seelen, die gewissermaßen vom Gesichtspunkte des Übersinnlichen aus das Hereintreten des Christus in die Erdenkultur mit angesehen haben. Sie waren die Christentum-Sehnsüchtigen. Aber sie waren zugleich die, die mit starker Aktivität dahin wirken wollten, um ein echtes kosmisches, spirituelles Christentum in die Welt zu bringen.

Diese zweite Gruppe vereinigte sich mit den anderen Seelen zu jenem übersinnlichen Kultus, der in der ersten Hälfte des 19. Jahrhunderts stattfand. Es fand so die große kosmisch-spirituelle Feier statt, die durch viele Jahrzehnte dauerte und ein geistig-spirituelles Geschehen in derjenigen Welt bildete, die unmittelbar an die physische angrenzt. Die Seelen waren da, die dann herabstiegen, die entweder als Christentum-müde oder als Christentum-sehnsüchtige Seelen in der übersinnlichen Welt für die nächste Erdeninkarnation zusammengewirkt hatten. Dann kamen sie gegen das Ende des 19. Jahrhunderts zur Inkarnation und waren, indem sie auf die Erde herabstiegen, vorbereitet dazu, in die Anthroposophische Gesellschaft zu kommen.

Alles das wurde aber eben durch Jahrhunderte vorbereitet. Hier auf der Erde hatte sich allmählich ein Christentum herausgebildet, welches die Evangelien so nahm, als ob sie nur von einem Wesen – Jesus von Nazareth – sprächen, das von irgendwelchen abstrakten Höhen her den Christus verkünden sollte. Man hatte keine Ahnung mehr, wie die Sternenwelt als der Ausdruck des Geistigen zusammenhängt mit der geistigen Welt, konnte daher auch nicht verstehen, was es bedeutet: der Christus, als ein göttlicher Sonnenheld, sei in den Jesus heruntergestiegen, um das Schicksal der Menschen zu teilen. – Für diejenigen, welche heute nach der üblichen Weise die Geschichte betrachten, sind ja gerade die allerwichtigsten Tatsachen nicht da. Vor allen Dingen ist kein rechtes Verständnis vorhanden für diese «ketzerischen» Seelen; sie kennen sich ja selber zumeist nicht, jene ketzerischen Seelen, die entweder als Christentum-müde oder Christentum-sehnsüchtige gegen das 20. Jahrhundert auf die Erde herabgestiegen sind. Gegen das 7., 8. Jahrhundert verschwand allmählich das an Traditionen über den Christus, was unter den Christentum-müde werdenden Ketzern lebte. Es blieb dann nur noch in kleinen Kreisen, wo es weitergepflegt worden ist bis in die Mitte des Mittelalters, bis ins 12. Jahrhundert hinein. Da waren kleine Kreise von, ich möchte sagen, gottbegnadeten Lehrern, die noch etwas erhalten haben von den Nachrichten der alten Zeiten über das spirituelle Christentum, über das kosmologische Christentum. Unter diesen waren auch solche, die diese Mitteilungen aus alten Zeiten empfingen und denen dabei etwas aufging wie eine Inspiration; so daß sie noch in sich selber einen, wenn auch nur starken oder schwachen, aber doch einen Abglanz desjenigen erleben konnten, was man in den ersten Jahrhunderten des Christentums – noch unter einer mächtigen Inspiration des Heruntersteigens des Sonnengottes in das Mysterium von Golgatha – erschauen konnte.

So waren also zwei Strömungen namentlich da. Einmal jene Strömung, die direkt hervorgeht aus den ketzerischen Bewegungen der ersten Jahrhunderte des Christentums. Diese Seelen waren noch durch das angeregt, was im alten griechischen Platonismus lebte. Sie waren so angeregt, daß, wenn durch die Mitteilungen aus den alten Zeiten der innere seelische Durchbruch kam, sie immerhin, wie eben unter einer zwar schwachen, aber doch vorhandenen Inspiration, hineinschauen konnten in das Herabsteigen und in das Wirken des Christus auf Erden. Es war die platonische Strömung. Die andere Strömung war zu etwas anderem ausersehen. Ihr gehörten namentlich diejenigen Seelen an, die ihre letzte maßgebliche Inkarnation in der vorchristlichen Zeit durchgemacht hatten und damals das Christentum als etwas Künftiges angeschaut hatten. Es war das die Strömung, die den Intellekt vorzubereiten hatte für dasjenige Zeitalter, das ich immer bezeichnet habe als in der ersten Hälfte des 15. Jahrhunderts beginnend. Da sollte das Zeitalter der Bewußtseinsseele heraufkommen, das Zeitalter, in welchem der menschliche Intellekt ausgebildet werden sollte. Das war im Gegensatz zu den Platonikern – aber im harmonischen Gegensatz zu ihnen – vorbereitet durch die Aristoteliker. Und diejenigen, welche die aristotelische Lehre fortpflanzten bis ins 12. Jahrhundert, das waren noch die, welche ihre eigentliche maßgebende Inkarnation in der alten Heidenzeit, namentlich im Griechentum durchgemacht hatten. – Und dann kam – in der Mitte des Mittelalters, im 12. und 13. Jahrhundert – die große, die wunderbare, möchte ich sagen, Auseinandersetzung zwischen den Platonikern und den Aristotelikern. Und unter diesen Platonikern und Aristotelikern waren auch die Führer derjenigen, die als die zwei Gruppen von Seelen, die ich bezeichnet habe, die anthroposophische Bewegung forderten.

Gegen das 12. Jahrhundert hin bildete sich, wie durch eine innere Notwendigkeit, eine gewisse Schule aus, in der namentlich der Nachklang des alten platonischen Schauens auflebte. Das war die große, die herrliche Schule von Chartres. Sie hatte die großen Vertreter, welche noch Nachrichten hatten von den Geheimnissen des ersten Christentums; sie hatte diejenigen Vertreter, in deren Herzen und Seelen aus solchen Nachrichten dasjenige aufglänzte, was sie hineinschauen ließ in die geistigen Zusammenhänge, in die das Christentum hineingestellt war. In der Schule von Chartres in Frankreich, wo der herrliche, in so vielen großen Einzelheiten ausgeführte Dom von Chartres ist, vereinigte sich, konzentrierte sich das, was kurz vorher, eben in kleinen Kreisen noch, viel verbreitet war. Wenn wir einen derjenigen nennen wollen, an den die Schule von Chartres anknüpfen konnte, die insbesondere am Ende des 11. und im 12. Jahrhundert blühte, so müssen wir nennen *Peter von Compostella,* der in inspirierten Einsichten in seiner eigenen Seele, in seinem eigenen Herzen das alte spirituelle Christentum erneuerte. Und neben ihm erleben wir eine ganze Reihe von wunderbaren Gestalten, die in Chartres lehrten. In diesem 12. Jahrhundert gab es in der Schule von Chartres ganz merkwürdige Töne über das Christentum. Da haben wir zum Beispiel *Bernardus von Chartres, Bernardus Sylvestris, Johann Salisbury;* da gab es aber namentlich den großen *Alanus ab Insulis.* Gewaltige Lehrer! Wie wenn Plato, interpretierend das Christentum, persönlich unter diesen Geistern gewirkt hätte, so sprachen sie in der Schule von Chartres. Sie lehrten den spirituellen Gehalt des Christentums. Die Schriften, die von ihnen herrühren, erscheinen vielleicht den heutigen Menschen, wenn sie sie lesen, abstrakt, was aber nur herkommt von der Abstraktheit der Seelen der heutigen Menschen. Die Schriften dieser großen Persönlichkeiten schildern die geistige Welt durchaus mit dem Einschlag des Christus. Und ich möchte Ihnen jetzt, meine lieben Freunde, so etwas vor die Seele hinstellen, wie es gelehrt wurde ganz besonders von Bernardus Sylvestris, von Alanus ab Insulis vor den eingeweihten Schülern. So paradox sich das für den heutigen Menschen ausnimmt – aber solche Erscheinungen gab es damals für den Schüler von Chartres.

Da wurde gelehrt: Das Christentum wird eine Erneuerung finden. Es wird in seinem geistigen Gehalt wieder verstanden werden, wenn das Kali Yuga, das finstere Zeitalter, abgelaufen sein wird und ein neues Zeitalter angebrochen sein wird. Das aber ist mit dem Jahre 1899 für uns Heutige nunmehr abgelaufen; darum der heutige Umschwung, der mit dem Ablauf des Kali Yuga für die Menschheit geschehen sollte. Der ungeheure Impuls, der zwei Jahrzehnte vorher durch das Eingreifen des Michael geschehen ist, er wurde in der Schule von Chartres im 12. Jahrhundert bereits prophetisch vorausgesagt, insbesondere von Bernardus Sylvestris und Alanus ab Insulis. Aber diese Menschen lehrten nicht aristotelisch, sie lehrten nicht mit dem Intellekt. Sie lehrten ganz und gar in mächtigen Bildern, die sie vor ihren Zuhörern entrollten – Bilder, in denen anschaulich das hingestellt wurde, was spiritueller Gehalt des Christentums ist. Aber gewisse prophetische Lehren gab es. Und von einer solchen möchte ich ganz im Auszuge etwas vor Ihre Seelen hinstellen.

Da sagte Alanus ab Insulis zu einem engen Kreise seiner eingeweihten Schüler: Wir schauen heute die Welt so an, daß wir noch die Mittelpunktstellung der Erde erkennen, daß wir von der Erde aus alles beurteilen. Wenn man mit dieser irdischen Anschauung, die uns zu unseren Bildern, zu unseren Imaginationen befähigt, die folgenden Jahrhunderte allein befruchten würde, dann würde die Menschheit nicht fortschreiten können. Wir müssen ein Bündnis eingehen mit den Aristotelikern, die in die Menschheit den Intellekt hereinbringen, der dann spiritualisiert werden soll und im 20. Jahrhundert in einer neuen spirituellen Weise unter den Menschen aufleuchten soll. Wenn wir jetzt die Erde als den Mittelpunkt des Kosmos anschauen, wenn wir die Planeten als um die Erde kreisend, wenn wir den ganzen Sternenhimmel, wie er sich zunächst auch für das physische Auge darbietet, so beschreiben, als wenn er sich drehen würde um die Erde, so wird aber doch einer kommen und wird sagen: Stellen wir einmal die Sonne räumlich in den Mittelpunkt des Weltensystems! Dann aber, wenn dieser kommt, der die Sonne räumlich in den Mittelpunkt des Weltalls stellt, dann wird die Weltanschauung veröden. Die Menschen werden dann nur noch die Bahnen der Planeten ausrechnen, werden nur noch die Orte der Himmelskörper angeben. Die Menschen werden von den Himmelskörpern nur sprechen wie von Gasen oder physischen Körpern, die da brennen und brennend leuchten; sie werden nur ganz mathematisch-mechanisch etwas von dem Sternenhimmel wissen. Aber das, was da als öde Weltanschauung sich ausbreiten wird, das hat doch eines – ein Armseliges –, aber eines hat es: Wir schauen von der Erde aus die Welt an; der, der da kommen wird, wird von der Sonne aus die Welt anschauen. Er wird sein wie einer, der nur die «Richtung» angibt, die Richtung auf einen großartig bedeutsamen, mit den wunderbarsten Ereignissen und wunderbarsten Wesenheiten ausgestalteten Weg. Aber er gibt nur die abstrakte Richtung an; damit war auf die kopernikanische Weltanschauung hingedeutet, in ihrer Öde, in ihrer Abstraktheit, aber als Richtung, denn alles das muß zuerst fort, was wir mit unseren Imaginationen vertreten, so sagte Alanus ab Insulis; das muß fort, und gewissermaßen ganz abstrakt muß das Weltbild werden, fast nur wie ein Meilenzeiger auf einem Wege mit wunderbaren Denkmälern. Denn da wird in der geistigen Welt einer sein, der diesen Meilenzeiger, der für die Erneuerung der Welt nichts anderes haben wird als Richtung, nehmen wird, damit er dann, mit dem Intellektualismus zusammen, die neue Spiritualität begründen kann, einer, der nichts wird brauchen können als diesen Meilenzeiger. Das aber wird sein, wie Alanus ab Insulis sagte, Sankt Michael! Für ihn muß das Feld frei werden; er muß den Weg mit neuen Saaten besäen. Dazu muß nichts anderes da sein als Linie, mathematische Linie.

Es ging etwas wie ein Zauber durch die Schule von Chartres, wenn Alanus ab Insulis so etwas vor nur wenigen Schülern lehrte. Aber es war ja so, wie wenn die ätherische Welt ringsumher von den Wellenschlägen dieser mächtigen Michaels-Lehre ergriffen worden wäre.

So breitete sich aus, über den Westen Europas bis in den Süden Italiens, was dieser Welt die geistige Atmosphäre gab. Und manchen gab es, der es dann auffassen konnte, in dessen Seele etwas aufstieg wie eine mächtige Inspiration und der dann noch hineinschauen konnte in die geistige Welt.

Aber es ist ja so in der Entwickelung der Welt, daß die, welche in die großen Geheimnisse des Daseins eingeweiht sind, wie bis zu einem gewissen Grade Alanus ab Insulis und Bernardus Sylvestris, wissen: in beschränktem Maße kann man immer nur dies oder jenes tun! Ein solcher Mensch wie Alanus ab Insulis sagte sich: Wir, die Platoniker, müssen durch die Pforte des Todes gehen, wir können zunächst nur in der geistigen Welt leben. Wir müssen herabschauen aus der geistigen Welt und die physische Welt anderen überlassen, denjenigen, die in aristotelischer Weise den Intellekt ausbilden. Der muß jetzt fortgepflegt werden. Alanus ab Insulis nahm in vorgerücktem Alter noch das Zisterzienser-Ordenskleid an, er wurde Zisterzienser. Und im Zisterzienser-Orden war vieles von solchen Lehren. Aber gerade diejenigen unter den Zisterziensern, welche die tieferen Einsichten hatten, sagten sich: Wir können fortan nur von der geistigen Welt aus wirken, wir müssen das Feld den Aristotelikern überlassen.

Diese Aristoteliker wurden hauptsächlich die Dominikaner. Und so ging an sie im 13. Jahrhundert die Führung in der geistigen Welt Europas über. Aber es war, ich möchte sagen, noch etwas, das bedeutsam in das europäische Geistesleben eingriff, zurückgeblieben gerade von diesen Geistern: Peter von Compostella, Alanus ab Insulis, Bernardus von Chartres, Johann Salisbury und jenem Dichter, der von den sieben freien Künsten ein bedeutendes Gedicht aus der Schule von Chartres heraus verfaßte. Was in der Schule von Chartres vorging, es war ja so wirksam, daß es zum Beispiel bis an die Universität von Orléans herunterwirkte, wo in der zweiten Hälfte des 12. Jahrhunderts manches in lehrhafter Weise von dem durchdrang, was in so großen, gewaltigen Bildern wie mit Silberworten von des Bernardus Sylvestris, von des Alanus ab Insulis Munde floß an die Schüler von Chartres. Aber ich möchte sagen, die geistige Atmosphäre war soweit durchdrungen von diesem, daß einmal ein Mensch, der als Italiener von seiner spanischen Gesandtenstellung zurückkam und bei seiner Rückkehr, als er seiner Heimat zueilte, von der Vertreibung der Welfenherrschaft daselbst erfuhr, wozu noch ein leichter Sonnenstich hinzukam, bei Florenz in die

Lage kommen konnte, daß sein Ätherleib aussetzte, und auffing, was gewissermaßen aus der Schule von Chartres ätherisch herüberwehte, was davon erhalten geblieben war. Und er bekam durch das, was so zu ihm ätherisch herüberwehte, etwas wie eine Intuition, eine Intuition, wie sie bei vielen in den ersten christlichen Jahrhunderten vorhanden war. Er sah zunächst vor sich ausgebreitet die irdische Welt, wie sie um den Menschen herum ist, aber nicht beherrscht, wie man später sagte, von Naturgesetzen, sondern beherrscht von der großen Gehilfin des göttlichen Demiurgos, von der Natura, welche die Nachfolgerin der Proserpina in den ersten christlichen Jahrhunderten war. Damals gab es nicht abstrakte Naturgesetze; da schauten die Eingeweihten wesenhaft das, was in der Natur wirkte als eine umfassende göttliche Macht. In den griechischen Mysterien wurde die Proserpina, die ihre Zeit teilt zwischen Oberwelt und Unterwelt, dargestellt als die die Natur beherrschende Macht. Ihre Nachfolgerin in den ersten christlichen Jahrhunderten war die Göttin Natura.

Nachdem jene Persönlichkeit, die durch Sonnenstich und durch das Herüberwehen dessen, was in der Schule von Chartres gepflegt wurde, so hineingeschaut hatte in das Leben und Weben der Göttin Natura und dann weiter diese Intuition auf sich wirken ließ, schaute sie das Wirken der Elemente, Erde, Wasser, Luft, Feuer, wie man es in den alten Mysterien gesehen hat: das machtvolle Weben der Elemente. Dann sah sie die Geheimnisse der Menschenseele, sah jene sieben Mächte, von denen man wußte, daß sie die großen himmlischen Unterrichter des Menschengeschlechtes sind. Das wußte man in den ersten christlichen Jahrhunderten. Damals hat man nicht von solchen abstrakten Lehren gesprochen, wie das heute geschieht, wo man irgend etwas durch Begriffe und Ideen lehrt. In diesen ersten christlichen Jahrhunderten sprach man davon, daß man aus der geistigen Welt unterrichtet wird durch die Göttinnen Dialektik, Rhetorik, Grammatik, Arithmetik, Geometrie, Astrologie oder Astronomie und Musika. Diese sieben stellte man nicht abstrakt vor, wie in späterer Zeit: sie schaute man, sie sah man vor sich, ich kann nicht sagen leibhaftig, aber seelenhaftig. Man ließ sich unterrichten von diesen himmlischen Gestalten. Später erschienen sie den Menschen nicht mehr als die lebendigen Göttinnen

Dialektik, Rhetorik und so weiter in einer einsamen Vision, sondern in abstrakten Formen, in abstrakt-theoretischen Lehren.

Diese Persönlichkeit, von der ich jetzt spreche, sie hat das alles noch auf sich wirken lassen. Und sie wurde dann eingeführt in die Planetenwelt, die zu gleicher Zeit die Geheimnisse der menschlichen Seele enthüllt. Und in der Sternenwelt, nachdem sie durchgegangen war durch den großen Weltenozean, wurde sie geführt durch Ovid, der durch die Pforte des Todes gegangen war und der Führer der Seelen in der geistigen Welt geworden war. Diese Persönlichkeit, *Brunetto Latini,* wurde der Lehrer des *Dante.* Und was Dante von Brunetto Latini gelernt hat, das hat er dann in seiner poetischen Weise in der «Divina Commedia» niedergelegt. So ist also das große Gedicht «Divina Commedia» ein letzter Abglanz dessen, was in platonischer Weise an einzelnen Stätten weiterlebte und was aus Sylvestris' Munde in der Schule von Chartres im 12. Jahrhundert noch von solchen gelehrt wurde, die durch die alten Mitteilungen angeregt worden sind, so daß ihnen die Geheimnisse des Christentums aufgingen wie in besonderen Inspirationen, die sie dann durch die Worte ihren Schülern mitteilen konnten.

Was Alanus ab Insulis in den Zisterzienser-Orden hineingeleitet hat, das ging dann über an die Dominikaner, die namentlich den Intellekt, in Anknüpfung an Aristoteles, pflegten. Aber es gab da eine Zwischenzeit: Im 12. Jahrhundert blühte die Schule von Chartres, und im 13. Jahrhundert begann im Dominikaner-Orden das mächtige Wirken für die Scholastik im Sinne des Aristotelismus. Die, welche als die großen Lehrer der Schule von Chartres durch die Pforte des Todes hinaufgingen in die geistige Welt, sie waren dort noch eine Weile zusammen mit den durch die Geburt herabsteigenden Dominikanern, die dann nach ihrem Herabsteigen hier den Aristotelismus begründeten. Daher müssen wir also hinschauen auf eine Zwischenzeit, wo wie in einem großen himmlischen Konzil die letzten großen Lehrer von Chartres, nachdem sie durch die Pforte des Todes gegangen waren, beisammen waren mit denen, die als Dominikaner den Aristotelismus pflegen sollten, bevor diese letzteren heruntergestiegen waren. Da wurde in der geistigen Welt der große «himmlische Vertrag» geschlossen. Die, welche da unter der Führung des Alanus ab Insulis hinaufgekommen waren in die geistige Welt, sie sagten den heruntersteigenden Aristotelikern: Unsere Zeit ist jetzt nicht auf der Erde; wir haben zunächst hier von der geistigen Welt aus zu wirken. Wir können gar nicht in irgendwelche Inkarnationen in der nächsten Zeit auf die Erde herabsteigen. Eure Aufgabe ist es jetzt, den Intellekt zu pflegen im aufgehenden Bewußtseinsseelen-Zeitalter.

Dann kamen sie herunter, die großen Scholastiker, und führten dasjenige aus, was sie mit den letzten großen Platonikern der Schule von Chartres ausgemacht hatten. Manches Bedeutende trug sich da zu. Einer, der als einer der früheren heruntergekommen war, bekam zum Beispiel eine Botschaft durch einen anderen, der noch länger als er in der geistigen Welt bei Alanus ab Insulis geblieben war, das heißt bei derjenigen geistigen Individualität, die früher Alanus ab Insulis war. Der später Herunterkommende brachte diese Botschaft, das heißt, er wirkte zusammen mit dem Älteren, und es begann so auf der Erde die Vorbereitung für das intellektualistische Zeitalter, das ja im Dominikaner-Orden seinen Anfang genommen hat. Gerade der, welcher etwas länger bei Alanus ab Insulis in der geistigen Welt geblieben war, zog zuerst das Zisterzienser-Ordenskleid an und wechselte es erst später mit dem Dominikaner-Kleid. So wirkten also nunmehr auf der Erde diejenigen, die einstmals unter dem Einflusse desjenigen standen, was bei Aristoteles herausgekommen war, und oben «wachten» gewissermaßen, aber im Zusammenhange mit den auf der Erde wirkenden Aristotelikern, die Platoniker, die in der Schule von Chartres waren. Die geistige Welt ging mit der physischen Welt Hand in Hand. Es war gleichsam wie ein Handreichen der Aristoteliker mit den Platonikern durch das 13., 14., 15. Jahrhundert hin. Und dann waren ja auch schon wieder viele von denen, die heruntergestiegen waren, um in Europa den Aristotelismus einzuleiten, droben bei den anderen.

Aber die weitere Entwickelung ging so vor sich, daß sowohl die, welche in der Schule von Chartres die Führer waren, wie auch die, welche im Dominikaner-Orden die führenden Stellungen hatten, sich an die Spitze derjenigen stellten, welche in der ersten Hälfte des 19. Jahrhunderts in jenem mächtigen übersinnlichen Kultus, der sich in den angedeuteten Bildern entfaltete, die spätere anthroposophische Strömung vorbereiteten. Es mußten zunächst diejenigen wieder heruntersteigen, die mehr oder weniger als Aristoteliker gewirkt hatten; denn unter dem Einfluß des Intellektualismus war noch nicht die Zeit gekommen, um die Spiritualität neuerdings zu vertiefen. Aber es bestand eine unverbrüchliche Abmachung, die weiter wirkt. Und nach dieser Abmachung muß aus dem, was anthroposophische Bewegung ist, etwas hervorgehen, was seine Vollendung vor dem Ablaufe dieses Jahrhunderts finden muß. Denn über der Anthroposophischen Gesellschaft schwebt ein Schicksal: das Schicksal, daß viele von denjenigen, die heute in der Anthroposophischen Gesellschaft sind, bis zu dem Ablaufe des 20. Jahrhunderts wieder herunterkommen müssen auf die Erde, dann aber vereinigt mit jenen auch, die entweder selbst führend waren in der Schule von Chartres oder die Schüler von Chartres waren. So daß vor dem Ablaufe des 20. Jahrhunderts, wenn die Zivilisation nicht in die völlige Dekadenz kommen soll, auf der Erde die Platoniker von Chartres und die späteren Aristoteliker zusammenwirken müssen.

Das hat in der Zukunft mit vollem Bewußtsein die Anthroposophische Gesellschaft in sich aufzunehmen: etwas zu verstehen von ihrem Karma. Denn vieles ruht ja im Schoße der geistigen Entwickelung der Menschheit, was insbesondere heute nicht an die Oberfläche des Daseins kommen kann. Es erscheint heute manches recht äußerlich; aber wenn man das, was äußerlich erscheint, erkennen kann in seinen Symptomen, in seiner inneren Bedeutung, dann enthüllt sich gar manches von dem, was geistig in den Jahrhunderten lebt. Ich darf da vielleicht einiges andeuten. Und warum sollte denn das jetzt, wo der esoterische Zug durch die Anthroposophische Gesellschaft gehen soll, nicht angedeutet werden? Ich möchte einiges andeuten, was Ihnen zeigen soll, wie ein Hinschauen auf das, was um uns herum ist, Sie in mancherlei Zusammenhänge hineinschauen läßt.

Wenn ich selber, vorbereitend die anthroposophische Bewegung, einen besonderen Schicksalsweg durchgemacht habe, so zeigte sich dieses in einem ganz merkwürdigen Zusammenhange mit dem Zisterzienser-Orden, der ja im Zusammenhange steht gerade mit Alanus ab Insulis. Ich bemerke für die, welche gerne Legenden bilden, daß ich mit Bezug auf meine eigene Individualität nichts zu tun habe mit Alanus ab Insulis. Ich möchte nur vermeiden, daß sich Legenden bilden aus dem, was ich esoterisch vorbringe. Es handelt sich darum, daß diese Dinge aus dem Esoterischen heraus dargestellt werden. In einer ganz merkwürdigen Weise hat mich mein Schicksal durch die äußeren Ereignisse auf das hinblicken lassen, was solche spirituellen Zusammenhänge lehren konnten, die ich jetzt dargestellt habe. Vielleicht kennen einige von Ihnen die Aufsätze «Mein Lebensgang» im «Goetheanum». Da mußte ich erzählen, wie ich in meiner Jugend nicht ein Gymnasium, sondern eine Realschule durchgemacht habe und mir die Gymnasialbildung erst später angeeignet habe. Ich muß das selber als eine merkwürdige Fügung meines Karma betrachten. Denn in der Stadt, wo ich meine Jugend durchmachte, waren nur ein paar Schritte vom Gymnasium zur Realschule, und um ein Haar handelte es sich, daß ich nicht in die Realschule, sondern ins Gymnasium gekommen wäre. Wäre ich aber damals in jener Stadt in das Gymnasium gekommen, so wäre ich Zisterzienser-Ordenspriester geworden. Das ist ganz zweifellos. Denn es war dies ein Gymnasium, an dem nur Zisterzienser lehrten. Ich hatte gar einen tiefen Hang zu allen diesen Patres, die auch zum großen Teile außerordentlich gelehrte Menschen waren. Ich las vieles, was diese Patres schrieben, es berührte mich außerordentlich tief; ich liebte diese Patres. Und eigentlich bin ich nur dadurch sozusagen neben dem Zisterzienser-Orden vorbeigegangen, daß ich gar nicht in das Gymnasium gekommen bin. Das Karma führte mich anders; aber der Zisterzienser-Orden ließ mich nicht los. Das beschreibe ich auch. Ich war eine Natur, die immer gesellig lebte, und ich erzähle in meinem Lebensgange auch, daß ich später im Hause der *Marie Eugenie delle Grazie* mit fast allen Theologen dort verkehrte. Das waren fast alles Zisterzienser-Ordenspriester. Da bildete sich sozusagen die Perspektive aus, um zurückzugehen. Es war auch persönlich für mich sehr naheliegend: der Blick, die Perspektive bildete sich aus, durch die Strömung des Zisterzienser-Ordens zurück in das geistige Leben hineinzukommen, bis in die Schule von Chartres. Denn Alanus ab Insulis war ein Zisterzienser. Und es ist merkwürdig: Als ich dann später das erste meiner Mysteriendramen, «Die Pforte der Einweihung», schrieb, da konnte ich aus ästhetischen Notwendigkeiten heraus gar nicht anders, als die Frauen in einer Bekleidung auf die Bühne zu bringen, die in einer langen Tunika und in dem bestand, was Stola genannt wird. Wenn Sie sich also ein solches Kleid so vorstellen, daß Sie eine gelblich-weiße Tunika haben, dazu die Stola schwarz und die Binde schwarz – dann haben Sie das Zisterzienser-Ordenskleid. Ich dachte damals nur an ästhetische Notwendigkeiten; aber es kam diese Bekleidung dem Zisterzienser-Ordenskleid sehr nahe. Da haben Sie einen Hinweis darauf, wie sich die Zusammenhänge für den ergeben, der in der äußeren Welt auftretende Symptome ihrer inneren spirituellen Bedeutung nach verfolgen kann.

Zu Weihnachten wurde damit begonnen, diese inneren Zusammenhänge immer mehr und mehr zu enthüllen. Sie müssen an den Tag kommen, denn die Menschheit wartet auf die Erkenntnis des Inneren, nachdem sie durch viele Jahrhunderte hindurch nur Äußeres erfahren hat und heute die Zivilisation in einer furchtbaren Lage ist. Unter dem vielen, was da kommen wird, muß der Hinweis stehen darauf, wie auf der einen Seite die Schule von Chartres gewirkt hat, wie die in dieser Schule Eingeweihten durch die Pforte des Todes gegangen sind, in der geistigen Welt noch diejenigen Seelen getroffen haben, die später das Dominikaner-Ordenskleid getragen haben, um den Aristotelismus mit seiner Intellektualität auszubreiten, um in kraftvoller Weise das Zeitalter der Bewußtseinsseele vorzubereiten. Und so haben wir, ich möchte sagen, fortwirkend in der Anthroposophischen Gesellschaft den Aristotelismus, nur heute spiritualisiert, und seine weitere Spiritualisierung erwartend. Dann werden, am Ende des 20. Jahrhunderts, diejenigen kommen, von denen heute so mancher da ist, aber vereinigt mit jenen, welche die Lehrer der Schule von Chartres waren. Dahin zielt die anthroposophische Bewegung: beide in sich zu vereinigen. Aristotelismus in den Seelen, die vorzugsweise im alten Heidentum in Erwartung des Christentums standen und Christentum-sehnsüchtig gelebt haben, bis sie als Dominikaner das Christentum durch die Intellektualität verkünden konnten; sie werden vereinigt sein mit denjenigen, welche das Christentum noch in physischer Weise erlebt haben und deren bedeutendste Führer vereinigt waren in der Schule von Chartres. Diese letztern waren bisher nicht in einer Inkarnation, obwohl ich bei meinem Nahetreten dem Zisterzienser-Orden immer Inkorporationen von manchen derjenigen antreffen konnte, die in der Schule von Chartres waren. Denn im Zisterzienser-Orden begegnete man mancher Persönlichkeit, die nicht eine Wiederverkörperung eines Schülers von Chartres war, die aber Augenblicke im Leben hatte, wo sie in begeisterter Weise für Stunden, für Tage durchsetzt war von einer solchen Individualität aus der Schule von Chartres. Inkorporationen also, nicht Inkarnation lag da vor. Und Wunderbares ist da geschrieben worden, wovon man fragen muß: Wer ist der Schriftsteller? Der Schriftsteller ist nicht der Pater, der damals im Zisterzienser-Orden war, in dem blaßgelben Kleid mit der schwarzen Stola und schwarzen Binde; sondern der Schriftsteller ist in diesem Falle jene Persönlichkeit, die für Stunden oder für Tage oder Wochen in der Seele eines solchen Zisterzienser-Ordensbruders Platz gegriffen hatte. Davon hat dann noch manches nachgewirkt in solchen Aufsätzen oder Schriften, die wenig in der Literatur bekanntgeworden sind. Ich selber habe ein merkwürdiges Gespräch gehabt, von dem ich auch in «Mein Lebensgang» erzählt habe, mit einem Angehörigen des Zisterzienser-Ordens, der ein außerordentlich gelehrter Mann war. Wir gingen aus einer Gesellschaft fort und sprachen über das Christus-Problem. Ich setzte meine Ideen darüber auseinander, die im wesentlichen dieselben waren, die ich immer vortrage. Er sagte, indem er unruhig wurde, während ich dies auseinandersetzte: Wir mögen vielleicht auf so etwas kommen; wir werden uns nicht gestatten, so etwas zu denken. – In ähnlicher Weise sprach er sich über andere Probleme der Christologie aus. Aber dann blieben wir – der Moment steht mit großer Lebendigkeit vor meiner Seele – in Wien, dort wo der Schottenring und der Burgring aneinandergrenzen, auf der einen Seite die Hofburg, auf der anderen Seite das Hôtel de France und die Votiv-Kirche, etwas stehen, und da sagte der Mann zu mir: «Ich möchte, daß Sie mit mir gehen. Ich werde Ihnen aus meiner Bibliothek ein Buch geben; da steht etwas Merkwürdiges drin, was an das anknüpft, was Sie jetzt eben sagten.» Ich ging mit. Der Mann gab mir ein Buch über die Drusen. Aus dem ganzen Zusammenhange unseres Gespräches mit dem der Lektüre dieses Buches erfuhr ich, daß dieser grundgelehrte Mensch, als ich, von der Christologie ausgehend, auf die wiederholten Erdenleben zu reden kam, in einer ganz merkwürdigen Weise wie entgeistert war und, als er zu sich gekommen war, sich bloß erinnerte: er hat ein Buch über die Drusen, in dem steht etwas von der Wiederverkörperung. Aus dem einen einzigen Buche wußte er das. Er war so gelehrt, daß man – er war schon Hofrat an der Wiener Universität – von ihm sagte: Der Hofrat N.N. kennt die ganze Welt und noch drei Dörfer – so gelehrt war er, aber er wußte nicht mehr in seiner Leiblichkeit, als daß in einem Werke über die Drusen etwas über die wiederholten Erdenleben steht. Das ist der Unterschied zwischen dem, was die Menschen in ihrem Unterbewußtsein haben, und dem, was als die geistige Welt durch die Menschenseelen strömt. – Und dann kam das Merkwürdige, daß ich einmal in Wien einen Vortrag hielt. Dieselbe Persönlichkeit war dabei, und nach dem Vortrage machte sie eine Bemerkung, die gar nicht anders aufzufassen war, als daß der Mann in diesem Augenblicke ein volles Verständnis hatte für einen Menschen der Gegenwart und für die Beziehung dieses Menschen der Gegenwart zu seiner früheren Inkarnation. Und was er da über den Zusammenhang von zwei Erdenleben sagte, das war richtig, war nicht falsch. Aber er verstand gar nichts; er sprach das nur.

Ich will mit diesem nur andeuten, wie spirituelle Bewegungen hereinragen in die Gegenwart. Das aber, was heute nur wie durch kleine Fenster hereinschaut, muß in der Zukunft durch jene Verbindung zwischen den Führern der Schule von Chartres und den Führern der Scholastik eine Einheit werden, wenn die spirituelle Erneuerung, die auch das Intellektuelle in das Spirituelle heraufführt, mit dem Ende des 20. Jahrhunderts eintritt. Daß das eintrete, dürfen sich die Menschen des 20. Jahrhunderts nicht verscherzen! Da aber alles heute vom freien Willen abhängt, so hängt, daß dies eintrete – namentlich ob die miteinander verbündeten Parteien herabsteigen können zur Wiederspiritualisierung der Kultur im 20. Jahrhundert –, auch davon ab, ob die Anthroposophische Gesellschaft versteht, im rechten Sinne hingebend die Anthroposophie zu pflegen.

Das ist, was ich heute sagen wollte: wie die anthroposophische Strömung zusammenhängt mit dem tiefen Geheimnis des Zeitalters, welches mit dem Erscheinen des Christus in dem Mysterium von Golgatha begonnen hat und sich so weiterentwickelt hat, wie ich es jetzt geschildert habe. Darin wollen wir im zweiten Vortrage fortfahren.

ZWEITER VORTRAG

Arnheim, 19. Juli 1924

Gestern habe ich für diejenigen der Freunde, die hier waren, einiges auseinanderzusetzen mir erlaubt über das Karma der Anthroposophischen Gesellschaft. Ich möchte heute etwas erörtern, was damit zusammenhängt, und werde es so sagen, daß das Heutige auch aus sich selbst heraus verstanden werden kann.

Alles, was im gegenwärtigen Zeitpunkte der Menschheitsentwickelung zu leisten sein wird zur Vorbereitung von geistigen Ereignissen der nächsten und der ferneren Zukunft, hängt ja mit demjenigen zusammen, was ich öfter unter unseren anthroposophischen Freunden das Michael-Ereignis genannt habe, und ich möchte gerade heute über dieses Michael-Ereignis einiges besprechen, was zusammenhängt mit der anthroposophischen Bewegung.

Wenn wir von einer solchen Erscheinung wie dem Michael-Ereignis sprechen, so müssen wir durchaus von der Vorstellung ausgehen, daß die Welt gewissermaßen «etappenweise» gebaut ist. Wenn wir nur mit denjenigen Kräften die Weltentwickelung anschauen, die dem Menschen heute durch sein irdisches Leben zwischen Geburt und Tod möglich sind, so sehen wir, wie sich die Menschheit auf der Erde entwickelt hat, wie alte Völker sich aus noch älteren herausgebildet haben; wie dann allmählich durch das Orientalentum, durch die indische, persische, arabische und chaldäisch-ägyptische Bevölkerung die griechischrömische sich ergeben hat, wie dann aus der griechisch-römischen die mittelalterliche Zeit geworden ist und wie endlich unsere neuere Zeit mit allen ihren Wirren, aber auch mit allem, was sie in technischer Beziehung Großes gebracht hat, entstanden ist. Aber sowohl «unterhalb», möchte ich sagen, wie «oberhalb» dieser Fläche, die wir da im Fortgange der Völker überblicken, sehen wir Entwickelungen, Entwickelungen, die nun nicht von den Menschen durchgemacht werden, sondern die durchgemacht werden von geistigen Wesenheiten, aber von solchen geistigen Wesenheiten, welche mit der Menschheitsentwickelung in einem gewissen Zusammenhange stehen.

Unmittelbar mit der Entwickelung der einzelnen Menschen hat es zu tun das Reich der Angeloi, der Engel im christlichen Sinne. Dieses Reich der Angeloi hat diejenigen Wesenheiten in sich, welche den einzelnen Menschen leiten, insofern er eine solche Geleitschaft, einen solchen Führer braucht, von Erdenleben zu Erdenleben; sie sind die Beschützer des Menschen in allem, wo er einen solchen Schutz braucht. Sie sind also, wenn auch für irdische Augen übersinnlich, unmittelbar mit der Menschheitsentwickelung verbunden.

Aber gleich im angrenzenden geistigen Reiche entwickeln diejenigen Wesenheiten ihre Tätigkeit, die wir als die Hierarchie der Archangeloi, der Erzengel, bezeichnen. Diese Archangeloi haben es mit vielem zu tun, was auch in der Menschheitsentwickelung eine Rolle spielt – nicht mit dem einzelnen Menschen, wohl aber mit Zusammenhängen von Menschen. So zum Beispiel ist das der Fall, was ich auch schon öfter in anthroposophischen Vorträgen erwähnt habe, daß die Völkerentwickelungen regiert werden von Erzengelwesen. Aber es ist auch so, daß gewisse Zeitalter in der Erdenentwickelung vorzugsweise impulsiert werden, bestimmt werden von ganz gewissen Erzengelwesenheiten. In den drei Jahrhunderten zum Beispiel, die dem letzten Drittel des 19. Jahrhunderts vorangegangen sind, also im 19., 18., 17. und in einem Teile des 16. Jahrhunderts, haben wir die zivilisierte Welt im wesentlichen uns vorzustellen unter der Herrschaft jenes Erzengelwesens, das von den Christen, die von solchen Dingen sprechen können, Gabriel genannt wird. So daß also während dieser Periode das Zeitalter des Gabriel war.

Dieses Zeitalter des Gabriel hat eine große Bedeutung für die ganze neuere Entwickelung der Menschheit. Denn im Grunde genommen war es seit dem Mysterium von Golgatha so, daß die Menschen allerdings auf der Erde erlebt haben: das hohe Sonnenwesen Christus ist durch das Mysterium von Golgatha von der Sonne auf die Erde heruntergestiegen, hat in dem Leibe des Jesus einen Körper angenommen, hat sich mit dem Schicksal der Erde verbunden. Aber indem so das Christus-Wesen mit der Erde verbunden blieb, konnte – durch die ganze Reihe der Herrschaft der Erzengel hindurch von dem Mysterium von Golgatha bis zur Herrschaft des Gabriel – der Christus-Impuls eigentlich noch nicht das innere Physische und Ätherische der Menschheit ergreifen. Das war erst unter dem Gabriel-Impuls möglich, der etwa drei Jahrhunderte vor dem letzten Drittel des 19. Jahrhunderts einsetzte. So daß erst seit dieser Zeit eine Menschheit da ist, die innerlich – wenn sie das auch bis heute noch nicht getan hat – durchdrungen werden kann von dem Christus-Impuls schon durch die Vererbungskräfte. Denn Gabriel regiert innerhalb der Menschheit alles, was physische Vererbungskräfte sind. Er ist namentlich der übersinnliche Geist, der mit der Generationenfolge verbunden ist, der, ich möchte sagen, der große, umfassende Schutzgeist der Mütter ist, insofern diese Mütter Menschenkinder in die Welt hineinstellen. Gabriel hat zu tun mit den Geburten, er hat zu tun mit der Embryonalentwickelung des Menschen. Die Kräfte des Gabriel liegen in alledem, was als Geistiges der physischen Fortpflanzung zugrunde liegt; so daß eigentlich erst seit dieser letzten Herrschaft des Gabriel die physische Fortpflanzung der Menschheit auf Erden in Zusammenhang gekommen ist mit dem Christus-Impuls.

Dann beginnt von dem Ende der siebziger Jahre des vorigen Jahrhunderts an die Herrschaft des Michael. Sie ist eine ganz andere als die Herrschaft des Gabriel. Während man die Erzengelherrschaft in den vorangehenden drei Jahrhunderten in den geistigen Impulsen des Physischen hat suchen müssen, hat man in alledem, was seither als Michael-Herrschaft sich ausbreitet, gerade denjenigen Erzengel zu sehen, der vorzugsweise mit den geistigen, mit den Vernunfteigenschaften der Menschheit zu tun hat, mit allem also, was die vernünftige, die geistige Entwickelung der Menschheit, was die geistige Kultur betrifft. Und es ist für die Betrachtung des irdischen Menschheitszusammenhanges von außerordentlich großer Bedeutung, daß die Herrschaft des Gabriel, die, ich möchte sagen, im Geistigen das am meisten Physische ergreift, immer abgelöst wird von der Herrschaft des Michael, der es eigentlich zu tun hat mit alle dem, was in der Kultur das sogenannte Geistige ist. Wenn wir also nach der Erzengel-Schutzgottheit für die physische Fortpflanzung ausschauen wollen, dann schauen wir hinauf zum Erzengel Gabriel; wenn wir zu demjenigen Geiste emporschauen wollen, der es in dem Zeitalter der Zivilisation mit der Entwickelung der Wissenschaften, mit der Entfaltung der Künste und so weiter zu tun hat, dann schauen wir hinauf zu dem Erzengelwesen, das nach christlichem Gebrauch mit dem Namen Michael bezeichnet wird. – Es folgen für diejenigen Kulturen, die in den Zeitaltern immer die maßgebenden sind, immer aufeinander sieben Erzengelherrschaften; so daß der Michael-Herrschaft also sechs andere Erzengelherrschaften vorangegangen sind. Und wenn wir von Gabriel in den Erzengelherrschaften weiter zurückgehen, so kommen wir dann zu einem Zeitalter zurück, in welchem wieder Michael auf der Erde seinen Einfluß verwirklicht hat. So daß immer eine jede solche Erzengelherrschaft die Wiederholung von früheren, gleichartigen Erzengelherrschaften ist, und die Entwickelung der Erzengel selbst geschieht zugleich durch diesen Fortschritt. Immer kommt nach einer gewissen Zeit, nach etwa zwei Jahrtausenden, derselbe Erzengel innerhalb der maßgebenden Zivilisation zur Herrschaft.

Aber diese Herrschaften, die jeweils so etwa dreihundert Jahre und etwas darüber dauern, unterscheiden sich wesentlich voneinander; nicht immer so stark wie die Michael-Herrschaft von der Gabriel-Herrschaft, aber sie unterscheiden sich doch wesentlich voneinander. Und da können wir sagen: Immer dann, wenn Gabriel herrscht, bereitet sich für die Folgezeit dasjenige Zeitalter vor, das die Völker voneinander trennt, sie differenziert, das Zeitalter, in welchem die Völker mehr nationalistisch werden. Sie können fragen: Wie kommt es, daß in der gegenwärtigen Zeit, wo doch das Zeitalter des Michael eingetreten ist, ein so starkes nationalistisches Element auf der Erde auftritt? Ja, geistig hat sich das lange vorher vorbereitet; dann wirkt es fort, schwingt ab, und es sind noch lange die Nachwehen vorhanden, die oftmals schlimmer sind als das unmittelbare Zeitalter. Denn nur nach und nach schiebt sich die Michael-Impulsivität in das hinein, was zum großen Teil jetzt von der Gabriel-Herrschaft zurückgelassen ist. Immer aber dann, wenn das Michael-Zeitalter anfängt, beginnt für die Menschheit auf der Erde eine Sehnsucht, alle völkischen Unterschiede zu überwinden und über die verschiedenen Völker, die zu dieser Zeit die Erde bevölkern, dasjenige auszubreiten, was als die höchste Kultur, als der höchste Geistesinhalt in einem bestimmten Zeitalter entstanden ist. Die Michael-Herrschaft bezeichnet immer das Überhandnehmen eines kosmopolitischen Prinzips, bezeichnet immer die Ausbreitung eines höchsten Geistesstandes auf der Erde unter denjenigen Völkern – gleichgültig, welche Sprache sie haben –, die für diesen Geistesstand zugänglich sind. Daher ist von den sieben Erzengeln, die ihre Impulse in die Menschheitsentwickelung hineinsenden, Michael immer derjenige, der der Menschheit den Impuls des Kosmopolitismus gibt – und zu gleicher Zeit den Impuls, das Wertvollste, das in einem Zeitalter da ist, unter den Menschen zur Ausbreitung zu bringen.

Wenn wir nun in der Entwickelung der Menschheit zurückgehen und uns fragen: Welches ist das nächste, hinter dem unsrigen zurückliegende Michael-Zeitalter? – so kommen wir in jenes Zeitalter, das seinen Abschluß mit denjenigen kosmopolitischen Taten gefunden hat, die auf Grundlage des damals wertvollsten, griechischen Geisteslebens durch die Alexanderzüge nach Asien geschehen sind. Wir sehen da, wie aus der Grundlage der alten Zivilisationsentwickelung sich der Drang herausbildet, dasjenige, was in Griechenland – in dem kleinen Griechenland – an Geisteskultur erreicht worden ist, hinüberzutragen zu den orientalischen Völkern, hinüberzutragen nach Ägypten, es auszubreiten in kosmopolitischer Weise unter all den Völkern, welche dafür zugänglich gewesen sind. Das ungeheuer Bedeutungsvolle geschieht, daß aus diesem Michael-Zeitalter heraus die kosmopolitische Ausbreitung desjenigen sich entfaltet, was durch das Griechentum der Menschheit errungen worden ist. Und als die Stadt Alexandria im Norden von Afrika aufblüht, da ist dieses Aufblühen in einem gewissen Sinne die Krönung jenes damaligen Michael-Zeitalters.

Das war das vorangehende Michael-Zeitalter. Dann kommen die anderen sechs Erzengel zur Herrschaft. Und im letzten Drittel des 19. Jahrhunderts, am Ende der siebziger Jahre, beginnt wiederum ein neues Michael-Zeitalter. Aber noch niemals in der ganzen Erdenentwickelung war ein so großer Unterschied zwischen zwei aufeinanderfolgenden Michael-Zeitaltern wie zwischen dem der Alexanderzeit und demjenigen, in dem wir jetzt seit dem Ende der siebziger Jahre des vorigen Jahrhunderts drinnen leben. Es fällt ja zwischen diese beiden Michael-Zeitalter dasjenige Ereignis, das der Erdenentwickelung den eigentlichen Sinn gibt: das Mysterium von Golgatha!

Nun müssen wir bedenken, was Michael eigentlich im Ganzen des geistigen Kosmos zu verwalten hat: Er hat dasjenige zu verwalten, was zwar spirituell ist, was aber dann gipfelt in dem intellektuellen Begreifen des Menschen. Michael ist nicht etwa derjenige Geist, welcher die Intellektualität pflegt; aber alles, was er gibt als Spiritualität, das will in Form von Ideen, in Form von Gedanken – aber in Form von Ideen und Gedanken, die das Geistige ergreifen – der Menschheit einleuchten. Michael will, daß der Mensch ein freies Wesen ist, das in seinen Begriffen und Ideen auch einsieht, was ihm als Offenbarung von den geistigen Welten aus wird.

Schauen wir uns einmal dieses Michael-Zeitalter an, wie es in der Alexanderzeit war. Ich habe ja oftmals gesagt: in unserem Zeitalter sind die Menschen sehr, sehr gescheit, das heißt, sie haben Begriffe, Ideen, Vorstellungen, sie sind intellektualistisch, sie haben eine selbsterworbene Intellektualität. Aber gescheit waren die Leute in der Alexanderzeit auch. Nur, wenn man sie damals gefragt hätte: Woher habt ihr eure Begriffe, eure Ideen? – so hätten sie nicht gesagt: Die haben wir aus uns heraus errungen. – Sondern sie empfingen die geistigen Offenbarungen – und mit diesen zusammen die Ideen. So daß man nicht die Ideen als etwas ansah, was man selbst ausgestaltet, sondern als etwas, was mit der Spiritualität den Menschen geoffenbart wird. Und diese – im Gegensatz zur heutigen irdischen – himmlische Intellektualität hatte damals Michael in der Alexanderzeit zu verwalten. Er war unter den Erzengeln, insofern diese die Sonne bevölkern, der hervorragendste. Er war derjenige Geist, welcher von der Sonne aus nicht nur die physisch-ätherischen Sonnenstrahlen sandte, sondern welcher in den physisch-ätherischen Sonnenstrahlen die inspirierende Intellektualität auf die Erde sandte. Denn damals wußten die Menschen: Was sie an Intelligenzkraft auf der Erde entfalten, das ist Himmelsgabe, das ist Sonnengabe, das wird heruntergeschickt von der Sonne. Und der unmittelbar ausführende Geist, der die Intellektualität auf spirituelle Art auf die Erde heruntersendet, das ist Michael! – Das war auch vorhanden in den alten Sonnenmysterien als eine wunderbare Eingeweihtenlehre: daß auf der Sonne Michael wohne, daß er dort die kosmische Intelligenz verwalte und daß diese kosmische Intelligenz, indem sie die Menschen inspiriert, eine Gabe des Michael ist.

Nun aber kam dasjenige Zeitalter, in welchem immer mehr und mehr die Gabe des Menschen vorbereitet werden sollte, den Intellekt aus der eigenen Kraft der Seele heraus zu entwickeln; nicht nur die Intelligenz des Kosmos geoffenbart zu bekommen, sondern selber aus eigener Kraft intelligent zu werden. Das wurde dann vorbereitet durch den Aristotelismus, durch jene eigentümliche, in der Dämmerung des Griechentums auftretende philosophische Weltanschauung, die dann den Impuls gegeben hat zu den Alexanderzügen nach Asien und Afrika. In dem Aristotelismus lag, ich möchte sagen, die Loslösung, die Herausschälung der irdischen Intelligenz von der kosmischen Intelligenz. In dem, was man dann später die Logik des Aristoteles nannte, liegt die Herausschälung jenes Gedankengerippes, das dann menschliche Intelligenz in allen folgenden Jahrhunderten wurde. Und nun müssen Sie bedenken, daß sozusagen als eine letzte Tat, die von den Michael-Impulsen herrührte, dasteht diese Begründung irdisch-menschlicher Intelligenz und die Beeindruckung der damals für das Kosmopolitische veranlagten Völker mit griechischer Kultur durch die Alexanderzüge. Das ist eine einheitliche Tat.

Dann trat an die Stelle des Zeitalters des Michael dasjenige des Oriphiel. Herrschend wurde der Erzengel Oriphiel. Das Mysterium von Golgatha trat ein. Diejenigen Menschenseelen, welche bewußt unter der Herrschaft des Michael in der Alexanderzeit mitgewirkt haben an den Taten, von denen ich eben gesprochen habe, sie waren im Beginne des christlichen Zeitalters innerhalb der Sonne geschart um das Erzengelwesen des Michael, der jetzt für die Erde zunächst seine Herrschaft an Oriphiel abgegeben hatte, der aber im Bereiche der Sonne mit denjenigen, die ihm als Menschenseelen dienen sollten, mitmachte den Weggang des Christus von der Sonne.

Und das ist auch eines der Ereignisse, die wir ins Auge fassen müssen: daß ja in denjenigen Menschenseelen, die mitverbunden sind mit der anthroposophischen Bewegung, jener Anblick vorhanden ist: Wir sind mit Michael auf der Sonne vereinigt, der Christus, der bis dahin von der Sonne aus seine Impulse nach der Erde geschickt hat, er geht fort von der Sonne, um sich mit der Erdenentwickelung zu verbinden! – Ja, denken Sie nur an dieses bedeutungsvolle, überirdisch-kosmische

Ereignis, an diesen besonderen Anblick, den jene Menschenseelen hatten, die damals als Angeloi-Diener um Michael geschart waren, nachdem er seine Herrschaft auf der Erde beendet hatte, und die gewissermaßen innerhalb der Sonnenregion mitmachten, wie der Christus die Sonne verließ, um sein Schicksal mit dem Schicksal der Erdenmenschheit zu verbinden. «Er geht fort!» das war das große Erlebnis.

Die Menschenseelen bekommen ja wahrhaftig ihre Direktionen nicht bloß auf der Erde, sie bekommen sie auch im Leben zwischen Tod und neuer Geburt. So war es vor allem für die, welche das Alexanderzeitalter mitgemacht hatten. Ein großer, gewaltiger Impuls ging aus von dem kosmisch-weltgeschichtlichen Moment, wo diese Seelen sahen, wie der Christus von der Sonne fortging. Und für sie war Klarheit über die Tatsache: Jetzt geht die kosmische Intelligenz nach und nach vom Kosmos auf die Erde über. Und Michael und die, welche um ihn waren, sahen gewissermaßen, wie nach und nach alles, was an Intelligenz früher aus dem Kosmos floß, hinuntersank auf die Erde.

Und Michael und die Seinen – entweder indem sie oben in der geistigen Welt waren oder für ein kurzes Erdenleben unten verkörpert waren –, sie sahen, wie im Erdenbereich selber im 8. nachchristlichen Jahrhundert die Strahlungen des intelligenten Lebens ankamen, sie wußten: da unten wird weiter die Intelligenz sich entfalten! Und auf der Erde konnte man bemerken, wie die ersten Denker auftraten. Die anderen, die vorher als große Wesenheiten auftraten, waren inspirierte Gedankenbesitzer. Eigendenker traten erst von diesem 8. nachchristlichen Jahrhundert an auf. Und innerhalb des Erzengelchores in der Sonnenregion ertönte von Michaels Wesenheit aus das gewaltige Wort: «Was die Kraft meines Reiches war, was von hier aus durch mich verwaltet worden ist, es ist nicht mehr hier; es muß dort unten auf der Erde weiterströmen und -wellen und -wogen!»

Das war, vom 8. Jahrhunderte angefangen, der Anblick der Erde von der Sonne aus. Das war auch das große Geheimnis, daß die Kräfte, die vorzugsweise die Kräfte des Michael sind, vom Himmel auf die Erde herniedergestiegen sind. Das war auch das große Geheimnis, welches in Schulen von der Art, wie ich gestern eine besprochen habe, zum Beispiel in der hohen Schule von Chartres, einigen Eingeweihten mitgeteilt worden ist. Man möchte sagen: Vorher mußte man, wenn man wissen wollte, was Intelligenz ist, durch die Mysterien hinaufblicken zur Sonne. Jetzt war die Intelligenz auf der Erde noch nicht so sichtbar, aber es wurde allmählich bekannt, daß Menschen, die Eigendenken haben, Eigenintelligenz haben, sich auf der Erde entwickeln. Einer derjenigen, die innerhalb der europäischen Zivilisation, ich möchte sagen, erste Funken des Eigendenkens in ihrer Seele aufsprießen hatten, war ja der von mir öfter besprochene *Scotus Erigena.* Aber ihm gingen schon einige andere voran, die Eigendenken hatten, nicht mehr bloß inspiriertes, von oben geoffenbartes Denken. Und immer mehr und mehr griff dieses Eigendenken um sich.

Aber es gab in der Erdenentwickelung eine Möglichkeit, dieses Eigendenken in einen besonderen Dienst zu stellen. Denn denken Sie: dieses Eigendenken war ja die Summe der von Michaels Region vom Himmel auf die Erde heruntergestiegenen Impulse. Michael war zunächst dazu berufen, auf der Erde diese Erdenintelligenz weiter sich entwickeln zu lassen. Er war noch nicht dabei; er sollte erst wieder mit dem Jahre 1879 dazukommen. Es entwickelte sich unten dieses Erdendenken zunächst so, daß Michael noch nicht die Herrschaft über dasselbe übernehmen konnte. Er konnte die Menschen, die Eigendenker waren, noch nicht impulsieren, denn seine Herrschaft, seine Zeit war noch nicht gekommen.

Dieses, was wie ein tiefes Geheimnis in der Menschheitsentwickelung der Erde waltete, wußte man in einzelnen wenigen orientalischen Mysterien. Und so konnten in diesen einzelnen wenigen orientalischen Mysterien von grundspirituell veranlagten und ausgebildeten Menschen einzelne Schüler eingeweiht werden in dieses große Geheimnis. Und durch eine Fügung von der Art, wie sie nur schwer verständlich sind für den gewöhnlichen Erdenverstand, kam es eben, daß von diesem Geheimnis, das einigen orientalischen Mysterien gut bekannt war, jener Herrscherhof berührt wurde, von dem ich am Goetheanum und an anderen Orten gesprochen habe. Gerade im 8. und im Beginne des 9. Jahrhunderts waltete in Asien dieser Herrscherhof unter der Herrschaft des *Harun al Raschid.* Harun al Raschid war hervorgegangen aus der Kultur des Arabismus, aus der mohammedanisch angewehten Kultur. Zu seinen eingeweihten oder wenigstens bis zu einem gewissen

Grade wissenden Ratgebern war dasjenige Geheimnis gedrungen, von dem ich eben gesprochen habe. Gerade weil von diesem Geheimnis berührt war der Bagdader Hof unter der Herrschaft des Harun al Raschid, deshalb war dieser Hof ein so glänzender. Alles, was an Weistümern, an Kunst, was an tiefer Religiosität im Oriente vorhanden war, konzentrierte sich – allerdings unter mohammedanischer Färbung – an dem Hofe des Harun al Raschid. Während in Europa am Hofe *Karls des Großen,* der ein Zeitgenosse des Harun al Raschid war, Menschen sich damit beschäftigten, die ersten Elemente einer Grammatik zusammenzustellen, und alles noch halb barbarisch war, war in Bagdad die Residenz, die glänzende Pflanzstätte des orientalischen, des vorderasiatischen Geisteslebens. Harun al Raschid vereinigte um sich diejenigen, die da wußten um die großen Traditionen der Mysterien im Oriente. Und namentlich einen Ratgeber hatte er um sich, der in früheren Zeiten Eingeweihter war, auf dessen geistige Impulsivität aber die früheren Inkarnationen noch wirkten und der der Organisator alles dessen wurde, was an Geometrie, an Chemie und Physik, an Musik, an Architektur und an anderen Künsten, namentlich aber an glänzender Dichtkunst, am Hofe des Harun al Raschid gepflegt worden ist. In der weithin glänzenden Versammlung von Weisen an diesem Hofe war eine mehr oder weniger bewußte Empfindung davon vorhanden: die Intelligenz der Erde, die vom Himmel auf die Erde heruntergestiegen war, muß gestellt werden in den Dienst mohammedanischer Geistesart!

Nun bedenken Sie, von dem Zeitalter des Mohammed, von dem Zeitalter der ersten Kalifen an war ja von Asien über Nordafrika bis nach Europa hineingetragen der Arabismus. Dort breitete er sich aus durch Kriege. Da kamen aber auch mit denjenigen, die auf kriegerische Art Arabismus bis nach Spanien herein ausbreiteten – Frankreich wurde davon berührt, geistig der ganze Westen von Europa –, mit denen kamen auch bedeutende Persönlichkeiten. Und Ihnen allen sind ja bekannt jene Kriegszüge der Frankenkönige gegen die Mauren, gegen den Arabismus. Aber das ist das Äußere, was in der Geschichte verläuft, viel bedeutungsvoller ist das, wie im Inneren der Menschheitsentwickelung immer die spirituellen Strömungen verlaufen.

Dann ging sowohl Harun al Raschid wie auch sein bedeutender Ratgeber durch die Pforte des Todes. Aber nachdem sie durch den Tod gegangen und im Dasein zwischen Tod und neuer Geburt waren, verfolgten sie auf eigentümliche Art ihr Ziel, arabische Denkweise mit Hilfe des sich in Europa ausbreitenden intelligenten Prinzips in die europäische Welt hineinzutragen. Daher sehen wir, nachdem Harun al Raschid durch die Pforte des Todes gegangen war, wie von Asien herüber, von Bagdad über Afrika, durch Spanien, über den Westen Europas bis nach England hinüber Harun al Raschids Seele, während sie durch geistige Welten, durch Sternenwelten ging, unverwandt den Blick richtete von Bagdad herüber durch Vorderasien, durch Griechenland über Rom nach Spanien, Frankreich, ja bis hinauf nach England. Das war ein Leben zwischen Tod und neuer Geburt, das fortdauernd auf den Süden und Westen Europas die Aufmerksamkeit richtete. Und dann erschien Harun al Raschid in einer nächsten Inkarnation wieder – und er wurde der *Lord Bacon, Baco von Verulam.* Bacon selber ist Harun al Raschid, der in der Zwischenzeit in der Weise zwischen Tod und neuer Geburt gewirkt hat, wie ich es soeben auseinandergesetzt habe. Aber der andere, der sein weiser Ratgeber war, wählte den anderen Weg von Bagdad über das Schwarze Meer durch Rußland nach Mitteleuropa herein. Nach zwei verschiedenen Richtungen gingen die beiden Individualitäten: Harun al Raschid bis zu seinem nächsten Erdenziel als Lord Bacon, als Baco von Verulam; der weise Ratgeber wendete während seines Durchganges im Leben zwischen Tod und neuer Geburt den Blick nicht ab von dem, was immer mehr und mehr vom Osten beeinflußt und beeindruckt werden kann, und er erschien wieder als der große Pädagoge und der Verfasser der «Pansophia», als *Amos Comenius.* Und aus dem Zusammenwirken dieser einstmals am Hofe von Bagdad wirkenden Individualitäten ist dann in Europa das entstanden, was sich – mehr oder weniger abseits vom Christentum – entwickelt hat als veralteter Arabismus, aber unter dem Einflusse der, ich möchte sagen, dem Michael von der Sonne entfallenen Intelligenz.

Was äußerlich-physisch in Kriegen geschah, das wurde ja durch die Frankenkönige und durch die anderen Europäer zurückgewiesen. Wir sehen, wie die zuerst mit einer so großen Stoßkraft auftretenden Araberzüge und ihre Ausbreitung der mohammedanischen Kultur sich im

Westen brechen, wie sie nicht weiterdringen können; wir sehen für den Westen Europas den Mohammedanismus verschwinden. Aber indem er das, was er an äußeren Formen hatte und an äußerer Kultur begründete, abstreifte, wurde er, der neuere Arabismus, gerade die moderne Naturwissenschaft, wurde das, was in einem pädagogischen Sinne Amos Comenius für die Welt begründete. Und so war es, daß sich in das 17. Jahrhundert herein die Erdenintelligenz, gewissermaßen okkupiert vom Arabismus, ausbreitete.

Damit haben wir auf etwas hingewiesen, was demjenigen zugrunde liegt, in das wir heute die anthroposophische Saat hineinzusäen haben. Man muß das wirklich recht in seiner spirituellen Innerlichkeit betrachten.

Während aber dieses von Asien herüber als die spirituelle Fortsetzung des glänzenden Hofes von Bagdad sich ergab, entwickelte sich, breitete sich aus in Europa das Christentum. Aber es kam so, daß in Europa, ich möchte sagen, unter den größten Schwierigkeiten der Aristotelismus sich ausbreitete. Während durch die großen Taten Alexanders der Aristotelismus hinübergetragen wurde nach Asien als Naturwissenschaft durch alles das, was in gewaltiger Weise aus dem Griechentum sich herausentwickelt hatte, dann vom Arabismus okkupiert worden war, breitete sich, ich möchte sagen, zunächst «in dünnem Aufguß», der Aristotelismus innerhalb der heraufstrebenden christlichen Kultur Europas aus. Und da verband er sich mit dem Platonismus, der durchaus auf alten griechischen Mysterien fußte; verband sich so, wie ich das im ersten Vortrage angedeutet habe.

Aber wir sehen zunächst, wie der Aristotelismus ganz sachte sich in Europa ausbreitete, während der Platonismus überall zu Schulen kommt. Und eine der bedeutendsten war eben jene Schule von Chartres im 12. Jahrhundert, in der jene großen Geister wirkten, die ich gestern aufgezeigt habe: Bernardus Sylvestris, Bernardus von Chartres, Johannes Salisbury, aber namentlich Alanus ab Insulis. In dieser Schule von Chartres wurde noch anders geredet als in dem, was sich ausbreitete als Nachklang des Arabismus. In der Schule von Chartres war echtes Christentum, aber echtes Christentum im Glanze alter Mysterien, wie man eben diese Mysterienweisheit noch haben konnte.

Dann geschah das Bedeutsame: Die dem Arabismus ganz ferne stehenden, aber mit ihrem Platonismus tief in die christlichen Geheimnisse eingetauchten großen Lehrer von Chartres gingen durch die Pforte des Todes. Und da war jene kurze Zeit, im Beginne des 13. Jahrhunderts, wo gleichsam ein großes himmlisches Konzil stattfand. Als die besten der Lehrer, voran Alanus ab Insulis, gestorben waren, das heißt drüben in der geistigen Welt waren, da versammelten sie sich zu bedeutsamer kosmischer Tat mit denjenigen, die noch oben in der geistigen Welt waren und demnächst heruntersteigen sollten auf die Erde und dort in einer neuen Weise den Aristotelismus vertreten sollten. Und unter diesen, die da heruntersteigen sollten, waren eben solche, die gerade mit innerster Seele, mit starker intensiver Seelenkraft teilgenommen haben an dem Wirken der Michael-Impulse in der Alexanderzeit. Und wir dürfen uns vorstellen, weil das der Wahrheit entspricht, daß an dieser Wende des 12. und 13. Jahrhunderts zusammenkamen Seelen, die aus christlichen Einweihungsstätten, wie eine solche die Schule von Chartres war, eben heraufgekommen waren in die geistige Welt, und solche Seelen, die zum Heruntersteigen bereit waren und die sich in den geistigen Regionen jetzt nicht den Platonismus, sondern den Aristotelismus, die innere Intelligenzwirkung, die noch aus der alten Michael-Zeit stammte, bewahrt hatten. Da waren sie, auch diejenigen, welche sich sagten: Wir waren ja um Michael, als wir mit ihm gesehen haben, wie die Intelligenz vom Himmel auf die Erde herunterströmte, wir waren mit ihm vereint auch bei jener großen kosmopolitischen Tat, die noch unter der alten Verwaltung der Intelligenz durch Michael, wo die Intelligenz kosmisch verwaltet wurde, vollzogen wurde. – Und da geschah es eben, daß die Lehrer von Chartres den Aristotelikern zunächst die Verwaltung der geistigen Erdenangelegenheiten übertrugen. Denjenigen also, die jetzt heruntersteigen sollten und gerade dazu geeignet waren, die Verwaltung des intelligenten Lebens, der Eigenintelligenz auf der Erde zu übernehmen, denen übertrugen die Platoniker, die eigentlich nur noch unter solchem Einfluß stehen konnten, daß die Intelligenz «vom Himmel aus» verwaltet wird, denen übertrugen diese Lehrer von Chartres die Verwaltung des geistigen Lebens auf der Erde.

Namentlich in den Dominikaner-Orden hinein kamen diese Geister, in deren Seelen ein Nachklang des Michael-Impulses aus der vorangegangenen Michael-Zeit war. Und es entstand die ja namentlich aus dem Dominikaner-Orden hervorgehende Scholastik, jene Scholastik, die dann bitter, aber auch großartig damit rang: Wie verhält es sich mit dem intelligenten Denken? Das war ja die große Frage, die dann im 13. Jahrhundert tief unten in den Seelen der Begründer der Scholastik saß – die brennende Frage: Was geschieht mit der Michael-Herrschaft?

Da gab es Menschen, die man später die Nominalisten nannte, sie sagten: Begriffe und Ideen sind bloße Namen, sind nichts Reales. Sie waren ahrimanisch beeinflußt; denn die Nominalisten wollten eigentlich alle Michael-Herrschaft von der Erde wegverbannen. Indem man behauptete, Ideen wären nur Namen, wären nichts Reales, wollte man eigentlich die Michael-Herrschaft nicht auf der Erde zur Wirkung kommen lassen. Und die ahrimanischen Geister sagten dazumal für die, welche ein Ohr dafür hatten: Michael ist die kosmische Intelligenz entfallen, sie ist hier auf der Erde; wir wollen den Michael nicht wieder zur Herrschaft über die Intelligenz kommen lassen! – Aber darin bestand eben jenes bedeutsame hemmlische Konzil, daß Platoniker und Aristoteliker zusammen einen Plan entwarfen, wie gerade die Michael-Impulse weiter verarbeitet werden sollten. Den Nominalisten traten die dominikanischen Realisten gegenüber, die sagten: Ideen, Gedanken sind Reales, das in den Dingen drinnen lebt, nicht bloße Namen.

Man wird, wenn man dafür Verständnis hat, manchmal an solche Dinge in einer recht merkwürdigen, bewundernswerten Art erinnert. In meinen letzten Wiener Jahren wurde ich unter anderem mit einem Ordenspriester bekannt, *Vincenz Knauer*, der die philosophische Schrift geschrieben hat, die ich öfter auch den Anthroposophen angeraten habe zu lesen: «Hauptprobleme der Philosophie.» Er war noch im 19. Jahrhundert in diesen Streit zwischen Nominalisten und Realisten hineingestellt: er suchte den Menschen klarzumachen, wie es ein Unding ist, von Nominalismus zu sprechen, und er hatte dazu ein sehr gutes Beispiel gewählt – es steht auch in seinen Büchern –, aber ich erinnere mich mit einer tiefen Befriedigung daran, wie ich einmal mit ihm zusammen in Wien in der Inneren Währinger-Straße ging, wir sprachen über Nominalismus und Realismus, und wie er da mit seinem ganzen bedächtigen Enthusiasmus, der etwas sehr Merkwürdiges hatte – ich möchte sagen: so etwas von ehrlicher Philosophie, während die anderen Philosophen mehr oder weniger unehrlich geworden waren –, wie er da sagte: Ich mache meinen Schülern immer klar, daß dasjenige, was als Ideen in den Dingen lebt, eine Realität hat, und wende dazu ihren Blick auf ein Lamm und einen Wolf. Die Nominalisten würden in bezug auf diese beiden, Lamm und Wolf, sagen: Muskel, Knochen, Materie ist das Lamm; Muskel, Knochen, Materie ist der Wolf. Was als Form, als Idee des Lammes im Lammfleisch verwirklicht ist: es ist nur ein Name. «Lamm» ist ein Name, ist nicht als Idee ein Reales. Ebenso verhält es sich mit dem Wolf: er ist wieder als Idee nichts Reales, sondern nur ein Name. Aber man kann die Nominalisten leicht widerlegen, sagte der gute Knauer, denn man braucht ihnen nur klarzumachen: Gebt einem Wolfe, dem ihr alle andere Nahrung entzieht, eine Zeitlang bloß Lammfleisch zu fressen: wenn die «Idee» Lamm keine Realität hat, ein Nichts ist, nur ein Name, und wenn die Materie im Lamme das Ganze wäre, dann müßte der Wolf nach und nach ein Lamm werden. Er wird es aber nicht! Im Gegenteil, er ist noch weiter die Realität Wolf. Bei dem, was wir als Lamm vor uns haben, hat die Idee Lamm gleichsam die Materie angezogen und in die Form gebracht; und ebenso ist es beim Wolf: die Idee Wolf hat die Materie, die im Wolfe ist, angezogen und in die Form gebracht.

Aber dieser Streit war es im Grunde genommen, um was die Nominalisten und die Realisten kämpften: es handelte sich um die Realität dessen, was durch die Intelligenz zu erfassen ist.

So mußten die Dominikaner zur rechten Zeit vorarbeiten für die nächste Herrschaft des Michael. Und während die Platoniker, zum Beispiel die Lehrer von Chartres, nach dem Beschlusse dieses im Beginne des 13. Jahrhunderts stattgefundenen himmlischen Konzils in der geistigen Welt blieben, keine maßgebenden Inkarnationen hatten, sollten damals die Aristoteliker für die Erdenangelegenheiten des Intelligenten arbeiten. Und von der Scholastik – die ja nur in der modernen Zeit von Rom entstellt und karikiert, ahrimanisiert worden ist – ging nun alles moderne intelligente Streben aus, insofern es nicht von dem Arabismus okkupiert worden ist.

So sehen wir in dieser Zeit in Mittel- und Westeuropa die beiden Strömungen laufen: auf der einen Seite die Strömung, mit der verbunden sind Bacon und Amos Comenius, und auf der anderen Seite haben wir die scholastische Strömung, das heißt das Sich-Hineinstellen in die geistige Zivilisationsentwickelung dessen, was christlicher Aristotelismus war und ist und was vorzubereiten hatte das neue Zeitalter des Michael. Wenn die Scholastiker während der Herrschaft der früheren Erzengel haben hinaufschauen wollen nach den geistigen Regionen, so haben sie sich gesagt: Da ist Michael, dessen Herrschaft erwartet werden muß. Vorbereitet werden muß das, was er, nachdem es ihm im Himmel nach der Fügung der kosmischen Entwickelung entfallen war, zur rechten Zeit auf der Erde wieder übernehmen muß! – So entwickelte sich eine Strömung, die dann nur durch den katholischen Ultramontanismus auf einen falschen Nebenweg geführt worden ist, die aber für sich geblieben ist und dasjenige fortsetzte, was im 13. Jahrhundert begründet worden ist.

Es bildete sich also eine Strömung heraus, die unmittelbar in der Verwaltung der irdischen Intelligenz auf der Grundlage des Aristotelismus arbeitete. In ihr lebte dann auch dasjenige, wovon ich gestern gesagt habe, daß einer, der etwas länger bei Alanus ab Insulis in der geistigen Welt geblieben war, als jüngerer Dominikaner herabgekommen ist und einem älteren Dominikaner, der schon vor ihm heruntergestiegen war auf die Erde, eine Botschaft brachte von Alanus ab Insulis. Da lebte im europäischen Geistesleben jener intensive Wille, die Gedanken stark zu erfassen. Und über dem irdischen Leben ging aus alledem dann auch dasjenige hervor, was dann im Beginne des 19. Jahrhunderts zu einer großen, umfassenden Veranstaltung in der geistigen Welt führte, wo sich das, was später auf der Erde Anthroposophie werden sollte, in mächtigen Imaginationen abspielte. In der ersten Hälfte des 19. Jahrhunderts, schon ein wenig am Ende des 18., waren alle die, welche Platoniker waren unter der Führung der Lehrer von Chartres, die ja jetzt zwischen dem Tode und einer neuen Geburt waren, und auch die, welche den Aristotelismus in Europa begründet haben und mittlerweile auch längst durch die Pforte des Todes gegangen waren, in himmlischen Regionen vereinigt, um einen überirdischen Kultus zu vollziehen, in welchem in mächtigen realen Imaginationen das hineingestellt wurde, was im neuen Christentum im 20. Jahrhundert auf spirituelle Art wieder begründet werden soll, nachdem das neue Michael-Zeitalter im letzten Drittel des 19. Jahrhunderts begonnen hat.

Davon sickerte so manches durch. Oben in der geistigen Welt spielte sich ab in mächtigen kosmischen Imaginationen die Vorbereitung für jene intelligente, aber durchaus spirituelle Erschaffung, die dann als Anthroposophie erscheinen sollte. Was da durchsickerte: auf *Goethe* machte es einen bestimmten Eindruck. Ich möchte sagen, es kam in Miniaturbildern bei ihm durch. Die großen, gewaltigen Bilder, die sich da oben abspielten, kannte Goethe nicht; er verarbeitete diese Miniaturbildchen in seinem «Märchen von der grünen Schlange und der schönen Lilie». Eine wunderbare Erscheinung! Wir haben die ganzen Strömungen, die ich geschildert habe, so sich fortsetzend, daß sie zu jenen mächtigen Imaginationen führen, die oben in der geistigen Welt unter der Führung des Alanus ab Insulis und der anderen sich abspielen; wir haben das Mächtige, daß da Dinge durchsickern und Goethe an der Wende des 18. und 19. Jahrhunderts begeistern zu seinem spirituellen Märchen «Von der grünen Schlange und der schönen Lilie». Es war sozusagen ein erstes Herauskommen desjenigen, was zunächst in mächtigen Imaginationen im Beginne des 19., sogar schon am Ende des 18. Jahrhunderts sich in der geistigen Welt abspielte. Sie werden es daher nicht wunderbar finden, daß im Hinblick auf diesen übersinnlichen Kultus, der in der ersten Hälfte des 19. Jahrhunderts stattfand, mein erstes Mysteriendrama, «Die Pforte der Einweihung», das ja in einer gewissen Weise in dramatischer Form wiedergeben wollte, was sich da im Beginne des 19. Jahrhunderts abspielte, äußerlich in der Struktur etwas ähnlich wurde dem, was Goethe in seinem Märchen «Von der grünen Schlange und der schönen Lilie» dargestellt hat. Denn die Anthroposophie sollte von der Art, wie sie imaginativ in den ersten Zeiten in überirdischen Regionen gelebt hat, heruntersteigen in die irdische Region. Denn damals geschah in den überirdischen Regionen etwas. Eine große Anzahl von Seelen, die in den verschiedensten Zeiten vom Christentum berührt worden waren, vereinigten sich mit solchen Seelen, die weniger vom Christentum berührt waren, die in der Zeit gelebt haben, als das Mysterium von Golgatha auf der Erde stattfand, und vorher. Es vereinigten sich diese beiden Gruppen von Seelen, um in überirdischen Regionen die Anthroposophie vorzubereiten. Da waren die geschilderten Individualitäten, die um Alanus ab Insulis herum waren, und die, welche innerhalb der Dominikanerströmung den Aristotelismus in Europa begründet haben, auch vereinigt mit dem großen Lehrer Dantes, mit *Brunetto Latini.* Und in dieser großen Schar von Seelen war ein großer Teil derjenigen, die heute, nachdem sie wieder auf die Erde heruntergestiegen sind, sich in der Anthroposophischen Gesellschaft zusammenschließen. Die, welche heute den Drang fühlen, sich in der Anthroposophischen Gesellschaft zu vereinigen, waren im Beginne des 19. Jahrhunderts in übersinnlichen Regionen zusammen, um jenen mächtigen Imaginationskultus zu verrichten, von dem ich gesprochen habe.

Das ist auch etwas, was mit dem Karma der anthroposophischen Bewegung verknüpft ist. Es ist etwas, auf das man kommt, wenn man diese anthroposophische Bewegung nicht rationalistisch in ihrer äußeren Erdengestalt allein betrachtet, sondern wenn man die Fäden betrachtet, die hinaufführen in die geistigen Regionen. Da sieht man, wie sozusagen diese anthroposophische Bewegung herabsteigt. Ja, das ist am Ende des 18. und im Beginne des 19. Jahrhunderts, ich möchte sagen, die «himmlische» anthroposophische Bewegung: da sickert das durch, was Goethe in Miniaturbildern im Märchen «Von der grünen Schlange und der schönen Lilie» wiedergibt. Dann aber sollte es heruntersteigen, als im letzten Drittel des 19. Jahrhunderts Michael, nun aber von der Sonne auf die Erde heruntersteigend, die Erdenintelligenz der Menschen ergreifen will.

Seit dem Mysterium von Golgatha war Christus mit der Erdenmenschheit vereinigt. Die Erdenmenschheit konnte ihn zunächst äußerlich nicht fassen. Die Michael-Herrschaft hat die letzte Phase kosmischer Intelligenz verwaltet in der Alexanderzeit. Mit dem 8. nachchristlichen Jahrhundert war die kosmische Intelligenz ganz heruntergefallen in die Erdenwesenheit. Die, welche mit Michael verbunden waren, haben es, nach den Abmachungen mit den Platonikern, dann unternommen, diese Erdenintelligenz im scholastischen Realismus so vorzubereiten, daß Michael sich wiederum mit ihr vereinigen kann, wenn er seine Herrschaft mit dem Ende der siebziger Jahre im 19. Jahrhundert in der fortlaufenden Zivilisation antritt.

Darum handelt es sich jetzt, daß die Anthroposophische Gesellschaft diese ihre innere Aufgabe ergreift, diese Aufgabe, die darin besteht, Michael das menschliche Denken nicht streitig zu machen. Da kann man nicht fatalistisch sein. Da kann man nur sagen: Die Menschen müssen mit den Göttern zusammenarbeiten, mit Michael selber. Michael begeistert die Menschen, damit auf der Erde eine Spiritualität erscheine, die der Eigenintelligenz der Menschen gewachsen ist, damit man denken kann und zugleich spiritueller Mensch sein; denn das bedeutet erst die Michael-Herrschaft. Um das muß gekämpft werden innerhalb der anthroposophischen Bewegung. Dann werden die, welche heute für die anthroposophische Bewegung wirken, am Ende des 20. Jahrhunderts schon wieder erscheinen und auf der Erde verbunden sein mit denen, welche die Lehrer von Chartres waren. Denn das ist die Abmachung jenes himmlischen Konzils im Beginne des 13. Jahrhunderts, daß sie miteinander erscheinen, die Aristoteliker und die Platoniker, und daß dahin gearbeitet werde, daß immer blühender und blühender die anthroposophische Bewegung im 20. Jahrhundert werde, damit am Ende dieses Jahrhunderts im Verein von Platonikern und Aristotelikern die Anthroposophie eine gewisse Kulmination in der Erdenzivilisation erlangen kann. Kann so gearbeitet werden, wie es von Michael vorbestimmt, prädestiniert ist, dann kommt Europa, dann kommt die moderne Zivilisation heraus aus dem Niedergang. Aber auf keine andere Weise sonst! Dieses Herausführen der Zivilisation aus dem Niedergang ist verbunden mit dem Verständnis von Michael.

Damit, meine lieben Freunde, habe ich Sie herangeführt zu dem Verständnis des Michael-Geheimnisses, das eben in der Gegenwart über der denkenden und nach spiritueller Weisheit strebenden Menschheit waltet. Daß damit – durch die Anthroposophie – etwas hereingetragen werden muß in die geistige Erdenentwickelung, was vielen paradox erscheint, das können Sie begreifen, denn allerlei dämonisch-ahrimanische Gewalten machen die Menschen von sich besessen. So daß die ahrimanischen Gewalten in manchen Menschenleibern schon jubelten, daß Michael seine kosmische Intelligenz, die auf die Erde heruntergefallen ist, nicht mehr erhalten könne. Und dieses Jubeln war besonders stark in der Mitte des 19. Jahrhunderts, wo Ahriman schon glaubte, daß Michael seine einstmals kosmische Intelligenz, die den Weg vom Himmel auf die Erde gefunden hatte, nicht wiederfinden werde. Es geht um Großes, es geht um Riesiges! Deshalb ist es nicht weiter wunderbar, wenn die in diesen Kämpfen Drinnenstehenden manches Sonderbare erfahren müssen.

Eigentlich ist noch nie über eine geistige Bewegung so sonderbar gesprochen worden wie über die anthroposophische. Gerade an der kuriosen Art, über die anthroposophische Bewegung zu sprechen, sehen Sie, wie sie mit ihrem spirituellen Charakter und mit ihrem Zusammenhang mit dem Mysterium von Golgatha von den erleuchtetsten Geistern der Gegenwart nicht begriffen werden kann. Denn sagt Ihnen etwa jemand, er habe einen Menschen gesehen, der schwarz und weiß zugleich sei? Ich glaube nicht, daß Sie den für vernünftig halten, der Ihnen so etwas sagte. Aber heute dürfen die Leute über die anthroposophische Bewegung etwas Ähnliches schreiben. So darf zum Beispiel *Maurice Maeterlinck* in seinem Buche «Das große Rätsel» über mich selbst, insofern er mich als Träger der anthroposophischen Bewegung behandelt, eine Logik entfalten, die ganz gleich ist derjenigen, wie wenn jemand sagte, er habe einen Menschen gesehen, der schwarz und weiß, Europäer und Mohr zugleich ist. Eines kann man sein, aber nicht beides zugleich. Maeterlinck jedoch sagt: «Was wir in den Vedas lesen, sagt Rudolf Steiner, einer der gelehrtesten und auch der verworrensten unter den zeitgenössischen Okkultisten ...» Wenn jemand sagte, er habe einen Menschen gesehen, der ein Europäer und ein Mohr zugleich ist, so würde man ihn für verrückt erklären; aber Maeterlinck darf zusammenstellen «einer der gelehrtesten und verworrensten». Und er sagt weiter: «Rudolf Steiner, der, wenn er sich nicht in vielleicht wahrscheinliche, aber nie nachprüfbare Visionen der Prähistorie, in astrale Redensarten über das Leben auf anderen Sternen verirrt, ein sehr klarer und scharfer Geist ist, hat den Sinn dieses Gerichts» – gemeint ist die Osirifikation – «und dieser Gleichsetzung der Seele mit Gott außerordentlich gut beleuchtet.» (S. 80.) Also das heißt: Wenn er nicht just über Anthroposophie spricht, ist er ein klarer und scharfer Geist. Das darf wieder Maeterlinck sagen.

Er darf noch mehr sagen, Dinge, die ganz sonderbar sind, denn er findet es möglich, das folgende zu sagen: «Steiner hat seine intuitiven Methoden angewendet, die eine Art transzendentaler Psychometrie sind, um die Geschichte der Atlantier zu rekonstruieren und uns zu offenbaren, was auf der Sonne, dem Mond und anderen Welten geschieht. Er beschreibt uns die aufeinanderfolgenden Wandlungen der Wesenheiten, die zu Menschen werden, und er tut das mit so viel Sicherheit, daß man sich fragt, nachdem man ihm mit Interesse durch die Einführung gefolgt ist, die einen sehr abwägenden, logischen und weiten Geist zeigt, ob er plötzlich wahnsinnig wird oder ob man es mit einem Schwindler oder wirklichen Visionär zu tun hat.» (S. 167.) Nun bedenken Sie, was das heißt: Maeterlinck behauptet, wenn ich Bücher schreibe, dann sind die Einleitungen immer so, daß er sagen muß, er habe es mit einem «sehr abwägenden, logischen und weiten Geist» zu tun. Liest er aber in meinen Büchern weiter, so weiß er nicht, ob ich plötzlich wahnsinnig geworden oder ein Schwindler oder ein wirklicher Visionär sei. Aber nun habe ich nicht nur einzelne Bücher geschrieben. Ich schreibe immer die Einführung bei jedem Buche zuerst. Nun habe ich also ein Buch geschrieben, Maeterlinck liest die Einführung: Da stelle ich mich ihm dar als ein «sehr abwägender, logischer und weiter Geist»; dann liest er weiter und findet mich nun so, daß er sagt: Ich weiß nicht, ob Rudolf Steiner plötzlich wahnsinnig geworden oder ein Schwindler oder Visionär ist. Dann geht es weiter... Ich schreibe ein zweites Buch: da bin ich für Maeterlinck, wenn er die Einleitung liest, wieder ein «sehr abwägender, logischer und weiter Geist»; dann liest er den weiteren Inhalt und findet mich wieder so, daß er nicht weiß, ob ich wahnsinnig oder ein Schwindler oder Visionär bin. Und so geht das dann weiter. Aber bedenken Sie, die Leute kommen darauf, zu sagen: Wenn ich deine Bücher von vorne lese, kommst du mir sehr gescheit, abwägend und logisch vor; dann aber wirst du plötzlich wahnsinnig! Was müssen das für merkwürdige Menschen sein, die, wenn sie anfangen zu schreiben, logisch sind, und dann beim Weiterschreiben auf einmal wahnsinnig werden; dann beim nächsten Buche sich wieder umschalten, im Anfange wieder Logiker sind, dann später Wahnsinnige! Und so rhythmisch weiter. «Rhythmen» gibt es ja in der Welt.

Aber an diesem Beispiele mögen Sie sehen, wie die erleuchtetsten Geister der Gegenwart das aufnehmen, was als Michael-Epoche in der Welt begründet werden muß, was getan werden muß, damit die im 8. Jahrhundert Michael nach der Weltordnung mit Recht entsunkene kosmische Intelligenz innerhalb der Erdenmenschheit wiederum gefunden werde. Die ganze Michael-Tradition muß revidiert werden. Michael, seine Füße auf den Drachen gestellt: Man erblickt mit Recht dieses Bild, das den Michael-Kämpfer darstellt, wie er den kosmischen Geist vertritt gegenüber den ahrimanischen Mächten, die er unter seinen Füßen hat.

Mehr als irgendein anderer Kampf ist dieser Kampf in das menschliche Herz gelegt. Da drinnen ist er verankert, verankert seit dem letzten Drittel des 19. Jahrhunderts. Entscheidend muß dasjenige werden, was Menschenherzen mit dieser Michael-Angelegenheit der Welt im Laufe des 20. Jahrhunderts tun. Und im Laufe dieses 20. Jahrhunderts, wenn das erste Jahrhundert nach dem Ende des Kali Yuga verflossen sein wird, wird die Menschheit entweder am Grabe aller Zivilisation stehen oder am Anfange desjenigen Zeitalters, wo in den Seelen der Menschen, die in ihrem Herzen Intelligenz mit Spiritualität verbinden, der Michael-Kampf zugunsten des Michael-Impulses ausgefochten wird.

DRITTER VORTRAG

Arnheim, 20. Juli 1924

Aus dem, was ich gestern über die Michael-Herrschaft im geistigen, kosmischen Zusammenhange auseinandergesetzt habe, konnten Sie ersehen, daß Michael eine besondere Stellung unter denjenigen geistigen Wesenheiten einnimmt, welche wir, nach der vor alten Zeiten schon innerhalb der christlichen Gemeinschaften entstandenen Benennung, zuzählen den Archangeloi. Und zwar wird uns gerade für das, was uns in diesen Tagen wichtig ist, bedeutsam erscheinen müssen, daß Michael in den Jahrhunderten vor der Begründung des Christentums durchaus noch von der Sonne, von der Region des Sonnenhaften aus seine Impulse auf die Erde schickte, seine, wenn ich mich so ausdrücken darf, kosmopolitischen Impulse; daß dann diese kosmopolitischen Impulse verlorengehen, daß die kosmische Intelligenz gewissermaßen Michael entsinkt und im 8. nachchristlichen Jahrhundert in der Erdenregion ankommt. So daß wir dann Menschen innerhalb der Erdenentwickelung finden, die Eigendenken haben, daß dann dieses Eigendenken auf die Weise gepflegt, pflegend erkämpft wurde für eine weitere Michael-Herrschaft, wie ich das gestern angeführt habe, indem einträchtig zusammenwirken die Weisen der Schule von Chartres mit denjenigen, die geradezu herstammen aus der alten Michael-Herrschaft und dazu prädestiniert sind, das Prinzip der früher kosmischen, jetzt irdischen Intelligenz weiter fortzupflegen, bis im 19. Jahrhundert die Möglichkeit eingetreten ist, daß zunächst innerhalb der geistigen Welt durch jenen Kultus von Imaginationen, den ich Ihnen beschrieben habe, dasjenige vorbereitet wird, was einstmals mit der anthroposophischen Bewegung gewollt werden soll. Seit dem letzten Drittel des 19. Jahrhunderts, insbesondere aber in unserer Zeit, stehen wir im Beginne der neuen Michael-Herrschaft; durch diese Michael-Herrschaft wird dasjenige vorbereitet, was noch in diesem Jahrhundert eintreten muß, nämlich daß eine größere Anzahl von Menschen – eben diejenigen, die zu einem wirklichen Verständnis des Anthroposophischen kommen – vor dem Ende des Jahrhunderts beschleunigt durchmachen die Zeit zwischen dem Tode und einer neuen Geburt und jetzt wieder auf der Erde vereinigt werden unter der Führung sozusagen der beiden Arten von geistigen Wesenheiten, der Lehrer von Chartres und derjenigen, die unmittelbar mit der Michael-Herrschaft vereinigt geblieben sind, um unter der Führung dieser beiden Arten von geistigen Wesenheiten dann den letzten, wenn ich mich so ausdrücken darf, geheiligten Impuls zu geben für die weitere Entwickelung des geistigen, des spirituellen Lebens auf der Erde.

Anthroposophie wird für diejenigen, die an ihr teilnehmen wollen, nur dann eine wirkliche Bedeutung gewinnen können, wenn sie mit einem gewissen inneren heiligen Eifer sich bewußt werden, daß sie ja in einem solchen Zusammenhange drinnenstehen können, der so charakterisiert werden kann, wie das gestern geschehen ist. Das wird inneren Enthusiasmus geben, das wird aber auch Kraft geben. Das wird wissen lassen, daß man hinarbeiten soll, immer mehr und mehr Fortsetzer desjenigen zu werden, was einstmals in den alten Mysterien gelebt hat.

Ein solches Bewußtsein muß aber nach allen Seiten hin vertieft werden. Und es kann vertieft werden. Denn im Sinne des gestern Auseinandergesetzten blicken wir zurück auf diejenige Zeit, wo Michael im geistigen Sonnenbereich vereint war mit einer Anzahl von überirdischen Wesenheiten, wo er von diesem geistigen Sonnenbereiche aus solche Zeichen auf die Erde heruntergeschickt hat, daß sie auf der einen Seite zu den Alexandertaten, auf der anderen Seite zur aristotelischen Philosophie begeistern konnten; daß sie sozusagen die letzte Phase von inspirierter, von spiritueller Intelligenz auf der Erde bewirken konnten; daß dann mit denjenigen Menschenseelen zusammen, die sozusagen in seinem Auftrage solches auf der Erde ausgeführt haben, Michael mit seinen geistigen Scharen und mit den Scharen jener Menschenseelen zusammen, die um solche führenden Menschenseelen herum waren, von der Sonne aus das Mysterium von Golgatha beobachtet hat. Und man kann sich schon durchdringen mit etwas, das in der Seele wirkt, wenn man sich den Moment vor Augen stellt, wo Michael mit einer Anzahl von Engeln, Erzengeln und Menschenseelen den Christus fortziehen sieht von der Sonne, um in das körperliche Gehäuse eines Menschen einzutreten und sich durch das, was er im Menschenleibe auf der Erde erleben kann, mit der Fortentwickelung der Menschheit auf der Erde zu verbinden. Das war aber zugleich für Michael das Zeichen, daß nunmehr die von ihm bis dahin bewahrte himmlische Intelligenz auf die Erde gewissermaßen als ein heiliger Regen herunterströmen müsse, nach und nach der Sonne entsinken müsse. Und im 8. nachchristlichen Jahrhundert war es ja so, daß diejenigen, die um Michael waren, sahen, wie das Substantielle, das Michael bis dahin bewahrte, nunmehr unten auf der Erde ist.

Nun handelt es sich darum, daß im vollen Einklange mit der Michael-Herrschaft alles dasjenige geschah, was durch die Meister von Chartres, aber auch alles, was durch die dazu Auserwählten aus dem Dominikaner-Orden in die Welt kam: so daß, kurz gesagt, diejenige Entwickelung der Menschheit herbeigeführt wurde, die vom Beginne des 15. Jahrhunderts aus die Bewußtseins-Seelenentwickelung in der Menschheit inaugurieren konnte, jene Entwickelung, in der wir jetzt drinnen stehen. Denn ungefähr im ersten Drittel der vorangehenden Entwickelung, das heißt im ersten Drittel des Zeitalters der Entwickelung der Verstandes- oder Gemütsseele, haben wir ja die Ausbreitung der überirdischen Intelligenz über Asien, Afrika und einen Teil von Europa durch den Alexandrinismus. Nun tritt aber eine besondere Zeit ein, eine Zeit, welche uns Michael, den hervorragendsten Erzengelgeist der Sonne, innerhalb dieser Sonne so zeigt, daß er seine Verwaltung der kosmischen Intelligenz von der Sonne fortgegangen weiß; daß er weiß: auch die Angelegenheiten sind geordnet, welche die weitere Entwickelung dieser Intelligenz auf der Erde fortführen können. Diese Zeit tritt etwa im 16., 17. nachchristlichen Jahrhundert ein. Da ist sozusagen Michael frei von seinen früheren Obliegenheiten im Kosmos. Die irdischen Entwickelungen verwaltet, auf die Art, wie ich es gestern beschrieben habe, Gabriel.

Michael ist jetzt in einer besonderen Lage. Wenn sonst ein Erzengel nicht gerade der regierende Fürst der irdischen Angelegenheiten ist, so läßt er seine Impulse dennoch in das einfließen, was die anderen tun. Denn fortwährend fließen von allen sieben aufeinander folgenden Erzengel-Herrschaften die Impulse ein; einer ist nur immer der vorzüglichste. Wenn also zum Beispiel Gabriel in früheren Epochen der Menschheitsentwickelung der führende Geist war, so floß von ihm vorzugsweise das, was er zu regieren hatte, in die irdische Entwickelung ein;

aber die anderen Erzengel wirkten mit. Jetzt aber, da Gabriel seine Herrschaft ausübte, war Michael in der besonderen Lage, von der Sonne aus bei den irdischen Angelegenheiten nicht mitwirken zu können. Das ist für einen führenden Erzengel eine ganz besondere Lage: zu sehen, daß seine Tätigkeit, die durch lange Zeiträume hindurch ausgeübt worden ist, sozusagen aufgehört hat. Und so kam es, daß Michael zu den Seinigen sagte: Es ist notwendig, daß wir für die Zeit, in der wir nicht Impulse auf die Erde schicken können – für die Zeit, die mit dem Jahre 1879 etwa endet –, uns eine besondere Aufgabe suchen, eine Aufgabe suchen innerhalb der Sonnenregion. – Es sollte für diejenigen Seelen, die ihr Karma in die anthroposophische Bewegung hineingeführt hat, die Möglichkeit vorhanden sein, in der Sonnenregion auf dasjenige hinblicken zu können, was Michael und die Seinen in der Zeit taten, die auf Erden die Zeit der Gabriel-Herrschaft war.

Das war etwas, was sozusagen herausfiel aus all den sonstigen, regelmäßig fortgehenden Taten unter Göttern und Menschen. Die mit Michael verbundenen Seelen – die führenden Menschenseelen der Alexanderzeit, diejenigen der großen Dominikanerzeit und die, welche sich als weniger führende um sie geschart hatten, und eine große Anzahl von strebenden, sich entwickelnden Menschen im Verein mit führenden Geistern –, sie fühlten sich wie herausgerissen aus dem althergebrachten Zusammenhange mit der geistigen Welt. Da wurde von den Menschenseelen, die prädestiniert waren, Anthroposophen zu werden, im Übersinnlichen etwas erlebt, was früher niemals in den überirdischen Regionen von Menschenseelen zwischen Tod und neuer Geburt erlebt worden ist. Früher wurde eben erlebt, daß in der Zeit zwischen Tod und neuer Geburt von den Menschenseelen im Verein mit führenden geistigen Wesenheiten das Karma für die künftige Erdenexistenz ausgearbeitet worden ist. Aber so ausgearbeitet wurde früher kein Karma, wie jetzt das Karma derjenigen, die durch die angegebenen Dinge prädestiniert waren, Anthroposophen zu werden. Niemals arbeitete man in der Sonnenregion früher zwischen Tod und neuer Geburt so, wie jetzt unter der von Erdenangelegenheiten frei gewordenen Herrschaft des Michael gearbeitet werden konnte.

Da geschah dann etwas, was in den übersinnlichen Regionen damals

Ereignis war, etwas, was heute im tiefsten Herzensinneren der meisten Anthroposophen, wenn auch unbewußt, schlafend, träumerisch ruht. Und der Anthroposoph kann recht tun, wenn er, an sein Herz greifend, sich sagt: Da drinnen ist ein mir heute vielleicht unbewußtes Geheimnis, das ein Abglanz ist der Michael-Taten aus dem 16., 17., 18. Jahrhundert in den überirdischen Regionen, wo ich vor meinem jetzigen Abstieg in die Erdenregion unter Michael gearbeitet habe, der etwas Besonderes arbeiten konnte, weil er sozusagen von seinen fortfließenden Aufgaben frei geworden war. Und Michael versammelte seine Scharen, versammelte diejenigen, die als übersinnliche Wesen zu ihm gehörten aus der Region der Angeloi und Archangeloi, er versammelte aber auch die Menschenseelen, die in irgendeine Verbindung mit ihm gekommen waren. Und es entstand so etwas wie eine gewaltig sich ausbreitende übersinnliche Schule. Wie im Beginne des 13. Jahrhunderts von denjenigen, die als Platoniker und Aristoteliker zusammenwirken konnten, sozusagen eine Art himmlischen Konzils stattgefunden hat, so fand jetzt unmittelbar unter der Führung Michaels vom 15. bis ins 18. Jahrhundert herein eine übersinnliche Schulung statt, als deren großen Lehrer die Weltenordnung Michael selber auserwählt hat. Demjenigen also, was ich Ihnen erzählt habe von der ersten Hälfte des 19. Jahrhunderts, von jenem in mächtigen Imaginationen verfließenden übersinnlichen Kultus, ging voran eine übersinnliche Schulung für zahlreiche Menschenseelen, eine Schulung, deren Resultate diese Menschenseelen jetzt in ihrem Inneren tragen, unbewußt. Das Resultat dieser Schulung kommt nur dadurch heraus, daß diese Menschenseelen den Drang zur Anthroposophie verspüren. Dieser Drang zur Anthroposophie ist das Resultat dieser Schulung. Und man kann sagen: Einstmals, am Ende des 15. Jahrhunderts, versammelte Michael seine Götter- und Menschenscharen in der Sonnenregion und sprach zu ihnen in einer Rede, die über lange Zeiträume ausgedehnt war, etwa folgendermaßen:

Seitdem das Menschengeschlecht in menschlicher Gestalt die Erde bevölkert, hat es auf der Erde Mysterien gegeben: Sonnenmysterien, Merkurmysterien, Venusmysterien, Marsmysterien, Jupitermysterien, Saturnmysterien. In diese Mysterien haben die Götter ihre Geheimnisse hineingesendet; dort sind dazu geeignete Menschen eingeweiht worden.

So daß man auf der Erde wissen konnte, was auf Saturn, Jupiter, Mars und so weiter vor sich geht und wie dieses, was dort vor sich geht, in die Menschheitsentwickelung auf der Erde hineinwirkt. Eingeweihte, Initiierte, die in den Mysterien mit den Göttern verkehrten, hat es immer gegeben. In instinktiver alter hellseherischer Weise haben die Initiierten das aufgenommen, was in den Mysterien durch Impulse an sie herangekommen ist. Das ist – so sagte Michael zu den Seinen – bis auf wenige Traditionen hin auf der Erde verschwunden, das ist nicht mehr da. Die Impulse können nicht mehr in die Erde hineinfließen. Einzig und allein in der untergeordnetsten Region, in der Fortpflanzungsregion, hat noch Gabriel die Macht, die Mondeneinflüsse in die Entwickelung der Menschheit hineinkommen zu lassen. Mehr oder weniger sind die alten Traditionen von der Erde verschwunden und damit die Möglichkeit, die ins Unterbewußtsein und damit in die verschiedenen Leiblichkeiten der Menschen hineingehenden Impulse zu pflegen. Wir aber schauen nunmehr zurück auf alles das, was einstmals wie eine Gabe des Himmels in den Mysterien an Menschen herangebracht worden ist, wir überblicken einmal dieses wunderbare Tableau, wir schauen in den Zeitenlauf hinunter: Wir finden da die Mysterienstätten, wir sehen, wie die himmlische Weisheit in diese Mysterien hineingeströmt ist, wie Menschen von ihr initiiert worden sind, wie gerade von unserer geweihten Sonnenstätte aus die kosmische Intelligenz über die Menschen so heruntergekommen ist, daß die großen Lehrer der Menschheit Ideen, Gedanken, Begriffe gehabt haben, die spirituell waren, die ihnen aber eininspiriert waren von unserer geweihten Sonnenstätte aus. Das ist von der Erde verschwunden. Wir sehen es, indem wir auf alte Epochen der Erde zurückschauen, wir sehen es nach und nach von der Erdenentwikkelung verschwinden in der Alexanderzeit und ihrer Nachwirkung, und unten sehen wir, unter den Menschen, allmählich die irdisch gewordene Intelligenz sich ausbreiten. Aber wir haben ja diesen Anblick, der uns geblieben ist: wir schauen hin auf die Geheimnisse, in die einstmals die Initiierten der Mysterien eingeweiht worden sind. Bringen wir sie uns zum Bewußtsein! Bringen wir es denjenigen geistigen Wesenheiten, die um mich herum niemals in einem Erdenleibe erscheinen, sondern nur in ätherischer Art leben, zum Bewußtsein. Bringen wir es aber auch denjenigen Seelen, die in Erdenleibern oftmals auf der Erde waren, jetzt aber gerade da sind und zur Michael-Gemeinschaft gehören, bringen wir es diesen Menschenseelen zum Bewußtsein. Entwerfen wir die große Initiatenlehre, die einstmals auf die alte Art auf die Erde durch die Mysterien niedergeströmt ist, entwerfen wir sie vor den Seelen derjenigen, die auf intelligente Art mit Michael verbunden waren.

Und da wurde «durchgenommen» – wenn ich mich eines irdischen, in einem solchen Zusammenhange fast trivial klingenden Ausdruckes bedienen darf –, da wurde durchgenommen die alte Initiationsweisheit. Eine große, umfassende himmlische Schule gab es. In ihr wurde von Michael das gelehrt, was er jetzt nicht mehr selbst verwalten konnte. Es war etwas Ungeheueres, etwas, was die ahrimanischen Dämonen auf der Erde, gerade im 15., 16., 17. bis ins 18. Jahrhundert herein, in allertiefster Weise beunruhigte, was sie in furchtbare Erregung brachte, so daß sich etwas Merkwürdiges abspielte. Das spielte sich ab, was einen polarischen Gegensatz zwischen himmlischen Taten in dieser Zeit und irdischen Taten in dieser Zeit zeitigte: Oben in der Geistigen Welt eine hohe Schule, die auf eine neue Art im Übersinnlichen zusammenfaßt die alte Initiatenweisheit, die den zunächst dazu prädestinierten Menschenseelen zwischen Tod und neuer Geburt ins intelligente Bewußtsein, in die Bewußtseinsseele das heraufhob, was früher in alten Zeiten in der Verstandes- oder Gemütsseele, in der Empfindungsseele und so weiter Weisheitseigentum der Menschen war. Auf die Art, wie im inneren Worte, das ja in vieler Beziehung zugleich hart ist, gesprochen werden kann, setzte Michael den Seinen auseinander die Weltenzusammenhänge, die kosmischen Zusammenhänge, die anthroposophischen Zusammenhänge. Diese Seelen bekamen eine Lehre, welche die Weltengeheimnisse enthüllte. Unten auf der Erde wirkten die ahrimanischen Geister. Und es ist notwendig, an dieser Stelle in ganz unverhohlener Weise auf ein Wahrheitsgeheimnis hinzudeuten, das ganz gewiß, äußerlich angesehen, gegenüber der gegenwärtigen Zivilisation sich etwas deplaciert ausnimmt, das aber doch ein göttliches Geheimnis ist, das die Anthroposophen wissen müssen, um die Zivilisation in der rechten Art, so wie ich es angedeutet habe, gegen das Ende des 20. Jahrhunderts hinzuführen.

Während Michael oben seine Scharen schulte, wurde eine Art unterirdischer, unmittelbar unter der Oberfläche der Erde liegender ahrimanischer Schule gegründet. Daher kann man davon sprechen, daß im Überirdischen die Michael-Schule ist; unmittelbar in der Region, auf der wir stehen – denn auch im Unterirdischen ist Geistiges tätig und wirksam –, wurde die ahrimanische Gegenschule begründet. Und wenn von Michael jetzt gerade in dieser Zeit keine Impulse herunterströmten, um die Intelligenz himmlisch zu inspirieren, wenn die Intelligenz auf der Erde sich zunächst selbst überlassen war, so bemühten sich um so mehr die ahrimanischen Scharen, von unten herauf Impulse in die intelligente Menschheitsentwickelung hineinzusenden. Es ist ein gewaltiges Bild, das einem da vor Augen stehen kann. Man stelle sich vor: die Erdoberfläche, oben Michael, seine Scharen belehrend, ihnen mit großen gewaltigen Weltenworten das enthüllend, was die alte Initiatenweisheit war; dem gegenüberstehend die ahrimanische Schule in den Untergründen der Erde. Auf der Erde sich entwickelnd die vom Himmel herabgefallene Intelligenz; Michael zunächst gegenüber dem Irdischen in himmlischer Einsamkeit Schule haltend – keine Strömungen gehen von oben nach unten –, die ahrimanischen Mächte um so mehr ihre Impulse nach oben sendend.

Es hat immerhin auf der Erde verkörperte Seelen gegeben, die in den angedeuteten Jahrhunderten das Unheimliche dieser Lage gespürt haben. Wer die Geistesgeschichte, namentlich Europas, aus dieser Zeit kennt, der findet überall die merkwürdige Tatsache, daß da und dort manchmal ganz einfache Menschen leben, welche das Unheimliche dieser Lage verspüren: dieses Verlassensein der Menschheit von der Michael-Herrschaft und diese von unten mit dämonischen geistigen Dünsten aufsteigenden Impulse, welche die Intelligenz erobern wollen.

Es ist merkwürdig, wie eng mit dem Menschen verbunden, wenn alles daraus Entsprießende gut werden soll, die Offenbarungen des Weisheitslebens sein müssen. Das ist eben das Wahrheitsgeheimnis, das hier berührt werden muß. Denn derjenige, der die Michael-Weisheit zu verkündigen hat, der fühlt in einer gewissen Beziehung, daß er an seiner rechten Stelle steht, wenn er ringt, den Ausdruck, die Wortformulierung zu finden für das, was Michaels Weisheit ist. Er fühlt sich sogar noch an der rechten Stelle stehend, wenn er, von seinen Händen ausgehend, diese Michael-Weisheit niederschreibt; denn da fließt das, was vom Spirituellen her mit dem Menschen verbunden ist, sozusagen in die Form des Geschriebenen hinein, in das, was er tut. Aber trotzdem es ertragen werden muß, trotzdem es in unsere Zeit gehört, ist ein unheimliches Gefühl damit verbunden, wenn man das, was Michael-Weisheit ist, was man gerne noch aufschreibt und als zu Lesendes meinetwillen den Leuten mitteilt, wenn man das auf mechanische Art vervielfältigt sieht in gedruckten Büchern. Dieses unheimliche Gefühl gegenüber dem gedruckten Buche ist durchaus bei demjenigen vorhanden, der mit dem, was er zu verkündigen hat, im Geistesleben drinnen steht.

Ich bin im Anschlusse an den gestrigen Vortrag von jemandem gefragt worden, ob denn nicht – worauf etwas schon *Swedenborg* hingedeutet hat – der Buchstabe der letzte Ausfluß des geistigen Lebens ist. Das ist er! Er ist es so lange, als er im kontinuierlichen Fortgange durch einen Menschen aus dem Geistigen fließt. Er wird ahrimanische geistige Macht, wenn er durch das Mechanische fixiert wird, gewissermaßen von der anderen Seite der Welt aus fixiert wird, wenn er als gedruckter Buchstabe vor die Augen der Menschen tritt. Denn das ist ja das Eigentümliche, daß es jene ahrimanische Schule ist, die als Gegenschule der Michael-Schule begründet worden ist und im 15., 16., 17., 18. Jahrhundert gewirkt hat, die in Europa die Buchdruckerkunst heraufgebracht hat, mit allem Gefolge der Buchdruckerkunst. Aus der Buchdruckerkunst können die dämonischen Gewalten aufsprießen, die gerade dazu geeignet sind, Michaels Herrschaft zu bekämpfen.

Man muß das, was real ist im Leben, in seiner wirklichen Bedeutung durchschauen, wenn man Anthroposoph ist. Man muß in der Druckkunst zwar eine geistige Macht sehen, aber eben die geistige Macht, die von Ahriman dem Michael entgegengestellt worden ist. Daher diese fortdauernde Mahnung Michaels an diejenigen, die er nun in seiner Schule dazumal unterrichtete, die fortdauernde Mahnung: Wenn ihr wieder auf die Erde herunterkommt, um das auszuführen, was hier veranlagt ist, dann sammelt die Menschen um euch, verkündigt das Wichtigste von Mund zu Ohr und seht nicht das Wichtigste darin, daß nur durch das gedruckte Buch in der Welt «literarisch» gewirkt werde. –

Daher ist die intimere Art, von Mensch zu Mensch zu wirken, diejenige, die vorzugsweise in der Richtung des Wirkens Michaels ist. Und wenn wir uns, statt bloß durch Bücher zu wirken, vereinigen und die wichtigsten Impulse menschlich-persönlich aufnehmen und – weil es so sein muß, weil sonst wieder Ahriman eine ungeheure Herrschaft bekommen würde, wenn wir uns seiner Kunst nicht auch bemächtigten – das andere dann nur benützen, um gewissermaßen «Gedächtnishilfen» zu haben, um das zu haben, was mit dem ahrimanischen Zeitgeist rechnet: pflegen wir dies in solcher Weise, daß wir nicht etwa das gedruckte Buch ausmerzen, aber ihm das richtige Verhältnis geben zu dem, was unmittelbar menschlich wirkt, dann inaugurieren wir das, was zunächst imponderabel als Michael-Strömung durch die Anthroposophische Gesellschaft fließen soll. Denn nicht richtig wäre es, von so etwas ausgehend, wie ich es jetzt dargestellt habe, nun etwa zu sagen: Also schaffen wir die anthroposophischen Bücher ab! Dadurch würden wir gerade die Druckkunst an die stärksten Feinde der Michael-Weisheit ausliefern; da würden wir die Fortsetzung unserer anthroposophischen Arbeit, die ja gerade bis zum Ende des Jahrhunderts hin gedeihen soll, unmöglich machen. Aber wir müssen durch heilige Gesinnung gegenüber dem, was da in der Michael-Weisheit lebt, die Druckkunst adeln! Denn was will Ahriman gegenüber dem Michael durch die Druckkunst? Er will – Sie sehen es heute überall aufsprießen – die Eroberung der Intelligenz, jene Eroberung der Intelligenz, welche überall dort besonders eingreifen will, wo die Verhältnisse dazu günstig sind. Worinnen besteht denn das hauptsächlichste Wirken der ahrimanischen Geister in ihrer Bekämpfung des kommenden Michael-Zeitalters? Das Wirksame besteht darin, daß diese ahrimanischen Geister in Zeiten, wo die Bewußtseine der Menschen heruntergedämpft sind, gewissermaßen die Menschen von sich «besessen» machen, daß sie eingreifen in die menschlichen Bewußtseine. So sind ja viele Menschen, die 1914 herabgedämmerte Bewußtseine hatten, hineinverflochten gewesen in die Entstehung des furchtbaren Weltkrieges. Und in ihren gedämpften Bewußtseinen haben den Weltkrieg die Scharen des Ahriman gemacht – durch die Menschen. Und man wird die Ursachen dieses Krieges nicht auf äußerliche dokumentarische Weise aus den Archiven je enthüllen; sondern man muß hineinschauen in die Geschichte und muß sehen: da war eine maßgebende Persönlichkeit, dort war wieder eine, dort wieder eine andere, die ihr Bewußtsein heruntergedämpft hatten. Das war die Gelegenheit, daß Ahriman die Menschen von sich besessen machte. Und wenn man wissen will, wie leicht es geschehen kann, daß in unserem Zeitalter die Menschen von Ahriman besessen werden können, dann braucht man nur an so etwas zu denken, wie es sich zutrug, als die Europäer nach Amerika kamen mit den gedruckten Werken, die sie mitgebracht hatten, zu der Zeit, als es im Osten von Nordamerika noch Indianer gab. Als die Indianer bei den Europäern diese merkwürdigen Schriftzeichen sahen, da haben sie sie angesehen als kleine Dämonen. Sie hatten den richtigen Blick dafür; sie fürchteten sich außerordentlich vor all diesen kleinen Dämonen a, b und so weiter, wie sie in den gedruckten Buchstaben ausschauen. Denn in diesen, in der verschiedensten Weise reproduzierten Buchstaben liegt für die heutigen Menschen etwas Faszinierendes; und nur die gute Michael-Gesinnung, die das Menschliche in der Weisheitsverkündigung schauen kann, die kann über dieses Faszinierende hinausführen.

Aber es kann auf diesem Wege Arges geschehen. Ich möchte Ihnen da das Folgende sagen. Es gibt ja gewisse Geheimnisse der Weltenanschauung, die nur zu durchschauen sind, wenn man ein ziemlich hohes Alter erreicht hat. Die einzelnen Lebensalter lassen den Menschen, wenn man im Besitze der Initiationswissenschaft ist, hinschauen auf die einzelnen Geheimnisse des Daseins. So kann man zwischen dem einundzwanzigsten und zweiundvierzigsten Lebensjahre hineinschauen in die Sonnenverhältnisse – vorher nicht. So kann man zwischen dem zweiundvierzigsten und neunundvierzigsten Jahre in die Marsgeheimnisse hineinschauen; so zwischen dem neunundvierzigsten und sechsundfünfzigsten Jahre in die Jupitergeheimnisse. Will man aber die Weltengeheimnisse im Zusammenhange schauen, dann muß man das dreiundsechzigste Lebensjahr überschritten haben. Daher würde ich gewisse Dinge, die ich jetzt unverhohlen ausspreche, vorher nicht haben sagen können, bevor ich eben in dieser Lage war. Denn will man das durchschauen, was sich gerade auf die Michael-Geheimnisse bezieht, was ja von der geistigen Region der Sonne aus wirkt, dann muß man von der Erde aus in die

Weltengeheimnisse hinaufschauen durch die Saturnweisheit. Dann muß man jene Dämmerung in der geistigen Welt verspüren können, in ihr leben können, die von dem den Saturn beherrschenden Oriphiel herrührt, der zur Zeit des Mysteriums von Golgatha der führende Erzengel war und der wieder der führende Erzengel sein wird, nachdem die Michael-Zeit abgelaufen sein wird.

Dann enthüllen sich aber für die heutige Zeit erschütternde Wahrheiten, ganz erschütternde Wahrheiten! Denn dadurch, daß durch diese ahrimanische Gegenschule zur Schule des Michael die Druckkunst sich auf der Erde verbreitet hat, ist ja auf der Erde aufgetreten die «Schriftstellerei» im weiteren Umfange. Wer war denn früher Schriftsteller, als man noch nicht druckte? Solche waren es, die eigentlich nur im engsten Kreise ihre Schriften verbreiten konnten, in Kreisen, die übrigens dazu vorbereitet waren. Denn in wie viele Hände kam denn ein Buch, bevor die Druckkunst verbreitet war? Wie es damit eigentlich ist, das kann man so recht ermessen, wenn man folgendes bedenkt: Eine Art Surrogat der Druckkunst, bis zu einer hohen Vollkommenheit gediehen, war ja schon in der alten chinesischen Kultur vorhanden. Da gab es schon eine Art Druckkunst, auch zu einer Zeit begründet, in der eine Michael-Herrschaft oben war und unten eine ahrimanische Gegenherrschaft. Aber es ist zu nichts Besonderem gekommen; Ahriman war dazumal noch nicht mächtig. Er konnte noch nicht besondere Versuche machen, um dem Michael wirklich die Herrschaft über die Intelligenz abzukämpfen. Es wurde dieser Versuch ja erneuert zur Alexanderzeit, aber da gelang er wieder nicht.

Nun hat aber der Ahrimanismus in der Druckkunst der neueren Zeit seine große Bedeutung gehabt. Das Schriftstellertum ist sozusagen populär geworden. Und eins ist möglich geworden, eines, das ebenso wunderbar, glänzend und blendend ist, wie es auf der anderen Seite zwar aufgenommen werden muß im vollen Gleichmaß der Seelenkräfte, aber doch in seiner richtigen Bedeutung gewürdigt werden muß. Erste Versuche sind da, die aus der Region des Michael heraus bezeichnet werden können als: es ist Ahriman als Schriftsteller aufgetreten! In Michael-Kreisen bildet es heute ein bedeutsames Ereignis. Ahriman als Schriftsteller! Nicht nur, daß Menschen von ihm besessen worden sind, wie ich es angedeutet habe für den Kriegsausbruch, sondern Ahriman ist, indem er sich durch Menschenseelen auf der Erde kundgab, selber als Schriftsteller aufgetreten. Daß er ein glänzender Schriftsteller ist, braucht nicht weiter zu verwundern; denn Ahriman ist ein großer, ein umfassender, ein gewaltiger Geist. Er ist nur eben derjenige Geist, der nicht zur Fortentwickelung der Menschheit auf der Erde im Sinne der guten Götter geeignet ist, sondern zu ihrer Bekämpfung. Auf seinem Gebiete ist er eine nicht nur durchaus brauchbare, sondern wohltätige Macht; denn diejenigen Wesenheiten, die auf einem Niveau des Weltgeschehens wohltätig sind, die sind auf einem anderen außerordentlich schädlich. Deshalb braucht nicht vorausgesetzt zu werden, wenn man die Werke Ahrimans charakterisieren will, daß diese Werke besonders abzukanzeln wären. Man kann sie sogar, wenn man sich dessen bewußt ist, was da vorliegt, bewundern. Aber man muß eben den ahrimanischen Charakter erkennen!

Michael lehrt dies heute erkennen, wenn man auf ihn hinhören will. Denn die Michael-Schulung hat nachgewirkt, und man kann heute noch an sie herankommen. Dann lehrt sie, wie Ahriman als Schriftsteller zunächst einmal die Versuche gemacht hat, erste Versuche tief erschütternden, tragischen Charakters, die natürlich aufgetreten sind durch einen Menschen: «Der Antichrist» von *Nietzsche*, «Ecce homo», die Selbstbiographie Nietzsches, und alles das, was Notizen sind im «Willen zur Macht» – die glänzendsten Kapitel modernen Schriftstellertums, mit ihrem oftmals so teuflischen Inhalt! Ahriman hat sie geschrieben, seine Herrschaft über das ausübend, was in Buchstaben auf Erden durch die Druckkunst seiner Herrschaft unterworfen werden kann. Es hat Ahriman bereits so begonnen, als Schriftsteller aufzutreten, und er wird seine Arbeit fortsetzen. Und notwendig ist es in der Zukunft auf der Erde, Wachsamkeit haben zu können, damit man nicht alles, was einem in der Schriftstellerei entgegentritt, als gleichartig hinnimmt. Menschenwerke werden herauskommen, aber wissen müssen einzelne Menschen, daß einer sich schult, um einer der glänzendsten Schriftsteller in der nächsten Zukunft zu werden: Ahriman! Menschenhände werden die Werke schreiben, aber Ahriman wird der Schriftsteller sein. Wie einstmals die alten Evangelisten inspiriert waren und die Werke ihrer übersinnlichen Wesenheiten, die sie begeisterten, niedergeschrieben haben, so werden Ahrimans Werke von Menschen geschrieben werden.

Und zweierlei wird es in der ferneren Entwickelungsgeschichte der Menschheit geben. Da wird die Bemühung sein müssen, dasjenige, was einstmals von Michael den prädestinierten Seelen in überirdischen Schulen gelehrt worden ist, fortzupflanzen in der irdischen Region, soweit es möglich sein kann, in der Anthroposophischen Gesellschaft andächtig in diesen Kenntnissen zu sein, und die, welche in den folgenden Inkarnationen nachkommen werden, darin zu unterrichten, bis das Ende des 20. Jahrhunderts da sein wird. Dann werden manche von denen, die diese Dinge heute zum ersten Mal erfahren, wieder zur Erde niedersteigen, was also bald sein wird. Auf der Erde aber wird mittlerweile vieles erscheinen, zahlreiches, was von Ahriman geschrieben sein wird. – Die eine Aufgabe der Anthroposophen wird sein: treulich die Michael-Weisheit zu pflegen, mit wohlmütigen Herzen zur Michael-Weisheit zu stehen und die erste Durchdringung der irdischen Intelligenz mit dem geistigen Michael-Schwert darin zu sehen, daß nun dieses geistige Michael-Schwert gehandhabt wird von den Herzen, in welche die Michael-Weisheit eingezogen ist, so, daß das Michael-Bild wie ein die einzelnen Anthroposophen begeisterndes Bild in einer neuen Gestalt erscheint: dastehend Michael in den Herzen der Menschen, unter seinen Füßen das, was ahrimanische Schriftstellerei sein wird. Es wird nicht jener äußeren Malerei bedürfen, die in der Dominikanerzeit oftmals das Bild fixiert hat: Oben die scholastischen Dominikaner mit ihren Büchern dastehend, unten die heidnische Weisheit, dargestellt durch Averroës, Avicenna und so weiter, die zu ihren Füßen zertreten werden – man sieht diese Bilder überall da, wo die Bekämpfung des Heidentums durch die christliche Scholastik im Bilde veranschaulicht werden sollte –, aber im Geiste wird man dieses Bild haben müssen: Ergebenheit gegenüber dem in die Welt hereinziehenden, auf der Erde die Intelligenz ergreifenden Michael, und Wachsamkeit – so daß man sich über sie erheben kann – gegenüber der glänzenden, blendenden, durch das ganze 20. Jahrhundert hindurch wirkenden Arbeit von Ahriman als Schriftsteller. Er wird an den sonderbarsten Stellen seine Werke schreiben, sie werden aber da sein, diese Werke, und seine Schüler bildet er sich heraus. Es erscheint gar manches schon in unserer Zeit, was zunächst die unterbewußten Seelen heranbildet, damit sie schnell sich wieder verkörpern und Werkzeuge werden können für Ahriman als Schriftsteller. Auf allen Gebieten wird er schreiben: Schreiben wird er in der Philosophie, schreiben wird er in der Poesie, schreiben wird er auf dem Gebiete der Dramatik und der Epik; schreiben wird er auf dem Gebiete der Medizin, der Jurisprudenz, der Soziologie! Auf allen Gebieten wird Ahriman schreiben!

Das wird die Situation sein, welcher die Menschheit wird entgegenzuleben haben mit dem Ende des Jahrhunderts. Und diejenigen, die heute noch jünger sind, werden manches sehen von dem, wie Ahriman als Schriftsteller auftritt. Auf allen Gebieten wird Wachsamkeit gebraucht werden und heiliger Enthusiasmus für die Michael-Weisheit.

Meine lieben Freunde, können wir uns mit so etwas durchdringen, können wir in der Lage sein, im geistigen Leben uns so drinnenstehend zu fühlen, wie es im Sinne dieser Andeutungen liegt, dann werden wir uns als rechte Anthroposophen in die gegenwärtige Zivilisation hineinstellen. Dann werden wir vielleicht doch immer mehr und mehr verspüren, daß eben ein neuer Zug von der Weihnachtstagung am Goetheanum ausgeht, daß im Grunde genommen der Anthroposophischen Gesellschaft jetzt erst dasjenige vorgehalten wird, worin sie sich wie in einem «Weltenspiegel» selber sehen kann, und daß auch der einzelne mit seinem ihn in die Anthroposophische Gesellschaft hineinführenden Karma sich gespiegelt sehen kann.

Das ist das, was ich Ihnen zunächst habe durch diese Vorträge ans Herz legen wollen. Denn zu den Herzen soll vorzugsweise gesprochen werden. Die Herzen müssen die Helfer des Michael werden in der Eroberung der vom Himmel auf die Erde gefallenen Intelligenz. Wie die alte Schlange von Michael zertreten werden mußte, so muß die zur Schlange gewordene Intelligenz von Michael erobert werden, spiritualisiert werden. Und überall, wo sie als Widerpart auftritt – nicht spiritualisiert, sondern ins Geistige ahrimanisiert –, da muß sie in der richtigen Weise erkannt werden durch die an der Michael-Gesinnung herangezogene Wachsamkeit des anthroposophischen Geistes.

Die Vertiefung des Christentums durch die Sonnenkräfte Michaels

ERSTER VORTRAG

Torquay, 12. August 1924

Es ist heute das erste Mal nach der Weihnachtstagung am Goetheanum, daß ich wiederum unter Ihnen sprechen darf. Und vor dem Beginn weiterer Auseinandersetzungen muß das ausgesprochen werden, was mit jenem Impuls zusammenhängt, der durch die letzte Weihnachtstagung am Goetheanum in die anthroposophische Bewegung hineingekommen ist. Wir haben ja die Freude gehabt, bei dieser Weihnachtstagung eine Reihe von Mitgliedern der Englischen Landesgesellschaft in Dornach begrüßen zu können, vor allen Dingen unseren lieben altbewährten Freund Mr. *Collison,* den Vorsitzenden hier in England. Und ich möchte in diesem Augenblick jenen Gruß, den ich ihm dazumal in Dornach als dem Repräsentanten der Englischen Landesgesellschaft dargebracht habe, hier erneuern.

Was durch die Weihnachtstagung in die Anthroposophische Gesellschaft als Impuls hineingekommen ist, soll in der Tat etwas Tiefgehendes darstellen, so daß manches, worüber vor der Weihnachtstagung das eine oder andere Wort charakterisierend ausgesprochen worden ist, jetzt im gegensätzlichen Sinn besprochen werden muß. Es ist ja über diese Gesellschaft auch innerlich im okkulten Sinne eine schwere Zeit gekommen, namentlich dadurch, daß in der Nachkriegszeit von verschiedenen Seiten her aus dem Schoß der Anthroposophischen Gesellschaft heraus die verschiedensten Dinge versucht wurden, und es ist notwendig geworden, eine Art Erneuerung für die Gesellschaft eintreten zu lassen.

Diese Erneuerung war für mich selber – und ich darf das wohl hier erwähnen – mit etwas sehr, sehr Bedeutungsvollem verknüpft.

Es trat einige Zeit vor Weihnachten eine Frage vor mich hin, nachdem lange die Absicht bestanden hat, die Gesellschaft in einer gewissen Weise zu Weihnachten neu – oder wenigstens in neuer Form – zu begründen.

Es trat an mich die Notwendigkeit heran, mich zu entschließen, dasjenige zu tun, was ich zu jener Zeit, als die Anthroposophische Gesellschaft sich aus der Theosophischen herausgegliedert hatte, aus guten Gründen abgelehnt hatte. Damals ging ich von der Voraussetzung aus, daß wenn ich mich von allem Verwaltungsmäßigen, von aller Leitung der Gesellschaft zurückziehe, um bloß im Lehramt zu verbleiben, gewisse Dinge weniger schwer zu gestalten sein würden, als wenn der Lehrende zu gleicher Zeit ein verwaltendes Amt hat.

Aber diese Dinge, die dazumal vorausgesetzt wurden, in den Jahren 1912, 1913, als die Anthroposophische Gesellschaft herausgegliedert worden ist aus der Theosophischen, diese Dinge sind eben nicht eingetreten. Die Voraussetzungen haben sich innerhalb der Anthroposophischen Gesellschaft nicht erfüllt. Und so wurde es denn für mich notwendig, wirklich ernstlich die Frage zu erwägen, ob ich nun den Vorsitz der Anthroposophischen Gesellschaft übernehmen solle oder nicht. – Und ich sah die Notwendigkeit ein, diesen Vorsitz zu übernehmen.

Ich möchte aber ganz scharf, auch im Kreis unserer lieben englischen Freunde, etwas betonen, was in Verbindung mit jenem Entschluß, den Vorsitz für die Anthroposophische Gesellschaft zu übernehmen, zu betonen durchaus notwendig ist. Es war gegenüber der ganzen Bewegung ein absolutes Wagnis, dies auszuführen, denn man stellte sich damit vor eine ganz bestimmte Eventualität.

Die anthroposophische Bewegung beruht ja darauf, daß aus der geistigen Welt reale Offenbarungen über den Inhalt der geistigen Erkenntnisse herunterfließen. Wenn man das Werk der anthroposophischen Bewegung tun will, so kann man nicht allein Menschenwerk tun. Man muß offen sein für das, was herunterfließt aus den geistigen Welten. Die Gesetze der geistigen Welten sind ganz bestimmte, nicht anzutastende. Sie müssen streng eingehalten werden.

Und es ist schwierig, das, was in unserer heutigen Zeit ein äußeres Amt verlangt, und sei es auch dasjenige des Vorsitzenden der Anthroposophischen Gesellschaft, zu vereinigen mit den okkulten Pflichten gegenüber den Offenbarungen der geistigen Welt. So daß man schon die Frage dazumal sich vor die Seele zu stellen hatte: Werden die geistigen Mächte, welche die Anthroposophische Gesellschaft bisher begnadet haben mit demjenigen, was herunterfließen kann von ihnen, werden diese geistigen Mächte auch weiter, ich möchte sagen, in dieser Weise die anthroposophische Bewegung begnaden?

Sie können gewiß die ganze Bedeutung einer solchen Eventualität würdigen. Man mußte sich vor die Möglichkeit hinstellen, daß die geistigen Mächte gesagt hätten: Das geht nicht, ein äußeres Amt kann nicht angenommen werden.

Nun darf heute wirklich, ich möchte sagen im Angesicht all der geistigen Mächte, die zusammenhängen mit der anthroposophischen Bewegung, gesagt werden, daß jene Verbindungen, die bestehen zwischen den spirituellen Welten und den Offenbarungen, die durch die anthroposophische Bewegung fließen sollen, intimer, einschneidender, reichlicher geflossen sind, als das vorher der Fall war, daß also tatsächlich von den beiden Eventualitäten, die haben eintreten können, die eine, die so günstig wie möglich ist für den weiteren Fortgang der anthroposophischen Bewegung, wirklich eingetreten ist. Man darf sagen: Mit vollem Wohlwollen sehen unausgesetzt seit der Begründung der Anthroposophischen Gesellschaft am Goetheanum jene geistigen Mächte, von denen wir unsere Offenbarungen haben, mit einem noch größeren Wohlwollen sehen sie auf uns herab, als das früher der Fall war. So daß nach dieser Richtung schon seit längerer Zeit ein schwerer Alp von der Anthroposophischen Gesellschaft genommen werden konnte.

Ich habe es ja oftmals, bevor diese Weihnachtstagung am Goetheanum war, betonen müssen, daß man zu unterscheiden habe zwischen der anthroposophischen Bewegung, die eine spirituelle Strömung in ihrer Spiegelung auf Erden darlebt, und zwischen der Anthroposophischen Gesellschaft, die eben eine Gesellschaft ist, die in einer äußerlichen Weise verwaltet wurde, indem man ihre Funktionäre wählte oder auf eine andere Weise bestimmte.

Seit Weihnachten muß das Gegenteil gesagt werden. Nicht mehr kann man unterscheiden die anthroposophische Bewegung von der Anthroposophischen Gesellschaft. Sie sind beide eins: Denn damit, daß ich selber Vorsitzender der Gesellschaft geworden bin, ist die anthroposophische Bewegung eins geworden mit der Anthroposophischen Gesellschaft.

Das machte notwendig, daß zu Weihnachten in Dornach nicht ein Vorstand eingesetzt worden ist, der im äußeren exoterischen Sinn ein

Vorstand ist, sondern ein Vorstand wurde eingesetzt, der als esoterischer Vorstand zu betrachten ist, der für dasjenige, was er tut, nur den geistigen Mächten gegenüber verantwortlich ist, der nicht gewählt, der gebildet worden ist. All die Dinge, die sich sonst bei Gründungsversammlungen zutragen, haben sich anders zugetragen zu Weihnachten. Und dieser Vorstand ist dasjenige, was ich einen Initiativvorstand nennen möchte, ein Vorstand, der seine Aufgaben in dem sieht, was er tut. Daher sind auch nicht auf der Weihnachtstagung Statuten ausgearbeitet worden, wie sonst Statuten lauten, sondern es ist einfach gesagt worden, was da für ein Verhältnis sein soll von Mensch zu Mensch, zwischen Vorstand und anderen Mitgliedern, den einzelnen Mitgliedern untereinander und so weiter. Was der Vorstand beabsichtigen wird, das steht in demjenigen darinnen, was kein Statut ist, was nur die Form von Statuten angenommen hat, was aber eigentlich eine Erzählung von dem ist, was man tun will. Alles war eben anders, als es sonst bei Gesellschaften ist.

Und das ist das Wesentliche, daß eben in die ganze Anthroposophische Gesellschaft nunmehr ein esoterischer Zug hineingekommen ist. Die ganze Bewegung, wie sie nunmehr durch die Gesellschaft fließt, muß einen esoterischen Charakter haben.

Das muß man ganz ernst nehmen. Dem Vorstand am Goetheanum werden nur die Impulse rein menschlichen Wirkens aus der geistigen Welt heraus maßgebend sein. Nicht Paragraph 1, Paragraph 2 und so weiter, sondern dasjenige, was wirkliches geistiges Leben ist, soll gefördert werden, rückhaltlos, ohne irgend etwas anderes dabei zu beabsichtigen.

Sehen Sie, ein scheinbar ganz Unbedeutendes darf ich dabei anführen. Es wurden und werden weiter die Mitgliederzertifikate für alle Mitglieder erneuert. Da wir jetzt doch zwölftausend Mitglieder in der Welt haben, mußten zwölftausend Mitgliedszertifikate ausgegeben werden. Die alle sind zu unterzeichnen nunmehr von mir selbst. Natürlich hat mancher gefunden, man könnte ja auch einen Stempel machen lassen und den daraufdrücken. Aber in der anthroposophischen Bewegung soll fortan alles einen unmittelbar individuellen, menschlichen Charakter haben. Daher muß ich auch in einer solchen Kleinigkeit das einhalten. Jedes Mitgliedszertifikat muß vor meinen Augen liegen, ich den Namen lesen, mit eigener Hand meinen Namen darunterschreiben: So ist zunächst allerdings eine kleine, aber eine menschlich-reale Beziehung zu jedem einzelnen Mitglied geschaffen. Es wäre natürlich einfacher, durch irgend jemanden einen Stempel auf die zwölftausend Mitgliedszertifikate setzen zu lassen, es soll aber nicht geschehen.

Das soll eben zunächst, ich möchte sagen, symbolisch andeuten, daß es in der Zukunft nur auf dasjenige ankommen wird, was als Menschliches durch die Gesellschaft waltet.

Wenn man in dieser Art dem Vorstand am Goetheanum Verständnis entgegenbringt, dann wird man sehen – natürlich wird alles langsam gehen, Sie müssen Geduld haben, meine lieben Freunde, aber wenn es auch langsam gehen wird –, es wird doch nach und nach alles einzelne der Weihnachtsabsichten ausgeführt werden. Nur muß man mit Verständnis auch dem Vorstand am Goetheanum entgegenkommen, er kann nicht den fünften Schritt vor dem zweiten machen, den zweiten nicht einmal vor dem ersten, und wenn er bis jetzt auch nur bei einem halben Schritt angekommen ist, es wird schon gehen, es wird schon die Zeit kommen, wo er auch beim fünften Schritt angekommen sein wird. Denn wenn die Dinge menschlich geführt werden sollen, dann kann man nicht beim Abstrakten stehenbleiben, dann muß man überall in das Konkrete eintreten.

Und so wird die anthroposophische Bewegung wirklich einen neuen Zug bekommen. Sie wird esoterisch sein dem Geist nach, nicht mehr in Äußerlichkeiten das Esoterische suchen. Esoterisch werden gewisse Wahrheiten sein, die allein in ihr verkündigt werden können, weil nur derjenige, der alles lebendig mitmacht, was in der Gesellschaft ist, solche Wahrheiten wird in sich herzlich verarbeiten können. Aber man wird nicht mehr auf Zyklen Siegel anlegen gegenüber der Außenwelt, wie es bisher geschehen ist. Man wird die Zyklen zwar nicht durch Buchhändler verkaufen, aber derjenige, der sie wird haben wollen, wird sie haben können. Nur werden wir, wie das ja schon angedeutet worden ist, eine spirituelle Grenze ziehen: Wir werden sagen, daß wir gar keine Einwände, keine Kritik irgendwie anerkennen können, als nur von denjenigen, die auch auf dem Boden stehen, auf dem die Zyklen stehen.

Mögen die Leute nunmehr in der Zukunft reden, was sie wollen, im Okkulten arbeitet man im Positiven, nicht im Negativen.

Diese Dinge müssen alle nach und nach verstanden werden. Werden sie verstanden, dann wird ein ganz neuer Zug in die anthroposophische Bewegung hineinkommen. Dann wird man verstehen, wie der Vorstand am Goetheanum sich allein dem Wesen der geistigen Welt gegenüber verantwortlich fühlt; man wird sich aber auch innerhalb der ganzen Gesellschaft mit diesem Vorstand verbunden fühlen.

Und dann wird vielleicht durch diesen neuen Zug dasjenige erreicht werden können, was mit der anthroposophischen Bewegung erreicht werden muß, wenn sie zu dem werden soll, was ich noch aus dem Inneren des geistigen Lebens heraus im Verlauf dieser Vorträge hier darstellen werde.

Ich möchte mit dieser kurzen Andeutung die Vorträge, die ich hier vor Ihnen zu halten habe, eingeleitet wissen und werde, nachdem dies übersetzt ist, mit den eigentlichen Auseinandersetzungen beginnen.*

Es ist durch Jahrhunderte hindurch die Menschheit dazu gekommen, immer weniger und weniger hinzuschauen auf die geistige Welt. Wir reden mit Recht davon, daß die letzten Jahrhunderte eine materialistische Zeit eingeleitet haben, daß diese materialistische Zeit nicht nur das menschliche Denken ergriffen hat, sondern auch das menschliche Wollen, das menschliche Tun, daß das ganze Leben nach und nach in das Zeichen des Materialismus eingetreten ist. Und wir werden uns dann bewußt innerhalb der Anthroposophischen Gesellschaft, daß diese der Erwecker von Kräften sein möchte, welche die Menschen wiederum herausführen aus dem Haften am Materiellen, an demjenigen, was das Geistige verleugnet.

Allein, soll die anthroposophische Bewegung der Impuls innerhalb der Gesamtentwickelung der Menschheit werden, der notwendig ist, dann muß mit alledem, was jetzt schon seit Jahren an Lehren, an Weisheitsgütern durch die anthroposophische Bewegung geflossen ist, voller

* Rudolf Steiner unterbrach hier und es folgte die englische Übersetzung. Diese Unterbrechungen sind in diesem Bande jeweils durch einen größeren Zwischenraum im Text angedeutet.

Ernst gemacht werden. Dann muß zum Beispiel einmal ganz ernsthaftig ins Auge gefaßt werden: Wie lebt denn der gegenwärtige Mensch innerhalb der Welt?

Er lebt sich herein durch die Geburt, indem er die von Eltern und Voreltern vererbten Merkmale annimmt, indem er sich erziehen läßt nach den Anschauungen, die nun schon einmal üblich sind in der Gegenwart, indem er in einer gewissen Zeit seines Lebens sich bewußt wird, gewissermaßen aufwacht zum äußeren Leben. Dann schaut er wohl auch hin auf dasjenige, was in seiner Umgebung an Anschauungen, an Gedanken, an Taten, Impulsen und so weiter vorhanden ist. Er versucht sich zu verstehen als ein Glied seiner Nation, versucht sich zu verstehen als ein Glied der gegenwärtigen Menschheit und so weiter.

In der anthroposophischen Bewegung nehmen wir die leuchtende, feurige Wahrheit auf: So, wie wir hier sitzen, so sind wir in diesem Leben – in der Wiederholung früherer Erdenleben. Wir tragen herein aus früheren Erdenleben in dieses jetzige die Ergebnisse der früheren Erdenleben. Und wir müßten uns eigentlich so fühlen, daß wir nicht nur zurückschauen auf dasjenige, was wir innerhalb unserer gegenwärtigen Nation, innerhalb der gegenwärtigen Menschheit sind, wir müßten uns fühlen als tastend herankommend an dieses Leben, indem wir durchgegangen sind durch eine Reihe von Erdenleben und in anderen Leben zwischen Tod und einer neuen Geburt an unserem Selbst gearbeitet haben, an unserem Ich, an unserer Individualität, um uns zu dem zu machen, was wir heute sind.

Aber wie weit ist eigentlich noch das alltägliche Bewußtsein des Menschen entfernt davon, ganz Ernst zu machen mit dem: Ja, ich bin durchgegangen durch frühere Erdenleben, ich rechne mit diesen früheren Erdenleben! Man wird das aber bei sich nicht können, wenn man nicht alle Lebensbetrachtung in den Gesichtspunkt des Karma rückt, der Schicksalsbildung, die von Erdenleben zu Erdenleben geht. Vor allen Dingen muß dann ja aber das geschichtliche Leben der Menschheit in einen solchen Gesichtspunkt gerückt werden. Wir müssen uns dann sagen: Da oder dort ist eine maßgebende Persönlichkeit aufgetreten, die Wichtiges gewirkt hat in der Menschheit. Verstehen wir sie denn, wenn wir sie nur geboren werden sehen in einem bestimmten Zeitpunkt, das Erdenleben durchlaufend, nur sie betrachtend nach denjenigen Inhalten, die sie in diesem einen Erdenleben hatte? Müssen wir denn nicht vielmehr, wenn wir Ernst machen wollen mit den Lehren, die durch die anthroposophische Bewegung fließen, uns sagen: Wir schauen hin auf eine Persönlichkeit; die stellt ja in ihrem heutigen oder in ihrem letzten Erdenleben die Wiederholung früherer Erdenleben dar, und wir können sie nicht verstehen, wenn wir sie nicht so auffassen, wie sie sich darstellt mit den Ergebnissen früherer Erdenleben.

Wenn wir aber mit einer solchen Auffassung, mit einem solchen Gesichtspunkt Ernst machen, müssen wir ja eine ganz andere Geschichtsbetrachtung eintreten lassen als diejenige, die heute allgemein üblich ist. Heute erzählt man die Tatsachen der verschiedenen Epochen der geschichtlichen Entwickelung der Menschheit. Man kommt zu einem Staatsmann, zu einem Maler, zu irgendeiner sonstigen bedeutenden Persönlichkeit. Man erzählt, was sie seit ihrer Geburt getan hat auf Erden. Aber man macht nicht Ernst damit, die Sache so aufzufassen: Diese Persönlichkeit ist da; frühere Erdenleben leuchten in das Gegenwärtige dieser Persönlichkeit herein. Man wird aber die Geschichte erst dann verstehen, wenn man wissen wird: Dasjenige, was in einer späteren Epoche geschieht, tragen ja die Menschen selber aus früheren Epochen in die späteren herüber. Die Menschen, die heute leben oder die vor Jahrhunderten gelebt haben, haben auch schon früher gelebt und tragen aus alten Zeiten dasjenige, was sie dort gedacht, erlebt haben, herüber in die neueren Zeiten. Auf diesen Zusammenhang muß hingeblickt werden.

Wie soll man zum Beispiel das Folgende verstehen, das durch unsere Zeit erschütternd geht? Auf der einen Seite haben wir seit fast zwei Jahrtausenden dasjenige, was durch das Mysterium von Golgatha begründet worden ist, haben den Christus-Impuls waltend und webend durch die neuere Zivilisation in europäischen, in westlichen Gegenden. Da drinnen haben wir aber in demselben Leben, durch das dieser christliche Impuls herzermärmend, geist-erleuchtend geht, zugleich ein anderes Element. Wir haben da drinnen alles das, was schon unsere Kinder in der Volksschule aus der modernen Wissenschaft heraus bekommen, was wir einsaugen als moderne Bildung jeden Morgen, wenn wir beim Kaffee die Zeitung lesen. Denn nehmen Sie die heutige Anschauung über den Menschen: Alles, was die Wissenschaft ins öffentliche Leben hineinbringt, was vielfach die Kunst leistet, was andere Zweige des Lebens leisten, nehmen Sie das alles – man kann nicht sagen, daß das durchdrungen ist von dem Christus-Impuls. Es geht neben dem Christus-Impuls her. Ja, viele Leute sind sogar sehr darauf aus, nur ja nicht den Christus-Impuls in die Anatomie, in die Physiologie, in die Biologie, in die Geschichte hineinfließen zu lassen, sondern das alles getrennt zu halten.

Woher kommt das? Solange wir nur sagen: Da steht diese Persönlichkeit, sie wirkt als Wissenschafter, sie hat solch eine Erziehung genossen, sie wuchs auf, machte diese oder jene wissenschaftliche Forschung, solange wir nur sagen: Da ist ein Staatsmann, er hat diese oder jene Erziehung genossen, er hat diese oder jene liberale oder konservative Gesinnung in seinen politischen Maßnahmen vertreten –, solange verstehen wir nicht, wie durch dieselbe Zivilisation der Gegenwart auf der einen Seite der christliche Impuls fließen kann und auf der anderen Seite etwas, was gar nichts zu tun haben braucht mit dem Christentum. Woher kommt das? Verstehen werden wir eine solche Sache dann, wenn wir auf die wiederholten Erdenleben der maßgebenden Persönlichkeiten hinblicken. Da werden wir verstehen, wie aus früheren Zivilisationen die Menschen dasjenige, was sie in ihren früheren Erdenleben an Gedanken, an Willensimpulsen aufgenommen haben, in spätere Erdenepochen herübertragen.

Wir sehen Persönlichkeiten auftreten in demjenigen, was maßgeblich geworden ist in unserem Zeitalter. Nehmen wir zum Beispiel eine Persönlichkeit, die für das äußere Leben, namentlich für alles, was von der Wissenschaft influenziert ist, außerordentlich maßgebend geworden ist in der neueren Zeit: *Lord Bacon, Baco von Verulam.* Diese Persönlichkeit, sie tritt auf, wir lernen ihr Leben kennen. Wir betrachten diese Persönlichkeit innerhalb der christlichen Zivilisation. Nichts erinnert in demjenigen, was die äußere Schriftstellerei des Baco von Verulam ist, an christliche Impulse. Er könnte ebensogut aus einer nichtchristlichen Zivilisation herausgewachsen sein. Was er über das Christentum sagt, nimmt sich sehr äußerlich aus neben dem, was sein eigentlicher Herzensimpuls ist. Wir bemerken diese Charaktereigentümlichkeit bei ihm als Wissenschafter, als Philosoph und als Staatsmann.

Oder sehen wir uns eine Persönlichkeit wie *Darwin* an. Was hat Darwins Christentum – er war ein guter Christ –, aber was hat Darwins Christentum im geringsten zu tun mit dem, was Darwin gedacht hat über die Entstehung der Tiere und des Menschen? Gar nichts. Da lebt ein ganz anderer Zug, ein ganz anderer Impuls, als der christliche Impuls es ist. Wir kommen nicht zurecht, wenn wir uns nicht fragen: Wie stand es mit den früheren Erdenleben, sagen wir, bei Baco von Verulam oder bei Darwin? Was trugen sie aus ihren früheren Erdenleben in dieses Erdenleben herüber?

Diese Frage nach den wiederholten Erdenleben muß fortan, wenn die Anthroposophische Gesellschaft ihren rechten Sinn erhalten soll, nicht bloß abstrakt aufgeworfen werden. Daß wir wissen: wir leben wiederholt auf Erden, dieses oder jenes lebt sich hinüber aus einem Erdenleben in das andere, diese Betrachtungen sind ja gewiß sehr schön, aber doch verhältnismäßig harmlos, denn sie werden nur zu einem allgemeinen Bekenntnis, zum Glauben. Ernsthaftig fängt die Sache erst an, wenn wir hinschauen auf den ganz konkreten Menschen und wenn wir sein konkretes Leben in irgendeinem späteren Zeitalter verstehen aus seinem konkreten Leben in früheren Zeitaltern.

Mit solchen Betrachtungen wollen wir jetzt einmal beginnen, wollen zunächst einmal etwas Historisches ins Auge fassen, um mit den Karmabetrachtungen völlig Ernst zu machen, um den Fortschritt in der Entwickelung der Menschheit in bezug auf die Zivilisation und alles dasjenige, was die Menschheit tut, so einzusehen, daß wir wahrnehmen können, wie aus einem Zeitalter die Menschen hinübertragen in das andere Zeitalter dasjenige, was sie in früheren Zeiten aufgegriffen haben.

Wir sehen in einem Zeitalter, sagen wir, Baco von Verulam auftreten, wir sehen später Darwin auftreten: wir sehen etwas Verwandtes in ihnen. Wenn man oberflächlich ist, studiert man, wie Bacon, wie Darwin zu ihren Ansichten gekommen sind. Wenn man tiefer gehen will, dann findet man, wie sie in die christliche Zivilisation etwas hereinstellen, was man zunächst gar nicht aus der christlichen Zivilisation begreifen kann. Die Frage muß auftauchen, wenn wir zurückschauen:

Muß Bacon nicht, muß Darwin nicht ein früheres Erdenleben gehabt haben?

Aus diesen früheren Erdenleben haben sie herübergetragen, was uns aus ihren späteren Erdenleben vor Augen tritt. Dann erst verstehen wir sie geschichtlich, wenn wir sie individuell verstehen. Denn die Geschichte löst sich auf, wenn man das Karma ernst nimmt, in Menschentaten, in Menschenlebensströmungen aus fernen Vergangenheiten in die Gegenwart herein, in die Zukunft hinüber.

Von diesen Dingen soll von jetzt ab, ich möchte sagen, nicht mehr in einer zurückhaltenden Weise gesprochen werden; es soll so gesprochen werden, wie die Tatsachen im geistigen Leben liegen, so daß die äußere Welt der Geschichte und der Natur so vor uns hintritt, daß sich in dieser äußeren Welt der Geschichte und der Natur dasjenige offenbart, was dahinter als spirituelle Tatsache strömt.

Unter allen Umständen wird der Mensch zunächst das Aufwerfen und Behandeln solcher Fragen, wie ich sie hier eben angedeutet habe, leichter nehmen, als es gegenüber den geistigen und physischen Welten, in denen wir leben, aufzufassen ist. Denn sehen Sie, so wie man über die Dinge des gewöhnlichen Lebens denkt, wie man Entscheidungen trifft über die Dinge des gewöhnlichen Lebens, so kann man solchen Dingen gegenüber nicht Entscheidungen treffen. Und ich darf, um Sie bekannt zu machen mit all den Untergründen, die für solche Fragen in Betracht kommen, heute am Schluß der ersten Betrachtung, die über solche Dinge angestellt wird, bevor wir übergehen zur Beantwortung der Fragen: Wer war Bacon im vorhergehenden Leben? Wer war Darwin im vorhergehenden Leben? – eine Art persönlicher Bemerkung machen, die aber dennoch ganz objektiv gemeint ist.

Es wird ja jetzt im Verlauf der Nummern des «Goetheanum» von mir mein Lebensgang geschildert. Aber in einer Schrift, die auch für die Außenwelt zu lesen ist, läßt sich nicht alles, was in Betracht kommt, darstellen, und da und dort ist natürlich eine Ergänzung notwendig für diejenigen, die im Ernst ihren Weg hineinfinden wollen innerhalb unserer Bewegung in die geistige Welt. Und so möchte ich denn heute, bevor ich nun im nächsten Vortrag an die Beantwortung solcher Fragen gehe, wie die hier aufgeworfene, eben diese persönliche, individuelle Bemerkung machen.

Sehen Sie, lebte man sich so herauf wie ich selber aus den sechziger Jahren des vorigen Jahrhunderts bis zur Gegenwart, so lebte man ja in derjenigen Zeit, die ich Ihnen öfter charakterisiert habe als die Zeit, in der die Michael-Herrschaft in der menschlichen Zivilisation eintrat, gegenüber der vorher dreieinhalb Jahrhunderte dauernden Gabriel-Herrschaft. Die Michael-Herrschaft, das heißt das Einfließen des sonnenhaften Michael-Impulses in die ganze Zivilisation im Fortschreiten der Menschheit, trat mit dem Ende der siebziger Jahre des vorigen Jahrhunderts ein. Wenn man in der Zeit, die unmittelbar auf das Hereinbrechen des Michael-Einflusses folgte und mit solchen Jugendgenossen lebte, daß man damals, also in den achtziger, neunziger Jahren, wo die Michael-Herrschaft begonnen hat, hinter den Kulissen des äußeren Geschehens sich geltend zu machen, seine Gemüts- oder Verstandesseele auszubilden hatte – Sie wissen, die bildet man aus so zwischen dem achtundzwanzigsten und fünfunddreißigsten Jahr –, so lebte man ja, wenn man so recht in dieser Gemüts- und Verstandesseele lebte, außerhalb der physischen Welt. Am meisten ist der Mensch, wenn er sich erlebt, bewußt erlebt in der Gemüts- oder Verstandesseele, außerhalb der physischen Welt.

Wir gliedern den Menschen in physischen Leib, Ätherleib und Empfindungsleib. Mit dem physischen Leib steht er deutlich darinnen in der physischen Welt. Mit dem Ätherleib lebt er auch noch in der äußeren Welt, mit dem Empfindungsleib lebt er ebenfalls stark in der äußeren Welt. In der Empfindungsseele lebt er noch in ihr. Aber ganz außerhalb der äußeren Welt kann der Mensch leben, wenn er in der Verstandes- oder Gemütsseele – vor dem Erwachen der Bewußtseinsseele, die ja im fünfunddreißigsten Jahr erwacht –, wenn er also in der Verstandes- oder Gemütsseele ganz bewußt drinnenlebt. Man kann da ganz ins Seelische hineinkommen. Daher war damals, so in den achtziger, neunziger Jahren des vorigen Jahrhunderts, die Gelegenheit gegeben für jemanden, der die Anlage dazu hatte, mit seiner Verstandes- oder Gemütsseele mehr oder weniger außerhalb der physischen Welt zu leben.

Was heißt das? Das heißt, man konnte dadurch, daß man mit der

Verstandes- oder Gemütsseele außerhalb der physischen Welt lebte, in der Region, in der Sphäre leben, in die hinein gerade Michael ins irdische Leben eintrat.

Denn sehen Sie, in den achtziger, neunziger Jahren, da verlief so manches, was die Menschen bewunderten, worinnen sie erzogen wurden, woran sie sich selbst erzogen. Nun, in vielen hochtrabenden Worten wird ja gerade von den neueren Literaten dieses Zeitalter geschildert. Nehmen Sie alles, was Zeitschriften gebracht haben, was die Kunst gebracht hat, was da aufgetreten ist in den achtziger, neunziger Jahren des vorigen Jahrhunderts, das verfließt so: 1879, 1880, 1890 und so weiter. Aber gerade in diesen Jahren gab es noch ein anderes Geschehen. Da war ein dünner Schleier, und hinter diesem dünnen Schleier, da war eine an unsere physische Welt stark angrenzende Welt. Das war das Eigentümliche vom Ende des 19. Jahrhunderts. Das war das Eigentümliche der Zeit vor dem Ablauf des Kali Yuga – das Kali Yuga lief ja mit dem 19. Jahrhundert ab –, wie durch einen spinnwebendünnen Schleier, den nur das gewöhnliche Bewußtsein nicht durchdringen kann, war da angrenzend eine Welt: da spielte sich das ab, was immer mehr und mehr herauskommen muß in die physische Welt und was in der physischen Welt in seinen Wirkungen sich zeigen muß.

Es war in der Tat etwas Geheimnisvolles mit diesem Zeitalter vom Ende des 19. Jahrhunderts. Hinter einem Schleier spielten sich gewaltige Erscheinungen ab, die sich alle herumgruppierten um das Geistwesen, das wir als Michael bezeichnen. Da waren mächtige Anhänger Michaels, Menschenseelen, die dazumal nicht im physischen Leib waren, sondern zwischen dem Tod und einer neuen Geburt standen, aber auch mächtige dämonische Gewalten, die sich auflehnten unter ahrimanischen Einflüssen gegen das, was durch Michael in die Welt kommen sollte.

Sehen Sie, wenn ich da eben eine persönliche Bemerkung machen darf, so ist es diese: Ich selber wuchs so heran, daß ich eigentlich niemals Schwierigkeiten hatte in der Auffassung der geistigen Welt. Was die geistige Welt mir entgegenbrachte, das ging in meine Seele herein, bildete sich zu Ideen aus, konnte sich in Gedanken formen. Dasjenige, was den anderen Menschen so leicht wurde, wurde mir schwer. Ich konnte naturwissenschaftliche Zusammenhänge rasch fassen, dagegen einzelne

Tatsachen wollten nicht im Gedächtnis bleiben, gingen nicht herein. Ich konnte die Undulationstheorie, die Anschauungen der Mathematiker, Physiker, Chemiker mit Leichtigkeit erfassen; ein Mineral dagegen mußte ich nicht wie mancher einmal, zweimal sehen, um es, wenn es wiederum vor mich hintrat, zu erkennen, sondern das mußte dreißig-, vierzigmal geschehen. Die Tatsachen der äußeren physischen Welt boten mir Widerstand in bezug auf das Halten, das Auffassen. Ich konnte nicht leicht heraus in diese physisch-sinnliche Welt.

Dadurch mußte ich drinnenstehen in dieser Welt hinter dem Schleier, mit der ganzen Verstandes- und Gemütsseele, in dieser Region des Michael, mußte mit durchmachen, was sich da abspielte. Da traten eben die großen Forderungen auf, nun einmal mit dem geistigen Leben Ernst zu machen, Fragen aufzuwerfen von solcher Größe. Das äußere Leben bot dazu keinen Anlaß. Das äußere Leben schrieb die alte philiströse Biographie von Darwin und Bacon weiter. Aber da, hinter den Kulissen, hinter diesem dünnen Schleier, in der Region des Michael, da wurden die großen Lebensfragen aufgeworfen. Und da lernte man vor allen Dingen das eine kennen: Was für ein großer Unterschied es ist, in seinem Herzen diese Frage aufzuwerfen – und in Worten darüber zu sprechen.

Der heutige Mensch meint: Über das, was man weiß, kann man in Worten sprechen. Es wird ja auch so schnell wie möglich alles, was der heutige Mensch erfährt, in Worte umgesetzt und in Worten ausgesprochen. Die Fragen, die in der Region des Michael gerade in den achtziger, neunziger Jahren spielten, diese Fragen wirkten weiter, wenn sie sich auf einen Menschen ablagerten, sie wirkten weiter in das 20. Jahrhundert herein. Und jedesmal, wenn man schon jahrzehntelang unter dem Einfluß dieser Fragen stand und lebte, dann war es dennoch so, wenn man die Dinge aussprechen wollte, als ob die Feinde des Michael immer kämen und einem die Zunge festhielten, denn es sollte über gewisse Dinge nicht gesprochen werden.

Und, sehen Sie, auch im Schoße der anthroposophischen Bewegung mußte vieles noch weiter fortgetragen werden, was gewissermaßen Michael-Geheimnis geblieben ist. Dazu gehörten vor allen Dingen diejenigen Wahrheiten, die sich auf solche historischen Zusammenhänge bezogen. Seit einiger Zeit kann über diese Dinge rückhaltlos gesprochen werden. Es sind nun seit Monaten Möglichkeiten vorhanden – gerade auch für mich ist es möglich geworden –, über diese Dinge rückhaltlos zu sprechen. Daher geschieht es und ist geschehen und soll auch hier geschehen, daß über die Zusammenhänge in den Erdenleben nunmehr rückhaltlos gesprochen werden kann. Denn das hängt zusammen mit der Enthüllung der Michael-Geheimnisse, die in dieser Weise, wie ich es Ihnen beschrieben habe, sich abspielten.

Das ist eines von den konkreten Dingen, von denen ich vorher abstrakt gesprochen habe. Ich sagte im ersten Teil mit Bezug auf eine Eventualität: daß die geistige Welt sich hätte versagen können. Sie hat sich nicht versagt. In der Tat, durch alles dasjenige, was namentlich seit der Weihnachtstagung der Anthroposophischen Gesellschaft zu geben möglich geworden ist, durch die Art und Weise, wie es mir gestattet ist, seit jener Zeit selber okkult zu arbeiten – es sind ja nicht neue Dinge, man kann im Okkulten nicht Dinge, die man gestern entdeckt hat, sofort heute mitteilen, es sind alte Dinge, Dinge, die erlebt worden sind in der Weise, wie ich es Ihnen dargestellt habe –, aber hinzugekommen ist, daß die Dämonen schweigen müssen, welche vorher die Dinge nicht haben aussprechen lassen.

Damit ist auf einen solchen Umschwung hingewiesen, und ich erzähle Ihnen diese Sache aus dem Grunde, damit Sie mit dem nötigen Ernst es erfassen, wenn von konkreten wiederholten Erdenleben bei bedeutenden und unbedeutenden Persönlichkeiten in der Zukunft gesprochen wird. Man darf diese Dinge nicht leicht nehmen, man darf sie nur hinnehmen, indem man vor ihnen den nötigen Respekt hat.

Nun, ich habe diese Andeutungen machen wollen; sie werden im Lauf der weiteren Vorträge ergänzt, es wird weiteres aus ihnen herauskommen. Aber ich wollte, bevor ich nun über frühere Verkörperungen von Darwin und von anderen spreche, erst darauf aufmerksam machen, in welcher geistigen Atmosphäre, von welchem geistigen Licht beleuchtet man solche Dinge zu sehen habe. Wir wollen dann das nächste Mal, wenn wir hier in der Mitgliederversammlung zusammenkommen, von diesen Dingen weiter sprechen.*

* Es folgte die englische Übersetzung und die Beantwortung von Fragen, die sich auf die Sektionen beziehen.

Ich habe noch zu sagen, daß wir ja nun eingegliedert haben in die anthroposophische Bewegung eine esoterische Bewegung im engeren Sinn, die gegliedert ist in verschiedene Sektionen. Vor allen Dingen ist vorhanden die allgemeine Sektion, die das Esoterische für alle Menschenseelen enthalten wird. Dann haben wir die pädagogische Sektion – die Dinge werden schon noch bekannt werden –, und wir haben die medizinische Sektion. Wir haben zwei künstlerische Sektionen, die eine für bildende Künste, die andere für musikalische und redende Künste. Wir haben eine naturwissenschaftliche Sektion. Wir haben eine astronomisch-mathematische Sektion. Über diese Dinge werde ich ja dann noch bei entsprechender Gelegenheit Mitteilung zu machen haben.

Die allgemeine Sektion wird nun als Klasse zunächst durch ihre erste Klasse repräsentiert vor der Welt, und es werden ja schon die Klassenstunden seit längerer Zeit in Dornach gehalten, sind auch schon in verschiedenen anderen Orten, zum Beispiel in Prag, Breslau, Paris von mir gehalten worden. Nun soll in diejenigen Dinge, die hier unter uns behandelt werden, auch diese Klassenstunde eintreten, und es ist ja für nächsten Dienstag für hier eine Klassenstunde in Aussicht genommen. Dazu ist notwendig, daß diejenigen Freunde, die in der Lage sind, Mitglieder dieser Klasse zu werden, überhaupt der esoterischen Bewegung, daß diese aufgenommen werden.

Ich werde über die strengen Bedingungen dann bei der ersten Klassenstunde zu sprechen haben. Zunächst wird es sich aber darum handeln, daß nur diejenigen Freunde um die Aufnahme in die Erste Klasse nachsuchen sollen, die schon mindestens zwei Jahre der anthroposophischen Bewegung angehören. Ausnahmen können nur in seltenen Fällen gemacht werden. Außerdem aber behält sich die Leitung der Schule am Goetheanum vor, die Mitgliedschaft zu erteilen oder die Mitgliedschaft auch abzulehnen.

Und es ist von vornherein zu sagen, daß in der Zukunft ja jedermann, der ein Interesse und eine Sehnsucht nach den spirituellen Welten hat, an die Anthroposophische Gesellschaft wird herankommen können. Man wird sozusagen zu nichts anderem verpflichtet als zu demjenigen, zu dem eigentlich jeder anständig denkende Mensch verpflichtet ist.

Dagegen muß die Schule, die den Weg in die geistige Welt selber hinein eröffnen soll, ihre sehr seriösen Ansprüche machen. Derjenige, der Mitglied der Schule sein will, muß auch ein wirklicher Repräsentant der anthroposophischen Sache vor der Welt sein.

Nennen Sie das nicht eine Beeinträchtigung der menschlichen Freiheit! Die Freiheit muß ja gegenseitig sein. Derjenige, der ein Mitglied der Schule wird, ist zunächst ein freier Mensch, aber die Leitung der Schule muß auch frei sein. Es muß ihr freistehen, zu entscheiden, an wen sie die Geistesgüter der Schule heranbringen will. Es ist sozusagen ein spiritueller Vertrag, der zwischen der Leitung der Schule und ihren einzelnen Mitgliedern geschlossen wird. Daher muß sich die Schule auch vorbehalten, wenn es sich herausstellen sollte, daß irgend jemand, der Mitglied der Schule geworden ist, nicht in Einklang mit dem, was die Impulse der Schule geben wollen, handelt, nicht so im Leben handelt, daß er sich als Repräsentant der Schule darstellt, daher muß es der Schule auch freistehen, zu entscheiden: der kann nicht mehr Mitglied der Schule sein oder für Zeiten es nicht mehr sein.

Daß diese Dinge streng genommen werden, mag Ihnen daraus hervorgehen, daß, ehe es möglich geworden ist, eine Klassenstunde hier in Ihrer Mitte zu halten – was am nächsten Dienstag zum erstenmal geschehen soll und dann weiter –, daß im Verlauf des Wirkens der Schule schon die Notwendigkeit war, über sechzehn, siebzehn Mitglieder aus der Schule auszuschließen. Die Dinge, die auf das okkulte Leben sich beziehen, müssen eben in ihrer vollen Wirklichkeit genommen werden.

Wenn also jemand die Meinung hat, er könne nun wirklich als Repräsentant der anthroposophischen Sache vor der Welt seinen Beitritt zur Schule suchen, so möge er sich dazu melden. Äußere Bedingung ist zunächst, daß man wenigstens zwei Jahre Mitglied ist. Die Freunde, die länger als zwei Jahre Mitglied sind, können sich melden, insofern sie noch nicht ihr blaues Zertifikat erhalten haben. Man wird künftig das rote Zertifikat als Mitglied der Anthroposophischen Gesellschaft haben, und man wird das blaue Zertifikat haben als Mitglied der Schule.

Diejenigen Freunde also, die Mitglieder der Schule werden wollen, die, wie ich schon sagte, noch nicht ein Zertifikat erhalten haben, auch wenn sie schon geschrieben haben und ihr Schreiben noch nicht erledigt werden konnte, also wenn sie noch nicht das blaue Zertifikat gesandt erhalten haben, bitte ich, heute abend oder wenigstens in den nächsten Tagen, am besten so schnell wie möglich, hier bei Dr. Wachsmuth sich zu melden. Wir werden dadurch ein Verzeichnis derjenigen bekommen, die sich noch melden, und dann werden diejenigen, welche zur Schule zugelassen werden können, ihr blaues Zertifikat zur ersten Klassenstunde bekommen, die, wie gesagt, für den nächsten Dienstag vorgesehen ist.

ZWEITER VORTRAG

Torquay, 14. August 1924

Die Frage habe ich aufgeworfen: Wie finden wir für manche historische und auch nichthistorische Persönlichkeit, die aber unser Interesse durch ihre Wirksamkeit in Anspruch nehmen kann, die Erklärung eines späteren Erdenlebens durch die früheren Erdenleben? Und nun möchte ich heute zunächst, um für weitere Betrachtungen die Grundlagen zu schaffen, auf gewisse Zusammenhänge hinweisen, die bestanden in den aufeinanderfolgenden Erdenleben verschiedener Persönlichkeiten. Ich werde heute einmal zunächst dasjenige vor Sie hinstellen, was Ergebnis gewisser geistiger Forschung ist, um dann gerade auf der Grundlage, die heute zunächst erzählend gegeben wird, eine Art von Erkenntnis aufzubauen, wie man dazu kommt, die aufeinanderfolgenden Erdenleben von Persönlichkeiten ins Auge fassen zu können.

Wir wollen einmal eben solche charakteristische Persönlichkeiten nehmen, wie die sind, deren Namen ich das letzte Mal erwähnt habe. Solche Persönlichkeiten machen uns ja zunächst darauf aufmerksam, wie hereinragen in unsere gegenwärtige Zivilisation verschiedene geistige Impulse. Durch fast zwei Jahrtausende – so sagte ich schon in der vorigen Betrachtung – ging über das Abendland und einen großen Teil seines kolonialen Anhangs das Christentum hin, das Christentum, das, mehr als man glaubt, hineingeflossen ist in alle Zivilisationen. Und es ist schon so, daß man vieles von dem, bei dem man nicht sogleich sieht, daß christliche Impulse in ihm leben, dennoch, wenn man es genau studiert, ganz durchsetzt finden wird von durchaus christlichen Impulsen. Aber es ist eben nicht zu leugnen – auch das habe ich schon angedeutet –, daß etwas in unsere Zivilisation hereinragt, was nicht einen unmittelbaren direkten Zusammenhang mit dem Christentum verrät.

Gewisse Anschauungen, auch gewisse Lebenspraktiken, stellen sich herein in unsere Zivilisation, die nicht einen unmittelbaren Zusammenhang mit dem Christentum verraten. Und da sieht sich dann derjenige, der nun aus tieferen inneren Ursachen heraus den Verlauf des geschichtlichen Werdens unseres Geisteslebens begreifen will und die geistige Forschung zu diesem Begreifen zu Hilfe nehmen will, zu einer Erscheinung hingedrängt, die viel zu wenig beachtet wird, wenn von dem Werden der abendländischen Zivilisation gesprochen wird. Er sieht sich gedrängt, hinzuschauen nach jener historischen Erscheinung, die parallel ging dem Auftreten und Wirken *Karls des Großen* im Abendland. Er sieht sich gedrängt, hinzublicken nach jenem Hof im Morgenland, dem vorstand mit einem, man darf schon sagen, wirklich morgenländischen Glanz *Harun al Raschid,* der Zeitgenosse Karls des Großen. Alles, was Karl der Große im Abendland geleistet hat, nimmt sich schwach und matt aus gegen den ungeheuren Glanz und die Majestät dessen, was zu gleicher Zeit von dem Hof Harun al Raschids ausgegangen ist.

Man muß nur bedenken, was an Geistesleben zusammengeflossen ist an diesem vorderasiatischen Hof. Wir müssen daran denken, wie in alten Zeiten durch die Alexanderzüge die griechische Kultur in einer Form nach Asien hinübergebracht worden ist, von der man heute nur noch wenig Ahnung hat. Alles, was auf dem Grunde griechischer Kultur gelebt hat, hat in genialer Art *Alexander der Große* nach Asien hinübergebracht. Und es war an vielen gelehrten Stätten des Ostens durch die Einrichtungen, die durch Alexander den Großen nach Asien hinübergetragen worden sind, eine Lebens- und Weltanschauung üblich, die vieles vom Alten treu bewahrte und vieles ablehnte, was dann im Abendland über das Alte hinflutete.

Vor allen Dingen war eine rationelle, gesunde, wissenschaftliche Mystik durch Alexander den Großen nach Asien hinübergekommen, so daß diejenigen, die sich mehr zu der philosophischen Anschauung bekannten, die so nach Asien hinübergekommen war, überall in der Welt kosmische Intelligenz ausgebreitet sahen. Alles in der Welt ist durchdrungen von kosmischer Intelligenz. In Asien drüben sagte man nicht als Mensch: Ich denke mir etwas aus, ich bin ein intelligentes Wesen –, sondern man sagte sich: Alles, was gedacht wird, denken Götter, denkt vor allen Dingen der einige Gott, der ja schon im Aristotelismus eine Rolle spielte. Das, was die einzelne menschliche Intelligenz ist, das ist ein Tropfen aus der All-Intelligenz und offenbart sich herein in das Wesen des einzelnen, so daß der einzelne sich fühlte, ich möchte sagen, mit seinem Kopf und mit seinem Herzen wie drinnensteckend in der All-Intelligenz. Das war die Stimmung.

Diese Stimmung herrschte auch am Hof Harun al Raschids. Im 8. und 9. nachchristlichen Jahrhundert herrschte sie noch. Und dann waren jene griechischen Gelehrten hinübergekommen, die die Flucht ergreifen mußten, weil die griechische Philosophie in Europa ausgerottet wurde. Vieles war an orientalischer Weisheit geblieben. All das floß zusammen, was dazumal an mystisch starker Astronomie, an gewaltiger, von innerlicher Bildsamkeit durchtränkter Architektur und anderer Kunst, auch Dichtkunst möglich war, was möglich war an anderen Wissenschaften und an praktischen Kundgebungen des Lebens, all das floß zusammen am Hof Harun al Raschids, weil dieser glanzliebende, aber auch in gewisser Beziehung für alles Organisatorische außerordentlich begabte Mensch an seinem Hof diejenigen Menschen versammelte, die in der damaligen Zeit das meiste wußten, die noch vieles bewahrten von alter Mysterienweisheit, die nicht mehr unmittelbar Initiierte waren, aber die vieles bewahrten von alter Mysterienweisheit und noch lebendig lebten in dieser Mysterienweisheit.

Insbesondere war eine Persönlichkeit da, ein sehr weiser Ratgeber Harun al Raschids, den wir etwas näher ins Auge fassen wollen. Sein Name tut nichts zur Sache, der Name ist nicht besonders auf die Nachwelt gekommen. Allein es war eine sehr weise Persönlichkeit. Um sie zu begreifen, muß man auf etwas hinschauen, was gerade die Kenner der Geisteswissenschaft bewundern könnten.

Sehen Sie, meine lieben Freunde, Sie können ja alle eine gewisse Frage aufwerfen. Sie können sagen: Uns erzählt die Geisteswissenschaft, die Anthroposophie, daß es einstmals Eingeweihte gegeben hat. Da und dort waren Eingeweihte. Diese Eingeweihten beherrschten ein umfängliches großes Wissen, eine ungeheure Weisheit. Da aber die Menschen im Leben wiederkehren in wiederholten Erdenleben, wie kommt es dann, daß man zum Beispiel heute nicht bemerkt, daß wiedergekommene alte Initiierte da sind? – Es ist eine berechtigte Frage, die Sie aufwerfen können.

Wer aber die Bedingungen des Erdenlebens kennt, der weiß auch, daß eine Menschenindividualität, die aus vorirdischem Dasein in ein gewisses Zeitalter hinein nach ihrem Karma geboren werden muß, eben die vererbten Eigenschaften auf sich nehmen muß, die man in diesem Zeitalter haben kann, auf sich nehmen muß alles das, was in den vorhandenen Erziehungsmöglichkeiten liegt. Und so kann durchaus für eine Individualität die Sache so liegen, daß sie in alten Zeiten ein Initiierter war, daß aber dasjenige, was sie als Initiierter gewußt hat, für ein bestimmtes Zeitalter im Unterbewußten drunten bleibt und das Oberbewußtsein, das Tagesbewußtsein zwar auch etwas Bedeutsames im Leben zeigt, aber nicht unmittelbar eine Offenbarung dessen ist, was in einem früheren Erdenleben diese Persönlichkeit als Initiierter in ihrer Seele besessen hat.

Solch eine Persönlichkeit war es, die ich meine als weisen Ratgeber Harun al Raschids. Er war in alten Mysterien, in sehr alten Mysterien, ein Eingeweihter. Er war wiedergeboren worden und lebte auch als wiedergeborener Eingeweihter am Hof Harun al Raschids wieder als ein Eingeweihter, dessen früherer Initiationsbesitz als geniale Organisationsgabe, als großartige Verwaltungsgabe für die anderen Wissenschafter, die am Hof Harun al Raschids lebten, sich kundtat; aber den unmittelbaren Eindruck eines Eingeweihten machte er nicht. Er bewahrte durch seine eigene Wesenheit, nicht bloß durch Initiation, die alte Initiatenwissenschaft, aber er machte nicht selber den Eindruck eines Initiierten.

Aber Harun al Raschid hielt sehr viel auf diesen weisen Mann. Er übertrug ihm die Organisation alles dessen, was als Wissenschaften, als Künste am Hof Harun al Raschids glänzte. Er war froh, diesen Mann zu haben, und fühlte sich sozusagen unmittelbar als Freund dieses Mannes.

Diese beiden Persönlichkeiten, Harun al Raschid und seinen weisen Ratgeber, wollen wir nun betrachten, wollen ins Auge fassen, daß im 8. und 9. Jahrhundert der nachchristlichen Zeit in Europa in der christlichen Kultur am Hof Karls des Großen eben begonnen worden war damit, ich möchte sagen, daß die sozial höchststehenden Menschen soeben ihre ersten Schreibversuche machten, ja, daß Karl der Große selber die ersten Schreibversuche machte und *Eginhart* am Hof Karls des Großen die ersten Versuche machte, das Sprachliche in Grammatik zu bringen. Als da in Europa alles primitiv war, da war drüben in Asien in dem Herrscher, den Karl der Große außerordentlich verehrte, in Harun al Raschid, eine mächtige, blendende Geisteskultur verkörpert, aber eine Geisteskultur, die nichts wußte von Christus, die auch nichts wissen wollte vom Christentum, in der die besten Elemente des Mohammedanismus, die besten Elemente des Arabismus lebten, in der auch alte Formen des Aristotelismus lebten, jene Formen, die gar nicht in Europa sich ausgebreitet hatten, denn in Europa hatte sich mehr die Logik ausgebreitet, die Dialektik des Aristotelismus. Sie wurde von den christlichen Kirchenvätern und später von den Scholastikern verarbeitet.

Drüben in Asien hatte man mehr durch alles das, was Alexander der Große getan hatte, die inneren mystisch-naturwissenschaftlichen Erkenntnisse des Aristoteles getrieben. Und das alles hatte man unter dem Einfluß der ungeheuer starken, aber als geoffenbart, als inspiriert genommenen Intelligenz des Arabismus ausgebildet. Es war so am Hof Harun al Raschids, daß man da wußte vom Christentum, daß man aber das Christentum so, wie es in der damaligen Gegenwart war, als primitiv auffaßte gegenüber dem ungeheuren geistigen Glanz, den man selber pflegen konnte.

Gehen wir nun einmal von diesen beiden Persönlichkeiten aus, von Harun al Raschid und seinem weisen Ratgeber, und verfolgen wir das Geschichtliche weiter.

Diese zwei Individualitäten, Harun al Raschid und sein weiser Ratgeber, sie gingen, nachdem sie in der Art tätig waren, wie ich es geschildert habe, durch die Pforte des Todes, indem sie hinauftrugen den starken Impuls, dafür zu sorgen, daß diejenige Empfindungsweise, Weltanschauung, Geistesart, die an diesem Hof gepflegt worden war, weiter in die Welt dringe.

Wollen wir uns nun das, was da geschah, in möglichster Ruhe und in möglichstem Ernst vor die Seele stellen. Wir sehen also von Asien ausgehend zwei Individualitäten: den weisen Ratgeber und Harun al Raschid, seinen Herrscher. Sie gehen eine Weile miteinander. Sie haben das, was sie in ihre Seele aufgenommen haben, dem Alexandrinismus, dem Aristotelismus zu verdanken. Aber sie haben auch alles dasjenige in sich aufgenommen, was in der späteren Zeit in der Umformung des Aristotelismus, des Alexandrinismus geschehen war. Man versteht die Welt wirklich nur zum kleinsten Teile, wenn man nicht ins Auge fassen kann, was in der geistigen Welt geschieht, während hier unten im Erdenleben die gewöhnlichen Ereignisse der physischen Welt vor sich gehen.

Auf das Zeitalter Karls des Großen, Harun al Raschids folgte anderes, was Sie aus der Geschichte kennen. Aber während all das vor sich geht, was die Geschichte erzählt, von Asien, von Europa, für das 9. und 10. Jahrhundert und weiter hinein ins Mittelalter, spielte sich über diesem physischen Leben in der geistigen Welt ein mächtiges anderes Geschehen ab. Und man darf nicht vergessen, wenn das physische Leben hier unten fortfließt (es wird gezeichnet) und das geistige Leben hier oben fortfließt, daß dann von den Seelen, die nicht auf Erden leben, sondern die in dem Leben zwischen dem Tod und einer neuen Geburt sind, fortwährend Einflüsse auf das Erdenleben stattfinden. So daß wir also sagen können: Wichtig ist auch, was die in einem solchen Zeitalter, in dem sie nicht auf Erden leben, droben in der geistigen Welt befindlichen Seelen, die zwischen dem Tod und einer neuen Geburt sind, erleben und verrichten. Ganz klar und lichtvoll kann einem das Menschenleben erst werden, namentlich in seinem geschichtlichen Verlauf, wenn man auf das hinsieht, was gewissermaßen hinter den Kulissen der äußeren Weltgeschichte in der geistigen Welt vor sich geht.

Ja, die Eindrücke, welche die Seelen durch die Pforte des Todes tragen, unterscheiden sich oftmals außerordentlich stark von den Eindrücken, die diese Seelen hier im Erdenleben gehabt haben. Und für denjenigen, der nicht Unbefangenheit in der Betrachtung des geistigen Lebens hat, ist manchmal ein Erdenmensch, der durch die Pforte des Todes gegangen ist und sich dann dem geistig beobachtenden Blick zeigt, nicht leicht wieder erkennbar. Aber es gibt eben die geistigen Mittel, durch die man nicht nur jenes geistige Leben verfolgen kann, das sich unmittelbar an das Erdenleben anschließt. Darüber habe ich ja schon in den anderen Vorträgen, die vormittags gehalten worden sind, gesprochen. Ich werde dann weiter sprechen in diesen Vorträgen über den ferneren Verlauf des Lebens zwischen dem Tod und einer neuen Geburt;

da wird man sehen, wie die Mittel sind, um die sogenannten Toten auch weiter zu verfolgen.

Und eben mit diesen Mitteln kann man dann solche Leben wie das des Harun al Raschid und seines weisen Ratgebers verfolgen. Gerade bei diesen beiden Persönlichkeiten ist es, um ein Verständnis zu eröffnen für spätere Ereignisse in der Zivilisation Europas, außerordentlich wichtig, vor allen Dingen die innige Verbundenheit in der Denkweise, in der Wirkensweise, die Harun al Raschid und sein weiser Ratgeber hatten, zu beachten. Mit den ihnen jahrhundertelang im Erdenleben vorangegangenen Individualitäten Alexander und Aristoteles trugen Harun al Raschid und sein weiser Ratgeber durch die Pforte des Todes eine außerordentlich starke Affinität, eine außerordentlich starke Sehnsucht nach einem Wiedertreffen, nach einem wirklichen Treffen gegenüber Alexander und Aristoteles. Und dieses Sich-wieder-Treffen geschah, und es ist in der Tat von ungeheurer Bedeutung, daß es geschehen ist.

Also Harun al Raschid und sein weiser Ratgeber machten eine Weile in der übersinnlichen Welt ihre Wanderung, indem sie hauptsächlich vom Übersinnlichen herunterschauten auf das, was in der Zivilisation, die weiter gegen Westen hinüber liegt, vor sich ging, auf dasjenige, was in Griechenland und was in einigen Gegenden, die nördlich von dem heutigen Schwarzen Meer liegen, an Zivilisation vor sich ging. Ich möchte sagen, sie schauten auf diese Zivilisation herab, und unter den Ereignissen, auf die da ihr Blick fiel, war dann auch dasjenige, von dem ich in anderem Zusammenhang in anthroposophischen Vorträgen vielfach gesprochen habe: jenes Ereignis, das sich auslebte im Jahre 869 als achtes allgemeines ökumenisches Konzil in Konstantinopel.

Dieses achte ökumenische Konzil in Konstantinopel hat ja eine große Bedeutung für die Zivilisation des Abendlandes, denn da wurde beschlossen, daß die Trichotomie, die Anschauung, daß der Mensch aus Leib, Seele und Geist bestehe, ketzerisch, häretisch sei, daß man nur davon sprechen dürfe – wenn man ein rechter Christ sei –, daß der Mensch aus zwei Wesenheiten bestünde, aus Körper und Seele, und daß die Seele einige geistige Eigenschaften habe. Deshalb war ja so wenig zu spüren von einer Hinneigung der abendländisch-christlichen Zivilisation zur Spiritualität, zur Geistigkeit, weil die Erkenntnis des Geistes auf dem achten allgemeinen ökumenischen Konzil 869 für ketzerisch erklärt worden ist.

Es war ein bedeutendes, ein einschneidendes Ereignis. Man kann sagen: Damals wurde der Geist abgeschafft, und der Mensch sollte nur aus Leib und Seele bestehen. Man sieht nicht stark genug hin auf ein so einschneidendes, bedeutsames Ereignis. Aber das Erschütternde für den Beobachter des geistigen Lebens und namentlich für den Erleber des geistigen Lebens ist, daß, gerade als hier auf Erden 869 diese Abschaffung des Geistes stattfand, droben in der geistigen Welt die Begegnung Harun al Raschids und seines Ratgebers mit Alexander dem Großen und Aristoteles stattfand, das heißt mit deren Seelen in der geistigen Welt.

Nun müssen Sie das Folgende bedenken, und Sie müssen sich daran gewöhnen, daß nunmehr auf anthroposophischem Felde über die übersinnlichen Ereignisse mit derselben Selbstverständlichkeit gesprochen werden wird wie über die Ereignisse der physischen Welt. Sie müssen bedenken: Das Leben Alexanders des Großen, das Leben des Aristoteles in jener Alexander- und Aristoteles-Inkarnation war ja so, daß es einen gewissen Abschluß bedeutete, daß sozusagen der Impuls, der mit den alten Kulturen gegeben war, der sich dann auf der einen Seite ausgelebt hat in Griechenland, durch Aristoteles in Begriffe gefaßt worden ist, die lange Zeit hindurch als Ideen das Abendland und überhaupt die menschliche Zivilisation beherrschten.

Sie müssen bedenken, daß Alexander der Große, der Zeitgenosse, Schüler und Freund des Aristoteles, mit ungeheurer Kraft den Impuls, der da gegeben war durch den Aristoteles, über einen großen Teil der damals zur Alexanderzeit bekannten Welt verbreitet hat, was dann weitergewirkt hat bis hinein in die Harun-al-Raschid-Zeit in Asien, was lange Zeit in Alexandrien einen glänzenden Mittelpunkt gehabt hat, was aber gleichzeitig durch zahlreiche verborgene Kanäle die ganze orientalische Kultur bestimmend beeinflußt hat.

Damit aber war eine Art von Abschluß gegeben. Zusammengeflossen waren die verschiedenartigsten Impulse alter Geistigkeit im Alexandrinismus und im Aristotelismus. Das Christentum schlug ein. Das

Mysterium von Golgatha fand statt. Es fand statt in einer Zeit, als die Individualitäten, die Seelen Alexanders und Aristoteles' nicht auf der Erde waren, sondern in der geistigen Welt und dort im innigen Verein waren mit dem, was man die Herrschaft des Michael nennt, dessen Herrschaft auf der Erde damals auch abgelaufen war, denn der herrschende Zeitgeist war dazumal Oriphiel. Und weitere Jahrhunderte waren vergangen seit dem Mysterium von Golgatha. Dasjenige, was Alexander und Aristoteles auf Erden begründet hatten, wofür sie mit ihrem ganzen Sein sich eingesetzt hatten, der eine denkerisch, der andere mit umfassenden intensiven Herrscherkräften, das alles hatte unten auf der Erde gewirkt. Das alles sahen die beiden in der geistigen Welt durch die Jahrhunderte hindurch, die da folgten, in denen ja das Mysterium von Golgatha stattfand; und sie sahen auf alles hin, was dann zur Ausbreitung der Lehre des Mysteriums von Golgatha weiter geschah. Durch alle jene Jahrhunderte hindurch sahen sie unten ihr Werk sich ausbreiten, sich ausbreiten auch durch solche Genies wie Harun al Raschid und seinen weisen Ratgeber.

Aber für das, was diese beiden Individualitäten – Alexander und Aristoteles – selber waren, für das war durchaus die Forderung nach etwas Neuem da, die Forderung, in einer ganz neuen Weise anzufangen, nicht das fortzusetzen, was auf der Erde war, sondern in einer neuen Weise anzufangen. Dadurch ergibt sich natürlich auch eine Art von Fortsetzung. Es wird nicht das Alte aus der Welt geschafft, aber ein mächtiger neuer Impuls, das Christentum auf eine besondere Weise in die Erdenzivilisation einzuführen, das war es, womit sich Alexander und Aristoteles durchsetzt hatten.

Da sie dann ihr Karma heruntertrug in das Erdenleben, noch bevor dieses Ereignis der Begegnung mit Harun al Raschid stattgefunden hatte, lebten sie eigentlich als unbeachtete, unbekannte, früh hinsterbende Persönlichkeiten in einem allerdings für die Anthroposophie wichtigen Winkel Europas, aber eben, ich möchte sagen, nur wie kurze Zeit durch ein Fenster hereinschauend in die abendländische Zivilisation, Eindrücke, Impulse mitnehmend, aber nicht irgendwie bedeutsame Impulse gebend. Das mußten sie sich aufsparen für später.

Sie waren dann wiederum zurückgegangen. Aber da waren sie in der geistigen Welt, als 869 dieses Ereignis, dieses achte allgemeine ökumenische Konzil auf Erden stattfand. Gerade in diesem Zeitpunkt fand jene Begegnung statt zwischen Aristoteles und Alexander auf der einen Seite, Harun al Raschid und seinem weisen Ratgeber auf der anderen Seite. Es war eine Auseinandersetzung von großer überragender Bedeutung in den übersinnlichen Welten, denn man muß sich vorstellen, daß Auseinandersetzungen in der übersinnlichen Welt nicht nur Diskussionen in Worten sind. Wenn man so die Menschen auf der Erde zusammensitzen und diskutieren sieht, wenn Worte hin- und herschießen, ohne daß sie einander sehr weh tun, so ist das nicht einmal ein schattenhaftes Abbild dessen, was geschieht, wenn in übersinnlichen Welten die großen Entscheidungen auch im geistigen Leben getroffen werden.

Und so war es dazumal, daß Aristoteles und Alexander auf der einen Seite sich dahin geltend machten, daß sie sagten: Was früher begründet worden ist, das muß hineingeleitet werden im strengsten Sinn des Wortes in die Michael-Herrschaft. – Denn man wußte ja, die Michael-Herrschaft der Welt wird wieder beginnen im 19. Jahrhundert.

Verstehen wir uns in diesem Punkt recht, meine lieben Freunde! Die Entwickelung der Menschheit verläuft so, daß immer durch drei bis dreieinhalb Jahrhunderte einer der Erzengel der hauptsächlichste Regent der Erdenzivilisation ist. Zur Zeit, als Alexander der Große die Aristoteles-Kultur nach Asien und Afrika verpflanzt hatte, zu jener Zeit, als mit starkem internationalen Sinn diese Verbreitung der Kultur stattfand, war eine Michael-Herrschaft, das heißt, das geistige Leben wurde beherrscht durch die Macht Michaels. Zur Alexanderzeit war die Michael-Herrschaft auf der Erde. Dann wird die Michael-Herrschaft abgelöst von der Oriphiel-Herrschaft. Es kommt dann die Anael-Herrschaft, die Zachariel-Herrschaft, alles so durch drei bis vier Jahrhunderte gehend, die Raphael-Herrschaft, dann Samael, bis heraufkommend in das Zeitalter des 14. Jahrhunderts. Im 15. bis 18. nachchristlichen Jahrhundert, da kommt die Gabriel-Herrschaft, und im 19. Jahrhundert, im letzten Drittel, tritt wiederum die Michael-Herrschaft ein. Sieben der Erzengel wechseln sich ab. Nachdem auf die Michael-Herrschaft zur Alexanderzeit sechs andere Erzengel gefolgt sind, folgte wiederum am Ende des 19. Jahrhunderts die Michael-Herrschaft. Sie ist die herrschende in unserer Zeit. Wir stehen unmittelbar, wenn wir das geistige Leben recht verstehen, unter dem Impuls der Michael-Herrschaft.

So also sahen in diesem Jahrhundert, in dem die Begegnung mit Harun al Raschid stattfand, Alexander und Aristoteles hin auf die alte Michael-Herrschaft, unter der sie gewirkt hatten, sie sahen hin auf das Mysterium von Golgatha, das sie vereint mit der Michael-Gemeinschaft, aber nicht von der Erde aus, sondern von der Sonnensphäre aus erlebt hatten, denn da war die Michael-Herrschaft zu Ende. Michael und die Seinen, zu denen eben auch Alexander und Aristoteles gehörten, erlebten ja das Mysterium von Golgatha nicht vom Erdengesichtspunkt aus. Sie sahen den Christus nicht ankommen auf Erden; sie sahen ihn Abschied nehmen von der Sonne. Aber all dasjenige, was sie erlebten, gestaltete sich bei ihnen zu jenem Impuls: Unter allen Umständen muß dahin gearbeitet werden, daß die neue Michael-Herrschaft, der Alexander und Aristoteles mit allen Fasern ihrer Seele haben treu bleiben wollen, daß die neue Michael-Herrschaft ein nicht nur tief begründetes, sondern auch ein intensives Christentum bringen sollte. 1879 sollte sie beginnen, drei bis vier Jahrhunderte dauern. Wir leben nun in dem Zeitalter dieser Michael-Herrschaft, und Anthroposophen sollten vor allen Dingen verstehen, was es heißt, in dem Zeitalter dieser Michael-Herrschaft zu leben.

Davon wollte weder Harun al Raschid – eher noch sein weiser Ratgeber, aber eigentlich auch der nicht – etwas hören. Sie wollten vor allen Dingen, daß jene Impulse weltbeherrschend würden, die im Mohammedanismus stark Wurzel gefaßt hatten. Intensiv standen sich gegenüber unter anderen, die teilnahmen an diesem Geisteskampf im 9. nachchristlichen Jahrhundert, stark standen sich gegenüber auf der einen Seite Harun al Raschid und sein Ratgeber, auf der anderen Seite Aristoteles und Alexander, das heißt, die Individualitäten, die in beiden gelebt haben.

Was sich da abspielte als Geisteskampf, das wirkte nach in der europäischen Zivilisation, wirkt bis heute nach. Denn was da oben geschieht, das wirkt auf das Irdische ein. Und gerade aus jenem Widerstand, den Harun al Raschid und sein weiser Ratgeber dazumal gegenüber Aristoteles und Alexander geleistet haben, verstärkte sich in einer gewissen Weise der Impuls, so daß gerade von jener Begegnung ausging das Wirken zweier Strömungen: einer, die im Arabismus verläuft, und einer, die den Aristotelismus und das Alexandertum ins Christentum durch die Impulse der Michael-Herrschaft herüberführt.

Beide, sowohl Harun al Raschid wie sein weiser Ratgeber, setzten den Weg, nachdem sie diese Begegnung durchgemacht hatten, nach dem Westen fort, immerfort beobachtend, was im Erdenleben geschieht. Der eine nahm vom übersinnlichen Sein aus intensiv teil an alledem, was im Norden von Afrika, im Süden von Europa, in Spanien, Frankreich sich abspielte. Ungefähr in derselben Zeit war der andere durchgegangen durch alles das, was im östlichen Geistesleben, am Schwarzen Meer, weiter herüber durch die Gegenden Europas bis Holland und auch nach England herüber sich abspielte. Und zur gleichen Zeit kamen diese beiden dann an in der europäischen Kultur, wurden wiedergeboren.

Bei solchem Wiedergeborenwerden brauchte nicht eine äußere Ähnlichkeit zu sein. Man geht in der Regel ganz falsch, wenn man glaubt, daß derjenige, der eine gewisse Geistigkeit hat, mit derselben Geistigkeit wiedergeboren werde. Man muß tiefer gehen, tiefer hineinschauen in die Grundimpulse der menschlichen Seele, wenn man von Wiedergeburten und von wiederholten Erdenleben in der rechten Weise sprechen will. So zum Beispiel hat man einen Papst, den berühmten *Gregor VII.*, der aus dem mitteleuropäischen Mönch Hildebrand hervorgegangen ist, diesen starken, im intensivsten Katholizismus wirkenden Papst, der das Papsttum im Mittelalter besonders groß gemacht hat. Er erschien in Wiedergeburt im 19. Jahrhundert als *Ernst Haeckel,* der Kämpfer gegen das Papsttum. Haeckel ist der wiedergeborene Abt Hildebrand, Gregor VII. Ich will daran nur zeigen, daß nicht die äußere Ähnlichkeit der Geistesverfassung, sondern die innerlichen seelischen Impulse dasjenige sind, was der Mensch hinüberträgt von einem Erdenleben ins andere.

So wurden auch die beiden, Harun al Raschid und sein weiser Ratgeber, dazu veranlagt, zunächst, als noch die Araberkämpfe hinüberschlugen über Afrika nach Spanien, schützend, protegierend teilzunehmen an diesen Araberzügen. Der Mohammedanismus ging ja dann als äußere Erscheinung zugrunde, aber seine innere Seelenhaftigkeit trugen diese beiden Geister durch das geistige Leben bei ihrem Durchgehen zwischen dem Tod und einer neuen Geburt von der Vergangenheit in die Zukunft hinein.

Harun al Raschid wurde wiedergeboren, und er wurde in seinem wiedergeborenen Leben *Baco von Verulam.* Er erscheint als Baco von Verulam. Sein weiser Ratgeber wird wiedergeboren, er erscheint fast gleichzeitig als *Amos Comenius,* der Pädagoge.

Sehen Sie sich an, was auf der einen Seite durch Baco von Verulam herauskommt, der ja nur äußerlich ein Christ gewesen ist, der durchaus das Abstrakte des Arabismus in die europäische Wissenschaft hereinbringt, und sehen Sie sich dasjenige an, was in die Pädagogik an äußerer materieller Anschaulichkeit des Unterrichts und der ganzen Behandlung des Unterrichtsstoffes Amos Comenius hineingebracht hat. Es ist ein Element, das direkt nichts mit dem Christentum zu tun hat. Wenn auch Amos Comenius unter den Mährischen Brüdern und so weiter wirkt, das, was er direkt bewirkt hat, das wird auf der einen Seite dadurch beleuchtet, daß er in einem vorigen Leben so zu der ganzen Entwickelung der Menschheit gestanden hat wie die am Hof Harun al Raschids blühende Geisteskultur.

Und auf der anderen Seite nehmen Sie jede Zeile Bacons, Lord Bacons, nehmen Sie alles das, was in der sogenannten Anschaulichkeit des Amos Comenius wirkt: Sie haben darinnen ein Rätsel, Sie finden sich nicht zurecht. Man nehme nur diesen Lord Bacon. Es herrscht in ihm ein wahrer Furor in der Bekämpfung des Aristotelismus. In allem ist ein wahrer Furor, von dem man sieht, es geht bis tief in die Seele hinein. Der Geistesforscher, der die Dinge geistig durchschaut und durchleuchtet, der schaut hin auf Baco von Verulam, auf Amos Comenius, verfolgt zurück das Leben aber auch in die übersinnliche Welt hinein, wo der Mensch zwischen dem Tod und einer neuen Geburt lebt. Man hat die Schriften des Baco von Verulam vor sich, man hat die Schriften von Amos Comenius vor sich, man findet im Ton, man findet in allem ein Sich-Auflehnen gegen den Aristotelismus. Wie ist das zu erklären?

Man muß nun bedenken: Als Bacon herabkam in sein Erdenleben, als Amos Comenius herabkam in sein Erdenleben, da war ja die Zeit schon wiederum vorüber, wo auch Alexander und auch Aristoteles wieder inkarniert waren in der mittelalterlichen Zivilisation, wo sie ihrerseits schon dasjenige ausgeführt hatten, was für den Aristotelismus zu tun war, wo schon ein anderer Aristotelismus da war als der, den Bacon respektive Harun al Raschid, denn das sind dieselben Persönlichkeiten, ihrerseits gepflegt haben.

Und jetzt stellen Sie sich die ganze Situation vor. Nehmen Sie jenes Interview, wenn ich mich so ausdrücken darf, das 869 stattgefunden hat, bedenken Sie, wie unter diesem Einfluß in Harun al Raschid sich Seelenimpulse ausgebildet haben, die jetzt dasjenige antreffen, was sich auf Erden schon zum Teil verwirklicht hat, weil Alexander und Aristoteles schon wieder da gewesen waren, und weil das, was sie verwirklichen wollten, nicht im Anschluß an das verwirklicht worden ist, was sie als Erdenmenschen in der vorchristlichen Zeit waren. Wenn Sie das bedenken, dann begreifen Sie durchaus jene Seelenimpulse, die sich bildeten bei jener Begegnung. Und aus dem Umstand, daß jetzt Bacon und Amos Comenius sehen konnten, was aus dem Aristotelismus und aus dem Alexandrinismus geworden war, können Sie begreifen, daß jener gewisse Ton in ihren Schriften herrscht, namentlich bei Bacon, aber auch bei Amos Comenius.

Sehen Sie, meine lieben Freunde, wirkliche Geschichtsbetrachtung führt von der Erde zum Himmel hinauf. Man muß die Ereignisse mitnehmen, die sich nur im Übersinnlichen offenbaren können. Wollen Sie Baco von Verulam verstehen, wollen Sie Amos Comenius verstehen, so müssen Sie sie zurückverfolgen bis zu demjenigen zunächst, was sie früher auf Erden waren, müssen also den durch Scholastik verbreiteten Aristotelismus zurückverfolgen bis zu jenem Interview, das um das Jahr 869, zur Zeit des ökumenischen Konzils stattgefunden hat, zurückverfolgen bis dahin, wo Harun al Raschid und sein weiser Ratgeber den Aristotelismus und Alexandrinismus pflegten, der eben dazumal gepflegt werden konnte. In diesem Hereinwirken der übersinnlichen Welt in die sinnlich-physische wird erst verständlich, was im Erdenleben sich zuträgt. Das ist es, was ich anführen möchte, um Sie darauf hinzuweisen, wie in der Tat die Verfolgung der wiederholten Erdenleben erst das, was in solchen

Persönlichkeiten auf der Erde sich auslebt, verständlich machen kann.

Die Zeit ist zu weit vorgeschritten, um schon heute weiteres auf diesem Gebiet auszuführen, und ich werde nur noch in wenigen Worten andeuten, was die Betrachtungen runden und abschließen soll.

Wenn wir in der Art, wie es eben geschehen ist, den Fortgang der Zivilisation der Menschheit betrachten, so finden wir, daß in die christliche Entwickelung sich gerade durch solche Individualitäten, wie die des Harun al Raschid und desjenigen, der später dann Amos Comenius geworden ist, etwas hereingeschoben hat, was nicht aufgehen will im Christentum, was stark hinneigt zum Arabismus. So haben wir ja in unserer Gegenwart auf der einen Seite, ich möchte sagen, den geradlinigen Fortgang des Christianismus, auf der anderen Seite hereinragend, insbesondere aber in der abstrakten Wissenschaft, den Arabismus.

Was ich Ihnen besonders ans Herz legen möchte, ist dieses: Wenn wir diese beiden Strömungen verfolgen, so finden wir uns gedrängt, wenn wir spirituelle Betrachtungen anstellen, den Blick hinaufzulenken zu allerlei, was auch im Übersinnlichen geschehen ist, wie zum Beispiel zu so etwas wie die Begegnung Aristoteles'–Alexanders, Harun al Raschids und seines weisen Ratgebers. In solcher Art hat sich vieles zugetragen, was dann Impuls geworden ist auf der einen Seite zur Ausbreitung des wahren Christentums, auf der anderen Seite wiederum zum Ausbilden von Hemmnissen, von Widerständen für dieses wahre Christentum. Aber dadurch, daß in der spirituellen Welt die Michael-Entwickelung jenen Verlauf genommen hat, den ich Ihnen angedeutet habe, stellt sich herein eine starke Aussicht und Perspektive für die Zukunft, daß gerade unter dem Zeichen der Michael-Impulse das Christentum seine wahre Gestalt bekommen wird. Denn unter dem Zeichen der Michael-Impulse sind auch im Übersinnlichen die Auseinandersetzungen mit anderen Strömungen gepflogen worden.

Nun möchte ich nur das sagen: In der Anthroposophischen Gesellschaft sind mancherlei Persönlichkeiten vereinigt. Auch diese Persönlichkeiten haben ihr Karma, das zurückführt in frühere Zeiten, das in der verschiedensten Weise sich ausnimmt, wenn wir zunächst zu dem Leben zurückgehen, das im Vorirdischen vollbracht worden ist, und dann zurückgehen zu früheren Erdenleben. Es können nur wenige gefunden werden von denen, die ehrlich herankommen an die anthroposophische Bewegung, die nicht beteiligt wären in ihrem Karma an solchen Vorgängen, wie ich sie Ihnen nun geschildert habe. In der einen oder in der anderen Weise sind diejenigen, die in ehrlicher Weise den Drang bekommen, in die Anthroposophische Gesellschaft hereinzukommen, verbunden mit dem, was so stattgefunden hat wie die Begegnungen Alexanders und Aristoteles' mit Harun al Raschid und seinem weisen Ratgeber oder dergleichen. Irgend so etwas hat das Karma bestimmt, das dann so auftritt im gegenwärtigen Erdenleben, daß der Drang entsteht, das Spirituelle in der Weise zu bekommen, wie es gerade in der anthroposophischen Bewegung gepflegt wird.

Mit dem ist aber ein anderes verknüpft. Verknüpft damit ist dieses, daß durch die besondere Gestaltung, die die Michael-Herrschaft annimmt, diejenigen Persönlichkeiten, die jetzt durch ihr Karma in ihrer Verbundenheit mit der Michael-Herrschaft in die anthroposophische Bewegung hereintreten, unter Durchbrechung von mancherlei Wiederverkörperungsgesetzen mit der Wende des 20., 21. Jahrhunderts – also in einer geringeren Anzahl von Jahren, als ein Jahrhundert beträgt – wiedererscheinen werden, um dann dasjenige, was sie jetzt tun können im anthroposophischen Dienst der Michael-Herrschaft, zur Kulmination, zum vollen Ausdruck zu bringen. In dem Interesse, das man für solche Dinge haben kann, wie sie heute vorgebracht worden sind, drückt sich, wenn dieses Interesse intensiv genug ist, der innere Drang aus, wirklich Anthroposoph zu sein. Gerade damit aber, daß man diese Dinge versteht, nimmt man auch in sich den Impuls auf, in weniger als einem Jahrhundert schon wieder auf der Erde zu erscheinen, um dasjenige voll zu machen, was Anthroposophie will.

Denken Sie nach, meine lieben Freunde, empfinden Sie die wenigen orientierenden Worte, die ich an die heutige Betrachtung hiermit angeschlossen habe. Sie werden unter Umständen gerade in diesen wenigen Worten vieles finden von dem, was Sie in der richtigen Weise in die anthroposophische Bewegung hineinstellen kann, was Ihnen in der richtigen Weise die Orientierung geben kann, so daß Sie Ihre Zugehörigkeit zu dieser Bewegung tief mit Ihrem Karma verbunden fühlen können.

DRITTER VORTRAG

Torquay, 21. August 1924

Ich möchte, da uns diese Stunde heute noch geschenkt wird, einiges Ergänzende sagen zu dem schon hier Vorgebrachten, einzelne Dinge besprechen, die gerade dadurch heute leichter verständlich sein werden, weil teils in den Vormittagsstunden, teils in den letzten Mitgliederversammlungen die vorbereitenden Dinge dazu ja schon berührt worden sind. Es wird sich darum handeln, daß einiges gesagt werden soll heute abend über Dinge, die mit dem Karma der Anthroposophischen Gesellschaft zusammenhängen. Weiter ausführen werde ich ja solche Themata dann in den nächsten Tagen in London.

Aus den Vorträgen, die ich hier gehalten habe, geht ja hervor, daß wir für unsere Zeit die Auffassung haben müssen, daß die geistige Führung der Menschheit, der zivilisierten Menschheit, unter dem Impuls der Wesenheit steht, die wir mit dem christlichen Namen Michael bezeichnen. Diese besondere, wenn wir es so nennen wollen, Herrschaft des geistigen Lebens hat ja in den siebziger Jahren des vorigen Jahrhunderts begonnen. Ihr ging, wie ich schon gesagt habe, die Gabriel-Herrschaft voran. Nun möchte ich einiges bemerken über die Dinge, die mit dieser Michael-Herrschaft, wie sie heute ist, zusammenhängen.

Michael ist immer, wenn er innerhalb des irdischen Lebens seine Impulse durch die Entwickelung der Menschheit leitet, der Geist, der die Sonnenkräfte, die geistigen Sonnenkräfte, in die menschliche Entwickelung hineinleitet. Damit hängt ja zusammen, daß der Mensch, wie Sie heute morgen in den allgemeinen Vorträgen hören konnten, während seines Tagwachens in seinen physischen und in seinen Ätherleib diese Sonnenkräfte hereinbekommt.

Nun bedeutet die diesmalige Herrschaft Michaels, die eben vor kurzem begonnen hat und drei bis vier Jahrhunderte dauern wird, daß endgültig in den physischen und in den Ätherleib des Menschen die kosmischen Sonnenkräfte übergehen. Wir müssen uns da vor allen Dingen fragen: Was für Kräfte, was für Impulse stellen diese kosmischen Sonnenkräfte dar?

Michael ist vorzugsweise Sonnengeist. Daher ist er auch derjenige Geist, der in unserer Epoche namentlich die Aufgabe hat, das Christentum nach seiner Wahrheit wesentlich zu vertiefen. Man kann geradezu sagen, Christus stamme aus der Sonne. Das Sonnenwesen Christi – ich habe das ja oftmals ausgeführt – hat durch den Leib des Jesus auf Erden gelebt, lebt in übersinnlicher Art seither mit der Menschenwelt zusammen. Die Menschheit muß aber erst allmählich reif werden, das ganze Mysterium, das mit dem Christus zusammenhängt, in die Seele aufzunehmen. Ein wesentlicher Teil dieser Vertiefung wird in unserem Michael-Zeitalter eintreten müssen.

Nun bestanden die Sonnenkräfte, wenn sie auf die Erde wirken, immer darinnen, daß sie zusammenhängen mit einer Impulswelle, die sich strömend in die Erdenzivilisation ergießt und die wir charakterisieren können als intellektuelle Welle. Denn alles, was der Mensch an Intellekt, was die Welt überhaupt an Intellekt hat, soweit unsere Welt in Betracht kommt, stammt von der Sonne. Die Sonne ist Quell alles Intellektuellen.

Wenn man diese Wahrheit ausspricht, so kann man vielleicht sogar bei den Menschen der Gegenwart einigen Gefühlswiderstand wahrnehmen, denn es ist ganz richtig, von der heutigen Form des Intellekts nicht allzuviel zu halten. Und gerade derjenige, der mit dem spirituellen Leben bekannt wird, kann allerdings von der heutigen Intellektualität nicht viel halten. Sie ist eine abstrakt logische; sie ist etwas, was den Menschen mit schattenhaften Begriffen und Ideen anfüllt, die weit, weit weggehen von der lebensvollen Wirklichkeit, die kalt und trocken und nüchtern sind gegenüber dem, was als warmes, leuchtendes Leben durch die Welt und durch den Menschen pulsiert.

Aber so ist es nur heute mit der Intelligenz, weil das, was wir heute als Intelligenz haben, im allgemeinen Bewußtsein der Menschheit eben erst im Anfang ist, wie wir ja auch erst im Anfang des Michael-Zeitalters stehen. Diese Intelligenz wird einmal etwas ganz, ganz anderes werden. Und wenn man sich eine Vorstellung davon machen will, was diese Intelligenz anderes noch werden kann im Lauf der Menschheitsentwickelung, dann muß man daran denken, wie noch Thomas Aquinas in der mittelalterlichen christlichen Philosophie jene Wesen, die die

Sterne bewohnen, mit dem Namen Intelligenzen bezeichnet hat. Nicht wahr, wir mußten ja auch gegenüber der heutigen materialistischen Auffassung sagen, daß die Sterne Kolonien von geistigen Wesenheiten sind. Das berührt den heutigen Menschen fremdartig, weil er gar nicht daran denkt, daß er, wenn er zu den Sternen aufblickt, zu Wesen aufblickt, die mit seinem eigenen Leben etwas zu tun haben und die eben Sterne bewohnen, wie wir Menschen die Erde bewohnen.

Thomas von Aquino bezeichnet im 13., mittelalterlichen Jahrhundert die Wesen, welche Sternenbewohner sind, obwohl er bei einem Stern noch immer mehr von einem einheitlichen Wesen spricht, so, wie man von der Menschheit der Erde als einem einheitlichen Wesen sprechen würde, wenn man von einem fremden Stern aus sie betrachtete. Also obwohl er nicht immer sagt, daß einzelne Wesen oder viele Wesen, wie wir ja wissen, die Sterne bewohnen, so daß wir die Sterne als Kolonien im Kosmos anzusprechen haben, wenn er also auch von einem einheitlichen Sternwesen spricht, so redet er doch von den Intelligenzen der Sterne. Und damit steht dieser christliche Kirchenlehrer des Mittelalters, des 13. Jahrhunderts, noch innerhalb jener Tradition, die damals schon im Verglimmen, im Abnehmen, in der Dekadenz war, die aber deutlich noch darauf hinweist, daß alles, was wir mit dem Namen Intelligenz zusammenfassen, einmal etwas anderes war, als es heute ist.

Wenn wir in uralte Zeiten der Menschheitsentwickelung zurückgehen – ich habe darauf schon hingewiesen hier in den Vorträgen –, so ist es beim Menschen nicht so, daß er die Gedanken aus sich heraus erzeugt, daß er über die Dinge durch seine eigene Kraft denkt. Denn diese innere Seelenfähigkeit des Denkens, diese innere Aktivität des Gedankenbildens ist ja eigentlich erst vollständig entwickelt seit dem 15. Jahrhundert, seit dem Eindringen der Bewußtseinsseele in die Menschheitsentwickelung. Und wenn wir in vorchristliche Zeiten zurückgehen, in alte Zeiten, so finden wir überall, daß die Menschen noch gar nicht das Bewußtsein haben, daß sie selbst denken; sie fühlen gar nicht, daß sie Gedanken haben, sondern sie empfinden: die Gedanken werden ihnen aus den Dingen geoffenbart. Die Intelligenz ist kosmisch überall ausgebreitet. In den Dingen ist die Intelligenz. Und wie man die Farben wahrnimmt, so nimmt man auch den intelligenten Inhalt, den Gedankeninhalt der Dinge wahr. Die Welt ist voller Intelligenz. Allüberall ist intelligentes Wesen. Der Mensch hat diese Intelligenz sich gewissermaßen im Lauf der neuesten Zeit angeeignet. Man möchte sagen: Die Intelligenz ist etwas, was im weiten Weltenall ausgebreitet ist, wovon der Mensch in der neueren Zeit überall einen Tropfen bekommen hat. Das ist dann der Mensch.

Beim alten Menschen war es aber so, daß er in jedem Augenblick, wo er dachte, sich dessen bewußt war, daß die Gedanken ihm inspiriert werden, geoffenbart werden. Er schrieb nur dem Weltenall Intelligenz zu, nicht sich.

Nun war zu allen Zeiten der Verwalter dieser kosmischen Intelligenz, die sich von der Sonne wie das Licht ausstrahlend über die ganze Welt verbreitet, eben der Geist, der mit dem Namen Michael bezeichnet wird. Michael ist der Verwalter der kosmischen Intelligenz. In der neueren nachchristlichen Zeit trat aber nun die bedeutsame Tatsache auf, daß nach dem Mysterium von Golgatha allmählich Michael die Verwaltung über die Intelligenz entfiel, daß sie ihm verlorenging. Solange die Erde besteht, hat Michael die kosmische Intelligenz verwaltet. Und wenn ein Mensch Gedanken, das heißt intelligenten Inhalt, in sich gefühlt hat, noch in der Alexander-, in der Aristoteleszeit, dann betrachtete er diese Gedanken nicht als seine eigenen Gedankeninhalte, sondern als die ihm durch die Michael-Macht geoffenbarten Gedanken, wenn man auch in jener heidnischen Zeit dieses Wesen anders bezeichnet hat. Aber dieser Gedankeninhalt entfiel Michael nach und nach. Und wir sehen, wenn wir in die geistige Welt hineinschauen, dieses Heruntersinken der Intelligenz von der Sonne auf die Erde, das sich vollzieht so bis gegen das 8. nachchristliche Jahrhundert hin. Im 9. nachchristlichen Jahrhundert, da beginnen die Menschen schon, ich möchte sagen, als Vorläufer der späteren, Eigenintelligenz zu entwickeln, da faßt die Intelligenz ihren Sitz in den Seelen der Menschen. Und Michael und die Seinen schauen hinunter von der Sonne auf die Erde und können sagen: Was wir durch Äonen verwaltet haben, das ist uns entsunken, das ist uns verlorengegangen, das ist hinuntergeströmt und ist jetzt in den Seelen der Menschen auf Erden.

Sehen Sie, meine lieben Freunde, das war die Stimmung innerhalb der Michael-Gemeinschaft auf der Sonne. Zur Alexanderzeit und Jahrhunderte vorher war es so, daß die vorige Herrschaft des Michael auf der Erde war. Zur Zeit des Mysteriums von Golgatha war aber Michael mit den Seinen in der Sonne. Und man sah nicht nur den Christus zur Zeit des Mysteriums von Golgatha die Sonne verlassen, die Michael-Anhänger sahen ja nicht so wie die Erdenbewohner den Christus herankommen, sie sahen ihn fortgehen von der Sonne, aber sie sahen zugleich, wie ihnen die Herrschaft über die Intelligenz allmählich entsank.

So haben wir im Lauf der neueren Menschheitsentwickelung die Erscheinung, daß vom Mysterium von Golgatha aus die Entwickelung so fortgeht: wenn hier die geistig-himmlische Linie ist und hier die irdische (s. Zeichnung: rot und gelb), daß der Christus zur Erde kommt und mit der Erde weiter sich entwickelt, daß das intelligente Wesen

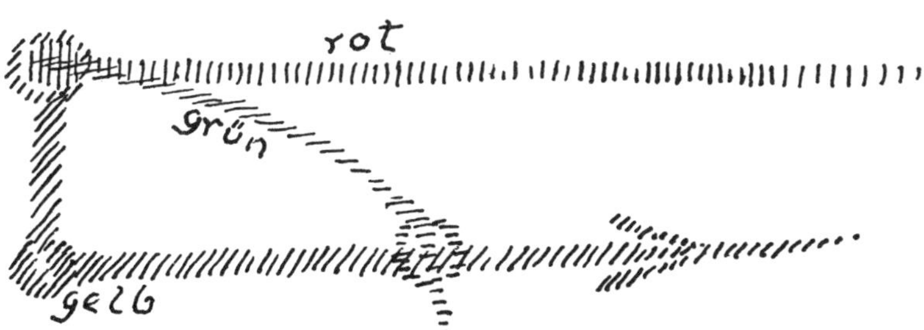

nach und nach auf die Erde heruntersteigt, bis ins 8., 9. Jahrhundert (grün). Da beginnen die Menschen in dem, was sie Wissenschaft nennen, was sie in ihren Gedanken entwickeln, sich die eigene individuelle, persönliche Intelligenz zuzuschreiben. Michael sieht unter den Menschen dasjenige, was er durch Äonen verwaltet hat. Und es ist die Stimmung innerhalb der Michael-Gemeinschaft: Wir müssen bei unserer nächsten Herrschaft – die eben im letzten Drittel des 19. Jahrhunderts beginnen sollte –, wenn wir wiederum die Erdenzivilisation mit unseren Impulsen durchdringen, wir müssen die Intelligenz, die vom Himmel auf die Erde gesunken ist, dort wieder finden, um in den Herzen, in den Seelen der Menschen das zu verwalten, was wir von der Sonne, vom Kosmos aus durch Äonen verwaltet haben.

Und so ist in dieser Zeit eine Vorbereitung, um in den Herzen der Menschen von seiten der Michael-Gemeinschaft das wiederzufinden, was verlorengegangen ist, was gewissermaßen unter dem Einfluß des Mysteriums von Golgatha auch den Zug, wenn auch einen längeren Zug, vom Himmel zur Erde durchgemacht hat. Wie das zuging im weiteren, daß Michael und die Seinen anstrebten, die ihnen im Sonnenhimmel entfallene Intelligenz in den Herzen der Menschen von diesem Michael-Zeitalter an, vom Ende der siebziger Jahre des vorigen Jahrhunderts beginnend, wieder zu erobern, das möchte ich Ihnen ein wenig beschreiben. Michael, der von der Sonne auf die Erde gestrebt hat für diejenigen, die Geistiges im Kosmos schauen, Michael will in der Zukunft seinen Sitz aufschlagen in den Herzen, in den Seelen der Erdenmenschen. Und das soll beginnen mit unserem Zeitalter, das soll sein eine Führung des Christentums in tiefere Wahrheiten hinein, indem Christus seine Erklärung, sein Einleben in die Menschheit als Sonnenwesen finden soll durch jenen Sonnengeist – Michael –, der das Begreifen, das heißt die Intelligenz, immer verwaltet hat, der es nun nicht im Kosmos verwalten kann, der es aber in Zukunft durch die Herzen der Menschen verwalten will.

Wenn man heute Intelligenz irgendwie geoffenbart findet und man will ihrem Ursprung nachgehen, dann wendet man sich an einen menschlichen Kopf, weil eben die Intelligenz sozusagen vom Himmel auf die Erde heruntergekommen ist, in der menschlichen Seele webt und innerlich durch das Haupt des Menschen, durch den Kopf, sich manifestiert. So war es nicht immer, wenn man Intelligenz anstrebte, wenn man das anstrebte, was als intelligentes Wesen aus dem Kosmos sich offenbarte. Auch der Mensch strebte nicht durch eine Entwickelung seines Hauptes in früheren Zeiten Intelligenz an, sondern er strebte sie dadurch an, daß er die Inspiration durch die Kräfte des Kosmos suchte.

Ich möchte sagen: Ein Beispiel davon, wie die kosmische Intelligenz gesucht werden kann, wie sie heute nicht mehr gesucht wird, wie sie aber einmal gesucht wurde, bekommt man, wenn man – wie es uns gegönnt war am letzten Sonntag – in Tintagel an der Stelle steht, wo einstmals das Artusschloß gestanden hat, wo Artus seine Herrschaft geführt hat, diese sonderbare, für die europäische Welt bedeutungsvolle Herrschaft geführt hat mit seinen zwölf Genossen.

Man wird aus dem, was geschichtliche Dokumente von Artus und seiner Tafelrunde berichten, nicht leicht eine Vorstellung bekommen davon, was eigentlich die Aufgaben dieser sogenannten Tafelrunde des Artus waren. Aber man bekommt eine Vorstellung, wenn man mit geistigem Auge an der Stelle steht, wo einstmals das Schloß stand, und hinschaut auf das Stück Meer, das man da überblickt, über jenes Stück Meer, das durch einen Gebirgskogel gewissermaßen in zwei Teile geteilt wird. Da kann man in verhältnismäßig kurzer Zeit ein

wunderbares Spiel zwischen Licht und Luft, aber auch zwischen den Elementargeistern, die in Licht und Luft leben, schauen. Da kann man schauen, wie jene geistigen Wesenheiten, die bald mit den Sonnenstrahlen sich auf die Erde ergießen, bald im flimmernd-fließenden, flüssigen Regenguß sich spiegeln und ihre Spiegelung auffangen, dasjenige, was den Schwerkräften der Erde unterliegt, in der Luft sich in den dichteren Luftgeistern äußert. Da kann man wiederum schauen, wenn der Regen sich auslöscht und die Sonnenstrahlen die Luft in Reinheit durchdringen, wie auf eine ganz andere Art das Spiel der Elementargeister da stattfindet. Da schaut man Sonnenwirkung im Erdenstoffe. Da wird man, wenn man das schaut, vorzugsweise von einer solchen Stätte aus, wie diese ist, da wird man «heidnisch-andächtig» – man kann nicht recht «christlich-andächtig» werden, heidnisch andächtig ist etwas anderes als christliche Andacht –, man wird dann heidnisch andächtig. Heidnisch andächtig sein, heißt, sich hingeben mit Herz und Gemüt an die in den Naturwirkungen anwesenden geistigen Wesenheiten, zu der Vielheit der in den Naturwirkungen vorhandenen geistigen Wesenheiten.

Nun ist es im allgemeinen für den heutigen Menschen bei unseren sozialen Einrichtungen nicht möglich, diese Wirkungen, die sich da äußern im Spiel der Naturkräfte, festzuhalten. Nur der Initiationserkenntnis ist es möglich, in diese Dinge einzudringen. Aber sehen Sie, zu allem, was im Geist erlangt werden soll, gehört ja immer etwas, was Grundbedingung ist. Ich sagte Ihnen heute morgen bei jenem Beispiel, durch das ich zunächst erläutert habe, was für die Erkenntnis äußerer Erscheinungen getan werden muß, daß dazu das sich harmonisierende Karma von zwei Menschen wirken muß. Damit in der rechten Weise in die Mission, in die Aufgabe des Königs Artus und der Seinen damals das einfließen konnte, was sich vom Meer herein in einer so wunderbaren Weise geisterhaft offenbart, mußte damals etwas Besonderes da sein.

Es ist ja durchaus so, als ob heute noch das Spiel, das da über den sich kräuselnden, den schäumenden Meereswellen in der Luftregion, von der Sonne durchleuchtet und durchglänzt, sich fortsetzt, als ob heute noch die Natur über diesem Meer, an diesen Bergen überall geisterte. Aber um das festzuhalten, was da in den Naturwirkungen geisterte, dazu gehörte, daß nicht nur *ein* Mensch dies aufnahm. Dazu gehörte eine Gruppe von Menschen, eine Gruppe von Menschen, von der sich einer als Sonne im Mittelpunkt fühlte und dessen zwölf Genossen stets so erzogen wurden, daß sie in ihrem Temperament, in ihrem Gemüt, in ihrer ganzen Wesensäußerung zusammen eine Zwölfheit ergaben, die man ebenso gruppieren konnte als einzelne zwölf sich gruppierende Menschen, wie die Bilder des Tierkreises um die Sonne herum sind. So daß eben auch die Tafelrunde darin bestand, daß der König Artus den Mittelsitz hatte und ringsherum zwölf angeordnet waren, die da, wo sie sozusagen in ihrem Consilium zusammen waren, über sich die Tierkreisbilder als ihr Emblem, als ihr Signum hatten, um zu zeigen, unter welchem kosmischen Einfluß sie standen. Von diesem Ort ging sozusagen die Zivilisation Europas aus. Da nahmen der König Artus und seine Zwölf die Kräfte auf, die sie sich von der Sonne holten, um ihre mächtigen Züge durch das übrige Europa zu machen und dafür zu kämpfen, daß die alten wilden dämonischen Gewalten, die zum großen Teil damals noch in der europäischen Bevölkerung waren, aus den Menschen herauskamen. Für die äußere Zivilisation kämpften diese zwölf Genossen des Königs Artus, der sie dirigierte.

Wenn wir uns nun fragen: Wie fühlten sich denn die Zwölf? Als was fühlten sie sich? Ja, wir verstehen nur, was da war, wenn wir auf das zurückgehen, was ich eben ausgeführt habe. Intelligenz fühlten die Menschen nicht in sich. Sie sagten nicht: Ich erarbeite mir meine Gedanken, meine intelligenten Gedanken –, sondern sie empfanden die Intelligenz als das Geoffenbarte, und sie suchten die Offenbarungen durch eine solche Gruppe, wie ich sie geschildert habe, zu zwölf oder dreizehn. Da sogen sie die Intelligenz herein, jene Intelligenz, die sie brauchten, um die zivilisatorischen Impulse zu formen. Und sie fühlten sich wiederum unter der Macht, die man mit dem christlich-hebräischen Namen Michael bezeichnen kann. Im eminentesten Sinn ist sogar – die ganze Konfiguration des Artusschlosses zeigt es – die Schar der Zwölf unter der Direktion des Königs Artus eine Michael-Schar, eine Michael-Schar aus jener Zeit, da Michael noch die kosmische Intelligenz verwaltete.

Ja, diese Schar ist es sogar, die am längsten daran festgehalten hat, Michael die Herrschaft über die kosmische Intelligenz zu sichern. Und man möchte sagen: Wenn man heute hinschaut auf die Trümmer des Artusschlosses, so fühlt man heute noch aus der Akasha-Chronik die Steine herunterfallen von dem, was einstmals mächtige Schloßpforten waren, und mit dem Herunterfallen dieser Steine fühlt man etwas wie ein irdisches Bild des Heruntersinkens der Intelligenz, der kosmischen Intelligenz aus den Händen des Michael in die Gemüter der Menschen hinein.

Und es ersteht neben der Artus-Michael-Strömung eine polarische Gegenströmung, diejenige Strömung an einem anderen Ort, an einem Ort, wohin sich mehr das innerliche Christentum dann geflüchtet hat, es entsteht die Gralsströmung. Jene Kommunikation besteht, die Sie angedeutet finden in der Parzivalsage. Die Gralsströmung findet sich. Auch in dieser Gralsströmung finden wir die zwölf um den einen, aber so, daß nun durchaus gerechnet wird damit, daß vom Himmel zur Erde herunterfließend sich nicht mehr offenbart die Intelligenz, Gedanken intelligenter Art, sondern daß jetzt dasjenige, was herunterfließt, sich wie der reine Tor – Parzival – ausnimmt gegenüber den Erdengedanken. Das fließt also nun vom Himmel herunter, und es wird auf die Intelligenz nur noch innerhalb des Irdischen gerechnet.

Da ist im Norden hier herüben die Artusburg, wo man noch denkt an die kosmische Intelligenz, wo man die Intelligenz des Weltenalls zur Zivilisation der Erde einführen will. Da ist die Gegenburg, die Gralsburg, wo vom Himmel herunter nicht mehr die Intelligenz geholt wird, wo voll gerechnet wird damit, daß, was weise ist vor den Menschen, töricht ist vor Gott, und was weise ist vor Gott, töricht ist vor den Menschen. Da fließt aus von dem Schloß mehr im Süden dasjenige, was sich mit Ausschluß der Intelligenz in die Intelligenz erst hineinergießen will.

Und so haben wir in älteren Zeiten, die aber noch durchaus hinaufgehen bis in jene Zeiten, wo da drüben in Asien das Mysterium von Golgatha stattfindet, da haben wir in jenen alten Zeiten, wenn wir uns so recht hineinstellen in das, was geschieht, auf der einen Seite die vehemente Bestrebung, Michaels kosmische Herrschaft über die Intelligenz zu sichern durch das Artusprinzip, auf der anderen Seite von Spanien aus in dem Gralsprinzip das Bestreben, damit zu rechnen, daß die Intelligenz in der Zukunft auf der Erde gefunden werden müsse, daß sie nicht mehr vom Himmel herunterströmt. Die ganze Gralssage atmet den Sinn dessen, was ich eben ausgesprochen habe.

So finden wir, indem wir diese zwei Strömungen gewissermaßen nebeneinanderstellen, das große Problem, das dazumal gestellt worden ist, ich möchte sagen, durch dasjenige, was historisch vor den Menschen stand: die Nachwirkungen des Artusprinzips und die Nachwirkungen des Gralsprinzips. Das Problem war gestellt: Wie findet nicht nur ein Mensch wie Parzival, sondern wie findet auch Michael selber den Weg von seinen Artusprotektoren, die seine kosmische Herrschaft sichern wollen, zu seinen Gralsprotektoren, die ihm den Weg hinein in die Herzen bahnen wollen, in die Gemüter der Menschen, damit er die Intelligenz dort ergreifen kann? Und es schließt sich uns zusammen, was wie das große Problem unseres Zeitalters vor uns steht: daß durch die Michael-Herrschaft das Christentum in einem tieferen Sinn erfaßt werden soll. Es steht gewaltig vor uns, dieses Problem, hingeschrieben durch die beiden Gegensätze, durch jene Burg, deren Trümmerhaufen in Tintagel zu sehen sind, und in jener Burg, die ja von den Menschen nicht so leicht gesehen wird, weil sie überall umrankt ist von dem Geisterwalde, der sechzig Meilen im Umkreis sich erstreckt. Zwischen diesen beiden Burgen aber steht die mächtige Frage: Wie wird Michael der neue Impulsgeber für die Erfassung der Wahrheit des Christentums?

Man kann nun nicht sagen, daß die Ritter des Königs Artus nicht gekämpft hätten für den Christus und im Sinn des Christus-Impulses. Nur lag in ihnen das, daß sie den Christus noch in der Sonne suchten und nicht aufhören wollten, das Christus-Wesen in der Sonne zu suchen. Darin gerade lag das, wodurch sie fühlten, daß sie den Himmel auf die Erde heruntertrugen, daß sie für den aus den Sonnenstrahlen wirkenden Christus ihre Michael-Kämpfe führten. Nun, in einem anderen Sinn wirkte dann innerhalb der Gralsströmung der Christus-Impuls mit vollem Bewußtsein, daß er heruntergekommen ist auf die Erde, daß er durch die Herzen der Menschen getragen werden muß, daß er gewissermaßen das Geistigste der Sonne mit der Erdenevolution der Menschen vereinigt.

Nun habe ich Ihnen in diesen Tagen von jenen Individualitäten, Persönlichkeiten, erzählen können, die im 12. Jahrhundert noch in der von hoher Geistigkeit getragenen Schule von Chartres gewirkt haben. Ich habe Sie aufmerksam gemacht auf solche Lehrer der Schule von

Chartres wie *Bernardus Sylvestris, Bernardus von Chartres* selber, *Alanus ab Insulis,* auch einige andere haben da gelehrt und eine große Schülerschaft um sich gehabt. Wenn man all das nimmt, was ich Ihnen ja schon charakterisiert habe, was eigen war diesen großen Lehrern von Chartres, so kann man sagen: Sie hatten noch etwas in sich von den alten Traditionen einer lebendig wesenhaften Natur, nicht der abstrakten Natur, die materiell war. Und deshalb war es denn auch, daß, ich möchte sagen, über der Schule von Chartres noch etwas schwebte von jenem Sonnenchristentum, das als Michaels-Ritter die Helden der Artustafelrunde als Impulse in die Welt zu setzen versuchten.

Sie ist schon in einer merkwürdigen Weise, diese Schule von Chartres, ich möchte sagen, hereingestellt mitten zwischen dem nordischen Artusprinzip und dem südlichen Christus-Prinzip. Und wie die Schatten der Artusburg und die Schatten der Gralsburg wirken herein die übersinnlichen unsichtbaren Impulse, nicht so sehr in den Inhalt der Lehre als vielmehr in den ganzen Ton, in die Haltung, in die Stimmung dessen, was in den – wir würden heute sagen – Hörsälen von Chartres an begeisterten Schülern da war.

Es war das die Zeit, in der namentlich von diesen Lehrern von Chartres das Christentum durchaus so vertreten wurde, daß überall geschaut wurde in dem Christus, der in Jesus von Nazareth erschienen ist, das hohe Sonnenwesen. So daß man, ich möchte sagen, gleichzeitig, wenn man von dem Christus sprach, den nach dem Sinn der Gralsanschauung innerhalb der Erdenevolution fortwirkenden Christus-Impuls sah, aber auch zu gleicher Zeit das Herabströmen des Sonnenimpulses in dem Christus.

Was sich da der geistigen Anschauung darbot als der Grundton der Lehre von Chartres, das ist heute nicht aus den literarischen Dokumenten zu gewinnen, die von den einzelnen Lehrern der Schule von Chartres vorhanden sind. Die nehmen sich aus für den Menschen, der sie heute liest, fast wie Namenskataloge. Aber wer sie mit spiritueller Einsicht liest, der sieht gerade in den kurzen Zwischensätzen, die sich zwischen den so reichlich angeführten Namen und Terminologien und Definitionen finden, die tiefe Einsicht, die spirituelle Einsicht, die noch diese Lehrer von Chartres gehabt haben.

Nun gingen diese Lehrer von Chartres dann gegen das Ende des 12. Jahrhunderts hin durch die Pforte des Todes, in die geistige Welt hinein. Dort trafen sie zusammen mit jener anderen Strömung, die an die alte Michaels-Zeit anknüpfte, die aber durchaus mit dem vollen Christentum rechnete: mit dem vom Himmel auf die Erde herabgekommenen Christus-Impuls. In der geistigen Welt trafen sie zusammen mit alledem, was an Vorbereitung des Christentums in alter Zeit durch die Aristoteliker geleistet wurde dadurch, daß Alexander der Große seinen Zug nach Asien hinüber unternommen hatte, sie trafen zusammen aber auch mit dem ja damals in der geistigen Welt befindlichen Aristoteles und Alexander selber. Was diese beiden in sich trugen, konnte damals nicht auf der Erde sein, weil es durchaus mit einem Aufgeben des alten naturhaften Christentums rechnete, wie es noch im Abglanz in der Lehre von Chartres vorhanden war, wo eben noch so etwas nachwirkte wie, ich möchte sagen, das heidnische Christentum, das vorchristliche Christentum, das auch in der Artusrunde vorhanden war. In dieser Zeit, als die Lehrer von Chartres wirkten, konnten die Aristoteliker, konnten diejenigen, die den Alexandrinismus begründeten und förderten, nicht auf der Erde sein. Ihre Zeit kam etwas später, erst vom 13. Jahrhundert ab.

Aber da trat etwas sehr Bedeutsames ein in der Zwischenzeit. Diejenigen, die die Lehrer von Chartres waren, und alle, die dazu gehörten, trafen, als sie eben durch die Pforte des Todes gegangen waren, hinaufgestiegen waren in die geistige Welt, mit denen zusammen, die sich gerade vorbereiteten, um herunterzusteigen in die physische Welt, und die gemäß ihrem Karma dazumal hinstrebten zu dem vorzugsweise den Aristotelismus und Alexandrinismus pflegenden Dominikaner-Orden. Also mit diesen sich für den Herunterstieg vorbereitenden Seelen trafen sie zusammen. Und wenn ich in heutigen trivialen Worten sprechen soll, so möchte ich sagen, es fand da statt an der Zeitenwende zwischen dem 12. und 13. Jahrhundert, im Beginn des 13. Jahrhunderts, eine Art von Besprechung zwischen den eben angekommenen und den herabsteigenden Seelen. Und in dieser Besprechung fand statt der große Ausgleich, indem vereinigt werden sollte das Wirken des Sonnenchristentums, wie es sich zum Beispiel im Gralsprinzip offenbart, wie es sich dann auch in den Lehren von Chartres offenbart, mit dem, was Aristotelismus, Alexandrinismus war. Und die Alexandriner stiegen herunter, begründeten die heute gar nicht genug gewürdigte, geistig bedeutsame Scholastik, innerhalb der erkämpft wurde das, was nur zunächst durch das Radikale eines Extrems erkämpft werden konnte: die Einsicht in die persönliche Unsterblichkeit des Menschen im christlichen Sinn, diese persönliche Unsterblichkeit, die die Lehrer von Chartres nicht so streng vertraten. Sie hatten durchaus noch etwas von dem in sich, daß sie sagten: Die Seele, wenn sie durch die Pforte des Todes geht, kehrt in den Schoß des Göttlichen zurück. Sie sprachen viel weniger von der persönlichen, individuellen Unsterblichkeit als die Dominikanerlehrer, die Scholastiker.

Manches Bedeutsame spielte sich da ab. Es war zum Beispiel, als einer der Scholastikerlehrer heruntergestiegen war aus der geistigen Welt, um dann den Aristotelismus im christlichen Sinn zu verbreiten, bei diesem Heruntersteig – das Karma wollte es so – noch nicht möglich, im vollen Sinn dasjenige zu verbinden mit der Seele, was der tiefere Inhalt des Gralsprinzips war. Aus diesem Grunde wurde ja verhältnismäßig spät die Gralsauffassung des *Wolfram von Eschenbach* bewirkt. Da brachte ein anderer, der etwas später herunterkam, das Entsprechende nach, und innerhalb des Dominikaner-Ordens wurde von einem älteren und einem jüngeren Dominikaner verhandelt über die vollständige Verbindung zwischen dem Aristotelismus und demjenigen, was ein mehr naturhaftes Christentum war, wie es in der Artusrunde lebte. Dann gingen auch die Individualitäten, die da als die Dominikanerlehrer vorhanden waren, hinauf in die geistige Welt. Und jetzt fand jener reale große Ausgleich statt unter der Führung des Michael selber, der herunterschaute auf die nunmehr auf der Erde befindliche Intelligenz, der aber jetzt die Seinen sammelte: Geistige Wesenheiten der überirdischen Welt, eine große Summe von Elementarwesen und viele, viele entkörperte Menschenseelen, deren innerer seelischer Zug hindrängte nach einer Erneuerung des Christentums. Dies konnte noch nicht gleich stattfinden in der physischen Welt, weil die Zeiten dafür noch nicht erfüllt waren. Es wurde aber eine große mächtige, übersinnliche Weisheitsinstitution unter der Führung Michaels selber gegründet, wo alle die

Seelen vereinigt wurden, die noch heidnisch angehaucht waren, die aber nach dem Christentum strebten, auch diejenigen Seelen, die in den ersten christlichen Jahrhunderten schon einmal mit dem Christentum im Herzen, wie es damals vorhanden war, auf der Erde gelebt hatten. Eine Michael-Schar bildete sich aus, die in übersinnlichen Regionen, in der geistigen Welt aufnahm jene Lehren der Michael-Lehrer aus der alten Alexanderzeit, der Michael-Lehrer aus der Zeit der Gralstradition, der Michael-Lehrer auch, wie sie in solchen Impulsen wie dem Artusimpuls vorhanden waren.

Alle möglichen christlich nuancierten Seelen fühlten sich hingezogen zu dieser Michaels-Gemeinschaft, wo auf der einen Seite bedeutsam gelehrt wurde über die alten Mysterien, über alle alten Impulse spiritueller Art, wo aber auch hingewiesen wurde auf die Zukunft, auf das letzte Drittel des 19. Jahrhunderts, wo Michael wieder auf der Erde wirken sollte und wo alle diejenigen Lehren, die nun, ich möchte sagen, in einer himmlischen Schule unter der Führung des Michael im 15., 16. Jahrhundert entwickelt wurden, heruntergetragen werden sollten auf die Erde.

Und wenn Sie nach denjenigen Seelen suchen, die sich dazumal um die Schule des Michael selber scharten, sich vorbereitend für die spätere Erdenzeit, dann finden Sie eben darunter zahlreiche Seelen, die heute den Drang fühlen nach der anthroposophischen Bewegung. Das Karma hat diese Seelen so geführt, daß sie sich dazumal in dem Leben zwischen dem Tod und einer neuen Geburt um Michael scharten, um wiederum ein kosmisches Christentum auf die Erde herunterzutragen.

Daß aber das Karma eine große Reihe von Seelen, diejenigen, die ehrlich in die anthroposophische Bewegung hereingekommen sind, mit solchen Antezedenzien, mit solchen Vorbedingungen vereinigt hat, das macht die anthroposophische Bewegung zu der eigentlichen Michael-Bewegung, zu der das Christentum in Wahrheit erneuernden Bewegung. Das liegt im Karma der anthroposophischen Bewegung. Das liegt aber auch in dem Karma vieler einzelner von denen, die in ehrlicher Weise an die anthroposophische Bewegung herangekommen sind. Diesen Michael-Impuls, der auf diese Weise konkret erfaßt werden kann, der in zahlreichen Denkmälern hier auf der Erde zu verfolgen ist, der einem auch frappierend entgegentritt, wenn man die wunderbaren

Naturspiele um das zerstörte Artusschloß sieht, diesen Michael-Impuls in die Welt zu tragen – denn er muß im Lauf der Jahrhunderte in die Zivilisation hineinkommen, wenn diese nicht ganz zugrunde gehen soll –, das ist insbesondere die Aufgabe der anthroposophischen Bewegung.

Dies wollte ich zunächst in diesem heutigen Vortrag, der uns geschenkt worden ist, noch einmal in Ihre Herzen einschreiben.

Das Karma im einzelnen Menschen und in der Menschheitsentwickelung

ERSTER VORTRAG

London, 24. August 1924

Vorerst gibt es mir eine angenehme Befriedigung, herzlichst zu danken für die freundlichen Worte, die der Vorsitzende der Englischen Anthroposophischen Gesellschaft, Mr. *Collison,* soeben ausgesprochen hat. Sie können ja immer überzeugt sein, daß es mir tief befriedigend ist, wieder unter Ihnen sein zu können und einiges von unserer anthroposophischen Arbeit hier sich entwickeln zu lassen. In diesem Augenblicke kann man ja mit dieser anthroposophischen Arbeit unter zwei Eindrücken stehen, zuerst unter demjenigen, der bewirkt wird dadurch, daß wir eben von Torquay kommen, wo wir eine Zeitlang leben durften in Darstellungen aus der geistigen Welt, die in dem Zeichen standen, das ich vorgestern dadurch charakterisiert habe, daß die beiden Sommerveranstaltungen, die aus dem Impuls unseres Freundes Dunlop und unserer Freundin Mrs. Merry hervorgegangen sind, daß diese Veranstaltungen einen, wie ich sagen möchte, eben okkult anheimeln, daß man aus dem ganzen Milieu der Veranstaltungen, aus dem Umgebensein mit der elementarisch, auch geistig elementarisch wirkenden Natur, oder wenigstens dem Nahesein solcher Natur, auch eine gewisse innere impulsive Veranlassung hatte, mit dem, was auseinandergesetzt wurde, stehenzubleiben innerhalb derjenigen Impulse, die durchaus an die Lokalität gebunden sind.

Das zweite ist, daß es mir ja zum ersten Male gegönnt ist, nach der bedeutungsvollen Weihnachtstagung am Goetheanum hier unter Ihnen, meine lieben Freunde, zu sprechen. Diese Weihnachtstagung in ihrer Bedeutung ist ja wohl, denn das lag in Ihren Absichten, hier im Zweige unserer englischen Freunde durchgesprochen, durchgedacht, durchempfunden worden. Es ist ja richtig, meine lieben Freunde, daß der ganze, volle Impuls dieser Weihnachtstagung auf der einen Seite, soviel es sich nun gezeigt hat, da ich ja an verschiedenen Orten sprechen durfte nach dieser Weihnachtstagung, daß dieser ganze volle Impuls der Weihnachtstagung – da mehr, dort weniger – verstanden wird, daß er sich beginnt einzuleben, daß er aber auch manches Befremden noch hervorruft innerhalb der Herzen unserer lieben anthroposophischen Freunde.

Es war dieser Weihnachtsimpuls dadurch notwendig geworden, daß eben die Entwickelung der Anthroposophischen Gesellschaft, seit sie selbständig geworden ist, sich losgelöst hat, herausgegliedert hat aus ihrem früheren äußeren Verbundensein mit der Theosophischen Gesellschaft, nicht jene Gestalt angenommen hat, von der ich gedacht habe, namentlich 1913, daß sie angenommen werden würde.

Und dann hat sich mancherlei aus der Anthroposophischen Gesellschaft heraus entwickelt, was nicht in organischer innerer Lebenskraft dessen stand, was die anthroposophische Bewegung geistig, spirituell darstellt. Das alles habe ich ja während der Weihnachtstagung auseinandergesetzt, möchte hier nur darauf verweisen. Es war in gewissem Sinne ein Wagnis, in den Wochen vor der Weihnachtstagung zu dem Entschlusse zu kommen, daß ich selbst den Vorsitz der Anthroposophischen Gesellschaft, wie sie nun vom Goetheanum aus begründet worden ist, übernehmen konnte. Denn bisher war es ja so, daß ich durchaus nur im Hintergrunde als Lehrer innerhalb der anthroposophischen Bewegung gelten wollte und offiziell kein Amt annahm. Es ist schwierig, mit all demjenigen, was in der geistigen Welt als Verpflichtung dem Lehrenden auferlegt ist, mit all den Verantwortlichkeiten gegenüber der geistigen Welt gerade in der heutigen Zeit die äußere Verwaltung der Gesellschaft zu übernehmen, die nun einmal die Verwaltung des Geistesgutes, des Weisheitsgutes der Anthroposophie zu ihrer Aufgabe hat. Allein, es mußte geschehen. Es war aber insofern ein Wagnis, als man natürlich vor der Eventualität stand, daß auch dadurch manches verlorengehen könnte von jenen spirituellen Strömungen, die einmal aus der geistigen Welt heute in die Menschenwelt hereinwollen, und deren Empfangen die Aufgabe der anthroposophischen Bewegung ist.

Nun darf aber gesagt werden, daß durchaus die Sache sich so dargestellt hat, daß nicht nur etwa seit der Weihnachtstagung kein Zurückstauen der Offenbarungen aus der geistigen Welt vorliegt, sondern im Gegenteil, daß sogar die geistige Welt mit einer viel größeren Wohlgefälligkeit herabsieht auf dasjenige, was durch die anthroposophische Bewegung in der Anthroposophischen Gesellschaft geschieht, und daß die Gaben aus der geistigen Welt eigentlich seit dieser Weihnachtstagung wesentlich reicher geworden sind, so daß wir also auch in dieser esoterischen Beziehung durchaus mit voller Befriedigung auf die Weihnachtstagung zurückblicken dürfen.

Dasjenige, was mit dem Worte gesagt ist: die esoterische Bedeutung der anthroposophischen Bewegung, das, meine lieben Freunde, soll immer wahrer und wahrer, immer wirklicher und wirklicher werden. Der Zug, der durch die anthroposophische Bewegung geht, soll immer esoterischer und esoterischer sich gestalten. Das wird nur dann richtig verstanden werden, wenn man die volle esoterische Aufgabe des Vorstandes am Goetheanum verstehen wird, wenn man dasjenige verstehen wird, was ich bei der Weihnachtstagung gemeint habe, als ich sagte, er muß ein Initiativvorstand sein, er muß ergreifen die Aufgaben, die der anthroposophischen Bewegung aus der geistigen Welt gestellt werden, muß diese aufnehmen, muß sie in die Welt leiten, darf nicht bloß ein Verwaltungsvorstand sein.

Nun, meine lieben Freunde, man hat gesehen, daß die Herzen das Esoterische, das auch durch alles Vortragswesen seit der Weihnachtstagung am Goetheanum fließt, mit einer großen Empfänglichkeit aufnehmen. Und es steht zu hoffen, daß das auch in der Zukunft der Fall sein wird, wenn auch vielleicht die Dinge so liegen, daß wegen des konservativen Sinnes in England noch immer ein leiser Zug bemerkbar ist hier, daß man es lieben würde, das alte Verhältnis fortzusetzen, wie es war, ohne Einschaltung desjenigen, was vom Goetheanum ganz durch den Willen der anthroposophischen Bewegung selbst ausgehen soll. Aber es wird ja auch etwas vielleicht Progressives in diesen Konservativismus nach und nach sich hingewöhnen. Und wir dürfen hoffen, daß dasjenige, was heute vielleicht da ist, aber noch nicht bemerkt wird, überhaupt nicht bemerkt wird, vorübergehe, ohne daß es bemerkt wird und abgewöhnt wird, ohne daß man erst weiß, daß es da ist. Ich weiß, wie sehr man hängt an demjenigen, was sich einmal eingebürgert hat. Aber man muß durchaus die Empfindungen erheben können, meine lieben Freunde, dazu, daß ja anthroposophische Bewegung überhaupt gegenüber allem in der Welt etwas Neues ist und daß es außerordentlich schwierig, ja auf vielen Gebieten unmöglich ist, in den alten Formen dieses Neue fortzupflegen. Es ist natürlich dem Menschen auf der anderen Seite schwierig, die neue Form für den neuen Inhalt zu finden.

Nun, meine lieben Freunde, von da ausgehend möchte ich auch darauf aufmerksam machen, daß im Grunde genommen die anthroposophische Bewegung, wie sie jetzt sich gestalten will, gestalten ja namentlich in ihren spirituellen Strömungen, eine Art Zurückkehren ist zu demjenigen, was ursprünglich in den Absichten lag. In diesen Absichten lag ja nicht nur dies, was sich dazumal in Berlin abspielte, als die deutsche Sektion in der Theosophischen Gesellschaft begründet worden ist, wo während der Begründung dieser deutschen Sektion der Theosophischen Gesellschaft von mir in einem Vortragszyklus gesprochen worden ist, der den Titel «Anthroposophie» hatte, so daß sozusagen damals neben der Begründung der theosophischen deutschen Sektion stand die anthroposophische Bewegung; aber dasjenige, was innerhalb der Theosophical Society von unserer Seite sich abgespielt hat, war nie etwas anderes als Anthroposophisches.

Und nicht nur dieses war vorhanden, sondern es war auch das vorhanden, daß schon dazumal stark bei mir die Absicht war, den esoterischen Zug in die anthroposophische Bewegung hineinzubringen. Daher trug der erste Vortrag, den ich dazumal hielt innerhalb des Rahmens dessen, was gesprochen werden sollte in der Deutschen Sektion der Theosophical Society, den Titel: «Praktische Karma-Übungen.»

Aber die Persönlichkeiten, die dazumal mit bei der Begründung waren, bekamen einen furchtbaren Schreck, als sie diesen Titel vernahmen, und ich könnte heute noch mit voller Anschaulichkeit die astralischen Wellen des Bebens und Zitterns schildern, welche namentlich die alten Herren an sich zeigten, die dazumal, herausgewachsen aus der theosophischen Bewegung, hörten, ich wollte sprechen über praktisches Karma. Und Worte immerhin wie dieses wurden mir entgegengebracht: Wollen Sie denn an einem Tage unsere ganze jahrzehntelange Arbeit – denn die Leute glaubten ja, jahrzehntelange Arbeit geleistet zu haben –, unsere ganze jahrzehntelange Arbeit einsargen! – Und es fanden sozusagen fortwährend Privatsitzungen, Councils statt, in denen man mir begreiflich machte, das könne so nicht gehen. Und ich verspürte dann nicht nur den astralischen und Ich-Eindruck von den Bebe- und Zitterwellen, sondern ich verspürte auch den fröstelnden Eindruck der astralischen Gänsehaut, welche die alten Herren bekamen.

Und da war es denn ganz unmöglich, bei dem Programm zu bleiben, weil es aussichtslos gewesen wäre. Und so kam eben die theosophische Bewegung in Deutschland in ein mehr theoretisches Fahrwasser, wie sie ja überhaupt in der Theosophical Society es hat, und das eigentlich Esoterische mußte warten.

Und das war ihm vielleicht gut. Denn es vergingen ja mittlerweile reichlich dreimal sieben Jahre, in denen konnte sich manches im Unbewußten und Unterbewußten einleben, was ins Bewußtsein nicht recht hineinwollte. Und das ist auch geschehen. Und so kann jetzt durchaus in jener esoterischen Weise gerade für den Anfang des Einlebens des Goetheanischen Weihnachtsimpulses, dasjenige, was dazumal nicht gehen konnte, es kann der Anfang dieses Einlebens damit beginnen, daß die okkulten Entwickelungsimpulse der Welt, des Kosmos und der Menschheit gesucht werden auf dem karmischen Gebiete. Gefragt wird, und die Antworten werden gegeben, wenn sie heute aus der geistigen Welt heraus schon gegeben werden können, nach Menschheits-, nach einzelnem, individuellem Karma und so weiter. Daran werden anschaulich werden können die Impulse, die hereinwollen, mit aller Kraft hereinwollen aus der übersinnlichen Welt in die Welt der Menschheit in der Gegenwart.

Und mit einer entsprechenden Auseinandersetzung in dieser Richtung wollen wir deshalb auch heute beginnen, nachdem diese Einleitung übersetzt sein wird.

Wie Karma im einzelnen Menschen und in der Menschheitsentwickelung auch heute verankert ist und wie sich einzelne karmische Tatsachen daraus besprechen lassen, es wird uns vor die Seele treten können, wenn wir dieser Besprechung eine Einleitung vorangehen lassen über die Entwickelung des menschlichen Bewußtseins aus Zuständen heraus, in denen die Menschen noch im gewöhnlichen Leben eine unmittelbare, elementare Wahrnehmung vom Karma hatten, zu anderen Zuständen des Bewußtseins, zu denen sie später kamen und in denen die unmittelbare Einsicht in das Karma verlorenging. Denn heute ist es ja so, daß der Mensch von seinem Karma innerhalb des Bewußtseins, das er nun einmal hat als waches Tagesbewußtsein, nichts weiß. Die Welt, in der er lebt vom Aufwachen bis zum Einschlafen, hält ihn davon ab, von seinem Karma unmittelbar elementarisch etwas zu wissen. Aber die Menschheit lebte nicht immer in diesem Bewußtseinszustande, der heute der sogenannte normale ist, sondern die Menschheit lebte in früheren Zeiten, auch in der nachatlantischen Erdenentwickelung, auch im alltäglichen Leben, in anderen Bewußtseinszuständen. Wir leben heute mit dem normalen Bewußtsein in drei Bewußtseinszuständen, die ich öfter charakterisiert habe: erstens das Wachbewußtsein, zweitens das Traumbewußtsein, wo noch einzelne Stücke der Tageserlebnisse reminiszenzenhaft vor dem Bewußtsein auftauchen, aber auch hineinspielen mancherlei Einschläge der geistigen Welt; und endlich als Drittes das völlige Schlafbewußtsein, in dem für die menschliche Seele ringsherum Dumpfheit, Dämmernis, Finsternis ist und das Bewußtsein sozusagen in die Bewußtlosigkeit hinuntersinkt.

1. Wachbewußtsein
2. Traumbewußtsein
3. Schlafbewußtsein.

So war es nicht immer in der Menschheit. Es gab Zeiten in der menschlichen Entwickelung, wo das alltägliche Bewußtsein in ganz anderer Weise verlief. Und wenn wir weit, ganz, ganz weit zurückgehen in die Zeiten, die unmittelbar folgten auf die atlantische Katastrophe, wo die Landoberflächen der Erde entstanden an den Stellen, wo früher Meer war, wo das Meer auftauchte an den Stellen, wo früher Land war, wo die Erde durchgehen mußte durch eine Periode der Vereisung, wenn wir diese Zeit nehmen, die unmittelbar auf die alte atlantische Katastrophe folgte, in der ausgebreitete alte Kulturen zugrunde gingen, wenn wir also zurückblicken in eine Zeit, die etwa acht- bis zehntausend Jahre hinter uns liegt, dann finden wir allerdings eine Menschheit, welche drei andere Bewußtseinszustände hatte. Jene Menschheit, welche die alte atlantische Katastrophe überlebte, sie hatte auch drei Bewußtseinszustände, aber diese waren wesentlich anderer

Art. Dieses nüchterne Alltagsbewußtsein vom Aufwachen bis zum Einschlafen, wie es der heutige Mensch hat, wo er jeden anderen Menschen mit scharfen Konturen sieht, wo er auch die übrigen Wesen der Natur und Vorgänge der Natur mit scharfen Konturen sieht, diesen wachen Tagesbewußtseinszustand gab es allerdings in jenen alten Zeiten nicht; sondern man sah den Menschen ohne scharfe Konturen sich fortsetzen nach allen Seiten ins Geistige, ins Aurische, und man sah im Aurischen auf seine Seele hin. Und auch die Tiere sah man mit mächtiger Aura. Man sah in der Aura ihre innerlichen Vorgänge, das Verdauen, das Atmen. Man sah die Pflanzen wie mit der Blüte heraufstrebend in eine Art Wolke, welche die Erde immerfort einhüllte. Alles war in verglimmendes astralisches Licht für dieses Bewußtsein getaucht. Und man kann schon davon sprechen, daß dieser Tagesbewußtseinszustand für jene alte, auf die atlantische Katastrophe folgende Menschheit der einer verglimmenden Astralanschauung der physischen Welt war.

Ich sage verglimmend, das heißt in seiner Leuchtekraft sich allmählich abschwächend, weil eben vor der atlantischen Katastrophe dieses Schauen in einem astralischen Leuchten viel stärker und intensiver war als heute. Aber das Hineinkommen in diesen Bewußtseinszustand, jenes Hinein-Aufwachen in diesen Bewußtseinszustand, denn mit einem Hinein-Aufwachen, wie es ja auch das heutige Aufwachen ist, läßt sich das vergleichen, jenes Hinein-Aufwachen in diesen Bewußtseinszustand des verglimmenden Astralschauens, das war anders als das Sich-Herauswinden des heutigen Menschen aus dem Schlafzustand, wo die chaotischen Träume zunächst vor der Seele stehen, bevor der Mensch in den Tag eintritt.

Wenn diese Leute der alten Zeit aufwachten, dann war es so, als ob sich ihnen im Bewußtsein nachschöbe nun nicht bloß eine Traumeswelt, sondern eine Welt der Wirklichkeit, in die sie untergetaucht waren, von der sie auch wußten, daß sie aus ihr herauskommen und daß sie darinnen Umgang hatten mit Geistwesen, mit Geistwesen höherer Hierarchien, mit Geistwesen elementarischer Art. Es war wirklich dieses Aufwachen so, wie es ist, wenn der Mensch heute von einem Orte, an dem er vieles erlebt hat, an einen anderen Ort kommt, wo er sich im Umkreise von neuen Erlebnissen an all das erinnert, was er erlebt hat. Trat man in den Tag ein in jenen alten Zeiten, dann hatte man die neuen Tageserlebnisse, aber man hatte die geschilderte Erinnerung: man war an einem anderen Orte gewesen, wo man nur mit anderen Wesen zusammen war, wo man nicht unmittelbar mit den physischen Menschen zusammen war, die einen sonst mit den Tieren und Pflanzen umgeben, wo man umgeben war von den entkörperten Menschenseelen, die zwischen dem Tode und einer neuen Geburt leben, wo man zusammen war mit anderen Wesen, die niemals auf der Erde in irgendeiner Inkarnation leben.

Nachdem man eine gewisse Art von Bewohnern des Weltenalls verlassen hatte, fühlte man sich dann hereingestellt in eine andere Welt, in die Welt des physischen Erlebens zwischen Geburt und Tod. Aber man fühlte auch deutlich die Erinnerung an die geistige Welt, an jene Welt, die der Mensch durchläuft zwischen dem Tode und einer neuen Geburt. Man kann sagen: da trat herein in die verglimmende Astralanschauung die Anschauung der geistigen Welt.

So daß eigentlich dieser Bewußtseinszustand, wo der Mensch wie heute so zwischen rein physischen Wesenheiten steht, damals gar nicht vorhanden war. Es hatten damals schon die Menschen nicht bloß in einer Art von Träumen, sondern in einer sehr realen Wirklichkeitsvorstellung die Empfindung: sie sehen, wenn sie herauskommen in das Tagesbewußtsein, Bäume und Tiere und Berge und Felsen und Wolken, aber es ist dieselbe Welt, in der auch jene Geisteswesen und jene Menschenseelen leben, die nicht auf Erden verkörpert sind, die in der geistigen Welt leben, mit denen man zwischen dem Tode und einer neuen Geburt lebt. Und dann bekamen sie die reale Vorstellung, diese Menschen: in jeden Baum, in jeden bemerkenswerten Felsen, in die Tiefe der Berge hinein und zu den Höhen der Wolken hinauf bewegen sich, während der Mensch aufwacht, diese Wesen hin, schlüpfen hinein, tauchen unter in die einzelnen Wesenheiten, in die Geschöpfe der äußeren physischen Natur.

Man ging in den Wald, man sah einen besonderen Baum. Man wußte dazumal: dahinein ist ein Nachtwesen geschlüpft, mit dem man zusammen war, und man sah deutlich, wie das der Initiierte heute noch sehen kann: in die physischen Lokalitäten hinein schlüpfen die geistigen

Wesenheiten wie in ihre Häuser. Kein Wunder daher, daß dann alle diese Dinge in den Mythus übergingen und die Menschen davon sprachen, daß es Baumgeister, Quellengeister, Wolkengeister, Bergesgeister gibt. Sie sahen ja das, womit sie nächtlich zusammen waren, in die Berge, in die Wellen, in die Wolken, in die Pflanzen, in die Bäume hineinschlüpfen.

Das war die seelische Morgendämmerung, die damals dieses Hineinschlüpfen der Geistwelt in die physisch-sinnliche Welt sah. Von den hervorragenden, erhabenen Geistern sagte man würdevoll: sie haben in diesen physischen Lokalitäten ihre Ruhesitze während des Tages. Von den minderwertigeren Elementarwesen, die unter den Menschen, ja oftmals unter den Tieren leben in ihrer Evolutionsepoche, von denen sagte man: sie verstecken sich darinnen. Da drückte man die Sache neckisch aus. Aber das, was man da auf der einen Seite im Erhabenen, auf der anderen Seite in Ohnmacht, in Neckischheit ausdrückte, das entsprach genau dem Gefühle, das man gegenüber dieser seelischen Morgendämmerung hatte.

Nun aber stellen Sie sich vor, meine lieben Freunde, ein Mensch war in einer solchen geistigen Welt im letzten Teil des Schlafes da drinnen, und morgens ging es ihm auf; ganz klar, daß er drinnen war, wurde es ihm erst beim Aufwachen. Warum war das? Warum sah er eigentlich erst beim Aufwachen, als die Geister verschwanden, diese geistig-übersinnliche Welt, mit der er zusammen lebte zwischen dem Tode und einer neuen Geburt? Deshalb, weil – während dieser Zustand da war, während also der Mensch im letzten Teil des Schlafes in diesem Zustande der Anschauung der geistigen Welt war – der Mensch noch in einem dritten Zustande des Bewußtseins lebte. Da lebte er in einem Bewußtseinszustand, der nun wieder eine ganz andere Welt vor die Seele zauberte. Und zwar sah da der Mensch, während er sich während seines Erdendaseins im Schlafe anschauend in der geistigen Welt befand, zurück auf die Evolution seines Karma.

Dieser dritte Bewußtseinszustand der Menschen, die unmittelbar auf die atlantische Katastrophe folgten, war die Anschauung des Karma. Die war ihnen eben in dieser Zeit einfach eine Realität.

1. Wachbewußtsein: verglimmende Astralanschauung
2. Traumbewußtsein: Anschauung der geistigen Welt
3. Schlafbewußtsein: Anschauung des Karma.

Und wie heute die drei Bewußtseinszustände: Wachbewußtsein, Traumbewußtsein, Schlafbewußtsein, im täglichen Leben abwechseln, so wechselten dazumal für den Menschen die Zustände der verglimmenden Astralanschauung, der Anschauung der geistigen Welt, der Anschauung der Karma-Entwickelung ab.

Ja, es ist so, meine lieben Freunde, daß in diesen alten Zeiten die Anschauung des Karma einfach eine Bewußtseinsrealität für die Menschen war und daß man daher mit Recht sagen kann: es gab einmal eine Art von Bewußtsein in der Menschheit, durch das man einfach hinschaute auf die Realität des Karma.

Dann ging die Entwickelung in der folgenden Art weiter: Zuerst hörte dieser Schlaf, der aber dann ja kein Schlaf war, denn während man schlief, schaute man auf das Karma zurück – zuerst hörte also diese Anschauung in bezug auf das Karma auf. Sie verdunkelte sich. Und von dem Tatsächlichen des Karma blieben nur die Erkenntnisse der Eingeweihten, der Initiierten in den Mysterien zurück. Da wurde dann das, was früher geschaut wurde bei den Menschen als Karma-Erfahrung, es wurde dann Gelehrsamkeit. Was also eine alte Erfahrung war, meine lieben Freunde, wurde dann in späteren Zeiten Gelehrtheit. Denn es dämpfte sich, dumpfte sich ab innerhalb des altertümlichen Bewußtseins, und es verblieb der Menschheit nur – und so war es etwa in der Zeit, die uns als die alte chaldäische oder babylonische oder ägyptische geschildert wird – das Hinschauen auf die geistige Welt. So daß man um diese Zeit, also in den Jahrtausenden, die der christlichen Entwickelung vorangingen, in einem Menschheitsbewußtsein lebte, dem die Anschauung der übersinnlichen Welt noch durchaus natürlich war, in der aber vom Karma nur gelehrt wurde. Und begreiflich ist es daher, daß gerade in dieser Zeit, die der christlichen Entwickelung voranging, weil noch ein intensives Bewußtsein vorhanden war von der geistigen Welt, von der Welt, in welcher der Mensch ist zwischen dem Tode und einer neuen Geburt, und weil verglommen und verdumpft war das

Karmabewußtsein, begreiflich ist, daß man das Karmabewußtsein in der allgemeinen Menschheit ganz verlor, daß es sozusagen nicht da war, als die christliche Entwickelung einsetzte, und daß dann besonders stark der Zusammenhang des Menschen mit der geistigen Welt betont wurde, wenn der Mensch entkörpert ist. Das verspüren wir ja so ganz besonders stark in dem, was uns als die alte ägyptische Anschauung entgegentritt: ein ungeheuer starkes Bewußtsein von der geistigen Welt, ein geläutertes, feines Bewußtsein von der Welt, in die der Mensch eintritt durch die Pforte des Todes, wenn er Osiris wird, aber kein Bewußtsein mehr von den wiederholten Erdenleben.

Dann kam allmählich die Zeit heran, die heute in der Menschheitsentwickelung ihren Höhepunkt hat, die eigentlich der Menschheit heute eigen ist. Die Astralanschauung ist zu unserem nüchtern-prosaischen Bewußtsein herabgesunken, das wir im normalen Leben zwischen dem Aufwachen und dem Einschlafen haben, wo wir nur das unbedeutende Stück Mensch zum Beispiel sehen, das innerhalb der Haut eingeschlossen ist in Fleisch und Knochen und Gefäßen, was so, wie es von dem heutigen Tagesbewußtsein gesehen werden kann, das unbedeutendste Stück Mensch ist. Ganz begreiflich, daß doch bei sehr vielen die Tendenz entsteht, dieses unbedeutende Stück Mensch mit allerlei sogenannten schönen äußeren Bekleidungsstücken zu umhängen, damit es doch noch etwas sei, während man im tiefen Unterbewußtsein das Gefühl hat, daß es eigentlich unbedeutend ist und hineingehört in die leuchtend wärmende Bekleidung des Aurischen, des Astralischen, des Ich-Wesens.

Und als man zuerst diesen Übergang gefühlt hat vom Schauen des Menschen mit seiner Aura zum Schauen des gegenwärtigen unbedeutenden Menschen, da hat man schon in der Bekleidung nachzuahmen versucht, wie das ausschaut, was an dem Menschen aurisch ist; so daß die alten Moden – wenn ich das Wort gebrauchen darf – in gewissem Sinne Abbilder sind des Aurischen. Von den neueren Moden kann ich Ihnen die Versicherung geben, daß sie es gar nicht sind.

Das Bewußtsein der übersinnlichen Welt hat die Form angenommen, daß der Mensch es in den chaotischen Träumen verträumt. Und das Karmabewußtsein verschläft er vollständig. Er würde das Karmabewußtsein haben, wenn der Teil des Bewußtseins, der traumlos ist zwischen dem Einschlafen und Aufwachen, plötzlich ins Bewußtsein schießen würde. Dann wäre das Karmabewußtsein da.

So ist im Laufe der Menschheitsentwickelung seit der Zeit, die ich charakterisiert habe, im Laufe von zehntausend Jahren etwa, die Verwandlung vor sich gegangen, daß der Mensch das in der physischen Welt Geistige «verwacht» – denn wir «verwachen» auch das Geistige, nicht bloß, daß wir es verschlafen –, daß der Mensch das Geistige verwacht, die eigentliche geistige Welt verträumt, und das Karma verschläft.

Das ist etwas, was einmal zum Heraufkommen des Freiheitsbewußtseins notwendig geworden ist, wie ich öfter ausgeführt habe. Aber es muß die Menschheit aus ihrem gegenwärtigen Zustande wiederum herauskommen.

Man kann sagen, daß dasjenige, was, allerdings in einer sehr traumhaften Art, ein natürlicher Bewußtseinszustand in alten Zeiten war – das Wissen von der übersinnlichen Welt und vom Karma –, allmählich sich abgedämmert, abgedämpft hat, und das, was von der übersinnlichen Welt an die Menschen herantreten sollte, dann Lehre der Mysterien geworden ist, während es sich innerhalb des neueren materialistischen Zeitalters ganz verloren hat. Aber innerhalb dieses materialistischen Zeitalters muß wiederum die Möglichkeit aufgehen, sowohl zu dem Bewußtsein der übersinnlichen Welt wie zu dem Bewußtsein von Karma die Brücke zu schaffen.

Das heißt aber mit anderen Worten, wenn man sich vor Augen stellt, wie mit dem seelischen Morgendämmern in uralten Zeiten jene geistigen Wesenheiten, in deren Gesellschaft man vom Einschlafen bis zum Aufwachen war, hineinschlüpften in Bäume und Wolken und Berge und Felsen, und der Mensch sich dann während des Tages sagen konnte, wenn er zu einem solchen Baum, zu einem solchen Felsen, zu einem solchen Quell ging: Da drinnen ist verzaubert ein geistiges Wesen, mit dem ich aber in meinem Schlafbewußtsein beisammen bin – so muß der Mensch zunächst durch das Aufnehmen der neueren Initiationswissenschaft dazu kommen, mit dem während des Tagwachens vorhandenen Bewußtsein gewissermaßen geist-erkennend im Anschauen aus jedem

Felsen, aus jedem Baum, aus jeder Wolke, aus jedem Stern, aus Sonne und Mond die verschiedenartigsten Geistwesen wieder herauszulocken.

Auf diesen Weg müssen wir uns heute begeben, uns vorbereiten dazu, daß ebenso, wie für die alten Menschen mit dem Aufwachen das Geistwesen, mit dem der Mensch in der Nacht beisammen war, in den Baum, in den Felsen hineingeschlüpft ist, so für die neuere Menschheit herausschlüpft aus Baum und Quell dasjenige, was an geistigem Wesen in Baum und Quelle verborgen ist. Und das kann sein. Das kann dadurch sein, daß der Mensch einfach den Standpunkt des gewohnten Vorurteiles ablegt, in den er sich eingelebt hat, in den die Kinder heute schon bis in die Kindergartenerziehung hinunter eingeführt werden, daß der Mensch ablegt diese Befangenheit, daß man mit dem gesunden Menschenverstand nicht hineinschauen kann in die geistige Welt. Wenn der Initiierte kommt und erzählt die Dinge, die in der geistigen Welt sind, und die Vorgänge, die in der geistigen Welt stattfinden, und wenn der Mensch auch heute noch nicht hineinschauen kann mit dem gewöhnlichen Bewußtsein: wenn er sich seines unbefangenen Menschenverstandes bedient, so kann dieser Menschenverstand durchleuchtet werden durch die Mitteilung von der geistigen Welt. Und das ist unter allen Umständen für jeden der erste rechte Schritt heute.

Dagegen spricht freilich vieles. Sehen Sie, nach einem der Vorträge, die ich über das Schauen der geistigen Welt in dem verflossenen Jahre hielt, erschien in einer nicht ganz unangesehenen Zeitung eine wohlwollende Besprechung – was eben «wohlwollend» und «angesehen» genannt werden kann mit Bezug auf die vehemente Gegnerschaft gegen die Anthroposophie in der Gegenwart. Nun hatte ich auch in diesem Vortrage darauf aufmerksam gemacht, daß man ja nicht gleich ein Hellseher zu sein braucht, um wirklich zu wissen von der geistigen Welt, sondern daß man mit seinem gesunden Menschenverstand durchaus die Dinge begreifen kann, wenn sie der Hellsehende mitteilt. Ich hatte das sehr stark betont. Und der Mann, der durchaus wohlwollend die Sache besprach, der schrieb den folgenden Satz. Er sagte: Den gesunden Menschenverstand, den will der Steiner anwenden auf die Erkenntnis der übersinnlichen Welt. Solange dieser gesunde Menschenverstand gesund bleibt, so sagte der Mann, so lange weiß er sicher nichts von einer übersinnlichen Welt, und sobald er von einer übersinnlichen Welt weiß, dann ist er schon sicher nicht mehr gesund!

Ich habe vielleicht niemals mit einer solchen ehrlichen inneren Aufrichtigkeit aussprechen gehört, was eigentlich jeder, der heute vom «gesunden Menschenverstand» aus die Erkenntnis der übersinnlichen Welt ablehnt und von Grenzen der Erkenntnis in gewohntem Sinne spricht, behaupten müßte, wenn er ehrlich ist, innerlich ehrlich ist; denn entweder muß man die heutige Anschauung aufgeben, oder man muß dieses behaupten; anderes ist nicht innerlich ehrlich.

Der heutige Initiierte weiß eben durchaus zu sagen, wie aus jedem Stein erkennend im Bewußtsein erlöst wird ein Geisteswesen, wie andere Geisteswesen aus den Pflanzen erlöst werden. Sie treten einem entgegen, wenn man nicht bei der äußeren Sinnesanschauung stehenbleibt. Und jedes Mal, wenn man in die Natur geht, wenn man zum Beispiel zunächst, aus ihren Steinbehausungen hervorgehend, die koboldartigen Elementarwesen schaut, die überall, wo die Natur anfängt ein wenig elementar zu werden, drinnen stecken – dann, wenn man sich so bekannt macht und befreundet mit diesen Elementarwesen, dann sieht man bald auch hinter diesen Elementarwesen, namentlich hinter den Elementarwesen der mineralischen Welt, höhere Wesenheiten, die zuletzt hinaufführen bis zur ersten Hierarchie, bis zu den Seraphim, Cherubim und Thronen.

Und wenn konsequent die Übungen durchgeführt werden, die ich in dem Buche: «Wie erlangt man Erkenntnisse der höheren Welten?», das ins Englische unter dem Titel «Initiation» übersetzt ist, angegeben habe, wenn man diese Übungen konsequent, mit großer innerer Energie, Opferwilligkeit und Hingabe macht, dann ist es eigentlich schon so, daß man, wenn man den gehörigen inneren Mut bekommt, zunächst auf so etwas kommt, daß in besonderen mineralischen Einschlägen draußen im Gebirge in einem Stück Stein ganze Welten von Elementarwesen verborgen sind. Die kommen nur so heraus, nach allen Seiten schlüpfen sie heraus, werden groß, und bezeugen, daß sie eigentlich nur zusammengerollt, zusammengeschoben in den Partien der elementarischen Welt sind. Es sind Wesenheiten zunächst innerhalb des mineralischen Naturgebietes, namentlich wo die Erde in den Zustand des

«Grunelns» kommt, daß sie sich so frisch anfühlt, daß sie Erdenaroma hat, daß die Pflanzen auch Erdenaroma haben. Wenn man da eintritt in diese Welt der Elementarwesen, da ist es so, daß diese Elementarwesen schon einem angst und bange machen können. Und diese Elementarwesen, die da herauskommen, sind von einer unglaublichen Gescheitheit. Man muß die Bescheidenheit haben, wenn die Zwerge da heraus sich lösen aus den Naturtatsachen und Naturobjekten, sich zu sagen: Da stehst du nun, du dummer Mensch, wie gescheit ist doch diese Elementarwelt! – Und weil im Ernste das doch viele Menschen nicht sagen mögen, weil sie ja nicht einmal sagen mögen, daß ein kleines Kind, das eben geboren worden ist, viel gescheiter ist als derjenige, der viel gelernt hat – wenn man es innerlich anschaut –, deshalb entziehen sich zunächst diese Elementarwesen dem Anblick des Menschen. Kann man aber auf sie eingehen, dann erweitert sich sozusagen der Horizont, und das, was vorne diese neckischen, einen mit ihrer Gescheitheit und Klugheit neckenden Zwerge eröffnen als Vordergrund, das trägt in einen Hintergrund hinein, der bis zu der ersten Hierarchie, bis zu den Seraphim, Cherubim und Thronen kommt.

Und wenn man sich das Bewußtsein schärft mit dem, was die Menschheit gelernt hat gerade durch die Naturwissenschaft in dem letzten Jahrhundert, dann kann man in diese Welt der Elementarwesen und von da aus in eine höhere Welt mit Hilfe der angegebenen Übungen erst recht eintreten. Und erwirbt man sich so an der Natur, an dem liebevoll sich Versenken in die Natur ein Bewußtsein, das nicht angekränkelt ist von dem, was heute anerkanntes autoritatives Wissen ist, dann steigt man allmählich wieder auf in der Initiationserkenntnis zu jenem Erkennen, das der Menschheit verlorengegangen ist.

Wer schließlich heute dazu kommt, daß ihm aus den Bäumen entgegentritt der Baumgeist, der für die Alten hineingeschlüpft ist am Morgen in der seelischen Morgendämmerung, der am Abend in der seelischen Abenddämmerung wiederum herabgesprüht ist, der kann dann auch in einer entsprechenden Weise an den Menschen herantreten und aus dem Menschen der Gegenwart hervorgehend schauen seine Gestaltungen in früheren Erdenleben mit der Evolution des Karma. Denn für den Menschen mündet dieses Anschauen in das Karma hinein.

Für die mineralische Welt, wo zunächst die mit ihrer Klugheit nekkenden Zwerge herauskommen, mündet das Anschauen bei den Seraphim, Cherubim und Thronen.

Für die Pflanzen mündet das Anschauen bei den Exusiai, Dynamis, Kyriotetes.

Für die Tiere mündet dieses Anschauen, wenn man ihre geistigen Wesen aus ihnen so hervorkommen sieht, in Archai, Archangeloi, Angeloi.

Für den Menschen mündet das in das Karma.

Hinter den in der Welt erscheinenden Seraphim, Cherubim und Thronen und hinter allen übrigen Wesen der höheren Hierarchien, hinter allen Elementarwesen, welche einen aus den Mineralien durch ihre Gescheitheit schockieren, einen aus den Pflanzenwesen durch ihre süße Zudringlichkeit vielleicht schockieren oder auch nicht schockieren, hinter dem, was aus dem Wüsten, zuweilen mit Vehemenz, mit Feuerglut, aber auch mit Fröstelndem aus den Tieren entgegentritt, hinter all dem, was da als Vordergrund erschienen ist, tritt dann die überwältigend großartige Erscheinung des Karma auf. Denn eigentlich liegt erst hinter all den Geheimnissen der Welt das Geheimnis des Karma für den Menschen.

Und wenn wir unsere Empfindung in der entsprechenden Weise so vorbereitet haben, werden wir nun in den nächsten Vorträgen, die ich noch hier an demselben Orte vor Ihnen halten kann, zu der Besprechung einzelner karmischer Tatsachen gehen können.

ZWEITER VORTRAG

London, 24. August 1924

Läßt man den Blick dahinziehen über die geschichtliche Entwickelung der Menschheit, so erscheinen Ereignisse nach Ereignissen im Laufe der Zeiten, und man ist in der neueren Zeit vielfach gewohnt worden, einfach die geschichtlichen Erscheinungen, die da auftreten, so zu betrachten, daß man in den späteren Zeiten die Wirkungen früherer Zeiten sucht, sogar von Ursachen und Wirkungen in der Geschichte redet, wie man in der äußeren physischen Welt von Ursache und Wirkung redet.

Wenn man so das geschichtliche Leben ins Auge faßt, wird man sich aber gestehen müssen, daß fast alles unerklärt bleibt. Es wird Ihnen nicht gut gelingen, zum Beispiel den Weltkrieg aus den Ereignissen vom Beginne des 19. Jahrhunderts bis 1914 wie eine Wirkung einfach herzuleiten. Es wird Ihnen nicht gelingen, die am Ende des 18. Jahrhunderts ausbrechende Französische Revolution bloß aus dem hervorzuleiten, was vorher war. Mancherlei Geschichtskonstruktionen werden gemacht, aber man kommt mit ihnen nicht sehr weit, und man fühlt zuletzt doch, daß es künstliche Geschichtskonstruktionen sind.

Dasjenige, was im geschichtlichen Leben der Menschen vor sich geht, wird erst erklärlich, wenn man die geschichtlichen Persönlichkeiten, die eine bedeutsame Rolle spielen beim Zustandekommen der geschichtlichen Ereignisse, sich anschaut in bezug auf ihre wiederholten Erdenleben. Und erst wenn man eine Weile sich damit beschäftigt hat, das Karma solcher geschichtlichen Persönlichkeiten im Verlaufe der sich wiederholenden Erdenleben zu betrachten, dann wird man sich eine Seelenstimmung dafür aneignen, wie es um das eigene Karma steht. Deshalb wollen wir heute ein wenig geschichtliches Karma betrachten, Persönlichkeiten der Geschichte, die das oder jenes uns Bekannte getan haben, und dieses uns Bekannte dann herleiten von dem, was in ihrem Karma gewissermaßen geschrieben war aus der Wiederholung ihres Erdenlebens heraus. Dadurch werden wir zu der Anschauung kommen, daß die Dinge, die in einer Geschichtsepoche geschehen, von den Menschen aus früheren Zeitaltern herübergetragen werden. Und wenn wir uns mit vollem Ernste dasjenige, was oftmals in bezug auf Karma und wiederholte Erdenleben nur theoretisch angeschaut wird, ganz präzise und konkret vor Augen stellen, so werden wir uns ja sagen: Alle, die wir hier sitzen, waren oftmals auf der Erde da und tragen in das gegenwärtige Erdenleben die Ergebnisse früherer Erdenleben herüber.

Erst wenn wir dieses völlig ernst nehmen, können wir sagen, daß wir diese Anschauung vom Karma kennen. Aber lernen durch die Anschauung vom Karma kann man nur, wenn man das, was man als Ideen über das Karma aufnimmt, nun als große Frage ausbildet für das geschichtliche Leben. Dann sagt man nicht mehr: Das, was 1914 geschehen ist, ist die Folge von dem, was 1910 geschehen ist, das, was 1910 geschehen ist, ist die Folge von dem, was 1900 geschehen ist und so weiter. – Sondern dann sucht man zu begreifen, wie die Persönlichkeiten, die im Menschenleben auftreten, selber aus früheren Epochen in spätere Epochen hinübertragen das, was in Betracht kommt. Und erst auf diese Weise kann eine echte, wahre Geschichtsbetrachtung zustande kommen, wenn man die Hintergründe der Menschenschicksale sieht gegenüber den Vordergründen der Ereignisse, die einem äußerlich in der Geschichte entgegentreten.

Die Geschichte bietet ja so viel Rätselhaftes. Manches Rätselhafte aber klärt sich auf, wenn man eine solche Erklärung versucht, wie ich sie eben gesagt habe.

Sehen Sie, meine lieben Freunde, da treten oftmals Persönlichkeiten in der Geschichte auf, man möchte sagen wie Meteore. Man ist erstaunt darüber, daß sie in einer gewissen Zeit auftauchen. Prüft man ihre Erziehung, so kann man aus ihrer Erziehung nicht erklären, warum sie in dieser Weise auftreten. Prüft man ihr Zeitalter, kann man wiederum nicht erklären, warum sie in dieser Weise auftreten. Erst die karmischen Zusammenhänge bringen Aufklärung hinein.

Ich will auf einzelne solcher Persönlichkeiten hinweisen, bei denen man zweierlei Fragen gerne aufstellt, wenn sie Persönlichkeiten sind, die unserem eigenen gegenwärtigen Leben naheliegen, das heißt, wenn sie in noch nicht sehr lange verflossenen Zeitabschnitten gelebt haben. Dann frägt man wohl gerne: Wie hat es in ihrem vorigen Erdenleben ausgesehen? Was haben sie aus diesem vorigen Erdenleben herübergebracht, daß sie so geworden sind, wie sie geworden sind?

Und hat man es wiederum mit früheren Persönlichkeiten zu tun, die in weit zurückliegenden Zeiten der geschichtlichen Entwickelung gewirkt haben, dann möchte man doch gern wissen, wann sie wieder aufgetreten sind, als was sie wieder erschienen sind. Wenn gerade ein früheres geschichtliches Leben die betreffenden Persönlichkeiten berühmt gemacht hat, so frägt man sich: Als was sind sie wiedergekommen? Man will dann auf dieses ihr geschichtliches Erdenleben hin andere haben; vielleicht ist es wieder ein geschichtlich oder anderwärtig berühmtes – aber man möchte eben die Zusammenhänge kennenlernen.

Nun sind solche Zusammenhänge wirklich außerordentlich schwer zu erforschen, und deshalb möchte ich Ihnen zunächst einen Begriff davon geben, wie man, wenn man karmische Zusammenhänge erforschen will, auf den ganzen Menschen hinzusehen hat, nicht bloß auf das, was einem oftmals als besonders Sprechendes, Charakteristisches entgegentönt.

Da möchte ich ein Beispiel, das zunächst scheinbar persönlich klingen wird, anführen. Ich hatte einmal einen von mir sehr geliebten *Geometrielehrer*. Es war nicht schwer für ihn, von mir geliebt zu werden, weil ich Geometrie während meiner Knabenzeit außerordentlich liebte. Aber der Lehrer hatte wirklich viel, viel Eigentümliches. Er hatte eine spezifische Begabung in der Geometrie, die faszinierte, trotzdem er sehr leicht auf Menschen, die nicht tiefe Eindrücke von anderen Menschen empfangen können, einen trockenen, nüchternen Eindruck machte. Aber trotzdem er trocken und nüchtern war, konnte man durch die Wirkung, die von ihm ausging, zwar nicht lyrisch, aber doch außerordentlich künstlerisch berührt sein.

Nun hatte ich immer das intensivste Bedürfnis, hinter das Geheimnis gerade dieser Lehrerpersönlichkeit zu kommen. Und ich versuchte dann anzuwenden jene Mittel okkulter Forschung, die in solchen Dingen zum Ziele führen können.

Ich hatte drüben in Torquay schon davon gesprochen und möchte hier nur wiederholen, daß, wenn man vorrückt in der Entwickelung der okkulten Kräfte der Seele, wie ich sie auch hier im Zweigvortrage vor einem Jahre beschrieben habe, und zu dem leeren Bewußtsein kommt, wenn sich dann das leere Bewußtsein erfüllt mit dem, was aus der geistigen Welt heraus tönt, und wenn man dann solche Dinge hinzufügt, wie ich sie heute vormittag dargestellt habe, man schon dahin gelangen kann, Impressionen zu haben, Intuitionen zu haben, die ganz exakt sind wie eine mathematische Wahrheit und die aus gewissen Erscheinungen im gegenwärtigen Leben eines Menschen auf das frühere Leben hinweisen.

Nun konnte ich durch die ausgezeichneten Geometrie-Absichten, möchte ich sagen, durch die Art und Weise, wie der Lehrer Geometrie behandelte, großes Interesse für diesen Lehrer fassen. Und dieses Interesse blieb mir, und die Persönlichkeit blieb vor mir stehen, blieb vor mir stehen auch, als sie im hohen Alter dann starb. Nur führte mich das Schicksal, nachdem ich die Schule, an der dieser Lehrer wirkte, verlassen hatte, nicht mehr mit dieser Persönlichkeit zusammen. Aber im Geiste, als Realität, stand diese Persönlichkeit bis zu ihrem Tode, und nach ihrem Tode ganz besonders deutlich vor mir, mit allen Einzelheiten ihres Tuns und Treibens.

Nun ergab sich mir eine Möglichkeit, aus dem gegenwärtigen Leben dieser Persönlichkeit die Intuition für das vorhergehende oder für ihr maßgebendes vorhergehendes Erdenleben zu bekommen aus der Tatsache, daß diese Persönlichkeit einen Klumpfuß hatte, den einen Fuß kürzer hatte, also mit einem kürzeren Fuß ging.

Wenn man bedenkt, daß beim Übergang von einem Erdenleben in das andere dasjenige, was im vorhergehenden Leben Kopforganisation war, Fußorganisation wird, und das, was vorher Fußorganisation, Gliedmaßenorganisation war, Kopforganisation wird – man kennt das aus meinen früheren Vorträgen –, dann wird man schon einsehen, daß solch ein äußerlich körperlich Auftretendes eine gewisse Bedeutung im Leben des Menschen haben kann, insofern dieses Leben wiederholte Erdendaseine umfaßt. Von diesem Klumpfuß aus konnte ich diese Lehrerpersönlichkeit zurückverfolgen. Und trotzdem sie, ich möchte sagen, als eine unberühmte Persönlichkeit dasteht – aber als eine Persönlichkeit, die in dem Kreise, in dem sie wirkte, wenigstens auf mich und auch auf andere einen intensiven Eindruck machen konnte und auch auf das Leben vieler Menschen in der Tat einen außerordentlich starken Einfluß hatte –, konnte ich verfolgen, wie die Betrachtung dieser Persönlichkeit zurückführte in dieselbe Region der geschichtlichen Entwickelung, wo man auch *Lord Byron* zu suchen hat.

Nun hatte Lord Byron auch einen Klumpfuß. Und diese Eigentümlichkeiten – scheinbar äußerlich, aber was in einem Leben äußerlich körperlich ist, ist in einem anderen Leben geistig-seelisch –, diese Eigenschaften, die führten dazu, zu erkennen, daß die beiden Persönlichkeiten, die jetzt nicht im gleichen Erdenleben lebten – mein Geometrielehrer mit dem Klumpfuß lebte später als Byron mit dem Klumpfuß –, daß die in einem früheren Erdenleben miteinander vereinigt waren. Also diese beiden: der eine als der geniale Dichter, der andere als der geniale Geometer, der eine zu weiter Berühmtheit kommend, der andere nur intimen Eindruck auf einzelne Menschen machend, aber schicksalbestimmend für manche Menschen, sie standen nebeneinander im früheren mittelalterlichen Erdenleben. Beide hatten sie miteinander gehört die Legende vom Palladium, das einstmals das Kleinod von Troja war, das heilige Kleinod, das dann mit Äneas herübergekommen ist, dann als Kleinod von Rom angesehen war, an dem das Glück von Rom hing und das dann von dem Kaiser Konstantin hinübergebracht worden ist nach Konstantinopel. Das Glück wiederum, das mit Konstantinopel geschichtlich verbunden war, hing an diesem Palladium. Und die Legende erzählt weiter, prophetisch in die Zukunft schauend: wer dieses Palladium erwirbt, der wird die Weltherrschaft in der Zukunft haben.

Über das Meritorische und das Inhaltliche dieser Legende mich auszulassen, ist hier keine Veranlassung. Ich will nur sagen, daß diese beiden Menschen, die dazumal im heutigen Rußland inkarniert waren, miteinander die enthusiastische Reise nach dem Palladium, nach Konstantinopel unternommen hatten, dort das Palladium nicht erobern konnten, aber ihren Enthusiasmus im Herzen behielten.

Und nun konnte man wirklich sehen, wie Byron in anderer Weise das Palladium als Teilnehmer an der griechischen Freiheitseroberung holen wollte. Und wenn man das Leben Lord Byrons durchprüft, wird man schon finden, wieviel bei dieser genialen Dichterpersönlichkeit davon abhing, daß sie eine solche enthusiastische Anregung in einem früheren Erdenleben durchgemacht hatte.

Und wiederum, wenn ich auf meinen Geometrielehrer zurückschaue: bei all den bescheidenen Eigenschaften, die er hatte, erschien es mir, daß er die reizenden, sympathischen Eigenschaften, die er entwickeln konnte, dieser Unternehmung von dazumal verdankte, wenn er auch an jener damaligen Unternehmung nur in zweiter Linie beteiligt war. Wäre er vollständig gleichbeteiligt gewesen mit Lord Byron, dann wäre er auch im späteren Leben sein Zeitgenosse geworden.

Dieses Beispiel führe ich an, damit Sie sehen, man muß auf den ganzen Menschen, zum Beispiel auch auf körperliche Fehler schauen, wenn man karmische Zusammenhänge erforschen will. Wenn man da findet, daß irgendeine Persönlichkeit eine hervorragende geistige Signatur in einem bestimmten Erdenleben hat, sagen wir ein großer Maler war, dann darf man nicht etwa daraus abstrakt schließen: das war auch in dem vorigen Erdenleben ein großer Maler. Was an der Oberfläche der Seele auftritt, das sind auch nur die Wellen, die vom Karma erst gewoben werden. Das Karma verfließt viel tiefer und hat es mit Leib, Seele und Geist des Menschen zu tun. Und man muß einen Blick haben für das gesamte Erdenleben.

Manchmal führt einen bei diesen Eigentümlichkeiten des menschlichen Lebens auf karmische Zusammenhänge die Art, wie jemand seine Finger bewegt, viel mehr, als irgendwie seine sonst maßgeblichen Betätigungsmöglichkeiten im Leben. Ich habe schon die Erfahrung einmal gemacht, daß ich bei einer Persönlichkeit auf intime karmische Zusammenhänge durch etwas Nebensächliches gekommen bin. Es machte mir bei dieser Persönlichkeit, die oft Unterricht zu erteilen hatte, einen tiefen Eindruck, daß sie jedesmal, bevor sie Unterricht erteilte, zuerst das Taschentuch herausnahm und sich die Nase putzte. Er fing niemals anders mit seinem Unterricht an, der betreffende Mann, es war eine tiefgewurzelte Eigentümlichkeit. In dem bedeutsamen Eindruck, den ich davon bekommen habe, konnte man dann eine Intention finden, um zurückzugehen auf wichtige Dinge, auf bedeutungsvolle Dinge im vorigen Erdenleben. Zeichen muß man finden, Zeichen, etwas am Menschen, was oftmals Bedeutsames bezeichnet: dann findet man zurück in die vorigen Erdenleben.

Nun, nachdem ich Ihnen dies gewissermaßen vor die Seele hingestellt habe, möchte ich Sie darauf aufmerksam machen, wie geschichtlich interessant die Frage nach dem Karma wird. Nehmen Sie nur einzelne konkrete Fälle. Nehmen Sie zum Beispiel den Fall: Im 18. Jahrhundert tritt in einer ganz merkwürdigen Weise Swedenborg auf. Ich habe im vorigen Jahr in Penmaenmawr von einem ganz anderen Standpunkte aus über die geistige Eigentümlichkeit von Swedenborg gesprochen, damals wohl aber sein Karma nicht berührt.

Swedenborg ist eine merkwürdige Persönlichkeit. Er wird mehr als vierzig Jahre alt und ist bis dahin ein außerordentlich großer, bedeutender Gelehrter, so bedeutend, daß er viele rein wissenschaftliche Schriften schreibt, die die Wissenschafter ganz gelten lassen; so bedeutend, daß jetzt sich noch die schwedische Akademie der Wissenschaften damit beschäftigt, die vielen Bände, die noch nicht herausgegeben sind, die im Nachlaß sind, herauszugeben – rein wissenschaftliche Schriften. Mit der Ausgabe dieser ganz exakt wissenschaftlichen Werke beschäftigt sich zum Beispiel *Arrhenius,* und man muß schon sagen, da muß etwas im höchsten Grade unspirituell sein, wenn sich Arrhenius dafür interessiert! Also niemand könnte dem Swedenborg nachsagen bis in sein vierzigstes Jahr hinein, daß er irgend etwas mit Spirituellem zu tun gehabt hätte in seinem Erkennen. Dann plötzlich fängt er an – wie die Wissenschafter sagen – verrückt zu werden, fängt plötzlich an, große, umfassende Beschreibungen der geistigen Welt zu geben, wie er sie gesehen hat. Wie etwas ganz Neues, kometenartig, tritt es auf in diesem Swedenborg-Leben. Man fragt sich: Ja, wie muß es da liegen mit einem früheren Erdenleben, daß das so herauskommen kann?

Wiederum ist eine Persönlichkeit da wie *Voltaire* – ich will einzelne jetzt anführen, die uns Fragen stellen können –, Voltaire, der auftritt als eine ganz, ich möchte sagen, inkommensurable Persönlichkeit. Man weiß zunächst gar nicht, wie dieser zum Teil spottende, zum Teil pietistisch mit allen Lebenssalben geschmierte Mensch aus seinem Zeitalter herauswächst und wiederum einen so riesigen Einfluß auf sein Zeitalter gewinnt.

Und wie ironisch wirkt da das Schicksal! Dieser Voltaire übt einen so großen Einfluß auf den preußischen König aus, es spielt sich so Bedeutsames im Schicksale des europäischen Geisteslebens ab durch diese

Verbindung des Voltaire mit dem preußischen König! Man bekommt die Frage: Was liegt da eigentlich tiefer in den Hintergründen der historischen Entwickelung vor?

Und wiederum ein anderer Fall kann aufgeworfen werden, gerade in der heutigen Zeit, wo manches wiederum sehr aggressiv hervortritt aus den Hintergründen des Daseins: Betrachten wir eine solche Persönlichkeit, wie die des im 16. Jahrhundert verstorbenen *Ignatius von Loyola,* des Begründers der Gesellschaft Jesu, des Jesuiten-Ordens.

Wenn man das merkwürdige Schicksal des Jesuiten-Ordens nimmt, dann muß man doch die Frage stellen: In welcher Weise lebte, und falls er schon wiederum gekommen ist, lebt in der geschichtlichen Entwickelung Ignatius von Loyola fort, nachdem er für das Erdenleben durch die Pforte des Todes gegangen war?

Da haben Sie solche Fragen, die, wenn sie beantwortet werden können, doch gewiß geeignet sind, den historischen Hintergrund von manchem zu beleuchten, was geschehen ist.

Es führte zum Beispiel der intuitive Blick zurück zu einer Seele, die in der Zeit, die nicht lange auf *Augustinus* folgte, in nordafrikanischen Schulen ausgebildet wurde, ebenso wie Augustinus selbst. Diese Persönlichkeit, von der ich spreche als etwa dem 5. Jahrhunderte der christlichen Zeitrechnung angehörig, sie konnte in Afrika in jenen Schulen, die eben auch der heilige Augustinus durchgemacht hat, bekannt werden mit alldem, was aus der Manichäer-Wissenschaft hervorging, aus dem, was herrührte aus tief orientalischer, aber in der späteren Zeit veränderten Weisheit. Diese Persönlichkeit kam dann in ihrer weiteren Lebenswanderung herüber nach Spanien, nahm da dasjenige in sich auf, was man frühkabbalistische Lehre nennen könnte, kabbalistische Lehre, durch die man große Zusammenhänge in der Weltenordnung überblickt, so daß diese Persönlichkeit in Afrika, in Spanien ausgestattet werden konnte mit einem außerordentlich weiten Blick, aber zu gleicher Zeit mit einer Erkenntnis, die zum Teil schon in der Dekadenz, zum Teil erst im Aufblühen war, die also in einer gewissen Beziehung die Seele vertiefte und auch zu gleicher Zeit unklar ließ.

Diese Persönlichkeit kam dann, nachdem sie durch die Pforte des

Todes gegangen war, vorher aber sich auch auf Reisen herumgetrieben hatte, in der Auswirkung ihres Karmas an einer bestimmten Stelle zwischen dem Tode und einer neuen Geburt in eine Berührung mit einem besonderen Genius, mit einer besonderen geistigen Wesenheit, die der Marswelt angehört.

Sehen Sie, es ist ja so, daß der Mensch in der Zeit zwischen dem Tod und einer neuen Geburt mit anderen Menschenseelen, mit denen er karmisch in Verbindung steht, sich sein folgendes Karma, das er sich einverleibt in den folgenden Erdenleben, geistig ausbaut. Aber nicht nur andere Menschenseelen nehmen an dem Ausbau dieses Karma teil, sondern auch Wesenheiten der verschiedenen geistigen Hierarchien, die gerade durch das, was die betreffende Seele herüberbringt aus früheren Erdenleben, Aufgaben bekommen. Und so war denn diese Seele, von der ich hier spreche, durch dasjenige, was sie in früheren Erdenleben, namentlich in dem Erdenleben, das maßgeblich war, das ich eben skizzierend beschrieben habe, aufgenommen, getan, gedacht, empfunden hatte, bei dem karmischen Ausbau des folgenden Lebens in die Nähe einer geistigen Wesenheit gebracht worden, die den Marswelten angehört. Da hatte sie erstens einen stark aggressiven Sinn bekommen, auf der anderen Seite aber auch eine ungeheure Sprachgewandtheit, denn aus dem Kosmos heraus wird alles, was jemals in eine Sprache eingeht, durch Marswesenheiten präpariert und den Menschen in ihr Karma gelegt. Was an Sprachgewandtheit, Sprachkunst, in des Menschen Karma auftritt, rührt immer davon her, daß die betreffende Persönlichkeit je nach ihren karmischen Erlebnissen in die Nähe von Marswesenheiten gekommen ist.

Diese Persönlichkeit, von der ich gesprochen habe, diese Individualität, die nun in die Nähe einer besonderen Marswesenheit gekommen war – welche Marswesenheit mich im höchsten Grade anfing zu interessieren, als ich sie im Zusammenhange mit dieser Menschenseele kennenlernte –, diese Individualität erschien dann im 18. Jahrhundert wieder als Voltaire. So daß Voltaire alles das, was ich Ihnen geschildert habe von den nordafrikanischen, spanischen Menschen, aus einem früheren Erdenleben in sich trug, es umgearbeitet so in sich trug, daß die Formung des Karma mit Hilfe dieses Marswesens, dieses besonderen Marsgenius geschehen war.

Wenn Sie die große Sprachgewandtheit Voltaires nehmen, wenn Sie seine Haltlosigkeit in vielen Dingen nehmen, wenn Sie nicht so sehr den Inhalt dessen, was er schrieb, als vielmehr die ganze Haltung und den Habitus seines Wirkens nehmen, so werden Sie Stück für Stück begreiflich finden, daß Voltaire so wurde unter den Einwirkungen, die ich Ihnen als seine karmischen Einflüsse eben schilderte. Und wenn man nun sieht, wie sich Voltaire aus früheren Erdenleben herüberlebt mit seinem aggressiven Sinn, mit seiner Sprachgewandtheit, mit seiner Spottsucht über so vieles, mit seiner teilweise verhüllten Unaufrichtigkeit, wiederum aber mit einem großen Enthusiasmus für die weitere Wahrheit, wenn man das auf der einen Seite im Verhältnis mit früheren Erdenleben nimmt, auf der anderen Seite in Zusammenhang bringt mit dieser Marswesenheit, so fängt einen doch sowohl Voltaire, aber noch mehr von einem okkulten Standpunkte aus diese Marswesenheit zu interessieren an.

Dieser Marswesenheit nachzugehen, wurde für mich zu einer bestimmten Zeit eine bestimmte Aufgabe. Und durch diese Marswesenheit wurde das Folgende wiederum beleuchtet, was Erdenereignisse sind. Uns fällt in der Geschichte die merkwürdige Gestalt des Ignatius von Loyola auf, des Begründers der Gesellschaft Jesu: Ignatius von Loyola, der zunächst Kriegsmann ist, durch eine schwere Krankheit niedergeworfen wird und während dieser schweren Krankheit zu allerlei Seelenexerzitien getrieben wird, durch die er sich mit innerlicher spiritueller Stärke erfüllt, sich die Aufgabe stellen kann, das alte katholische Christentum gegenüber den sich ausbreitenden evangelischen Bestrebungen zu retten. Dieser Ignatius von Loyola, dem es gelingt, in sich selber mit Hilfe derjenigen Kräfte, die er gerade durch sein verwundetes Bein hatte – und das ist das Interessante –, den Jesuiten-Orden zu stiften, der in der stärksten Weise okkulte Willensexerzitien ins praktisch-religiöse Leben überführt, der in einer großartigen Weise im Grunde genommen – wie man sich sonst dazu stellen mag, das kommt gar nicht in Frage –, aber der in einer großartigen Weise auf eine rein materielle Art durch Willenstrainierung die Sache Jesu auf der Erde vertreten will und diesen Jesuiten-Orden stiftet.

Wer sich einläßt auf das Leben des Ignatius von Loyola, kommt schon zu einer gewissen Bewunderung dieses merkwürdigen Lebens. Und nun faßt man, wenn man gerade mit dem intuitiv-okkulten Blicke die Sache verfolgt, dann ein Bedeutsames auf.

Durch Ignatius von Loyola ist dieser Jesuiten-Orden entstanden, der das Christentum am meisten einsenkt in das irdisch-materielle Leben, aber es mit starker spiritueller Kraft einsenkt. Dieser Jesuiten-Orden hat ja eine Regel, die den modernen Menschen ganz abstößt, die aber in vieler Beziehung die größte seiner Wirksamkeiten bedeutet. Der Jesuiten-Orden hat außer den gewöhnlichen Mönchsgelübden, außer den Exerzitien, außer alledem, was die werdenden Jesuiten durchmachen müssen, um überhaupt Priester zu werden, auch noch die Regel, daß er sich bedingungslos dem Befehl des römischen Papstes unterwerfe. Was auch der römische Papst fordert, es wird nicht gefragt innerhalb des Jesuiten-Ordens, was man weiter darüber denken soll: es wird ausgeführt, weil man überzeugt ist, daß durch den römischen Papst höhere Dinge sich kundgeben und man im unbedingten Gehorsam gegen Rom den Befehl dieser höheren Macht auszuführen habe. Das ist, wenn auch eine bedenkliche Sache, doch eine Selbstlosigkeit, die im Walten des Jesuitismus vorhanden ist, die aber wiederum eine ungeheure Stärkung der Kraft bedeutet; denn alles, was ein Mensch so tut, daß er es mit ungeheurer Kraftanstrengung und Intensität in einem Dienste tut, nicht aus Emotion heraus, das gibt eine gewaltige Stärke. Diese Stärke bewegt sich sozusagen in der niederen Wolke des Materiellen, ist aber eine spirituelle Kraft. Es ist eben etwas ganz Eigentümliches.

Und nun kommt man, wenn man diese merkwürdigen, frappierenden, großartigen Erscheinungen verfolgt, darauf, daß dieser selbe Genius vom Mars, von dem ich Ihnen gesprochen habe, der dem Leben Voltaires zugrunde liegt, daß dieser selbe Genius es ist, der aus übersinnlichen Einflüssen heraus das Leben des Ignatius von Loyola begleitet hat von dem Punkte an, wo Ignatius von Loyola durch die Pforte des Todes gegangen ist. Immerfort stand Ignatius von Loyolas Seele unter dem Einflusse dieses Marsgenius.

Unmittelbar nachdem Ignatius von Loyola durch die Pforte des Todes gegangen war, war es bei ihm ganz anders als bei anderen Menschen. Andere Menschen haben, indem sie ihren Ätherleib nicht sogleich nach dem Tode, aber wenige Tage später ablegen, eine kurze Rückschau auf das Erdenleben, bevor die Wanderung durch die Seelenwelt anzutreten ist. Ignatius von Loyola hatte eine lange Rückschau. Gerade durch diese besondere Art von Exerzitien, die in der Seele des Ignatius von Loyola aufgestoßen sind, entstand nämlich eine besondere intensive Verbindung mit dem Marsgenius, weil eine Art Aktivität, eine Verwandtschaft, eine Wahlverwandtschaft bestand zwischen diesem Marsgenius und dem, was da in der Seele dieses kranken Kriegers vor sich ging, dieses Kriegers, der durch das Fußleiden auf das Bett geworfen war und von einem Krieger zu einem Menschen, der sein Bein nicht benützen konnte, geworden war.

Das alles hatte eben einen ungeheuer starken Einfluß, und wenn man den Blick auf den ganzen Menschen richtet, so sieht man das ein. Und das führte diesen Ignatius von Loyola in Zusammenhang mit diesem Marsgenius, den ich aber auf dem anderen Wege kennenlernte. Und das, was sich da bildete durch diesen Zusammenhang, das machte es möglich, daß nun für Ignatius von Loyola diese bedeutungsvolle Rückschau gar nicht aufhörte, die sonst die Menschen nur tagelang haben nach dem Tode; sie dauerte immer fort. In dieser Rückschau auf sein Erdenleben verblieb Ignatius von Loyola und konnte dadurch einen rückschauenden Zusammenhang für alle diejenigen übernehmen, die im Jesuiten-Orden nachfolgten. Er blieb verbunden mit seinem Orden in der Rückschau auf sein eigenes Leben.

In dieser Rückschau des Ignatius von Loyola selber bildeten sich die Kräfte aus, die den Orden zusammenhielten, diese Kräfte, die eben so abnorm waren, daß sie auch die abnormen Schicksale des Jesuiten-Ordens bedingten: so sich zu stellen unter den unbedingten Gehorsam des Papstes, trotz der Aufhebung des Ordens durch den Papst, trotz den vielen Verfolgungen wiederum! Aber auch das, was die Jesuiten selber in der Welt vollbrachten, das alles wurde durch diesen eigentümlichen Zusammenhang, den ich eben dargestellt habe, herbeigeführt.

Nun zeigt dieses Beispiel noch etwas anderes, etwas, was geradezu funkelnd Licht verbreitend ist über gewisse historische Zusammenhänge. Sehen Sie, nachdem Ignatius von Loyola gelebt hat, ist er ja eigentlich immer in Erdennähe geblieben, denn man ist in Erdennähe, wenn man diese Rückschau hat. Wenn sich diese Rückschau nun ausdehnt, so kann sie sich ja doch nicht über viele Jahrhunderte ausdehnen, denn eigentlich ist sie, wenn sie sich schon über lange Zeiträume ausdehnt, etwas ganz Abnormes – aber es treten eben immer abnorme Dinge im Weltenzusammenhang ein. Und da erschien verhältnismäßig kurz nach seinem Erdenleben Ignatius von Loyola wieder in der Seele von Emanuel Swedenborg.

Das ist etwas außerordentlich Frappierendes, aber zugleich auch etwas außerordentlich Aufklärendes. Denn nehmen Sie das funkelnde historische Licht, das da verbreitet wird: Der Jesuiten-Orden bestand weiter; aber derjenige, der ihn zusammengehalten hat bis zu einem gewissen Momente, der war ein ganz anderer geworden, der trat auf als die Individualität des Emanuel Swedenborg, so daß durch Emanuel Swedenborgs Vergeistigung der Jesuiten-Orden von ganz anderen Impulsen geleitet ist, als von denen seines früheren Stifters. Man sieht eben im geschichtlichen Werden die Stifter von irgendeiner Sache, diejenigen Persönlichkeiten, die tief verbunden waren mit einer Sache, wenn man den karmischen Verlauf verfolgt, sich von diesen Bewegungen trennen und diese Bewegungen an ganz andere Kräfte übergehen. So daß man lernt: es hat ja gar keinen historischen Sinn, vom heutigen Jesuiten-Orden so zu sprechen, daß man ihn zurückführt auf Ignatius von Loyola. Die äußere Geschichte tut das. Das innere Erkennen kann das gar nicht tun, weil man sieht, wie sich die Individualitäten trennen von ihren Bewegungen.

So wird manche historische Erscheinung nach dem äußeren Verlaufe auf diesen oder jenen Begründer zurückgeführt; kennt man aber das spätere Erdenleben des Begründers, weiß man, daß er sich längst von der Erscheinung, die er historisch begründet hat, getrennt hat, dann verliert die ganze Geschichte für vieles, so wie es dargestellt wird, einfach ihren Sinn, wenn man die okkulten Tatsachen, die dahinterstehen in der karmischen Evolution, wirklich treffen will. Das ist das eine.

Das andere ist dieses: Es trat nun die Seele des Ignatius von Loyola, des Swedenborg, in einen Organismus, der sich seine Kopfgesundheit, seine ungeheure Kopfgesundheit durch die Beinkrankheit des Ignatius von Loyola errungen hatte im vorigen Leben. Und so konnte zunächst diese Seele, die immer in der Nähe der Erde geblieben war, in den Erdenkörper, der ihr jetzt in Emanuel Swedenborg gegeben war, nicht untertauchen. Der Körper blieb so, daß Emanuel Swedenborg bis in seine Vierzigerjahre hinein nur eben einen außerordentlich gesunden Körper mit einem gesunden Gehirn, einen außerordentlich gesunden Ätherleib mit gesunder Organisation, einen gesunden Astralleib hatte, daß er aber, indem er bei diesen Organisationen die höchste Gelehrsamkeit seiner Zeit entwickelte, erst mit den Vierzigerjahren, nach der Ich-Entwickelung, als er hineinkam in die Entwickelung des Geistselbstes, unter einen Einfluß kam, der nur etwas zurückgedrängt war in den ersten vierzig Jahren des Lebenslaufs des Swedenborg; er kam unter den Einfluß jenes selben Marsgenius, von dem ich schon gesprochen habe; und dieser Marsgenius mit all dem, was er jetzt geistig vom Weltenall weiß, spricht. Denn der war es, der jetzt sprach durch Emanuel Swedenborg.

Und so tritt der glänzende, großartige, geniale Beschreiber des Geisterlandes – wenn auch in Bildern, die bedenklich sind – in Emanuel Swedenborg auf, indem sich das große spirituelle Wollen des Ignatius von Loyola in dieser Weise umgestaltet.

Es ist immer so: geht man den konkreten karmischen Zusammenhängen nach, so kommt in der Regel etwas Frappierendes heraus. Dasjenige, was man sehr häufig ausspintisiert über wiederholte Erdenleben, ist eben «ausspintisiert». Die Dinge, wirklich exakt erforscht, ergeben zumeist außerordentlich Frappierendes; denn das, was eigentlich als karmische Evolution sich fortbewegt von Erdenleben zu Erdenleben, das ist im Grunde unter all dem, was der Mensch zwischen Geburt und Tod auslebt, sehr, sehr verborgen.

Ich wollte Ihnen dieses Beispiel in einer Persönlichkeit, die man gut kennen kann, vorführen, damit Sie sehen können, wie verborgen dasjenige sein kann, was karmisch weiterfließt von Erdenleben zu Erdenleben. Erforscht man dieses Verborgene, dann ergeben sich aber eigentlich erst die wirklichen Erklärungen.

Sehen Sie sich einmal das Leben des Emanuel Swedenborg an, Sie werden überall Erklärliches über Erklärliches finden, wenn Sie die Zusammenhänge kennen, von denen ich Ihnen gesprochen habe.

Im Beginne dieses Jahrhunderts war ich ja mehrmals in London. Bei einem dieser Aufenthalte erhielt ich eine gewisse Orientierung, zunächst äußerlich literarisch, über eine außerordentlich bedeutsame Persönlichkeit. Und da damals während der Aufenthalte bei den Reisen doch größere Zwischenzeiten waren, als jetzt sind, ließ ich mir die Bücher aus der Theosophischen Bibliothek geben, die von dieser Persönlichkeit geschrieben sind: von *Laurence Oliphant.*

Laurence Oliphant ist ja tatsächlich eine außerordentlich interessante Persönlichkeit, eine Persönlichkeit, die einem sogleich eben als eine ganz bedeutende entgegentritt, wenn man ihre Bücher studiert. Die Bücher, welche über das Gleichartige in den verschiedenen Religionen handeln, über spirituelle Religionen und so weiter, diese Bücher zeugen alle von einer intensiven Kenntnis Laurence Oliphants des Zusammenhanges des Menschen in seinen verschiedenen Vorgängen, körperlichen und seelischen Vorgängen, mit den Geheimnissen des Weltenalls. Und man bekommt eigentlich, wenn man die Schriften von Oliphant liest, den Eindruck: Hier wird aus tiefen kosmischen Instinkten heraus der Mensch in seinem Erdenleben geschildert. Und wiederum, es werden die Vorgänge des menschlichen Erdenlebens, die zusammenhängen mit Geburt, Embryonalleben, Abstammung und so weiter so geschildert, daß sie in dem Lichte, in dem sie bei Laurence Oliphant erscheinen, zeigen, wie der Mensch als Mikrokosmos im Makrokosmos wunderbar drinnen wurzelt.

Nun führte mich das Studium von Oliphant sehr bald dazu, die Gestalt des verstorbenen Laurence Oliphant vor mir zu haben, aber viel weniger in solcher Art, daß mir scheinen konnte, man habe es mit der Individualität zu tun, wie sie jetzt lebt nach dem Tode; sondern aus dem Lebendigwerden, aus dem Spirituellwerden dessen, was in diesen, ich möchte sagen, kosmisch-physiologischen, kosmisch-anatomischen Schriften enthalten ist, kam eine nicht gleich ganz klare Gestalt heraus, die bei den verschiedensten Anlässen dann da war. Man konnte okkulte Untersuchungen auf diesem, auf jenem Gebiete machen: diese Gestalt, die ich nicht anders als in Zusammenhang mit dem bringen konnte, was mir aufgestiegen war aus der Lektüre von Laurence Oliphant, diese Gestalt war oftmals da; sie war eben da, sie stand da. Zunächst konnte ich mir oftmals nicht recht Rechenschaft darüber geben, was diese Gestalt wollte, was ihre Manifestationen bedeuten. Aber es zeigte sich eben aus der ganzen Art und Weise, wie diese Gestalt sich darlebte, von der ich genau wußte, sie ist Laurence Oliphants Individualität, daß diese Gestalt ein langes Leben gehabt hatte in der Zeit zwischen dem Tode und einer neuen Geburt, das heißt eben der Geburt des Laurence Oliphant, wahrscheinlich nur einmal durch ein Erdenleben unterbrochen, das aber nicht sehr bedeutend war für die andere Welt. So daß viel stecken konnte in dieser Persönlichkeit Laurence Oliphant. Kurz, auf eine bedeutsame karmische Frage wies immer dieses Erscheinen der Gestalt des Laurence Oliphant hin.

Nun war da bei den karmischen Forschungen solch eine geistige Wesenheit aufgetreten, die an der Ausarbeitung von Menschenkarma beteiligt ist, wie diejenige, von der ich Ihnen gelegentlich Voltaires, gelegentlich Ignatius von Loyolas eben gesprochen habe als einem Marsgenius. Solche Genien kann man in der verschiedensten Weise kennenlernen. Solche Genien sind dann namentlich da, wenn es darauf ankommt, Forschungen anzustellen, die nun gerade dahingehen, dasjenige, was dem Menschen zunächst in der Erdenwelt physisch gegeben ist, spirituell zu erforschen.

Nun lag mir ja das immer nahe. Schon meine «Philosophie der Freiheit», die hier übersetzt ist in «Philosophy of Spiritual activity», führt ja in kosmische Betrachtungen des menschlichen Willenslebens hinein. Es lagen mir solche Dinge immer sehr nahe. Und die Fragen, die jetzt im Bereiche der Aufgaben der anthroposophischen Bewegung stehen, die führen ja, wenn sie sich auch darin nicht erschöpfen, wenn das auch nur ein Teil sein kann, sie führen ja auf karmische Untersuchungen. Und wieder, karmische Untersuchungen führen auf solche Genien, wie dieser Marsgenius ist, von dem ich gesprochen habe. Solche Genien treten einem aber auch entgegen, wenn man solche Forschungen anstellt, welche andeutungsweise von mir besprochen worden sind als demnächst erscheinend in dem Buche, das von *Dr. Wegman* und mir zusammen ausgearbeitet wird auf medizinischem Gebiete, das jetzt in seinem ersten Teile gedruckt ist. Wenn man in dieser Weise die initiierte Naturerkenntnis sucht, so kommt man in ähnlicher Weise auf Merkurgenien, die namentlich einem deshalb entgegentreten, weil im Karma der Menschen die Merkurgenien eine eigentümliche Rolle spielen. Wenn der Mensch durch das Leben zwischen dem Tode und einer neuen Geburt geht, so wird er unter dem Einflusse der Mondwesen zuerst geläutert in bezug auf seine moralischen Qualitäten. Durch die Merkurgenien werden seine Krankheiten umgewandelt in spirituelle Qualitäten. So daß der Mensch dasjenige, was er an Krankheiten im Leben durchmacht, durch die Merkurgenien in der Merkursphäre umgewandelt bekommt in spirituelle Energien, Qualitäten. Das ist ein außerordentlich bedeutsamer Zusammenhang.

Dieser Zusammenhang führt dann aber weiter dahin, gerade nach der Seite, die mit dem Pathologischen irgendwie zusammenhängt, karmische Fragen zu untersuchen. Nun führten mich diejenigen Forschungen, welche ich gerade jetzt in Torquay beschrieben habe, dazu, in einer eingehenderen Weise solch einen Geist, wie Brunetto Latini, den Lehrer Dantes, kennenzulernen.

Man kann ja dadurch, daß man in diese geistigen Welten auf die geschilderte Weise eindringt, auch Individualitäten gegenüberstehen in der Gestalt, in der sie in einer bestimmten Zeit gelebt haben. Und so kann sich einem interessant gegenüberstellen im 13. Jahrhundert der christlichen Zeitrechnung *Brunetto Latini,* der große Lehrer Dantes, der noch eine Naturerkenntnis hatte, in der die Natur angesehen wurde nicht in solchen Abstraktionen wie heute in Naturgesetzen, sondern unter dem lebendigen Einflusse eben geistlebendiger Wesenheiten. Und Brunetto Latini, als er zurückkehrte von seinem Posten als spanischer Gesandter, fand ja auf dem Wege zurück nach seiner Heimatstadt Florenz allerlei bedrückende, aufregende Nachrichten, bekam aber außerdem einen leichten Sonnenstich. Und gerade unter diesem Zustande, unter dem Einflusse auch der pathologischen Aufregungen, die er durchmachte, hatte er Einblicke in Naturschaffen, kosmisches Schaffen, Einblicke in den Zusammenhang des Menschen mit der planetarischen Welt, die großartig sind und die, ich möchte sagen, nur wie im Schattenbilde dann untergetaucht sind in das gewaltige Werk der «Commedia» von Dante.

Aber wenn man nun diesen Brunetto Latini verfolgt, so sieht man, daß in einem entscheidenden Augenblicke, da wo die Erkenntnis ihn erdrücken will, wo es für ihn so scheint, als ob er aus einer wahren Erkenntnis in Irrtum abirren könnte, daß in diesem Momente *Ovid* sein Führer wird, Ovid, der alte römische Schriftsteller, der die Metamorphosen geschrieben hat, wo er, allerdings in nüchtern römischer Weise, in nüchtern latinischer Weise, großartige Einsichten der alten Griechenzeit aufgenommen hat.

Nun tritt einem dieser Ovid, die Individualität des Ovid im Zusammenhange mit Brunetto Latini auf. Hat man ihn innerlich ergriffen, diesen Zusammenhang, dann erscheint einem in der Vordanteschen Zeit Brunetto Latini wirklich mit der Individualität des Ovid zusammen. Ovid steht auch da. Und gerade im Zusammenhange mit naturwissenschaftlich-medizinischen Forschungen enthüllte sich dieser Ovid als Laurence Oliphant. Nach diesem langen Leben, zwischen der alten Ovid-Zeit, mit Übergehung des Christentums, nur einmal auf der Erde in einer für die Außenwelt unbedeutenden Inkarnation, in einer weiblichen Inkarnation, erscheint wiederum Ovid, umgesetzt in moderne Zeit in bezug auf seinen Seeleninhalt, als Laurence Oliphant.

Und nicht nur Brunetto Latini, auch andere Persönlichkeiten aus dem mittelalterlichen Geistesverlauf bringen immer wieder und wiederum vor, daß Ovid ihr Führer war. Das erscheint zunächst wie sich forterlebende Tradition, nicht wahr?

In Wirklichkeit, meine lieben Freunde, war der reale Ovid der Führer in der geistigen Welt für viele Initiaten, wie er dann als Laurence Oliphant in der großartigen kosmisch-anatomischen, kosmisch-physiologischen Anschauung wieder erschienen ist. Eines, ich möchte sagen, der glänzendsten und aufschlußreichsten Beispiele, ein Beispiel von ungeheurer Tragweite enthüllt sich durch diesen Zusammenhang zwischen Laurence Oliphant und Ovid.

Über diese Dinge werde ich dann in der nächsten Stunde weitersprechen.

DRITTER VORTRAG

London, 27. August 1924

Zurückschauend auf die Entwickelung der Menschheit seit dem Mysterium von Golgatha, bekommen wir den Eindruck, daß das Christentum, der Christus-Impuls, sich nur gegen gewisse Widerstände und im Zusammenhange mit anderen Geistesströmungen innerhalb der europäischen, der amerikanischen Zivilisation einleben konnte. Und die Entfaltung, die allmähliche Entwickelung des Christentums bietet ja die merkwürdigsten Tatsachen dar.

Heute möchte ich diese Entwickelung des Christentums, indem ich sie mit ein paar Strichen streifen werde, im Zusammenhange mit demjenigen darstellen, was innerhalb der Anthroposophischen Gesellschaft leben soll, was innerhalb der Anthroposophischen Gesellschaft nicht nur leben soll, sondern leben kann, weil diejenigen Menschen, welche sich aus einem inneren ehrlichen Drange heraus zur Anthroposophie hingezogen fühlen, heute diesen Drang ja aus dem Innersten ihres Wesens heraus haben.

Wenn wir es nun ganz ernst nehmen mit der Tatsache der wiederholten Erdenleben, dann müssen wir uns sagen: Alles dasjenige, was einen solchen inneren Drang darstellt – den Drang, herauszugehen aus den Anschauungen, aus den Denkgewohnheiten derjenigen Bevölkerung, in die wir durch Leben, durch Erziehung, durch gesellschaftliche Verhältnisse sonst hineingestellt sind, und hinzugehen immerhin zu einer Weltanschauungsströmung, die einen mehr oder weniger in der Seele in Anspruch nimmt –, ein so verspürter Drang muß im Karma begründet sein, im Karma begründet sein aus früheren Erdenleben her.

Nun kann sich ergeben, gerade wenn man die Frage des Karma mit Bezug auf jene Persönlichkeiten ins Auge faßt, welche sich in der anthroposophischen Bewegung zusammenfinden, daß diese Persönlichkeiten eigentlich ausnahmslos vor ihrem gegenwärtigen Erdenleben ein anderes maßgebliches Erdenleben in der Zeit nach dem Mysterium von Golgatha hinter sich haben, so daß sie sozusagen schon einmal hineingestellt waren in die Zeit der Erdenmenschheitsentwickelung nach dem

Mysterium von Golgatha, daß sie also ein zweites Mal seit dem Mysterium von Golgatha da sind.

Da entsteht denn die große Frage: wie hat das vorige Erdenleben auf diese Persönlichkeiten, die nun aus ihrem Karma heraus den Drang in die anthroposophische Bewegung verspüren, wie hat das vorige Erdenleben mit Rücksicht auf das Mysterium von Golgatha auf sie gewirkt?

Nun, schon äußerlich, exoterisch ergibt sich ja, daß selbst solche, ganz tief in der positiven christlichen Entwickelung drinnen stehende Menschen, wie der heilige Augustinus, Aussprüche wie diese getan haben: Das Christentum ist nicht erst seit Christus da, sondern es gab auch vor Christus Christen, nur nannte man sie noch nicht so. So sagt der heilige Augustinus.

Derjenige, der nun tiefer eindringt in die geistigen Geheimnisse der Menschheit, der die geistigen Geheimnisse der Menschheit studieren kann mit der Initiationswissenschaft, der muß aber eine solche Anschauung, wie sie bei Augustinus zutage tritt, im allertiefsten Sinne bekräftigen. Es ist so. Nur entsteht dann das tiefe Bedürfnis, erkennen zu lernen, wie das, was durch das Mysterium von Golgatha der historische Christus-Impuls auf der Erde geworden ist, vorher gelebt hat.

Nun kann ich heute, ich möchte sagen, einleitend auf diese vorherige Gestalt des Christentums dadurch hinweisen, daß ich von Eindrücken ausgehe, die in der Nähe des Ortes unseres Sommerkurses in Torquay zu erhalten waren, an der Stätte, wo die Geistesströmung des Königs Artus ausgegangen war, in Tintagel. Es war uns ja möglich, die Eindrücke, die heute noch an jener Stelle, wo einstmals das Schloß der Artusschen Tafelrunde war, die Eindrücke, welche heute noch dort, namentlich von der dieses Schloß umgebenden großartigen Natur gewonnen werden können, anzuschauen.

Da ergibt sich ja, daß an jener Stätte, wo nur noch Trümmer der alten Artusburg vorhanden sind, man da schaut, gleichsam im Gedanken erschaut, wie durch die Jahrhunderte, seitdem die Artusströmung von dort ausgegangen ist, Stein um Stein abgebröckelt ist, so daß jetzt kaum mehr viel zu erkennen ist von den alten Burgen, die da von König Artus und den Seinen bewohnt worden sind. Aber wenn man mit dem geistigen Auge hinausschaut von jenem Platze aus, wo die Burg gestanden hat, hinausblickt auf das Meer, das sich farbenschillernd und anbrandend so darbietet, wenn man da hinausschaut – hier ein Bergkogel auf der einen Seite, hier das Meer –, dann bekommt man den Eindruck,

daß der Mensch dort in der Lage ist, das elementarische Wesen der Natur und des Kosmos in einem ganz besonders tiefen Sinne in sich aufzunehmen. Und schaut man dann mit dem okkulten Blicke zurück, vergegenwärtigt man sich denjenigen Zeitpunkt, der ja wenige Jahrtausende zurückliegt, in dem die Artusströmung zunächst begonnen hat, dann sieht man: die Menschen, die dort lebten auf der Artusburg – wie es mit allen diesen okkulten Stätten der Fall ist –, hatten sich diesen Punkt ausersehen, weil ihnen nötig war für die Impulse, die sie brauchten, für die Aufgabe, die sie sich gestellt hatten, für alles, was sie in der Welt tun sollten, dasjenige, was sich da vor ihnen in der Natur abspielte.

Nun ist es ja – ich kann heute nicht sagen, ob es immer so ist, aber in denjenigen Augenblicken, wo ich das sah, stellte sich die Sache so dar –, ein hinreißend schönes Spiel der aus der Tiefe auftreibenden Meereswogen, deren wunderbares Kräuseln ohnedies ja schon eines der großartigsten Naturspiele ist, es ist das von den Felswänden abstoßende und wiederum zurückbrandende Treiben der Meereswogen, das von unten die elementarischen Geister aufsprießen und sich ausleben läßt, von oben herunter der Sonnenschein, der in den Luftwellen in der mannigfaltigsten Weise sich spiegelt, es ist dies, ich möchte sagen, ein Moment, in dem man dasjenige entwickeln kann, was ich nennen möchte: in heidnischer Art fromm werden. Dies Zusammenspiel von Elementarischem von oben, von Elementarischem von unten zeigt die ganze Sonnenkraft, breitet diese Sonnenkraft vor den Menschen so aus, daß der

Mensch sie empfangen kann. Und derjenige, der aufnehmen kann das, was da die lichtgeborenen Elementarwesen von oben, die schwere-geborenen Elementarwesen von unten in ihrem Zusammenspiel treiben, wer das in sich aufnehmen kann, der nimmt eben die Sonnenkraft auf, den Sonnenimpuls. Es ist etwas anderes, als in christlicher Art fromm werden. In heidnischer Art fromm werden, das heißt: hingegeben sein an die Götter der Natur, die überall im Wesen und Weben der Natur spielen und kraften und wirken und weben.

Und dieses ganze Naturwirken und -weben, das haben offenbar diejenigen aufgenommen, die mit und um den König Artus waren. Und das Bedeutsame ist das, was jene Menschen aufnehmen konnten, die in den ersten Jahrhunderten nach dem Mysterium von Golgatha um den König Artus waren.

Nun möchte ich Ihnen heute, meine lieben Freunde, entwickeln, wie dieses besondere Geistesleben an solchen Stellen war, wie die der Artus-schen Tafelrunde. Ich muß da ausgehen von einer Erscheinung, die Sie alle kennen.

Wenn der Mensch stirbt, läßt er zunächst seinen physischen Leib hinter sich, und er trägt noch einige Tage seinen Ätherleib an sich. Nach einigen Tagen legt er den Ätherleib ab, lebt im astralischen Leib und im Ich weiter. Was sich da mit dem Menschen, der durch des Todes Pforte gegangen ist, abspielt, das stellt sich dem schauenden Blicke so dar, daß man den Menschen sich ätherisch auflösen sieht nach dem Tode. Er wird immer größer und größer, aber auch immer undeutlicher und undeutlicher. Er webt sich in den Kosmos hinein.

Eine merkwürdige, polarisch entgegengesetzte Erscheinung spielte sich weltgeschichtlich ab in Anknüpfung an das Mysterium von Golgatha. Was geschah denn dazumal, als das Mysterium von Golgatha geschah? Der Christus war bis dahin Sonnenwesen, gehörte der Sonne an. Bevor nun das Mysterium von Golgatha sich abspielte, standen die Ritter von Artus' Tafelrunde oben auf ihren Felsenbergen, schauten hinaus in das Spiel der sonnengeborenen Geister und der erdgeborenen Geister und empfanden: dasjenige, was in dieser Kraft spielte, durchdrang ihr Herz, durchdrang aber vor allen Dingen ihren ätherischen Leib. Damit nahmen sie auf den Christus-Impuls, der dazumal von der

Sonne wegströmte und in allem lebte, was von der Sonnenströmung bewirkt wird.

Also vor dem Mysterium von Golgatha, ausgehend von Artus' Tafelrunde, nahmen die Ritter der Artusschen Tafelrunde den Sonnengeist, das heißt, den vorchristlichen Christus in ihr eigenes Wesen auf. Dann sandten sie ihre Sendlinge hinaus nach ganz Europa, um die Wildheit der astralischen Leiber der europäischen Bevölkerung zu bekämpfen, zu läutern, zu zivilisieren, denn das war ihre Aufgabe. Und wir sehen gerade solche Menschen, wie die Ritter der Artusschen Tafelrunde, ausgehend von diesem westlichen Punkte des heutigen England, wir sehen sie das, was sie von der Sonne bekommen, hintragen über die ganze europäische dazumalige Menschheit, läutern, reinigen die Astralitäten der damals sehr wilden europäischen, wenigstens in Mitteleuropa und in Nordeuropa sehr wilden europäischen Bevölkerung.

Dann aber kam das Mysterium von Golgatha. Was geschah in Asien? In Asien drüben geschah es nun weltgeschichtlich, daß jenes hohe Sonnenwesen, das man nachher als den Christus bezeichnete, die Sonne verließ. Das war eine Art Sterben für den Christus. Christus ging fort von der Sonne, wie wir Menschen im Sterben fortgehen von der Erde. Also Christus ging fort von der Sonne, wie ein Mensch, der stirbt, fortgeht von der Erde. Und wie bei einem Menschen, der stirbt, indem er von der Erde fortgeht, für den okkulten Beschauer der ätherische Leib schaubar ist, den er nach drei Tagen ablegt und er den physischen Leib zurückläßt, so ließ Christus in der Sonne zurück dasjenige, was Sie in meiner «Theosophie» beschrieben finden am Menschen als den Geistesmenschen, als das siebente Glied der menschlichen Wesenheit.

Christus «starb von der Sonne», er starb kosmisch von der Sonne zur Erde herab, er kam zur Erde herunter. Von dem Momente von Golgatha ab war auf der Erde zu schauen dasjenige, was sein Lebensgeist war. Wir lassen den Lebensäther, den Ätherleib, den Lebensleib zurück nach dem Tode; nach diesem kosmischen Tode ließ der Christus den Geistesmenschen auf der Sonne zurück, und im Umkreise der Erde den Lebensgeist. So daß vom Mysterium von Golgatha ab die Erde von dem Lebensgeiste Christi wie von einem Geistigen umweht war.

Aber nun sind physische Ortszusammenhänge für das geistige Leben ganz anders als für das physische Leben. Dieser Lebensgeist, der war vor allen Dingen schaubar von den irischen Mysterien, von den Mysterien von Hybernia aus und wurde schaubar vor allen Dingen für die Ritter der Tafelrunde des Königs Artus. So daß von dieser Stätte aus bis zum Mysterium von Golgatha der Christus-Impuls der Sonne in Wirklichkeit ging: da wurden sie von der Sonne her empfangen, die Impulse. Nachher wurde ja auch die Kraft der Artusritter geringer. Aber sie standen lebendig drinnen in dem Lebensgeiste, der mit kosmischer Konfiguration die Erde umwehte, in dem sie fortwährend lebten und in dem fortwährend drinnen spielte dieses Spiel von Licht und Luft, von den Elementarwesen von oben und von den Elementarwesen von unten.

Denken Sie sich: wenn man so hinschaut auf das Riff, wo oben die Artusburg ist, dann erschaut man, von oben herunter spielend die Sonne in Licht und Luft, von unten heraufspielend die Elementarwesen der Erde: oben Elementarwesen, unten Elementarwesen, Sonne und Erde in lebhafter Wechselwirkung.

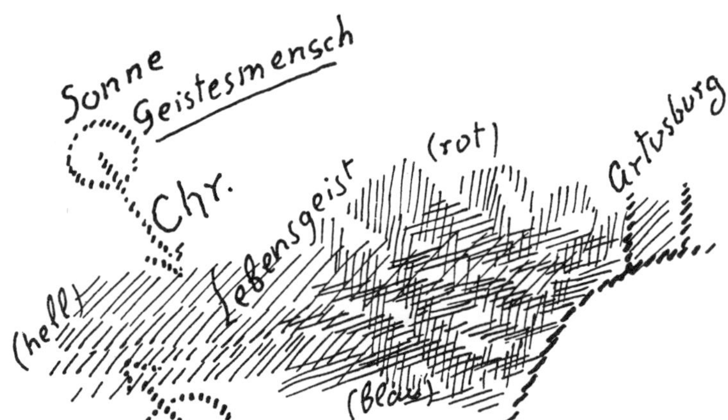

Aber in den Jahrhunderten nach dem Mysterium von Golgatha spielte sich das alles ab im Lebensgeiste Christi. So daß wie in einem geistigen Schein, aber innerhalb von Naturtatsachen, in diesem Spiel von Meer und Felsen und Luft und Licht von jener Stätte aus zugleich die geistige Tatsache des Mysteriums von Golgatha drinnen spielte.

Verstehen Sie mich recht, meine lieben Freunde. Damals sah man hinaus in das Meer, und wenn man jene Exerzitien, die die Zwölfe um den König Artus machten, die sich anlehnten an die Mysterien des Tierkreises, des Zodiakus, hinter sich hatte, so sah man – im 1., 2., 3., 4., 5. nachchristlichen Jahrhundert – nicht bloß das Spiel der Natur, sondern es war so, wie wenn man anfangen könnte zu lesen, geradeso wie wenn man ein Buch vor sich hat, das man entweder anglotzen oder das man lesen kann: da glänzte ein Flämmchen auf, kräuselte sich eine Welle, spiegelte sich die Sonne an irgendeinem Felsriff, da ward das Meer an das Felsriff hinaufgeschlagen – das alles ist konfiguriert, das alles ist ein Fließendes, Strömendes, ein sich Kreisendes, ein Weisendes, eine Wahrheit, die man entziffern kann.

Entzifferte man es, so las man die geistige Tatsache des Mysteriums von Golgatha, weil alles das durchspielt wurde vom Lebensgeiste Christi.

Drüben in Asien hatte sich das Mysterium von Golgatha abgespielt, hatte die Seelen, die Herzen der Menschen ergriffen, hatte sich tief hineingelebt in die Seelen, in die Herzen der Menschen. Man muß nur einmal auf diejenigen hinschauen, die die ersten Christen waren, welche Umwandelung diese in ihren Seelen erlebt haben, man wird schon finden: In derselben Zeit, in der hier im Westen sich das abspielte, was ich eben beschrieben habe, drang dort der wirkliche Christus, der Christus, der heruntergestiegen war, der seinen Geistesmenschen oben auf der Sonne gelassen hatte, seinen Lebensgeist in der Atmosphäre der Erde hatte, der drang, indem er sein Ich heruntertrug – noch mit dem Geistselbst heruntertrug auf die Erde –, vom Osten nach Westen durch Griechenland, Nordafrika, Italien, Spanien herüber nach Europa durch die Herzen der Menschen in derselben Zeit, in der er hier durch die Natur drang.

So daß wir sehen: Hier von Westen nach Osten wirkend, innerhalb der Natur lesbar für denjenigen, der lesen kann, die Historie des Mysteriums von Golgatha gewissermaßen als die Naturwissenschaft der Höhergraduierten aus des Artus Tafelrunde; von Osten nach Westen eine Strömung – jetzt nicht in Wind und Wellen, nicht in Luft und Wasser, nicht über Berge und Sonnenstrahlen hin, sondern eine Strömung durch das Blut der Menschen, durch die Herzen der Menschen, das Blut der Menschen ergreifend –, von Palästina durch Griechenland bis nach Italien und Spanien hinein.

So daß wir sagen können: Auf der einen Seite geht es durch die Natur, auf der anderen Seite geht es durch das Blut, durch die Herzen der Menschen. Diese zwei Strömungen gehen einander entgegen: die eine, die noch in der Natur spielt, die bei der ganzen heidnischen Strömung noch heute ist, die trägt den vorchristlichen, den heidnischen Christus, den Christus, der als Sonnenwesen von solchen Menschen wie den Rittern der Tafelrunde, aber auch den vielen anderen, vor dem Mysterium von Golgatha verbreitet worden ist. Diese Strömung trägt den vorchristlichen Christus auch noch in der Zeit des Mysteriums von Golgatha durch die Welt. Und ein großer Teil derjenigen ist ja ausgegangen von der Strömung, die man zusammenfaßt unter dem Titel der Strömung aus des Artus Tafelrunde. Man kann heute noch auf diese Dinge kommen: da ist heidnisches Christentum, Christentum, das nicht anknüpft an das historische Ereignis von Golgatha.

Unten entgegenkommend ist das Christentum, das anknüpft an das Mysterium von Golgatha, das durch das Blut der Menschen, das durch die Herzen, die Seelen der Menschen geht. Zwei Strömungen, die einander entgegengehen: Die vorchristliche Christus-Strömung, ich möchte sagen, wie ätherisiert – die christliche Christus-Strömung. Die eine ist später eben bekanntgeworden als die Artusströmung; die andere ist bekanntgeworden als die Gralsströmung. Beide begegneten einander später. Und zwar begegneten sie einander innerhalb Europas und vor allen Dingen in der geistigen Welt.

Wie können wir diese Bewegung nennen? Der Christus, der herabgestiegen war durch das Mysterium von Golgatha, ist in die Herzen der Menschen eingezogen. In den Herzen der Menschen selber zog er von Osten nach Westen, von Palästina durch Griechenland, über Italien nach Spanien. Das Grals-Christentum, durch das Blut, durch die Herzen der Menschen breitete es sich aus. Der Christus unternahm seinen Zug von Osten nach Westen.

Entgegen kam das Geist-Ätherbild des Christus von Westen, bewirkt durch das Mysterium von Golgatha, aber in sich noch tragend Christus mit dem Sonnenmysterium.

Ein Großartiges, Wunderbares spielt sich hinter den Kulissen der Weltgeschichte ab. Von Westen herüber das heidnische Christentum, das Artus-Christentum, auch unter anderem Namen und in anderer Form auftretend; von Osten herüber der Christus in den Herzen der Menschen. Die Begegnung: Christus, der wirkliche, auf die Erde gekommene Christus begegnet seinem Bilde, das ihm entgegengetragen wird, von Westen nach Osten strömend. 869 ist die Begegnung. Bis zu diesem Jahre haben wir deutlich voneinander unterschieden eine Strömung, die im Norden und über Mitteleuropa hingeht, die durchaus, ob man ihn nun Baldur oder irgendwie nannte, den Christus als Sonnenhelden in sich trug. Und unter der Flagge des Christus als Sonnenhelden verbreiteten die Artusritter ihre Kultur.

Die andere Strömung, die innerlich im Herzen wurzelt, die dann später zur Gralsströmung wurde, sie ist mehr im Süden von Osten her zu sehen, sie trägt den eigentlichen, den wahren, den wirklichen Christus. Die von Westen kommende trägt gewissermaßen ein kosmisches Bild ihm entgegen.

Die Begegnung des Christus mit sich selbst, des Christus als Bruder des Menschen und des Christus als Sonnenhelden, der nur noch im Bilde vorhanden ist, diese Begegnung, dieses Zusammenfließen des Christus mit seinem eigenen Bilde findet statt im 9. Jahrhundert.

Damit habe ich Ihnen geschildert, wie innerlich der Zeitenlauf war in den ersten Jahrhunderten nach dem Mysterium von Golgatha, in jenen ersten Jahrhunderten, in denen ja auch, wie ich schon angeführt habe, die Seelen da waren, die nun wieder erschienen sind und die aus ihren früheren Erdenleben den Drang mitgebracht haben, sich ehrlich nach der anthroposophischen Bewegung hin zu bewegen.

Wenn wir hinschauen auf diese bedeutungsvolle Artusströmung von Westen nach Osten, so erscheint sie als diejenige, welche den Sonnenimpuls in die Erdenzivilisation hineinträgt. Damit wellt und webt innerhalb dieser Artusströmung dasjenige, was man in christlicher Ter-

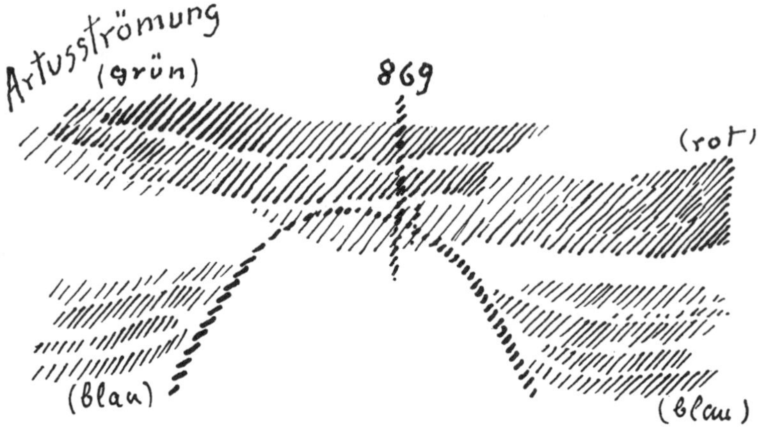

minologie die Michael-Strömung nennen kann, jene Michael-Strömung im spirituellen Leben der Menschheit, in die wir als moderne Menschen wiederum einziehen seit dem Ende der siebziger Jahre des vorigen Jahrhunderts. Nachdem jene Macht, welche man mit dem christlichen Namen Gabriel bezeichnen kann, drei bis vier Jahrhunderte geherrscht hat als die dirigierende Macht in der europäischen Zivilisation, wurde sie abgelöst – Ende der siebziger Jahre des vorigen Jahrhunderts – durch die Michael-Herrschaft, die wiederum drei bis vier Jahrhunderte dauern wird, im Geistesleben der Menschen fortleben und weben und wellen wird und in der wir eben jetzt drinnen stehen.

Wir haben also in unserer Gegenwart immerhin Veranlassung – weil wir selber wiederum in der Michael-Strömung drinnen leben –, wir haben Veranlassung, auf solche Michael-Strömungen hinzuweisen.

Wir finden diese Michael-Strömung, wenn wir in der Zeit, die dem Mysterium von Golgatha hart voranging, hinschauen auf die vom englischen Westen ausgehende, ursprünglich von den Mysterien von Hybernia angeregte Artusströmung. Wir sehen in einer älteren Form diese Michael-Strömung, wenn wir hinblicken auf dasjenige, was Jahrhunderte vor der Entstehung des Mysteriums von Golgatha von Nordgriechenland, von Mazedonien aus, durch jene internationale, jene kosmopolitische Strömung geschehen ist, die an den Namen Alexanders des Großen geknüpft ist und unter dem Einfluß jener Weltanschauung gestanden hat, die unter dem Namen der aristotelischen bekannt ist. Was in der vorchristlichen Zeit sich durch Aristoteles und Alexander abgespielt hat, stand damals so in der Michael-Herrschaft drinnen, wie wir jetzt wiederum in der Michael-Herrschaft drinnen stehen, und dazumal war auf Erden ebenso wie jetzt in dem geistigen Leben der Michael-Impuls. Immer, wenn ein Michael-Impuls in der Erdenmenschheit ist, dann ist die Zeit, wo dasjenige, was in einem Kulturzentrum, in einem spirituellen Zentrum begründet worden ist, über viele Völker der Erde, in allen Gegenden, in denen es möglich ist, ausgebreitet wird.

Das geschah in der vorchristlichen Zeit durch die Alexanderzüge. Da wurde das, was innerhalb der griechischen Kultur gewonnen worden ist, verbreitet über diejenige Menschheit, in der es verbreitet werden konnte. Und wenn man Aristoteles und Alexander gefragt hätte: Woher habt ihr dasjenige, was in euren Herzen sitzt als der Impuls zur Ausbreitung des geistigen Lebens eurer Zeit? – sie würden zwar mit einem anderen Namen, aber im Wesen doch geantwortet haben: Von dem Impuls des Michael, desjenigen, der als Diener Christi von der Sonne aus wirkt. Denn von den verschiedenen Archangeloi, welche abwechselnd die Kultur beherrschen, gehört Michael, der im Alexander-Zeitalter und wiederum in unserem Zeitalter herrscht, der Sonne an. Es gehört derjenige, der dann gefolgt ist auf die Alexander-Zeit, Oriphiel, dem Saturn an. Es gehört derjenige, der dann auf Oriphiel gefolgt ist, Anael, der Venus an. Es gehört derjenige Erzengel, der im 4., 5. Jahrhundert die europäische Zivilisation beherrscht hat, Zachariel, der Jupitersphäre an. Dann kam Raphael aus der Merkursphäre in derjenigen Zeit, in der insbesondere eine Art Medizinkultur-Denkweise im Untergrunde desjenigen blühte, was als europäische Zivilisation sich abspielte. Dann kam Samael so über das 12. Jahrhundert hin. Samael gehört dem Mars an. Dann kam Gabriel, der der Mondensphäre angehört. Und nun trat wiederum seit den siebziger Jahren des vorigen Jahrhunderts Michael ein, der der Sonnensphäre angehört. So gehen im Rhythmus fort die Herrschaften über das Geistesleben der Erde durch diese sieben Wesen aus der Hierarchie der Archangeloi. Wenn wir also zurückblicken – wo war die letzte Michael-Herrschaft? Sie war in der Alexanderzeit. Sie war da als dasjenige, was sich abgespielt hatte durch Jahrhunderte als griechische Zivilisation, hinübergetragen wurde nach Asien, hinübergetragen wurde nach Afrika, sich konzentrierte in der geistig mächtigen Stadt Alexandria mit ihren bedeutsamen Geisteshelden.

Das ist ein eigentümlicher Anblick für das okkulte Schauen. Geht man diese paar Jahrhunderte vor das Mysterium von Golgatha zurück: man sieht von Mazedonien nach Osten hinüber – also wiederum von Westen nach Osten, aber weiter nach Osten gelegen – die Strömung, die man dann ebenso schaut von den englisch-irischen Seelen, wiederum von Westen nach Osten hinüber. Während der Alexanderherrschaft herrscht Michael auf Erden. Während der Artusherrschaft wird unter der Herrschaft des Michael, der jetzt von der Sonne herunter wirkt, von der Sonne herunter dasjenige getragen, was ich Ihnen dargestellt habe.

Wie war es aber dann später, nachdem das Mysterium von Golgatha abgelaufen war, mit der Verbreitung derjenigen Geistesart, die von Alexander dem Großen durch die Eroberungszüge nach Asien hinübergetragen worden war, der aristotelischen?

Wir sehen dann, wie in derselben Zeit, in der *Karl der Große* in Europa eine Art christlicher Kultur auf seine Weise begründet, drüben in Asien, in Vorderasien *Harun al Raschid* wirkt. Wir sehen am Hofe Harun al Raschids vereint alles das, was an orientalischer Weisheit, an Spiritualität vorhanden war in Architektur, in Kunst, in Wissenschaft, in Religion, im Schrifttum, in Dichtung, in allem. Und wir sehen einen Ratgeber neben Harun al Raschid, der zwar, während er neben Harun al Raschid steht, in dem allem nicht eingeweiht ist, der aber ein Eingeweihter war in alten Zeiten, in früheren Erdenleben. Und wir sehen unter diesen beiden Menschen, unter Harun al Raschid und unter seinem Ratgeber, ganz verändert dasjenige, was als Aristotelismus nach Asien verpflanzt war, dasjenige, was noch durch Aristoteles aus der alten Weisheit der Natur den Menschen gezeigt worden ist, die er unterrichten konnte; wir sehen das, was Alexandrinismus, was Aristotelismus war, am Hofe von Harun al Raschid, durchdrungen und imprägniert von Arabismus, von Mohammedanismus.

Und wir sehen dann herübergetragen in die christliche Entwickelung dasjenige, was von Harun al Raschid, was vom Arabismus ausging. Wiederum, ich möchte sagen, dem Christentum nachgetragen, in das Christentum hineingeschoben, durch Griechenland, aber namentlich durch Nordafrika, durch Italien nach Spanien hineingeschoben, eine Art Arabismus.

Aber Harun al Raschid und sein Ratgeber, sie sind ja früher durch die Pforte des Todes gegangen. Sie verfolgten von dem Leben, das sie jetzt vom Tode bis zur neuen Geburt, über dem irdischen führten, das, was unten als die mohammedanisch-maurischen Züge nach Spanien hinein sich abspielte, sie verfolgten von der geistigen Welt aus das, was sie selbst gepflegt hatten und was sich durch ihre Nachfolger ausbreitete. Harun al Raschid mehr, indem er seinen Blick von der geistigen Welt auf Griechenland, Italien, Spanien warf; sein Ratgeber, indem er seinen Blick warf auf dasjenige, was vom Osten herüber durch die Gegenden nördlich des Schwarzen Meeres, durch Rußland, bis nach Mitteleuropa hin ging.

Die Frage steht vor uns: Was ist mit *Alexander,* was ist mit *Aristoteles* selber geschehen? Sie waren tief verbunden mit der Michael-Herrschaft, aber nicht zu der Zeit auf Erden, als das Mysterium von Golgatha sich abspielte.

Nun müssen wir uns lebhaft die beiden Gegenbilder vorstellen. Auf der Erde sind die Menschen, die Zeitgenossen sind des Mysteriums von Golgatha. Christus wird Mensch, geht durch das Mysterium von Golgatha, lebt von da an in der Erdensphäre fort. Wie ist es auf der Sonne? Da sind die Seelen, die dazumal zu Michael gehörten, in der Sphäre des Michael lebten. Sie sind diejenigen, die von der Sonne aus schauen, wie Christus die Sonne verläßt. Auf der Erde sind diejenigen, die des Christus Ankunft schauen; auf der Sonne sind diejenigen, die des Christus Weggang schauen: sie sehen ihn heruntersteigen zur Erde. Das ist der Gegensatz. Und das erleben vorzugsweise diejenigen, die im Erdenleben teilgenomen haben an jener Michael-Herrschaft, die zur Alexanderzeit war. Sie erleben sozusagen das umgekehrte Christus-Ereignis: den Fortgang des Christus von der Sonne. Sie leben weiter – unmaßgebliche Inkarnationen will ich jetzt nicht erwähnen –, sie leben weiter und sie erleben das in der geistigen Welt für die Erdenwelt bedeutsame

Zeitalter des 9. nachchristlichen Jahrhunderts, ungefähr das Jahr 869. Denn da findet ja erstens das statt, was ich Ihnen eben angedeutet habe: die Begegnung des Christus mit seinem Ebenbilde, mit seinem Lebensgeist, mit demjenigen, was noch vorhanden war von dem vorchristlichen heidnischen Christus. Aber es findet auch die Begegnung statt zwischen jenen Individualitäten, welche in Alexander dem Großen und Aristoteles lebten, mit jener Individualität, die in Harun al Raschid, und jener, die in seinem Ratgeber lebte: Der mohammedanisierte Aristotelismus von Asien in geistiger Entfaltung in Harun al Raschid und dem Ratgeber nach dem Tode mit Alexander und Aristoteles nach dem Tode. Aber das eine war der Aristotelismus und Alexandrinismus, der den Mohammedanismus aufgenommen hat, das andere war der wirkliche Aristotelismus, waren nicht jene nachträglichen Lehren, die schon durch Menschen gegangen waren. Aristoteles und Alexander hatten das Mysterium von Golgatha von der Sonne aus gesehen.

Da fand die große Auseinandersetzung, gewissermaßen jenes himmlische Konzil statt zwischen dem mohammedanisierten Aristotelismus und dem christianisierten Aristotelismus, aber dem in der geistigen Welt christianisierten Aristotelismus.

So kann man sagen: Hier in der Welt, die unmittelbar als geistige Welt an unsere physische Erdenwelt angrenzt, begegneten sich Alexander und Aristoteles. Harun al Raschid und sein Ratgeber, sich auseinandersetzend über den weiteren Fortgang der Christianisierung Europas, hinweisend auf dasjenige, was kommen mußte am Ende des 19. Jahrhunderts, im 20. Jahrhundert, wo die Michael-Herrschaft wiederum auf Erden sein kann.

Und das alles entstand, spielte sich ab wie bestrahlt von jenem Ereignisse der Begegnung des Christus mit seinem Gegenbilde. Das alles stand unter diesem Eindrucke. Das geistige Leben der Menschen wurde in der spirituellen Welt, die unmittelbar an die physische Erdenwelt angrenzt, in intensiver Weise projektiert, könnte man sagen, fadengezeichnet.

Und unten auf der Erde selber versammelten sich in Konstantinopel zum achten allgemeinen ökumenischen Konzil die Väter der Kirche und faßten das Dogma, daß der Mensch nicht aus Leib, Seele und Geist, sondern nur aus Leib und Seele bestehe, und die Seele einige geistige Eigenschaften habe. Die Trichotomie – so nannte man das, daß der Mensch aus Leib, Seele und Geist besteht –, die Trichotomie wurde abgeschafft. Wer ferner an sie glaubte in Europa, der wurde ein Häretiker. Die christlichen Väter in Europa vermieden unter allen Umständen, jemals von der Trichotomie, von Leib, Seele und Geist zu sprechen, sondern redeten nur von Leib und Seele.

Was so als Maßgebliches im Jahre 869 in übersinnlichen Welten geschah, wie ich es Ihnen beschrieben habe, das warf seine Schatten hinunter in die Welt. Das finstere Zeitalter des Kali Yuga nahm einen besonderen Impuls seiner Finsternis auf, während sich darüber dasjenige abspielte, was ich Ihnen eben beschrieben habe.

Das war der wirkliche Verlauf der Ereignisse: in der physischen Welt das Konzil von Konstantinopel, in dem der Geist abgeschafft wird; in der unmittelbar an die physische Welt angrenzenden Welt ein himmlisches Konzil, das sich so abspielte, indem der Christus selber seinem Gegenbilde begegnete.

Aber man war sich klar: Man muß warten, bis die neue Michael-Herrschaft auf der Erde beginnen kann. Immer aber fanden sich Lehrer, die, wenn auch gewissermaßen in der Dekadenz, etwas wußten von dem, was eigentlich hinter den Kulissen des Daseins vor sich geht; immer fanden sich Lehrer, die in, wenn auch manchmal nicht sehr zutreffenden Bildern darzustellen wußten, was geistiger Inhalt der Welt ist, was zugrunde liegt demjenigen, was in der unmittelbar an die physische Welt angrenzenden geistigen Welt ist. Und solche Lehrer fanden zuweilen Ohren, die ihnen zuhörten. Und diejenigen Ohren, die ihnen zuhörten, gehörten Menschen an, welche in der Weise vom Christentum hörten, daß sie allerdings nur da oder dort ein gebrochenes Wort, aber doch etwas von dem hörten, was kommen soll im 20. Jahrhundert, nachdem die Michael-Herrschaft wiederum begonnen haben wird.

Diese Menschen, meine lieben Freunde, in Euren eigenen Seelen sitzen die Seelen, die dazumal verkörpert waren und solchen Seelen zugehört hatten, die von der kommenden Michael-Herrschaft redeten; von der kommenden Michael-Herrschaft unter dem Einflusse solcher

Impulse redeten, wie sie herunterkamen von jenem himmlischen Konzil, von dem gesprochen worden ist.

Aus solchem Erleben im früheren Leben, in den ersten christlichen Jahrhunderten – nicht gerade im 9. Jahrhundert, sondern vorher und später, aber namentlich vorher –, entwickelte sich der Drang heran, dann, wenn die Michael-Herrschaft Ende des 19. Jahrhunderts, Anfang des 20. Jahrhunderts kommt, unbewußt hinzuschauen auf die Stätte, wo jetzt wirklich unter dem Einfluß der Michael-Herrschaft das spirituelle Leben wieder gepflegt wird. Das pflanzte sich in die Seelen derjenigen, die von Lehren hörten, die etwas enthielten von den Geheimnissen, von denen wir heute gesprochen haben.

So pflanzt sich karmisch in die Seelen die Sehnsucht, heranzukommen an dasjenige Christentum, das unter dem Einflusse des Michael am Ende des 19. Jahrhunderts, Anfang des 20. Jahrhunderts anthroposophisch verbreitet werden sollte. Und was dazumal diese Seelen erlebt haben, das findet in der Wiederverkörperung jetzt seinen Ausdruck darinnen, daß gewisse Seelen den Zugang zur anthroposophischen Bewegung finden.

Lehren, welche anknüpften an eine Art von Zusammenfluß von altem, vorchristlichem kosmischem Christentum und der innerlichen christlichen Lehre, Lehren, welche anknüpften an geistiges Leben und Weben in der Natur und die dennoch anknüpfen konnten an das Mysterium von Golgatha, wurden nun fortdauernd gelehrt, gelehrt auf Erden in der Zeit, als die Seelen, die jetzt zur Anthroposophie hingedrängt sich fühlen, schon wiederum durch die Pforte des Todes gegangen waren, lebten in dem Leben zwischen dem Tode und einer neuen Geburt, einzelne auch heruntersteigend zur Erde, sich verkörpernd. Wir sehen, wie fortlebten auf der Erde die alten Lehren, die noch das Christentum in kosmischer Art anschauten, die alten Lehren, welche fortpflanzten Traditionen an die alten Mysterien; wir sehen solche Lehren fortgepflanzt durch bedeutsame europäische Schulen, wie zum Beispiel eben namentlich die Schule von Chartres im 12. Jahrhunderte, wo so bedeutende Lehrer lehrten wie Bernardus Sylvestris, Alanus ab Insulis und andere große Lehrer, welche in der Schule von Chartres lehrten. Wir sehen, wie solche Lehren lebten und webten zum Beispiel in dem Ihnen am letzten Sonntag erwähnten Brunetto Latini. Brunetto Latini, der große Lehrer Dantes, trug solche Lehren in sich. Wir sehen in dieser Art dasjenige sich fortpflanzen, was noch einen Zusammenhang hatte zwischen dem kosmischen Christentum und dem rein menschlichen, irdischen Christentum, das ja auf der Erde doch immer mehr und mehr überhandnahm.

Das war ja das Gegenbild, dem auf Erden das irdische Konzil von Konstantinopel entsprach: daß in der Art, wie ich Ihnen erzählte, ein fortwährender Zusammenhang stattgefunden hat zwischen demjenigen, was in den geistigen Welten, was in der Welt, die unmittelbar an unsere physische Welt angrenzt, und unserer physischen Welt sich abspielte. Ein fortwährender Zusammenhang fand statt. So fühlten sich schon gerade die bedeutendsten Lehrer von Chartres inspiriert von dem wirklichen Alexander und dem wirklichen Aristoteles, aber auch in hervorragendstem Sinne von Plato und von alledem, was sich von Plato und dem Neuplatonismus an die damals im Mittelalter herrschende Mystik anlehnte.

Und etwas sehr Bedeutendes fand statt. Diejenigen Menschen, die vorzugsweise um Michael sich scharten, die also im Alexander-Zeitalter vorzugsweise inkarniert waren, sie lebten jetzt in der geistigen Welt. Sie schauten schon auf so etwas herunter, wie es die christliche Entwickelung war durch die Lehrer von Chartres. Sie warteten aber, bis die Lehrer von Chartres, die letzten, die noch kosmisches Christentum lehrten, hinaufkamen in die geistige Welt. Und es war ein gewisser Zeitpunkt, ein Zeitpunkt am Ende des 12. Jahrhunderts, am Beginne des 13. Jahrhunderts, da begegneten sich gewissermaßen in der überirdischen Sphäre, die unmittelbar an die irdische angrenzte, die mehr platonisch gearteten Lehrer von Chartres mit jenen, die das himmlische Konzil von 869 durchmachten. Und da fand, wenn ich mich trivial-irdisch ausdrücken darf für diese erhabene Sache, da fand eine Art Besprechung statt zwischen denen, die als die Lehrer von Chartres eben hinaufkamen in die geistige Welt und nunmehr in der geistigen Welt weiter die Entwickelung erleben sollten, und jenen anderen, die unmittelbar heruntersteigen sollten, unter welchen die unmittelbaren Individualitäten von Alexander und Aristoteles selber waren, die dann im Dominikaner-Orden sich unmittelbar nachher verkörperten. Und es fand statt auf Erden in dem, was heute so verkannt wird, was wert wäre, daß man es tiefer in seiner Bedeutung erkennen würde, es fand statt in dem, was als Scholastik auf der Erde auftrat, die Vorbereitung für alles Spätere, was dann im späteren Michael-Zeitalter stattfinden sollte.

Und um sich recht in das Christentum einzuleben, um ganz im Christentum drinnen zu stehen, verkörperten sich diejenigen, die der Michael-Sphäre angehörten, die im alten Alexander-Zeitalter lebten, nicht mitgemacht hatten die ersten christlichen Jahrhunderte oder nur in unmaßgeblichen Inkarnationen, verkörperten sich, um eben ins Christentum sich einzuleben, im Dominikaner-Orden oder in anderen christlichen Orden, aber hauptsächlich im Dominikaner-Orden. Dann gingen sie durch die Pforte des Todes hinauf in die geistige Welt und wirkten in der geistigen Welt weiter.

Da fand nun im 15. Jahrhundert – bis ins 16. Jahrhundert hinein dauerte es, die Zeitverhältnisse sind ganz andere für die geistige Welt – jene gewaltige Unterweisung im Übersinnlichen statt, die von Michael selber für die Seinigen ausgegangen ist. Da wurde sozusagen eine übersinnliche, eine spirituelle Schule begründet, eine Schule, in der Michael selber der Lehrer war, eine Schule, an der die entsprechenden Menschen teilnahmen, die dazumal inspiriert waren namentlich durch das frühere Michael-Zeitalter, inspiriert dann durch das Hineinleben in das Christentum auf die Art, wie ich es dargestellt habe. All dasjenige, was zu Michael gehörte an entkörperten Menschenseelen, nahm teil an jener großen Schule, die übersinnlich stattfand im 14., 15., 16. Jahrhunderte. Alle diejenigen Wesenheiten aus der Hierarchie der Angeloi, Archangeloi, Archai, die zur Michael-Strömung gehörten, nahmen teil. Zahlreiche Elementarwesen nahmen teil.

Es fand dort ein bedeutsamer Rückblick auf alles alte Mysterienwesen statt. Eine genaue Erkenntnis wurde für die Seelen über das alte Mysterienwesen verbreitet. Zurückgeschaut wurde in die Sonnenmysterien, in die Mysterien der anderen Planeten. Aber auch der Ausblick für die Zukunft wurde eröffnet, für das, was im neuen Michael-Zeitalter beginnen sollte, das gegen Ende des 19. Jahrhunderts anfängt, das jetzt herrschend ist. All das ging dazumal durch die Seelen. Es waren wieder dieselben Seelen, die in unserem Michael-Zeitalter sich zur anthroposophischen Bewegung hingedrängt fühlten.

Mittlerweile fand auf Erden, ich möchte sagen, der letzte Anprall statt. Harun al Raschid verkörperte sich wieder, begründete in seiner Wiederverkörperung den Impuls des Materialismus, erschien als *Baco von Verulam*. Die Universalität Bacos von Verulam ist von Harun al Raschid, aber auch das, was an Intellektuellem, an Materialismus in Bacon lebt, ist von Harun al Raschid. Bacon erschien als der wiederverkörperte Harun al Raschid. Sein Ratgeber, der den anderen Weg gemacht hat, erschien in dem gleichen Zeitalter als *Amos Comenius*.

Und so sehen wir, während das Christentum in der Beleuchtung des Aristotelismus im Übersinnlichen im 14., 15., 16., 17. Jahrhundert und so weiter die hauptsächlichste Entwickelung durchmachte, auf Erden den Materialismus geistig begründet: begründet in der Wissenschaft durch Bacon, den wiederverkörperten Harun al Raschid, begründet im Erziehungswesen unter Amos Comenius, dem wiederverkörperten Ratgeber des Harun al Raschid. Beide wirkten zusammen.

Und Amos Comenius und Bacon bewirkten beide, als sie nun durch die Pforte des Todes gingen, Merkwürdiges in der geistigen Welt. Als Baco von Verulam durch die Pforte des Todes ging, zeigte sich, wie von seinem ätherischen Leibe durch die besondere Denkungsart, die er in der Bacon-Inkarnation angenommen hatte, eine ganze Welt von Idolen, dämonischen Idolen ausging, welche die geistige Welt erfüllten, von der ich eben gesprochen habe, in der die Nachwirkungen jenes seelischen Konzils sich abspielten unter den Individualitäten, welche von Michael belehrt wurden. In dieser Welt breiteten sich Idole aus.

Es ist schon so, wie in meinem ersten Mysterium dargestellt ist, daß das, was auf Erden geschieht, mächtige Wirkungen in die geistige Welt hinein hat. Bacons irdische Geistesart hatte in die geistige Welt hinein die tumultuarische Wirkung, daß eine ganze Welt von Idolen sich ausbreitete.

Und aus dem, was Amos Comenius auf Erden doch eigentlich als eine Art materialistische Pädagogik begründet hatte, bildete sich sozusagen die Grundlage, die Welt, die Sphäre, die Weltatmosphäre für dasjenige, was die Idole des Bacon waren. Ich möchte sagen: Bacon lieferte die Idole, und was zu den Idolen als andere Reiche gehörte, das lieferte ihnen Amos Comenius durch dasjenige, was auf Erden stattgefunden hatte. Denn wie wir als Menschen das Mineralreich, das Pflanzenreich um uns haben, so hatten nun diese Idole des Bacon die anderen Reiche, die sie brauchten, um sich.

Und der Bekämpfung von alledem, der Bekämpfung dieser dämonischen Idole, hatten sich jetzt jene Individualitäten zu widmen, die einstmals unter der Führung von Alexander und Aristoteles auf der Erde waren. Das spielte sich ab bis zu dem Momente hin, wo die Französische Revolution auf Erden stattfand.

Diejenigen Idole, die nicht bekämpft werden konnten, diejenigen Dämonen, idolischen Dämonen, die sozusagen entkommen waren im Kampfe, die stiegen dann zur Erde herunter und inspirierten das, was der Materialismus des 19. Jahrhunderts war, mit allem, was nachfolgte. Das sind die Inspiratoren des Materialismus des 19. Jahrhunderts!

Die Seelen, die zurückgeblieben waren, die die Lehren des Michael unter der Assistenz der Individualitäten des Aristoteles und Alexander genossen hatten, die kamen eben mit den Impulsen in sich, die ich geschildert habe, wiederum auf die Erde herunter Ende des 19. Jahrhunderts, Anfang des 20. Jahrhunderts. Und viele dieser Seelen erkennt man wieder in denjenigen, die an die anthroposophische Bewegung herankommen. Das ist das Karma derjenigen, die ehrlich, innerlich aufrichtig an die anthroposophische Bewegung herankommen.

Es ist ein Erschütterndes, wenn man es so schildert, wie es im unmittelbaren Hintergrunde desjenigen dasteht, was sich äußerlich in der Gegenwart abspielt. Es ist aber etwas, was hineingesenkt werden muß unter dem Einfluß des Weihnachtsimpulses vom Goetheanum in die Seelen, in die Herzen derjenigen, die sich Anthroposophen nennen. Es ist etwas, was leben sollte in den Herzen, in den Seelen derjenigen, die sich Anthroposophen nennen. Und das wird einem die Kraft geben, nun weiter zu wirken; denn diejenigen, die heute Anthroposophen sind, im ehrlichen, wahren Sinne Anthroposophen sind, die werden einen starken Drang haben, bald wiederum zur Erde herunterzukommen. Und innerhalb der Michael-Prophetie sieht man voraus, wie zahlreiche

Anthroposophenseelen mit dem Ende des 20. Jahrhunderts wiederum zur Erde kommen, um das, was heute mit starker Kraft als anthroposophische Bewegung begründet werden soll, zur vollen Kulmination zu bringen.

Das ist es, was Anthroposophen eigentlich bewegen sollte: Hier stehe ich. Der anthroposophische Impuls ist in mir. Ich erkenne ihn als den Michael-Impuls. Ich warte, indem ich mich für mein Warten stärke durch die rechte anthroposophische Arbeit in der Gegenwart und die kurze Zwischenzeit ausnütze, die gerade den Anthroposophenseelen beschieden ist im 20. Jahrhundert zwischen dem Tode und einer neuen Geburt, um am Ende des 20. Jahrhunderts wiederzukommen und die Bewegung mit einer viel spirituelleren Kraft fortzusetzen. Ich bereite mich für dieses neue Zeitalter vom 20. ins 21. Jahrhundert hinein vor – so sagt sich eine rechte Anthroposophenseele –, denn viele zerstörende Kräfte sind auf der Erde. In die Dekadenz muß alles Kulturleben, alles Zivilisationsleben der Erde hineingehen, wenn nicht die Spiritualität des Michael-Impulses die Menschen ergreift, wenn nicht die Menschen wiederum imstande sind, dasjenige, was an Zivilisation heute hinabrollen will, wiederum hinaufzuheben.

Finden sich solche ehrlichen Anthroposophenseelen, die die Spiritualität in dieser Weise in das Erdenleben hineintragen wollen, dann wird es eine Bewegung nach aufwärts geben. Finden sich solche Seelen nicht, dann wird die Dekadenz weiterrollen. Der Weltkrieg mit all seinen üblen Beigaben wird nur der Anfang von noch Üblerem sein. Denn es steht heute die Menschheit vor einer großen Eventualität: vor der Eventualität, entweder in den Abgrund hinunterrollen zu sehen alles, was Zivilisation ist, oder es durch Spiritualität hinaufzuheben, fortzuführen im Sinne dessen, was im Michael-Impuls, der vor dem Christus-Impuls steht, gelegen ist.

Das ist dasjenige, meine lieben Freunde, was ich vor Euren Seelen zu entwickeln hatte bei dieser Anwesenheit, von dem ich möchte, daß es fortwirken sollte in Euren Seelen. Denn wie ich oftmals gesagt habe, wenn ich nach einem erfreulichen, befriedigenden Zusammensein beschließen mußte, was verhandelt, gearbeitet werden konnte in solchem Zusammensein: Anthroposophen sind, wenn sie vereinigt sind im physischen Leben, zusammen, nehmen das als ihr Karma hin, bleiben aber vereint, auch wenn sie im physischen Raume auseinander sind. So wollen wir vereint bleiben in denjenigen Zeichen, die sich uns zeigen können vor dem geistigen Auge, vor dem geistigen Ohre, wenn wir in vollem Ernst solches aufnehmen, wie ich es gerne hätte fließen lassen, wenn ich verstanden worden bin, durch das, was ich in diesen drei Stunden vor Ihnen, meine lieben anthroposophischen Freunde, entwickeln durfte.

HINWEISE

Textunterlagen: Die Vorträge wurden stenographisch mitgeschrieben. Der gedruckte Text beruht auf den Übertragungen in Klartext, wie sie von den jeweiligen Stenographen hergestellt worden sind. Mitstenographiert haben in Bern, Torquay und London die Berufsstenographin Helene Finckh, die als offizielle Stenographin seit 1916 die meisten Vorträge Rudolf Steiners aufnahm. Ihre Stenogramme können als besonders zuverlässig und wortgetreu angesehen werden. In Bern schrieb Rudolf Hahn, in Arnheim Walter Vegelahn mit. Die Stenographen in Zürich und Stuttgart sind nicht bekannt. Von den ursprünglich stenographischen Niederschriften sind nur diejenigen von Helene Finckh erhalten.

Die Zwischentitel sind nicht von Rudolf Steiner, sondern gehen größtenteils auf von Marie Steiner herausgegebene Einzelausgaben aus den dreißiger und vierziger Jahren zurück.

Diejenigen Ausführungen, welche sich auf die 1923 neubegründete Allgemeine Anthroposophische Gesellschaft beziehen, sind größtenteils auch in GA Bibl.-Nr. 260a («Die Konstitution der Allgemeinen Anthroposophischen Gesellschaft und der Freien Hochschule für Geisteswissenschaft. Der Wiederaufbau des Goetheanum») enthalten, der Schluß des ersten Vortrages vom 24. August 1924 ist nur in Band 260a gedruckt.

Einzelausgaben

Bern, 25. Januar, 16. April 1924: Das Tor des Mondes und das Tor der Sonne, Dornach 1940, 1970, 1982

Stuttgart, 6. Februar 1924: Die Bedeutung der die Erde umgebenden Himmelskörper für das Leben und Dasein des Menschen, Dornach 1940

Stuttgart, 1. Juni 1924: Ausgleichserlebnisse nach dem Tode. Die negativen Bilder des Lebens, Dornach 1940

Arnheim, 18.–20. Juli 1924: Das Karma der Anthroposophischen Gesellschaft und der Inhalt der anthroposophischen Bewegung, Dornach 1940

Torquay, 12., 14., 21. August 1924: Die Vertiefung des Christentums durch die Sonnenkräfte Michaels, Dornach 1950

London, 24., 24., 27. August 1924: Esoterische Betrachtungen über das Karma im einzelnen Menschen und in der Menschheits-Entwickelung, Dornach 1936

Werke Rudolf Steiners innerhalb der Gesamtausgabe (GA) werden in den Hinweisen mit der Bibliographie-Nummer angegeben.

zu Seite

15 *Vedendichtung:* Die ältesten Denkmäler der indischen Literatur (Lieder, Sprüche, Ritualien).

15 *Vedantaphilosophie:* Auch unter dem Namen Upanishaden bekannt: Philosophisch-spekulative Werke der Brahmanenschulen.

32 *dazu haben wir mit der Weihnachtstagung am Goetheanum die Impulse zu geben versucht:* Siehe dazu «Die Weihnachtstagung zur Begründung der Anthroposophischen Gesellschaft. Grundsteinlegung, Vorträge und Ansprachen, Statutenberatung, vom 24. Dezember 1923 bis 1. Januar 1924», GA Bibl.-Nr. 260.

33 *Nachrichtenblatt:* Die erste Nummer des «Nachrichtenblattes» oder «Mitteilungsblattes»: «Was in der Anthroposophischen Gesellschaft vorgeht» erschien am 13. Januar 1924. Die Zeitschrift erscheint als Beilage zur Wochenschrift «Das Goetheanum», 1986 im 62. Jahrgang.

34 *Nachdem ich . . . 1912 die persönliche Leitung . . . abgegeben hatte:* Als 1912/13 die Trennung von der Theosophical Society (Adyar) erfolgte, in welcher Rudolf Steiner Generalsekretär der Deutschen Sektion gewesen war, übernahm er in der neubegründeten Anthroposophischen Gesellschaft kein Vorstandsamt.

35 *daß . . . allerlei Bestrebungen innerhalb der Anthroposophischen Gesellschaft aufgetreten sind:* Siehe dazu den Band «Anthroposophische Gemeinschaftsbildung», GA Bibl.-Nr. 257, sowie «Die Konstitution der Allgemeinen Anthroposophischen Gesellschaft und der Freien Hochschule für Geisteswissenschaft», GA Bibl.-Nr. 260a.

37 *die wöchentliche Formulierung von Leitsätzen:* Siehe «Anthroposophische Leitsätze» (1924/25), GA Bibl.-Nr. 26.

Ich habe . . . vom Goetheanum in Dornach aus betont, wie diese Gemeinschaft für christliche Erneuerung aufzufassen ist im Verhältnis zur Anthroposophischen Gesellschaft: Siehe den Vortrag vom 30. Dezember 1922 in «Das Verhältnis der Sternenwelt zum Menschen und des Menschen zur Sternenwelt», GA Bibl.-Nr. 219.

40 *Feindseligkeiten usw.:* Vgl. Hinweis zu S. 35.

41 *Der Titel hieß: «Praktische Karma-Übungen»:* Vortrag am 20. Oktober 1902 anläßlich der konstituierenden Generalversammlung der Deutschen Sektion der Theosophischen Gesellschaft. Von diesem Vortrag gibt es keine Nachschrift.

46 ff. *Harun al Raschid,* 766–809, Kalif von Bagdad.

Karl der Große, 742–814.

47 f. *Francis Baco von Verulam,* 1561–1616, englischer Staatsmann und Philosoph.

48 *Johann Amos Comenius,* 1592–1670, Pädagoge, Philosoph, Theologe, Begründer der modernen Erziehung, Bischof der Mährischen Brüder. – «Pansophiae prodromus», Oxford 1639.

49 ff. *Conrad Ferdinand Meyer,* 1825–1898. «Der Heilige», Novelle, Leipzig 1880; «Jürg Jenatsch», eine Bündnergeschichte, Leipzig 1876.

50 *Thomas Becket,* 1118–1170, Erzbischof. Wurde am Altar der Kathedrale von Canterbury am 29. Dezember 1170 erschlagen.

55 *Johann Heinrich Pestalozzi,* 1745–1827, Schweizer Pädagoge.

73 *Mitteilungsblatt:* Siehe Hinweis zu S. 33.

84 *es gibt doch alte Bilder:* Z. B. in der Bilderdecke der romanischen Kirche von Zillis (Graubünden) erscheint die Gestalt des Elias hinter Johannes dem Täufer.

92 *Deshalb mußte . . . die volle Öffentlichkeit für die Gesellschaft in Anspruch genommen werden:* Siehe Hinweis zu S. 32, dort insbesondere die Seiten 38 und 46, 1963.

in der Theosophischen Gesellschaft solche Grundsätze gehabt:
1. Den Kern eines allgemeinen Bruderbundes der Menschheit zu bilden, ohne Unterschied des Glaubens, der Nation, des Standes, des Geschlechtes.
2. Die Erkenntnis des Wahrheitskernes aller Religionen zu pflegen.
3. Die tieferen geistigen Kräfte zu erforschen, welche in der Menschennatur und in der übrigen Welt schlummern.

94 *Richtlinien . . . in einer Form von Thesen:* «Anthroposophische Leitsätze» (1924/25), GA Bibl.-Nr. 26.

95 *Gegnerschaft, die systematisch, voll bewußt, organisiert arbeitet:* Im Jahre 1922 wurde Rudolf Steiners öffentlicher Vortragstätigkeit in Deutschland durch systematische Störaktionen ein Ende bereitet. Vgl. Louis M. J. Werbeck, «Eine Gegnerschaft als Kultur-Verfallserscheinung», 2 Bände, Stuttgart 1924.

96 *Dr. Kolisko:* Dr. med. Eugen Kolisko, 1893–1939, seit 1920 Lehrer und Schularzt der Freien Waldorfschule in Stuttgart, 1923–35 im Vorstand der deutschen Landesgesellschaft.

101 *Gotthold Ephraim Lessing,* 1729–1781. «Die Erziehung des Menschengeschlechts», 1780.

102 *als wir . . . darangingen:* Die Gründung der Deutschen Sektion der Theosophischen Gesellschaft mit Rudolf Steiner als Generalsekretär erfolgte im Oktober 1902.

105 *Karl der Große, Harun al Raschid:* Siehe Hinweise zu S. 46 ff.

106 *Karl Martell,* um 688–741; Schlacht von Tours und Poitiers 732.

107 *wenn er . . . nicht verdammend über Haeckel schreibt:* Vgl. «Haeckel und seine Gegner» im Band «Methodische Grundlagen der Anthroposophie 1884 bis 1901. Gesammelte Aufsätze zur Philosophie, Naturwissenschaft, Ästhetik und Seelenkunde», GA Bibl.-Nr. 30, S. 152 ff.

108 *Baco von Verulam:* Siehe Hinweis zu S. 47 f.

109 *Giuseppe Garibaldi,* 1807–1882. Sein Leben ist geschildert, unter Berücksichtigung des von Rudolf Steiner Gesagten, in M.J. Krück von Poturzyn, «Garibaldi. Eine Biographie». 2. Aufl. Stuttgart 1964.

Viktor Emanuel: Viktor Emanuel II., 1820–1878. Seit 1861 König von Italien.

Cavour: Graf Camillo Benso di Cavour, 1810–1861, Staatsmann, Minister.

109 *Giuseppe Mazzini,* 1805–1872, radikaler Republikaner, verbrachte einen großen Teil seines Lebens im Exil.

113 *Amos Comenius:* Siehe Hinweis zu S. 48.

Geometrielehrer: Georg Kosak, 1836–1914. Lehrer an der Oberrealschule in Wiener-Neustadt. Vgl. Kap. II in «Mein Lebensgang» (1923–25), GA Bibl.-Nr. 28.

114 *Byron:* George Noël Gordon Lord Byron, 1788–1824.

115 *Palladium:* Vgl. dazu 6. Vortrag in «Bausteine zu einer Erkenntnis des Mysteriums von Golgatha. Kosmische und menschliche Metamorphose», GA Bibl.-Nr. 175.

116 *Karl Marx,* 1818–1883.

Friedrich Engels, 1820–1895, sozialistischer Politiker und Schriftsteller, lebenslänglicher Freund, Streitgenosse und Helfer von Karl Marx.

117 *Muawija:* Kalif von 661–680. Verlegte die Residenz von Medina nach Damaskus.

Woodrow Wilson, 1856–1924, von 1913–1921 Präsident der Vereinigten Staaten.

in den berühmten Vierzehn Punkten: Wilsons Programm für einen Frieden nach dem 1. Weltkrieg. Zuerst verkündet in einer Botschaft an den amerikanischen Kongreß am 8. Januar 1918.

118 *was dazumal 1902 bei der Begründung der Deutschen Sektion:* Siehe Hinweis zu S. 102.

Lessing: Siehe Hinweis zu S. 101.

119 *Dr. Unger:* Dr.-Ing. Carl Unger, 1878–1929, führende anthroposophische Persönlichkeit in Stuttgart seit 1905. Redner und Schriftsteller, Träger zahlreicher wichtiger Ämter im Gesellschaftsleben. 1929 von einem Geisteskranken ermordet.

123 *Gestalten meiner Mysterien:* Vgl. «Vier Mysteriendramen» (1910–13), GA Bibl.-Nr. 14.

Eine Persönlichkeit hat es gegeben: Der ehemalige Kapuzinermönch, spätere Philosophieprofessor Gideon Spicker (1840–1912). Vgl. «Esoterische Betrachtungen . . .», Band IV, GA Bibl.-Nr. 238, 1974, S. 108.

129 *Friedrich Schiller,* 1759–1805.

133 *Johann Wolfgang Goethe,* 1749–1832.

134 *Heinrich Heine,* 1797–1856.

135 *Quetzalcoatl, Taotl, usw.:* Mexikanische aztekische Gottheiten. Vgl. Rudolf Steiner, «Kosmische und menschliche Geschichte», Band II: «Innere Entwicklungsimpulse der Menschheit», GA Bibl.-Nr. 171.

Eliphas Lévi: Pseudonym von Alphonse Louis Constant, 1810–1875. Verfasser zahlreicher okkultistischer Schriften («Dogme et rituel de la haute magie», u. a.).

141 *Weihnachtstagung:* Siehe Hinweis zu S. 32.

142 *die Zyklen, wie damals zu Weihnachten verkündet wurde:* Vgl. «Die Weihnachtstagung zur Begründung der Allgemeinen Anthroposophischen Gesellschaft 1923/24», GA Bibl.-Nr. 260, 1963, S. 38 ff.

allerlei Gründungen: Über die zahlreichen Gründungen im Umkreis der Gesellschaft und die damit verbundenen Gefahren spricht Rudolf Steiner Anfang 1923 in den Vorträgen «Anthroposophische Gemeinschaftsbildung», GA Bibl.-Nr. 257, insbesondere im Vortrag vom 23. Januar 1923.

150 *Peter von Compostella:* Verfasser der Schrift «De consolatione rationis» (Mitte 12.Jh.). Vgl. auch den Hinweis zu S. 92 im Band «Esoterische Betrachtungen . . .» Band III, GA Bibl.-Nr. 237.

Bernardus von Chartres: Bernardus Carnotensis, gest. um 1130.

Bernardus Sylvestris: Bernhard von Tours, gest. um 1150.

Johann Salisbury: Gest. 1180 als Bischof von Chartres.

Alanus ab Insulis, um 1128–1202.

153 *Zisterzienser-Orden:* Begründet 1098 vom Benediktinerabt Robert von Citeaux (bei Dijon).

Dominikaner: Der Dominikaner-Orden wurde 1215 vom spanischen Geistlichen Dominicus (1170–1221) gegründet.

und jenem Dichter: Henri d'Andeli (13.Jh.). Die Dichtung «La Bataille des VII arts» ist um 1236 entstanden. Vgl. Karl Heyer, Das Wunder von Chartres, Basel 1926.

155 *Brunetto Latini,* um 1220–1294.

Dante: Dante Alighieri, 1265–1321. Die «Göttliche Komödie» erschien zum ersten Mal 1472.

158 *Marie Eugenie delle Grazie,* 1864–1931, österreichische Dichterin.

Mysteriendramen: Siehe Hinweis zu S. 123.

160 *ein merkwürdiges Gespräch gehabt:* Mit dem Zisterzienser Ordenspriester Prof. Wilhelm Neumann. Vgl. «Mein Lebensgang» (1923–25), GA Bibl.-Nr. 28, 1982, S. 125 ff.

162 *durch die indische, persische, arabische und chaldäisch-ägyptische Bevölkerung:* In früheren Auflagen stand statt «persische» «chinesische». Dies dürfte ein Übertragungsfehler sein. Sinngemäß kann es nur «persische» heißen.

164 *Dann beginnt . . . die Herrschaft des Michael:* Das Michael-Zeitalter wird von 1879 bis etwa 2300 gerechnet. Die anderen Erzengel herrschten laut einer Notizbucheintragung Rudolf Steiners zum Vortragszyklus «Das Initiaten-Bewußtsein», Torquay 1924, GA Bibl.-Nr. 243

1879–1510 Gabriel (Mond)	850–500 Zachariel (Jupiter)
1510–1190 Samael (Mars)	500–150 Anael (Venus)
1190–850 Raphael (Merkur)	150–200 v. Chr. Oriphiel (Saturn)

166 *Alexanderzüge:* Alexander der Große, 356–323 v. Chr. Seine Feldzüge erstreckten sich von Griechenland über Ägypten, Klein- und Vorderasien bis nach Indien.

als die Stadt Alexandria . . . aufblüht: Die Blütezeit Alexandriens war unter den Ptolemäern (3.–1. Jh. v. Chr.).

168 *Aristoteles,* 384–322 v. Chr.

170 *der von mir öfter besprochene Scotus Erigena:* um 810–877. Vgl. Rudolf Steiner, «Die Rätsel der Philosophie in ihrer Geschichte als Umriß dargestellt» (1914), GA Bibl.-Nr. 18, sowie den Vortrag vom 2. Juni 1921 in «Perspektiven der Menschheitsentwickelung», GA Bibl.-Nr. 204.

Harun al Raschid: Siehe Hinweis zu S. 46 ff.

172 *Baco von Verulam:* Siehe Hinweis zu S. 47 f.

Amos Comenius: Siehe Hinweis zu S. 48.

175 *Vincenz Knauer,* 1828–1894. «Die Hauptprobleme der Philosophie in ihrer Entwicklung und teilweisen Lösung von Thales bis Robert Hamerling. Vorlesungen, gehalten an der Wiener Universität», Wien und Leipzig 1892.

177 *Ultramontanismus:* (lat. ultra montes, jenseits der Berge). Ausdruck für die Abhängigkeit des deutschen Katholizismus im 19. Jh. von Rom.

178 *«Märchen von der grünen Schlange und der schönen Lilie»:* Vgl. Rudolf Steiner, «Goethes Geistesart in ihrer Offenbarung durch seinen Faust und durch das Märchen ‹von der Schlange und der Lilie›» (1918), GA Bibl.-Nr. 22, sowie den Vortrag vom 8. Juli 1924 in «Esoterische Betrachtungen . . .», Band III, GA Bibl.-Nr. 237, 1975, S. 66 f.

«Die Pforte der Einweihung»: Siehe Rudolf Steiner, «Vier Mysteriendramen» (1910–13), GA Bibl.-Nr. 14, sowie «Entwürfe, Fragmente und Paralipomena zu den ‹Vier Mysteriendramen›», GA Bibl.-Nr. 44.

179 *Brunetto Latini:* Siehe Hinweis zu S. 155.

181 *Maurice Maeterlinck,*1862–1949, Dichter, Schriftsteller, Nobelpreisträger. «Das große Rätsel» («Le grand Secret») will ein Überblick sein über die geheimwissenschaftliche Weltliteratur von den Veden bis in die Neuzeit. Die Zitate wurden anhand des französischen Originaltextes (25. Tausend, Paris 1929) geprüft. Die deutsche Übersetzung, aus welcher Rudolf Steiner zitierte, stand dem Herausgeber nicht zur Verfügung. Die Zitate befinden sich auf S. 9, 120 und 253 der erwähnten Ausgabe.

192 *Emanuel Swedenborg,* 1688–1772.

der Buchstabe der letzte Ausfluß des geistigen Lebens: «Das Wort des Buchstaben ist natürlich, denn im Natürlichen als Niedrigsten enden Geistiges und Himmlisches, auf ihm bauen sie sich auf wie ein Haus auf seinem Fundamente» (Swedenborg, Theologische Schriften, übersetzt und eingeleitet von L. Brieger-Wasservogel, Jena 1904, S. 235).

196 *Friedrich Nietzsche,* 1844–1900. «Der Antichrist», 1888; «Ecce Homo», 1888; «Der Wille zur Macht» (unvollendet, erschien postum 1901). Vgl. Rudolf Steiner, «Friedrich Nietzsche, ein Kämpfer gegen seine Zeit» (1895), GA Bibl.-Nr. 5.

197 *Malerei . . ., die in der Dominikanerzeit . . . das Bild fixiert hat:* Z. B. von Benozzo Gozzoli im Louvre in Paris, und Taddeo Gaddi in Santa Maria Novella in Florenz.

Averroës: Ibn Roschid, 1126–1198, berühmter Arzt und Philosoph.

Avicenna: Ibn Sina, 980–1037, Arzt und Philosoph.

201 *Collison:* Harry Collison, 1868–1945. Rechtsanwalt, Maler, Schriftsteller, Übersetzer von Werken Rudolf Steiners ins Englische, ab 1923 Generalsekretär der englischen Landesgesellschaft.

202 *als die Anthroposophische Gesellschaft herausgegliedert worden ist aus der Theosophischen:* Vgl. Hinweis zu S. 34.

209 *Baco von Verulam:* Siehe Hinweis zu S. 47 f.

210 *Charles Darwin,* 1809–1882.

211 *Mein Lebensgang:* Erschien zuerst in der Zeitschrift «Das Goetheanum» (2.–4. Jg.). In Buchform «Mein Lebensgang» (1923–25), GA Bibl.-Nr. 28.

216 *Klassenstunden:* Vorträge für die Mitglieder der ersten Klasse der Freien Hochschule für Geisteswissenschaft.

220 *Karl der Große, Harun al Raschid:* Vgl. Hinweise zu S. 46 ff.

Alexander der Große: Vgl. Hinweis zu S. 166.

221 *weil die griechische Philosophie in Europa ausgerottet wurde:* Die Aufhebung der griechischen Philosophenschule durch Kaiser Justinian erfolgte im Jahre 529.

222 *Eginhart:* Einhard, 770–840, Geschichtsschreiber, Baumeister, Biograph Karls des Großen.

225 *Konzil in Konstantinopel:* Auf dem achten ökumenischen Konzil in Konstantinopel wurde die sogenannte Trichotomie als ketzerisch erklärt. Siehe u. a. Willmann, Geschichte des Idealismus, Band II, S. 111, 1. Aufl. Braunschweig 1894. Vgl. auch «Esoterische Betrachtungen . . .», Band IV, GA Bibl.-Nr. 238, 1975, S. 53 ff.

230 *Gregor VII.:* Papst von 1073 bis 1085.

Ernst Haeckel, 1834–1919.

231 *Baco von Verulam:* Siehe Hinweis zu S. 47 f.

Amos Comenius: Siehe Hinweis zu S. 48.

235 *Vormittagsstunden:* Es handelt sich um den Vortragszyklus «Das Initiaten-Bewußtsein. Die wahren und die falschen Wege der geistigen Forschung», GA Bibl.-Nr. 243.

in den letzten Mitgliederversammlungen: Damit sind die Vorträge vom 12. und 14. August gemeint.

235 *in den nächsten Tagen in London:* Die Vorträge vom 24.–27. August am Schluß dieses Bandes.

Gabriel-Herrschaft, Michael-Herrschaft: Siehe Hinweis zu S. 164.

237 *Thomas von Aquino,*1225–1274.

241 *Tintagel, Artusschloß:* Tintagel in Cornwall. Vgl. «Esoterische Betrachtungen . . .», Band IV, GA Bibl.-Nr. 238, 1974, S. 49; ferner Rudolf Steiners Worte in einem Brief an A. Steffen, abgedruckt unter dem Titel «Tintagel» in «Wahrspruchworte-Richtspruchworte», Dornach 1951, S. 134.

253 *Collison:* Siehe Hinweis zu S. 201.

Mr. Dunlop, Mrs. Merry: Daniel Dunlop (1868–1935), Generalsekretär der Anthroposophischen Gesellschaft in England 1930–1935. Eleanor Merry (1873–1956), Schriftstellerin, Malerin.

die beiden Sommerveranstaltungen: Die andere Sommerveranstaltung hatte im August 1923 in Penmaenmawr stattgefunden und ist veröffentlicht in dem Band «Initiations-Erkenntnis. Die geistige und physische Welt- und Menschheitsentwikkelung in der Vergangenheit, Gegenwart und Zukunft, vom Gesichtspunkt der Anthroposophie», GA Bibl.-Nr. 227.

Weihnachtstagung: Siehe Hinweis zu S. 32.

256 *während der Begründung dieser deutschen Sektion der Theosophischen Gesellschaft:* Siehe Hinweis zu S. 102.

Vortragszyklus: «Von Zarathustra bis Nietzsche. Entwicklungsgeschichte der Menschheit an Hand der Weltanschauungen von den ältesten orientalischen Zeiten bis zur Gegenwart, oder Anthroposophie». Von Oktober bis Dezember 1902 gehalten im Kreis der «Kommenden». (Keine Nachschriften.)

257 *nachdem diese Einleitung übersetzt sein wird:* Die Übersetzung ins Englische wurde besorgt von George Adams-Kaufmann (1894–1963). Der Vortragende unterbrach jeweils nach etwa 20–30 Minuten, worauf die Übersetzung erfolgte.

265 *wohlwollende Besprechung:* Um was für eine Besprechung es sich hier handelt, konnte nicht ermittelt werden.

266 *«Initiation»:* Erschien in englischer Übersetzung zuerst unter dem Titel «The Way of Initiation. Initiation and its Results», Übersetzung Max Gysi, 2 Bände, London 1908. Jetzt «Knowledge of the Higher Worlds. How it is Achieved», 6. Auflage, London 1969.

267 *«Gruneln»:* Der Ausdruck stammt von Goethe: «Hier weht gar eine weiche Luft / Es grunelt so, und mir behagt der Duft» («Faust» II, Klassische Walpurgisnacht, Ägäisches Meer, Worte des Homunculus).

268 *Schluß des Vortrags:* Es folgen Ausführungen über die Anthroposophische Gesellschaft, die in GA Bibl.-Nr. 260a gedruckt sind.

271 *Geometrielehrer:* Vgl. Hinweis zu S. 113.

drüben in Torquay: Vgl. 10.–12. Vortrag dieses Bandes.

271/72 *Zweigvorträge vor einem Jahre:* Gehalten in London am 2. September 1923. Enthalten im Band «Initiationswissenschaft und Sternenerkenntnis. Der Mensch in Vergangenheit, Gegenwart und Zukunft vom Gesichtspunkt der Bewußtseinsentwickelung», GA Bibl.-Nr. 228.

273 *Lord Byron:* Vgl. Hinweis zu S. 114.

Palladium: Vgl. Hinweis zu S. 115.

Kaiser Konstantin: Konstantin I. der Große, um 280–337.

275 *Swedenborg:* Vgl. Hinweis zu S. 192.

in Penmaenmawr: Siehe den Zyklus «Initiations-Erkenntnis», GA Bibl.-Nr. 227.

Arrhenius: Svante Arrhenius, 1859–1927. Schwedischer Naturwissenschafter, Verfasser des von Rudolf Steiner gelegentlich zitierten Werkes «Das Werden der Welten», Leipzig 1908.

Voltaire (François-Marie Arouet) 1694–1778.

auf den preußischen König: Friedrich II. der Große, an dessen Hof Voltaire sich von 1750–1753 aufhielt.

Bedeutsames im Schicksale des europäischen Geisteslebens: Vgl. Rudolf Steiners Vortrag «Voltaire vom Gesichtspunkte der Geisteswissenschaft» in «Geisteswissenschaft als Lebensgut», GA Bibl.-Nr. 63. 1959, S. 292 ff.

276 *Ignatius von Loyola,* 1491–1556. Über die Exerzitien vgl. Rudolf Steiners Vorträge «Von Jesus zu Christus», GA Bibl.-Nr. 131.

Augustinus, 350–430. 374–383 stand Augustinus in Nordafrika den manichäischen Kreisen nahe.

283 *Laurence Oliphant,* 1829–1888, Journalist, Schriftsteller. Bücher: «Sympneumata: Evolutionary Forces now Active in Man» (1884), «Scientific Religion» (1888).

284 *in dem Buche, das von Dr. Wegman und mir:* «Grundlegendes für eine Erweiterung der Heilkunst nach geisteswissenschaftlichen Erkenntnissen» (1925), GA Bibl.-Nr. 27.

Brunetto Latini: Vgl. Hinweis zu S. 155.

286 *Ovid:* Ovidius Naso, 43 v. Chr.–18 n. Chr.

288 *Aussprüche wie diese getan haben:* Augustinus: «Was man gegenwärtig die christliche Religion nennt, bestand schon bei den Alten und fehlte nicht in den Anfängen des Menschengeschlechts, und als Christus im Fleisch erschien, erhielt die wahre Religion, die schon vorhanden war, den Namen der christlichen.» Retractationes L. I, Cap. XIII, 3.

297 *von den verschiedenen Archangeloi, welche abwechselnd die Kultur beherrschten:* Siehe Hinweis zu S. 164.

298 *Karl der Große, Harun al Raschid:* Vgl. Hinweis zu S. 46 ff.

300 *in Konstantinopel zum achten allgemeinen ökumenischen Konzil:* Vgl. Hinweis zu S. 225.

302 *Schule von Chartres:* Vgl. Hinweise zu den S. 150 und 153.

305 *Harun al Raschid:* Vgl. Hinweis zu S. 46 ff.

Baco von Verulam: Vgl. Hinweis zu S. 47.

Amos Comenius: Vgl. Hinweis zu S. 48.

ÜBER DIE VORTRAGSNACHSCHRIFTEN

Aus Rudolf Steiners Autobiographie «Mein Lebensgang» (35. Kap., 1925)

Es liegen nun aus meinem anthroposophischen Wirken zwei Ergebnisse vor; erstens meine vor aller Welt veröffentlichten Bücher, zweitens eine große Reihe von Kursen, die zunächst als Privatdruck gedacht und verkäuflich nur an Mitglieder der Theosophischen (später Anthroposophischen) Gesellschaft sein sollten. Es waren dies Nachschriften, die bei den Vorträgen mehr oder weniger gut gemacht worden sind und die – wegen mangelnder Zeit – nicht von mir korrigiert werden konnten. Mir wäre es am liebsten gewesen, wenn mündlich gesprochenes Wort mündlich gesprochenes Wort geblieben wäre. Aber die Mitglieder wollten den Privatdruck der Kurse. Und so kam er zustande. Hätte ich Zeit gehabt, die Dinge zu korrigieren, so hätte vom Anfange an die Einschränkung «Nur für Mitglieder» nicht zu bestehen gebraucht. Jetzt ist sie seit mehr als einem Jahre ja fallen gelassen.

Hier in meinem «Lebensgang» ist notwendig, vor allem zu sagen, wie sich die beiden: meine veröffentlichten Bücher und diese Privatdrucke in das einfügen, was ich als Anthroposophie ausarbeitete.

Wer mein eigenes inneres Ringen und Arbeiten für das Hinstellen der Anthroposophie vor das Bewußtsein der gegenwärtigen Zeit verfolgen will, der muß das anhand der allgemein veröffentlichten Schriften tun. In ihnen setzte ich mich auch mit alle dem auseinander, was an Erkenntnisstreben in der Zeit vorhanden ist. Da ist gegeben, was sich mir in «geistigem Schauen» immer mehr gestaltete, was zum Gebäude der Anthroposophie – allerdings in vieler Hinsicht in unvollkommener Art – wurde.

Neben diese Forderung, die «Anthroposophie» aufzubauen und dabei nur dem zu dienen, was sich ergab, wenn man Mitteilungen aus der Geist-Welt der allgemeinen Bildungswelt von heute zu übergeben hat, trat nun aber die andere, auch dem voll entgegenzukommen, was aus der Mitgliedschaft heraus als Seelenbedürfnis, als Geistessehnsucht sich offenbarte.

Da war vor allem eine starke Neigung vorhanden, die Evangelien und den Schrift-Inhalt der Bibel überhaupt in dem Lichte dargestellt zu hören, das sich als das anthroposophische ergeben hatte. Man wollte in Kursen über diese der Menschheit gegebenen Offenbarungen hören.

Indem interne Vortragskurse im Sinne dieser Forderung gehalten wurden, kam dazu noch ein anderes. Bei diesen Vorträgen waren nur Mitglieder. Sie waren mit den Anfangs-Mitteilungen aus Anthroposophie bekannt. Man konnte zu ihnen eben so sprechen, wie zu Vorgeschrittenen auf dem Gebiete der Anthroposophie. Die Haltung dieser internen Vorträge war eine solche, wie sie eben in Schriften nicht sein konnte, die ganz für die Öffentlichkeit bestimmt waren.

Ich durfte in internen Kreisen in einer Art über Dinge sprechen, die ich für die öffentliche Darstellung, wenn sie für sie von Anfang an bestimmt gewesen wären, hätte anders gestalten *müssen.*

So liegt in der Zweiheit, den öffentlichen und den privaten Schriften, in der Tat etwas vor, das aus zwei verschiedenen Untergründen stammt. Die ganz öffentlichen Schriften sind das Ergebnis dessen, was in mir rang und arbeitete; in den Privatdrucken ringt und arbeitet die Gesellschaft mit. Ich höre auf die Schwingungen im Seelenleben der Mitgliedschaft, und in meinem lebendigen Drinnenleben in dem, was ich höre, entsteht die Haltung der Vorträge.

Es ist nirgends auch nur in geringstem Maße etwas gesagt, was nicht reinstes Ergebnis der sich aufbauenden Anthroposophie wäre. Von irgend einer Konzession an Vorurteile oder Vorempfindungen der Mitgliedschaft kann nicht die Rede sein. Wer diese Privatdrucke liest, kann sie im vollsten Sinne eben als das nehmen, was Anthroposophie zu sagen hat. Deshalb konnte ja auch ohne Bedenken, als die Anklagen nach dieser Richtung zu drängend wurden, von der Einrichtung abgegangen werden, diese Drucke nur im Kreise der Mitgliedschaft zu verbreiten. Es wird eben nur hingenommen werden müssen, daß in den von mir nicht nachgesehenen Vorlagen sich Fehlerhaftes findet.

Ein Urteil über den Inhalt eines solchen Privatdruckes wird ja allerdings nur demjenigen zugestanden werden können, der kennt, was als Urteils-Voraussetzung angenommen wird. Und das ist für die allermeisten dieser Drucke *mindestens* die anthroposophische Erkenntnis des Menschen, des Kosmos, insofern sein Wesen in der Anthroposophie dargestellt wird, und dessen, was als «anthroposophische Geschichte» in den Mitteilungen aus der Geist-Welt sich findet.